朱永嘉——作品

明代政治制度的源流与得失

（增补本）

朱永嘉　著

陕西师范大学出版总社

图书代号 SK23N0957

图书在版编目（CIP）数据

明代政治制度的源流与得失 / 朱永嘉著. —西安：陕西师范大学出版总社有限公司，2023.8
ISBN 978-7-5695-3489-4

Ⅰ.①明… Ⅱ.①朱… Ⅲ.①政治制度史—研究—中国—明代 Ⅳ.①D691

中国国家版本馆CIP数据核字（2023）第006062号

明代政治制度的源流与得失
MINGDAI ZHENGZHI ZHIDU DE YUANLIU YU DESHI

朱永嘉 著

出 版 人	刘东风
选题策划	何崇吉
责任编辑	焦　凌
责任校对	宋媛媛
特约编辑	孙明新　李春博　李秋实
装帧设计	龚心宇
出版发行	陕西师范大学出版总社 （西安市长安南路199号　邮编 710062）
网　　址	http://www.snupg.com
印　　刷	环球东方（北京）印务有限公司
开　　本	880 mm × 1230 mm　1/32
印　　张	20.5
插　　页	4
字　　数	415千
版　　次	2023年8月第1版
印　　次	2023年8月第1次印刷
书　　号	ISBN 978-7-5695-3489-4
定　　价	88.00元

自　序

这是我自 2009 年 11 月起，至 2011 年 6 月的六次关于明史的讲稿。起因是上海一个企业的陈总邀请我为其属下高管每月开一次讲座，作为他们的学习讨论会。他们想学历史，所以请我去给他们的工作人员讲讲明史。我们现在是社会主义体制下的市场经济，企业既要在市场上博弈，还要接受国家的行政管理。从市场这个视角讲，中国古代的市场与现代的市场，已不可同日而语了。从行政管理讲，如今与古代也有很大的变化，但毕竟是从中国传统演化而来，所以从国家管理制度的层面讲一点历史知识，或许对听者还会有一点启发。

过去王亚南先生写过一本《中国官僚政治研究》，可以说是研究中国官僚政治制度的经典了。他讲了中国官僚制度的两个杠杆，一个是税制，一个是科举制，也就是人事管理与财税制度两个方面。人事讲官僚的来源，那个时代是科举考试制，现在是高考制度与公务员考试制度。财政说到底是税制,他讲的是两税制,那也是中唐以后的事,之前是租庸调制度,它与土地制度紧密相连。在这方面我一下子也讲不出什么新意,故我只能另辟蹊径,换一个视角,从国家管理的组织结构及其运行机制上剖析中国政治制度演化中的一些核心问题,以明代的政治制度为中心,上溯其渊源,下析其演化。

中国古代国家管理的中心是皇权问题,它是宗法式的中央集权统一国家的标志,包括内宫、外朝、军兵、司法,从决策到行政,以及中央和地方等方方面面的相互关系。要说清楚这些问题,那么这次讲明史便不能似过去讲断代史那样,以人和事为线索,按时间次序讲,而是应依制度层面,通过一个个剖面来解析中国古代国家制度的来龙去脉。中国历史上每逢改朝换代的时候,新朝总要通过修史来总结前朝所以兴亡的经验教训,进而设计新朝的政治体制,这几乎是每朝开国时必有的措置,明朝建国时也不例外。这就是以史为鉴,也就是李世民所说的"以古为镜,可以知兴替"(《旧唐书·魏徵传》)。

中国历朝历代建国的皇帝中,出身于布衣的只有两个人,即刘邦与朱元璋,都是平民百姓出身,历经艰险才取得天下。他们都曾议论过前朝何以亡、自己何以兴的问题,同时他们也只能接受前朝,甚至是历朝历代留下的政治文化制度,在这些政治遗产大框架基础上,做某些修修补补,以显示其新的气象。而这些在原有框架基础上所做的调整，其效果究竟如何？那也只能让历史来检验了。刘邦是在汉高帝五年（前202年）打败项羽，拥有天下，在诸侯王拥戴下即皇帝位，到十二年（前195年）便去世了，只做了七年皇帝。《汉书·高帝纪》载其临终时的情况："疾甚，吕后迎良医。医入见，上问医。曰：'疾可治。'于是上嫚骂之，曰：'吾以布衣提三尺取天下，此非天命乎？命乃在天，虽扁鹊何益！'遂不使治疾，赐黄金五十斤，罢之。"刘邦最后一年还在领兵打黥布，为流矢所中，根本没有时间让他充分讨论制度变革的问题。刘邦军队进咸阳时，萧何"独先入收秦丞相御史律令图书藏之"（《汉书·萧何传》），所以只能是汉承秦制；而项羽进咸阳时，只知道放一把大火烧之，恢复分封诸侯王的地盘，实施权力和利益再分配，结果是让自己四面树敌。刘邦平定异姓诸侯王之后，那时"以海内初定，子弟少，激秦孤立亡藩辅，故大封同姓，以填天下"（《汉书·高五王传赞》）。这就为以后"七国之乱"埋下了隐患。故文帝时，贾谊上《治安策》便讲道："天下之势方病大瘇，一胫之大几如要（腰），一指之大几如股，平居不可屈信（伸），一二指搐，身虑亡聊（赖）。失今不治，必为锢疾。"（《汉书·贾谊传》）这个问题在景帝时终于爆发。贾谊在《治安策》的基础上曾经为汉文帝做了整体设计，然而文帝不敢触动既得利益集团。《汉书·贾谊传》说："诸法令所更定，及列侯就国，其说皆谊发之。于是天子议以谊任公卿之位。绛、灌、东阳侯、冯敬之属尽害之，乃毁谊曰：'雒阳之人，年少初学，专欲擅权，纷乱诸事。'于是天子后亦疏之，不用其议，以谊为长沙王太傅。"制度的变革，实际上是利益的再分配，要冲破既得利益集团的阻力相当困难。汉代诸侯王的问题，要到汉武帝时才真正解决。汉武帝时的"罢黜百家、独尊儒术"实际上也带有制度变革的性质，有窦太后在，他汉武帝就动不了。武帝即位的次年，即建元二年（前139年），"冬十月，御史大夫赵绾坐请毋奏事太皇太后，及郎中令王臧皆下狱，自杀。丞相（窦）婴、太尉（田）蚡免"（《汉书·武帝纪》）。要到窦太皇太后、王太后她们去世以后，汉武帝才能做主。汉家的制度，汉宣帝曾对其太子刘奭明确说过："汉家自有制度，本以霸王道杂之，奈何纯任德教。"（《汉书·元帝纪》）霸道是指法家，时汉宣帝"所用多文法吏，以刑名绳下"，因而喜欢淮阳王，称："淮阳王明察好法，宜为吾子。"（《汉书·元帝纪》）王道是指儒家，讲礼治，法家是讲依法治国。汉武帝以下至宣帝，实际执行的是儒表法里，并非纯任儒生。从汉代制度变革的过程可以知道，它是权力与利益关系的调整，是各种力量较量的结果，需要时间来检验其成败得失，它的最终完成需要一个发展的过程，并非贾谊那样做一次顶层设计便能实现目标。

朱元璋比刘邦幸运，他是二十五岁起兵参加红巾军郭子兴部，那一年是至正十二年（1352年）。朱元璋于至正十六年（1356年）带兵过江攻克集庆，由此开始自立门户。至正二十四年（1364年）

正月在集庆即吴王位,在群雄逐鹿中独树一帜。洪武元年(1368年)他正式在南京即皇帝位,定国号为明,那一年朱元璋只有四十一岁,至洪武三十一年(1398年)去世,足足做了三十年皇帝。与刘邦相比,他有充裕的时间为自己建国立制。从洪武元年立国起,至崇祯十七年(1644年)明亡为止,这个王朝前后有二百七十六年时间。从有明一代的历史,回过头来审视朱元璋在洪武那三十年时间中,为明朝政治制度设计所做的种种努力,其中之得与失,还是对后人有鉴戒的意义。

国家政治制度,本质上是国家权力组织机构及其运行的程序和方式,它规范着整个社会人与人之间的相互关系,所以它又是社会的一种公共权力。这一套组织结构及其运行程序,与其立国的宗旨,用现代社会通用的文字表达出来便是宪法、民法、刑法、民事和刑事诉讼法、行政法及各自的关系法等。那么多用于规范制度的法令,无非包括两个方面:一是该怎么办事,这是从积极方面讲;一是违反这些规定时,要怎么处罚,这是从消极方面讲。从历史上讲,最早的成文法,如儒家经典《周礼》便是周王室官制和战国时各国职官制度汇编而成的典章。最早的刑法见于记载的是春秋时郑国子产所著的《刑书》。战国时魏国的李悝总结各国典制的《法经》,共有六篇,亦称《六法》。从文献记载上看,《法经》的正文称法,补充法的条文称律。至秦国商鞅变法,则连同正文一起改称律,因而改《法经》六法为《六律》。从传统文献看，律的名称由此开始。1975年底，在湖北省云梦县睡虎地第十一号秦墓发现了一千多枚竹简，大部分内容为秦律，其中有《田律》《仓律》等十八个律名。此外还发现有《魏户律》和《奔命律》，说明自李悝以后，魏国同样以"律"来指称《法经》。唐代的成文法典继秦汉之律令演化而成，包括律、令、格、式四大类。其中令与式是从正面规定国家的制度、职官的职掌、活动的方式，律与格则是从消极方面规定违反令、式所给予的惩罚。朱元璋在明代洪武年间立国的章法，便是承汉唐的建制而来。明代国家机构的组织，《明史·职官志一》称："明官制，沿汉、唐之旧而损益之。"至于刑法，《明史·刑法志一》称："明初，丞相李善长等言：'历代之律，皆以汉《九章》为宗，至唐始集其成。今制宜遵唐旧。'太祖从其言。"这里所说的汉《九章》，是指萧何在李悝《法经》六篇之外，加《户》《兴》《厩》三篇，谓之《九章九律》，《厩》即《厩律》。朱元璋为明帝国建章立制，实际上做了两件事，一是制定《皇明祖训》，它既是有明一代的家法，也是国法，这属于正面讲国家的组织机构及帝王执政的基本方针。朱元璋在《皇明祖训·序》中说：

> 朕观自古国家，建法立制，皆在始受命之君。当时法已定，人已守，是以恩威加于海内，民用平康。盖其创业之初，备尝艰苦，阅人既多，历事亦熟，比之生长深宫之主，未谙世故，及僻处山林之士，自矜己长者，甚相远矣。

换一句话说，法制的建立是从实践中来。朱元璋的另一段话是说明其建立法制的过程，他说：

> 盖自平武昌以来，即议定著律令，损益更改，不计遍数。经今十年，始得成就，颁而行之，民渐知禁。至于开导后人，复为祖训一篇，立为家法。

朱元璋的《皇明祖训》既是他的家法，也是国法。《礼记·大学》中说的格物、致知、正心、诚意、修身、齐家、治国、平天下，这八个方面环环相扣。对一般士大夫而言，修身、齐家、治国、平天下这四者之间，修身、齐家是前提条件，然后才能谈到治国、平天下。那个治国，在古代是指治理诸侯国，秦汉以后是指地方官管理一方百姓，也就是《韩非子·显学》中讲的"宰相必起于州部"。天下是指整个王朝，与今天的世界是两个不同的概念。家与国及天下是完全不同的范畴，家事与国事、天下事是有区别的，而国事与天下事则是属于同一范畴。这两个范畴之间，有公与私的区分。从修身的角度讲，要正心诚意，它的前提是格物致知，才能懂得是非与得失。然而人的知识很难仅仅从书本的间接知识上获得，还得从社会实践的直接知识上获得。作为士大夫来说，他们还不是在与社会隔绝的状态中成长，多少还有经受艰苦磨炼的机会。对于王者来说，除了立国之初的一、二代君主还能从实践斗争中磨炼自己的才干，后面的历代君主，只能生在深宫之中。宫廷制度，包括东宫制度，都把继承者的生活与社会隔绝了，他们只能"宫生内长,人情善恶,未能周知"(《皇明祖训·祖训首章》),即生于深宫之中,长于妇人之手。

如此这般的宫廷生活,把王子王孙们与民间的日常生活完全隔离开来,结果是他们失去了来自社会和民间的气息。明武宗正德皇帝在宫廷里面建豹房,仿照民间搞集市,他的微服出行,所谓的游龙戏凤,从帝王的角度虽然荒唐,但在某种意义上,反映了他想冲破宫廷生活束缚的童稚天真。官僚的生活,也有类似的情况,前衙后院,某种意义也是前朝后宫的复制。官僚有自己生活的圈子,脱离了民间的日常生活,就是脱离了生养他们的大地或者说脱离了地气,帝王之气和官僚主义是管不好国家大事的。即使在今天,这个教训也值得我们吸取。真正的群众路线,必须与群众日常的生活打成一片,毛泽东在延安时住在枣园,就能与老百姓自由自在地拉家常。皇子皇孙的后代,他们不可能如朱元璋那样"幼而孤贫,长而值兵乱,年二十四,委身行伍,为人调用",尝尽人间甘苦。汉宣帝所以高于元、成、哀、平诸帝,很重要的一点就是因为他早年生长于民间。他们成长条件不同,仅靠读圣贤书,即使从娃娃抓起,也很难使人做到正心诚意而完成修身的功夫。而宫廷内部众多后妃之间的钩心斗角,同样也很难达到齐家的境界。

从客观环境上讲,依照嫡长制继承皇位的帝王,齐家的事固然难办,治国便更加困难了。家事和国事对于王者而言,二者又很难分得清。国事与家事搅和在一起，往往带来很大的麻烦，家事往往变成国事，家事中的纷争，往往影响国事。朱元璋的《皇明祖训》是从家事出发，实际上变成国事了。这一份祖训是从正面讲该怎么办，如皇位的交接班问题是国事，但也涉及皇室家族内部复杂的相互关系。后宫制度本来是帝室的家事，但也往往成为国事，后宫的关系处理得好与不好都会影响到国事。我参观过北京的故宫，它是明代宫廷生活的遗存，在我心目中，它那么富丽堂皇，既是人间天堂的象征，然而又是一座牢狱，在里面生活的人，实际上过不了正常人的生活。那个地方本质上是一座华丽的人间地狱，多少罪恶的渊薮从那儿萌发，在那儿有什么人性可言！当然，它如今作为博物馆，无法展示真实帝王生活的另一面。朱元璋的《皇明祖训》，主要是从正面讲，要求其子子孙孙如何办的问题，也是国事该如何处理的问题。至于从负面讲，如果违反规定，该如何处置和惩罚的问题，那就是朱元璋制定的《大明律》和《大诰》。他在《大明律·序》中说：

> 朕有天下，仿古为治，明礼以导民，定律以绳顽，刊著为令，行之已久。奈何犯者相继，由是出五刑酷法以治之，欲民畏而不犯，作《大诰》以昭示民间，使知所趋避，又有年矣。然法在有司，民不周知，特敕六部都察院官，将《大诰》内条目，撮其要略，附载于律。

这里律是条文，《大诰》的前后三篇与《大诰武臣》则是属于案例。这篇序文下发于洪武三十年（1397年）五月。从这个过程可以知道朱元璋为明帝国长治久安所做的建制立法，前前后后贯穿于他在位的三十年。我们现在来读《大诰》上的这些文字，往往只看到他的严刑峻法和刑罚的残酷性，但仔细分析，他的重点还在治官，除了刑罚之外，还有他苦口婆心说教的一面。很少有人透过这些残忍的刑罚，看到他布衣情结的那一面。他毕竟是一个出身于平民的布衣皇帝，吴晗多次修改《朱元璋传》，但始终不能令毛泽东满意，缺少的东西，正是在如何揭示朱元璋布衣情结的一面。朱元璋的《大诰武臣》是治军的，如果认真去读他写的《大诰武臣》的序言，可以清楚地看到他对那些带兵的将领如何苦口婆心，同时对军官虐害士兵又是多么痛心疾首，他说："我这般年纪大了，说得口干了，气不相接，也说他不醒。"他处理的那么多大案，从郭桓案、胡惟庸案到蓝玉案，杀的是贪污腐败的官员与将领，不是无辜的百姓和士兵。吴晗看到朱元璋残酷的一面，没有看到朱元璋因布衣情结而同情下层社会受欺凌之弱者的另一面。值得注意的另一个问题，是朱元璋在祖训中，有对王者的告诫，但在律文中却没有王者违反祖训后如何制裁的条文，这就为不肖子孙的胡作非为留下很大空间。

那么朱元璋在明朝建立后三十年的时间内，为建国立制所制定的那么多典章制度都有效吗？从他身后的二百多年历史看，效果实在很有限。为什么？因为事物发展的逻辑不等于建章立制的逻辑演绎，往往只能是"有心栽花花不发"。制度的形成和定格，不是靠顶层设计者的良好愿望就能实现的。制度的发生、形成和确立都需要一个发展演变的过程，"百代都行秦政法"，它是在历史发展过程中逐渐成形的。从根本上讲，制度是人类长期活动过程的产物，是人类社会自身演化而成的，很难靠某个圣人设计而成形并流传不绝。明代的典章制度，尽管还是在汉唐这个传统上做一些修修补补，但能够留得下来的也有限，实际上正说明了典章制度的顶层设计有它的局限性。无论什么制度，总还是先有事实，后有概念，任何法制的建立，都只能是人们在实践基础上总结概括，进而成为书面的成文法。习惯先于法制，成文法只能是习惯法的抬升，其成形经常表现为"无意插柳柳成荫"。这个成荫之柳，往往具有两面性，有笔直的，也有歪歪斜斜的，这个事情很难勉强。当然，我并不否认杰出人物在矛盾尖锐和条件成熟时，果断地采取措施，能在解决各种具体问题的过程中形成相关法制。但这个解决具体问题的过程，往往既有正面的经验，也会有负面的教训，这个世界上没有一贯正确的人和完美无缺的事，要知道成绩与不足、优点与缺点往往是共生的，否则便没有辩证法了。因而可靠的顶层设计往往是在摸着石头过河的过程中，不断积叠经验而逐渐形成成文的法典，说到底还是先有事实后有概念。

中华人民共和国成立已七十多年了，这七十多年我们已积叠了不少正面和负面的经验与教训。这些经验和教训及当前所面临的困难和问题，为我们逐步完善政治制度创造了客观条件。它的定型还需要时间，有的要从习惯或惯例逐渐转化为法典，不可能从人们心中的愿望如公民社会或者所谓普世价值之类的概念出发，而应从我们国家的历史传统和当前实际情况出发来总结经验教训，使之定型成为法典。了解一下明代初年朱元璋建制立法的过程，及其在有明一代发展的实际影响，或许对我们今后完善社会主义法制会有所启发。我为这六次讲座所写的讲稿，其目的即在于此。

宋人欧阳修对制度的建置和改革持慎重的态度，他一贯信奉法不能以自行的原则，如果不讲人才的培养，专讲制度，往往无助于实际。如果经常盲目地在制度设计上兜圈子，那就很难取得实际效果。他在《准诏言事上书》一文中说：

> 夫言多变则不信，令频改则难从。今出令之初，不加详审，行之未久，寻又更张。以不信之言，行难从之令，故每有处置之事，州县知朝廷未是一定之命，则官吏或相谓曰"且未要行，不久必须更改"；或曰"备礼行下，略与应破指挥"。旦夕之间，果然又变。

故出令要慎。他在《与田元均论财计书》中说："建利害、更法制甚易，若欲其必行而无沮改，则实难；裁冗长、塞侥幸非难，然欲其能久而无怨谤，则不易。"朱元璋花了三十年时间进行建章立制，在其身后的效果尚且如此，在我们今天更要慎之又慎，最重要的还是雷厉风行地去解决一个又一个具体问题，集腋成裘，填平补齐，使制度化能全面而又深化成形，这样做或许更有把握。在制度建设上，一蹴而就的事情往往可遇而不可求。法制观念的确立，作风的端正，人际关系的淳朴，这些方面是法制得以定型并传承的关键。制度的实施要靠人的行为去保证，人们对制度的信仰还是第一位的。缺了这一个环节，再好的制度设计也难以保证长久。就人类社会生活而言，任何理想化的设计，只能是桃花源中的生活，仅仅是空中楼阁而已。我不是否定理想，真正可靠的理想只能是相对的，是从实践中发展而来，再美好的理想毕竟只是理想，社会实践只能一步一步脚踏实地前进，理想只是为我们指明了努力的方向而已。以我自己切身的经验看，我在青少年时代确实对未来的生活充满了理想与憧憬，壮年时也曾经为理想努力奋斗过。到了行将就木的晚年，我并没有放弃自己的理想，但更懂得一切都只能从现实出发，从脚下的实践开始，踏踏实实、堂堂正正地做一个大写的人。个人的经历，毕竟是非常渺小的一个短暂的过程。对整个国家、民族和社会而言，不管有多少曲折和艰难，我们这个国家和民族总是在不断进步，我们的前途一定是美好的，在我们的前方，还留有非常广阔的上升空间。

由于我上课的对象都是社会成年人，不是青年学子，所以是采取课堂讨论的方式，每次上课前，先发讲稿，讲课只是提纲式的说明，主要是讨论，而讨论的过程，往往从现实生活提出相关的问题。故我的讲稿，也只能贯通古今，跳跃式地去讲。这六次讲座间隔的时间较长,前后有一年半时间,讲稿为了保持前后的衔接和贯通,难免有重复的地方,同时由于是从制度剖面分别去谈,某些重复更难完全避免,望读者能够谅解。

书名之所以取为《明代政治制度的源流与得失》,因为讲稿是以政治制度为中心,源是指来源,即政治制度源于当时实际生活的矛盾和斗争,流是指流变,讲传统上的前后因缘沿袭关系。朱元璋的制度设计是在这两个基础上形成的。有明一代的政治,有得亦有失,得在何处,失在哪里,那就要去论了。史论亦是中国传统的历史题材之一。

目 录

第一讲 明代的立国建制

一、朱元璋建立的新王朝为什么叫明朝　　002

二、朱元璋的立国建制　　006

三、关于废除宰相制度的问题　　012

四、后宫制度之一　　020

五、后宫制度之二　　025

六、以内制外　　039

第二讲 东宫制度

一、围绕接班人问题的东宫制度　　052

二、教辅功能的理想与实际　　058

三、东宫机构的演化及其班子成员组成的变化　　092

四、东宫制度的实际效果与太子们的遭际　　102

五、交接班过程中东宫官员与朝廷大臣的悲哀和苦衷　　106

六、明初东宫与诸王制度设置的构想和"靖难之役"　　112

七、明成祖时东宫与诸王的矛盾斗争　　124

八、明中叶权力交接的两种状况　　127

九、有关东宫制度的结束语　　133

第三讲　军兵制度

一、承平之时军队的功能　　138

二、中国历代关于战争问题和军兵制度的基本理论　　143

三、关于京卫与天子亲军的设置　　153

四、关于明代的卫所制度及唐的府兵制度　　166

五、卫所制的前身　　170

六、明代的军屯与军队的给养　　175

七、关于军民分籍管理和清理军籍的问题　　177

八、明代卫所制度的衰亡　　179

九、卫所以外的其他兵种　　181

十、明代的军事管理机构及其相互关系　　185

十一、柳宗元的《封建论》及其历史影响　　193

十二、苏东坡的《论封建》与朱元璋的一个失误　　198

十三、明以后军兵制度的演化　　203

十四、民国初年的军阀割据　　209

十五、民国初年关于军阀问题的认知过程与国民党以党治军的实践　　212

第四讲 地方行政制度

一、中央与地方的关系　　218

二、分封制与郡县制　　222

三、反反复复的分封制下的王国制度　　233

四、明代分封宗藩之制度设计　　242

五、汉唐地方行政机构两次由二级制转向三级制的缘由　　257

六、宋元地方行政机构的演化　　274

七、明代地方行政机构　　283

八、明代省与府县之间道的设置　　296

九、明代府州县一级官员的组织结构与施政方式　　303

十、明代地方监察制度的历史线索　　330

十一、结束语：天下者天下人之天下　　346

第五讲 司法制度

一、立法、变法与依法治国　　350

二、明代刑法制度的立法　　367

三、三法司（刑部、都察院、大理寺）　　372

四、锦衣卫与东厂、西厂、内行厂　　377

五、明代地方司法诉讼制度　　397

六、朱元璋的布衣情结　　404

七、空印案	412
八、郭桓案	414
九、《大诰》四篇	419
十、胡惟庸案	456
十一、蓝玉案	462
十二、重刑大狱之后	466

第六讲 《皇明祖训》与朱元璋后继子孙的作为

一、明初建国时的历史特征	476
二、明朝中后期的十二个皇帝	478
三、朱元璋为子孙设计的国家机构	485
四、《皇明祖训》的要点	489
五、废丞相后的内阁制度	502
六、朱元璋身后宦官预政的问题	505
七、只知嬉戏玩乐的正德皇帝	511
八、选师容易选伴难	517
九、迷信道士追求长生而荒于政事的嘉靖皇帝	524
十、嘉靖的斋醮与阁臣之间的钩心斗角	529
十一、明宪宗对万贵妃"恣宠专幸"的问题	536
十二、关于周期率问题的题外话	541

十三、明代中后期的政治经济危机及其调整	547
十四、从宪宗到孝宗的短期政治调整	554
十五、武宗在位前后的变局	559
十六、隆庆这六年再一次短暂的轮回	563
十七、朱元璋的明祖训有效吗？	571
十八、结束语：帝王制度与宗法制度及其相互关系	578

后　记　　　　　　　　　　　　　　　　　627

第一讲 明代的立国建制

朱元璋在后宫制度的立法和设计上，总结了中国历代封建王朝崩溃和垮台的教训，认为母后专制、外戚专权与宦官专政是对王权最直接的威胁，所以他要作祖训为子孙立法，不让后妃预政，不让宦官预政。前者他是做到了，终明一代没有出现母后临朝、外戚专政的局面，至于限制宦官预政则是失败的。他废除宰相的立法，也是失败的，殿阁大学士后来实际上成为宰辅。

一、朱元璋建立的新王朝为什么叫明朝

我们要知道朱元璋建立的新王朝是元末农民大起义的产物，陶宗仪《南村辍耕录》卷二十三记录了当时的一首小令《醉太平》：

> 堂堂大元，奸佞专权。开河变钞祸根源，惹红巾万千。官法滥，刑法重，黎民怨。人吃人，钞买钞，何曾见？贼做官，官做贼，混贤愚。哀哉可怜！

这首小令，概括了元末统治的黑暗，揭示了元末农民起义的历史背景以及这次大起义的历史因缘。农民要起来反抗，必须要有组织，社会上流行的秘密宗教便成为组织农民起来反抗和斗争的手段。当时在社会上流行的秘密宗教有许多流派，如白莲教、弥勒教、明教等，通过宗教活动逐渐把农民组织起来，使农民成为能够与官府相对抗的力量。同时这些秘密宗教在平时也是农民互相帮助的组织，一旦有突发事故，便成为农民反抗元朝腐朽统治的有组织的力量。

明教是混合了摩尼教、基督教、祆教的一个混合教派，这个教派认为世界有明暗两种力量，即光明与黑暗之间的矛盾斗争。

明即光明，代表善良；暗指黑暗，代表着愚痴。这两种力量不断地互相斗争，又可分成三个不同的历史阶段。初期明代表智慧，暗代表痴愚，形成互相对立的状态。这时明王出世，把黑暗赶走，出现太平盛世。到了下一个阶段，又各复本位，开展新的对立斗争。明教在民间传播时，都以"明王出世"号召人们与黑暗势力进行斗争，故"明王出世"是促进元末农民大起义的一个重要契机。

另外一些教派，如弥勒教和白莲教这些秘密宗教组织，明教又不断与它们混合在一起，大家不分彼此。弥勒教和白莲教都出于佛教的净土宗，弥勒教认为释迦牟尼去世以后，有其弟子弥勒佛降世，以拯救天下贫苦百姓。一般佛寺进门以后，除了四大金刚以外，都有一个笑眯眯的弥勒佛，进了大殿以后，才有释迦牟尼的大佛像。弥勒佛的降世，成了贫苦百姓的救星，这些教派在元末的贫苦农民中广为流传。

引起元末农民起义的一个重要因素与黄河决口以后大规模的治河工程有关。元顺帝至正三年（1343年）黄河决口，河水泛滥。至正十一年（1351年），脱脱丞相决定动员力量治理黄河，当时负责治理黄河的是贾鲁，他以工部尚书兼河防使。要治河需要动员民工，当时在工地上集中治河民工十五万人，还有当地的二万戍军。那么多民工集中在一起施工，由于条件艰苦，正好为秘密宗教发动起义提供了条件。白莲教的首领韩山童散布童谣说"莫道石人一只眼，挑动黄河天下反"，同时在准备开挖的黄陵冈埋下了一个独眼石人。当时河工经费不足，民工们不能按时拿到工钱，吃不饱饭。韩山童又派了不少教徒混在河工队伍中，宣传天下大乱与"明王出世"。当河工们挖出独眼石人后，"明王出世"、弥勒佛降生的说法在民工中广为散布。韩山童与刘福通聚集了三千教徒，斩白马、黑牛祭祀天地，宣告起义。这次起义很快被镇压下去，韩山童被杀，其子韩林儿躲入山中隐藏起来，而刘福通带了一部分队伍辗转斗争，攻城略地。河工们起来杀了监工，加入起义队伍。他们头上都扎红巾，这就是当时的红巾军大起义。于是韩林儿自然成为大家推戴的明王。

这是元末农民大起义的开端，同时各地的土豪也组织起武装力量，元朝统治陷入混乱之中。当时朱元璋为僧的皇觉寺正处于红巾军起义的地区，二十五岁的朱元璋加入红巾军的队伍。当时也有地方豪绅势力举起义旗反抗元朝的统治，成为与元朝政府对抗的力量，如郭子兴在定远宣布起兵抗元，也归附于红巾军。朱元璋便投奔了在濠州的郭子兴，成为他手下的九夫长。由于朱元璋做过皇觉寺的游方僧，见多识广，所以深受郭子兴赏识。郭子兴将其调到帅府当差，并与夫人商量，把自己抚养的马姓孤女许配给朱元璋，朱元璋由此成了郭子兴的亲信。郭子兴在濠州有好几股部队，各支队伍之间矛盾很多，朱元璋成为郭子兴唯一能够依靠的力量。他们都属于红巾军小明王的下属，小明王韩林儿是各支起义军的共主。

韩林儿兵败，渡江到江南时（1366年），死在江中，朱元璋成了起义军的共主。后来朱元璋建立统一王朝时，不忘"明王出世"的元末农民大起义的历史，所以把自己建立的王朝叫作明朝，表明它代表"明王出世"建立的新王朝，而元朝则成为黑暗势力的代表。因为他这支队伍毕竟是小明王韩林儿的一支，告诉人们明王已经在世，所有明教教徒都是一家人，意在团结当初一同起义的部属。这个命名，反映了朱元璋起家的历史。元朝起于北方，朱元璋起事于南方，依照五行，北方是水，神是玄冥；南方为火，神是祝融，金陵又是祝融的故墟，以火制水，以阳消阴，以明克暗，中国古代神话中朱明相连，这一切都在说明，明皇兴起的象征意义是上天的意旨。后来儒生们以朝日夕月来解释明字的意义，那都是后来附加上的东西，不是其原始的意义。

二、朱元璋的立国建制

元至正十六年（1356年），朱元璋过江，占领集庆，改集庆为应天府。集庆即今天的南京，为六朝故都，改称应天府，反映了朱元璋有称王的意图。集庆当年是孙吴立国之地，故于是年七月朱元璋自称吴国公，已经有要称王的表示。次年胡大海克徽州，邓愈举荐朱升给朱元璋，朱升便向朱元璋讲了"高筑墙、广积粮、缓称王"的建议。为什么劝朱元璋缓称王？那是为了免得招忌树敌，不要图虚名，要务实事，实事也就是高筑墙、广积粮，打好将来称王的基础。事不在于名，在于实。北边的韩林儿称小明王；西边的徐寿辉也很早就称帝，国号天完；东面在平江（苏州）的张士诚很早就建国号为周，到至正二十三年（1363年）张士诚复自立为吴王。因为平江在战国时便是吴国的故都，朱元璋在次年（1364年）便即吴王位，故当时有东吴、西吴之分。到了至正二十八年（1368年）正月，朱元璋才建国号为明，建元为洪武，足足推迟了十二年时间，这为朱元璋赢得了充分发展的时间。

一个皇朝的建立，实际上是一个新的政治结构的崛起，包含有三重意义：一、这个政治结构的权力从哪儿来；二、这个政治结构的组织形态；三、这个政治结构的运作过程以及在这个运作过程中的人际关系。组织形态则包括这个结构内部的决策机构、行政机构、军事机构、监察机构以及从中央到地方的层级结构，这个复杂的有机结构内部，相互之间构成制衡关系。这样的组织形态是在运行过程中逐步形成的，既有相对稳定的一面，又有不断演化的部分。其在运行过程中的畸变，又往往与在这个组织结构中活动的、不断变动的群体内部人际关系的演化息息相关。同时在这个结构运作过程中，必然产生与运作程序、方式、手段相应的种种制度性的规范。这些制度规范，会有一些静态的见之于书面的相应程式，而这些程式在实际运行过程中又会产生各种非规范性的习惯，一定时间以后，这些习惯也可能变成规范。此外，在实践中还会产生各种属于潜规则范围的程式，影响着实际的运作效果。故研究政治史，既要了解这个结构的历史渊源，还要了解这个结构设计者的愿望与其在实际运行过程中的畸变，对它既要有静态的剖析，也要有动态的观察。

那么，这样一套结构及其运作方式的合法性有何根据呢？毛泽东讲过我们的权力从哪儿来，是人民给的，即这个合法性是人民的意愿和授权。怎么给呢？是通过全国及地方各级人民代表大会赋予的，通过宪法来规定的。朱元璋作为皇帝当然不会有人民这个概念，其借以说明王朝统治合法性的根据是天命，所以诏令的第一句话便是"奉天承运"。皇帝办公的正殿叫作奉天殿,即帝位的那一天,皇帝要祀天地于南郊,北京的天坛便是祭天的地方。只有皇帝才有祭祀天地的资格,有了功绩可以登泰山行封禅之礼,皇帝可以在泰山与天地相通,这也成为皇帝的特权。这只是名义上,或者说是口头上书面上说的和礼仪上做的,实际则并非如此。这个权力是在逐鹿战争中抢来的,或者说天下是打出来的。打天下的当然应该坐天下,而且要世代相传。这才是问题的实质所在。那时候关于天命的种种说辞,都是哄哄老百姓的神话。朱元璋的年号用"洪武"二字,其本质意义就是弘扬武力,它背后的实际意义是说,天下是我靠武力抢来的,也得靠武力维持统治的稳定。

翻开《明史·太祖本纪》,其中说:"母陈氏。方娠,梦神授药一丸,置掌中有光,吞之寤,口余香气。及产,红光满室。自是,夜数有光起。邻里望见,惊以为火,辄奔救,至则无有。"还讲到朱元璋出家为僧,"游食合肥。道病,二紫衣人与俱,护视甚至。病已,失所在"。这些故事都是无法验证的,是文人从《汉书·高帝纪》中变着法子搬下来的,它实际上反映了朱元璋自比于刘邦。《汉书·高帝纪》中云:"姓刘氏。母媪尝息大泽之陂,梦与神遇。是时雷电晦冥,公太公往视,则见交龙于上。已而有娠,遂产高祖。"还讲到刘邦为亭长,送徒骊山,途中,"高祖被酒,夜径泽中,令一人行前。行前者还报曰:'前有大蛇当径,愿还。'高祖醉,曰:'壮士行,何畏!'乃前,拔剑斩蛇。蛇分为两,道开。行数里,醉困卧。

后人来至蛇所，有一老妪夜哭。人问妪何哭，妪曰：'人杀吾子。'人曰：'妪子何为见杀？'妪曰：'吾子，白帝子也，化为蛇，当道，今者赤帝子斩之，故哭。'人乃以妪为不诚，欲苦之，妪因忽不见。后人至，高祖觉。告高祖，高祖乃心独喜，自负。"比较朱元璋与刘邦的故事，二者何其相似，这些神话都是为了说明其受天命的根据，编这些故事的目的是为了骗老百姓，证明其合法性而已。他们做皇帝是天命所归，没有天命的人，休想抢夺他们的皇位。如果去翻一下历代正史中的本纪，那些靠逐鹿或宫廷政变而抢来天下的帝王，几乎都要假天命的故事来证明其合法性。故事人人会编，戏法人人会变，只是巧妙不同而已。汉武帝在贤良对策中所问的也就是天命的根据在哪里。董仲舒及公孙弘的对策说的天人关系，也就是天命论的历史根据，说到底，都是为了证明汉代帝王，特别是汉武帝的权力来自天命，有其合法性。

政权结构的组织形态，在中国历史上换了那么多朝代，基本大同小异。毛泽东说过"百代都行秦政法"，"秦政法"就是战国以后逐步形成，由秦始皇总具大成的。两千多年来，尽管王朝更替，政权分分合合，但中央集权层级式的专制主义行政体制没有发生根本性的变化，后代总是继承前朝的体制并略有变更。汉承秦制，唐宋也是继承秦汉的基本形态，用现代的术语，叫作路径依赖，略有变更则是根据当时形势和格局的需要而作出的调整。大明王朝的政治组织形态，在起点上还是继承元朝的体制。朱元璋在至正十六年占领集庆以后，改集庆为应天府，置江南行中书省，自总省事，置僚佐，这是沿用元朝地方行省的体制。到了至正二十四年即吴王位时，便不再以地方行政机构自称，而是建国称王了。他建置百官，以李善长为右相国，徐达为左相国，常遇春、俞通海为平章政事，那都是沿袭元代建置的官僚结构和名称。元代尚右，这时他亦尚右。洪武时，朱元璋为了使自己区别于元代，由尚右改为尚左，这时李善长为左丞相，李善长的实际地位没有变化。所以说，变化往往只是形式上的，或者在名称上的，实质的变化当然也有，但不会很大。

从政权的组织形态上，元明之间，有继承，亦有发展，而继承是全局性的，发展只是局部性的修正。元代的政治组织形态，有其从漠北游牧民族带来的某些特征，但其政权最基本的组织形态则是沿袭唐宋旧制。元在中原地区的行政枢纽，从大断事官机构演变为中书省，以中书省掌全国之政务，这本来是汉及魏晋以来的传统。在中书省设左右丞相，以右为上，元代皇帝与宰相的关系属"委任责任"模式，宰相虽实行多相制，但相权往往集中在一两名宰相身上，由于宰相权重，故宰相易于专权。这个制度规定下，皇权与相权之间的关系是相对的，因人因事而异，往往取决于二者之间人事的变化。帝王是雄才大略者，那么宰相的组织机构往往不能稳定。汉武帝刘彻是一个有作为的皇帝，丞相只有唯唯诺诺，才能善终于相位，如公孙弘便是这样一个人物，《汉书·公孙弘传》称其任丞相御史六年，年八十终丞相位。其后，李蔡、严青翟、赵周、石庆、公孙贺、刘屈氂继续为相，"自蔡至庆，丞相府客馆丘虚而已，至贺、屈氂时坏以为马厩、车库、奴婢室矣。唯庆以惇谨，复终相位，其余尽伏诛云"。君王雄才大略，宰相只能唯唯诺诺；反之，皇帝属童稚或昏庸之辈，则往往出现宰相专权的局面。举例来说，同一个宰相制度，同一个皇帝唐玄宗李隆基在处理君相关系的问题时，前后便有不同。前期与宰相姚崇、宋璟两人相处是相得益彰，后期放手李林甫、杨国忠专权，则与其荒于女色有关。杨贵妃这个悲剧无论从哪个视角看，责任都在李隆基身上，唐玄宗荒废了帝王必须担当的角色。宰相制度的存废，亦是相对的，朱元璋废除宰相制度，集决策和行政权力于一身，这只能行之于一时，而其子孙倦怠时，宰相或者宦官的专权就难以避免。相应的组织结构，在其运行过程中，往往因人、因事、因时而发生各种变异，许多事物不能死抠书面条文，还得看其实际运行的情况，看相关人物的状态，才能透过现象看清事物的本质。决策与行政毕竟是不同的功能，皇权不能长期取代相权，反之相权亦不能取代皇权，历史便是在这个动态中演化，而组织形态亦往往随之变化。

三、关于废除宰相制度的问题

关于明初的几个宰相,刘基与朱元璋之间曾有一段对话,见于《明史·刘基传》:"初,太祖以事责丞相李善长,基言:'善长勋旧,能调和诸将。'太祖曰:'是数欲害君,君乃为之地耶?吾行相君矣。'基顿首曰:'是如易柱,须得大木。若束小木为之,且立覆。'及善长罢,帝欲相杨宪。宪素善基,基力言不可,曰:'宪有相才无相器。夫宰相者,持心如水,以义理为权衡,而己无与者也,宪则不然。'帝问汪广洋,曰:'此褊浅殆甚于宪。'又问胡惟庸,曰:'譬之驾,惧其偾辕也。'帝曰:'吾之相,诚无逾先生。'基曰:'臣疾恶太甚,又不耐繁剧,为之且孤上恩。天下何患无才,惟明主悉心求之,目前诸人诚未见其可也。'后宪、广洋、惟庸皆败。"刘伯温这一席话是发之肺腑之言。他在朱元璋面前议论了那么多朱元璋心目中的宰相继承人选,一个也不行,请他出山也不愿,既得罪了人,那就很难保全自己了,尽管退隐在山乡,也难善终。从刘基与朱元璋的谈话中还可以知道,这个上层集团内部充满着矛盾。明初大部分将相出身于淮西,过江以前就投身于朱元璋了，而刘基、宋濂是浙南人，是朱元璋打败方国珍以后，才参与朱元璋属下的统治集团，自然有派系的分歧。刘基评论的人物大都属淮西集团的，他得罪人了，所以才有后来胡惟庸派人毒死刘基的传说。反之看，胡惟庸这个大案也就有了因头了。从这个故事可以知道，作为宰相这个角色，不仅需要具备实际行政能力，更需要具备平衡方方面面相互关系的能力，同时在这个基础上能把事情办好，让上下左右对你都满意才行。这个要求可是相当高的啊！刘基不愿蹚这个浑水也有他的道理，这可是一个难以摆平的大江大海，难免有风浪来袭，出现翻船的局面。说这个故事，可以帮助我们理解上层集团内部难以言说的种种复杂的人事关系，一言不慎便会带来灭门之祸。

朱元璋建立大明帝国以后，就想着如何维护自己的权力，并使子子孙孙都能牢牢掌握好皇权，不受各种力量的威胁。从秦汉到宋元，直接威胁皇权甚至颠覆王朝的因素，不外乎这几个方面：一是相权的专政，典型的案例如曹操；一是外戚的专权，如西汉末年的王莽专权；一是宦官专权，如汉唐都是败于宦官之祸患。除了这三个因素之外，便是骄兵悍将的跋扈，北宋杯酒释兵权处置了这个问题，但北宋因此始终处于积弱的局面。故朱元璋建国时，便希望在组织制度上处理好这些问题。那么，朱元璋能否真正解决帝王制度自身的种种痼疾呢？从整个明王朝的历史来看，恐怕未必如其所愿，其中关键是他无法保证接替其帝王权力的王子王孙们的状况。怎么做皇帝，虽然有一套从娃娃抓起的东宫制度，但并不一定能培育出具有雄才大略的帝王，他的子子孙孙实际都不怎么争气。他想方设法搞的那一套制度设计不能说完全无效，但关键还是在人，帝王的素质太差，难保这一套制度设计不歪歪斜斜地变形。当这一套制度完全变形以后，要振作起来复兴这个王朝，同样也很困难，所以崇祯帝最终难逃吊死煤山的结局。掌控国家权力的才能，既不可能靠血缘关系的遗传，也不可能完全从书本上去领会和掌握，它是从王者的社会实践及其相应的社会关系网络中发展起来的，先王留下的遗诏不能说不起作用，但作用亦有限。

一个王朝垮塌以后自会建立起新的王朝，改朝换代的事在中国历史上反反复复地出现过，在改朝换代的过程中，或者在换代不改朝的时候，这个组织结构也会作出某些局部性的修正。这些年来，我们习惯于把社会政治生活中的各种问题，归之于制度的缺乏和不健全，其实制度不是万能的，关键还是在制度体系内外运作的人际关系的状况。制度设计往往是静态的，而制度体系内外运作过程中的人际关系则是动态的，它自然会导致制度自身的畸变，出现与制度设计之初良好愿望相反的结果，所以不仅要关心制度设计，更要关心制度在实际运作过程中人际关系的状况，否则一切制度设计的良好愿望都会落空。

朱元璋立国以后，在他执政的三十多年时间内，如何对汉唐宋元遗留下来的政治制度进行调整和修正，成为他考虑的中心问题。先说中央行政机关的宰相制度，自从秦始皇设置宰相制度以后，为了防止相权对皇权的侵犯，历朝历代都在对这个制度设计进行调整。汉武帝时内朝尚书省的设置，便是为了牵制外朝宰相的权力，尚书台成为外朝实际的宰相以后，魏晋才有中书省的设置，中书成为决策机构，尚书成为行政机构。唐代分设中书、门下、尚书三省，那是将决策与行政分开，中间再加上门下省的封驳，以保证决策能比较符合实际。宋代门下省退出，给事中大体如谏官，变成中书的对立面，但很少能如门下、侍中那样对诏敕行使封驳权，而中书省的长官，也就成为左右宰相。故朱元璋称吴王时，因元尚右，便以李善长为中书省的右丞相。明初徐达、李文忠因受命外出征讨，未尝专理省事，实际上的丞相是李善长一个人。从李善长到胡惟庸，这十多年时间，中书省的宰相府实际上成了左右明王朝政局的力量，史称李善长"外宽和，内多忮刻"（《明史·李善长传》）。洪武四年李善长因疾致仕以后，其继任者杨宪、汪广洋、胡惟庸都是李善长的下属，其中汪广洋比较能"谨厚自守"，但不能"发奸远祸"（《明史·汪广洋传》），也就是不能与杨宪、胡惟庸划清界限，最终还是不能逃脱被诛灭的结局。胡惟庸初为宁国知县，以李善长推荐，擢太常少卿。洪武六年（1373年）七月，以胡惟庸为中书左丞相。杨宪败，汪广洋浮沉守位，让惟庸总中书政事，内外诸司封事入奏，都要经过胡惟庸这个口子，他便处于一人之下、万人之上，奔竟之徒，争赴其门下。这样他便能威福自恣，专生杀之权，那就犯了朱元璋的大忌了。洪武十三年（1380年）朱元璋起胡惟庸案，乘势废掉了元代的丞相制度。《明史·职官志一》有一段非常概括的表述，其云：

> 自洪武十三年罢丞相不设，析中书省之政归六部，以尚书任天下事，侍郎贰之。而殿阁大学士只备顾问，帝方自操威柄，学士鲜所参决。其纠劾则责之都察院，章奏则达之通政司，平反则参之大理寺，是亦汉九卿之遗意也。分大都督府为五，而征调隶于兵部。外设都、布、按三司，分隶兵刑钱谷，其考核则听于府部。是时吏、户、兵三部之权为重。

这一段话概括了明初中央政府最基本的组织结构，取消了中书省的丞相，让中书省下属的吏、户、兵、刑、工、礼六部的尚书直接对皇帝负责，提高了六部的地位；在皇帝身边设置殿阁大学士，作为皇帝处置臣下奏章的顾问，实际上仍然是一个秘书班子，没有实权，只是做顾问，它的职掌是"献替可否，奉陈规诲，点检题奏，票拟批答"，即在皇帝身旁，做参谋顾问，负责清点检查由通政司送来的各部和各地上送的奏章，并标明题目，皇帝看了口授处理意见，对题奏作批答。票拟便是代皇帝拟定批示，他们的身份便是皇帝的秘书。起初设置大学士的有中极殿、建极殿、文华殿、武英殿、文渊阁、东阁，都是朱元璋处理公务的场所。到洪武十五年（1382年）仿宋制，设华盖殿、武英殿、文渊阁、东阁诸大学士,后来又设文华殿大学士,秩皆正五品,由于品秩不高,便不能任意弄权了。到洪武二十八年(1395年),朱元璋又敕谕群臣:"国家罢丞相,设府、部、院、寺以分理庶务,立法至为详善。以后嗣君,其毋得议置丞相。臣下有奏请设立者,论以极刑。"这便以祖训的形式,把废丞相作为制度给定死了。实际上制度是死的,人是活的,制度上规定不设丞相,那些备顾问的大学士,尽管品秩不高,仍能衍生为实际上的宰相。无宰相之名,而具宰相之实。《明史·职官志一》讲道:"迨仁、宣朝,大学士以太子经师恩,累加至三孤,望益尊。而宣宗内柄无大小,悉下大学士杨士奇等参可否。""自是,内阁权日重,即有一二吏、兵之长与执持是非,辄以败。"这决定于帝王本身,这个实际上的相权是帝王自己支撑起来的,它可以没有宰相的名义,而有宰相的实权。六部尚书的品秩比殿阁大学士高,在决策过程中,六部尚书的影响反而低于大学士们。愈往后,这种现象愈明显,因为皇帝不亲自处理政务了,权力自然旁落。故史称:"至世宗中叶,夏言、严嵩迭用事,遂赫然为真宰相,压制六卿矣。"(《明史·职官志一》)如严嵩在嘉靖时,便是以武英殿大学士,入值文渊阁,"朝夕直西苑板房,未尝一归洗沐,帝益谓嵩勤"(《明史·严嵩传》)。其子严世蕃官尚宝司少卿,横行公卿间。严嵩入值时,已六十多岁了,毕竟年事已高,许多事不得不借重于其子严世蕃。史称:"嵩虽警敏,能先意揣帝指,然帝所下手诏,语多不可晓,惟世蕃一览了然，答语无不中。及嵩妻欧阳氏死，世蕃当护丧归，嵩请留侍京邸。帝许之，然自是不得入直。"（《明史·严嵩传》）这样一来，严嵩才出洋相、露馅而失宠于嘉靖帝。严世蕃一出事，严嵩跟着也倒了。故相权的起来，权相实际上的形成，关键还在帝王自身。这是朱元璋建立制度时无法解决的矛盾，子孙不争气，又怪得了谁呢？法制的健全还得靠人去执行，法制再严密，人际关系发生变化了，一切制度上的设置都会被架空的。我说这一些并不是制度无用论，而是讲制度不是万能的，良好而严密的制度设计和贯彻执行，必须以良好的社会风尚、淳朴的人际关系、高尚的道德修养作基础，没有这些条件，任何制度的设置很难真正落到实处。因为制度是死的，人是活的，人变坏了，再好的制度都有空子可钻。所以不能把商品社会市场经济的利益驱动贯彻到人际关系的方方面面。孟子见梁惠王开头所说的话还是正确的：

孟子见梁惠王，王曰："叟不远千里而来，亦将有以利吾国乎？"

孟子对曰："王何必曰利，亦有仁义而已矣。王曰'何以利吾国'，大夫曰'何以利吾家'，士庶人曰'何以利吾身'，上下交征利，而国危矣！……苟为后义而先利，不夺不餍，未有仁而遗其亲者也，未有义而后其君者也。王亦曰仁义而已矣，何必曰利。"（《孟子·梁惠王上》）

社会在利益驱动之下，败坏了风气，丧失了良知，人与人之间的关系变成纯粹利益上的较量,那么设计再好的制度来防止各种弊端,到头来往往还是收效甚微。制度层面的设计和贯彻,一定要有思想层面的保障,否则的话只能是缘木求鱼。

四、后宫制度之一——后妃的管束

至正二十七年（1367年）朱元璋称吴王，他在应天府建立自己的宫殿，《明史纪事本末·开国规模》称："（九月）新内三殿成，曰奉天、华盖、谨身。左右楼曰文楼、武楼。殿之后为宫，前曰乾清，后曰坤宁。六宫以次序列，皆朴素不为饰。"宫殿建置的格局，明清二代都没有很大的变化。去北京看故宫，其基本格局仍如此，前殿是议政的场所，后宫是帝王与后妃的生活区。帝王的宫殿建筑是如此，地方行政机关的建置亦仿此格局。如果去嘉定看秋霞浦，其建置格局亦如此，前面是殿，是府、县官办公的场所，后来这个地方往往便演化为如今通常所称的城隍庙；后面是官员的生活区，即庭院，有假山、池塘等。上海的城隍庙与豫园实际上也是这个格局。

帝王制度实施的是一夫多妻制，帝王的后院妻妾成群，还有数量庞大的宫女来侍奉帝王的生活，同时还要有一大群宦官来照应和管理后宫的起居，以保障帝王的血脉能一脉相承。生活在后宫的还有帝王未成年的子子孙孙，后宫旁边还住有太子，即未来的皇帝，或称作皇储。许多重大的政治变故都发生在后宫，所以如何管理好后宫，始终是历代帝王烦心的事。

《礼记·内则》称男不言内，女不言外，"礼始于谨夫妇，为宫室，辨外内，男子居外，女子居内。深宫固门，阍寺守之，男不入，女不出"。这一条便规定了君王治外，皇后治内，内外有别。《明史·后妃传》的序言称："明太祖鉴前代女祸，立纲陈纪，首严内教。洪武元年命儒臣修女诫，谕翰林学士朱升曰：'治天下者，正家为先。正家之道，始于谨夫妇。后妃虽母仪天下，然不可俾预政事。'""历代宫闱，政由内出，鲜不为祸。惟明主能察于未然，下此多为所惑。卿等其纂女诫及古贤妃事可为法者，使后世子孙知所持守。"这一条上谕成了朱元璋给朱明王朝立下的一条祖训，不准后宫的后妃干预朝政，即使即位皇帝幼小，即皇位后，也没有一个母后敢于直接干预朝政。所以明代历朝皇后、皇太后都著有内训、女训、女鉴之书，以鉴戒自己的一言一行。朱元璋还命工部制红牌，镌诫谕后妃之词，悬于宫中。朱元璋还规定了一条，凡天子亲王之后、妃、宫嫔皆选良家女为之，进者勿受。故后妃多采自京师附近之民间。建国初南北两京并重，君王后妃大多出自两京附近的民间。有明一代既没有母后临朝，也没有外戚擅权，朱元璋这条上谕确实管住了有明一代后妃干政之事。其实这是一个很复杂的问题，男治外，女治内，从家庭内部的分工上，应该说有它合理的成分，作为国家的君王，这个问题就变复杂了。

治国是一个如何处理公共事务的问题，治家则是处理家庭内部的事务，前者是从国的全局看，后者是从家的视角思考问题，后妃参政难免混淆了两者之间的界线，这类现象后果不好。帝王更害怕的是外人篡夺权力，汉武帝要立昭帝为太子，先杀他的母亲赵婕妤，以防止女主干政，因为汉武帝早年深受窦太后、王太后的控制，害怕赵婕妤成为新的吕后。在北魏早期，这个办法成为制度，立太子前，先赐其母自尽，这是杀母夺子。这种现象体现了帝王制度最残忍的一面。不是说女性不能参与国事，而是她参与国事的视角是怎样的。女性也不是不能管理国家大事，中国历史上，权归女主的案例不少，武则天便是典型的例子。北魏的冯太后是孝文帝的母亲，应该说在管理国家上还是很不错的。但有问题的案例也不少，晚清还有一个慈禧太后，管了晚清四十余年。她一死，不久清朝便亡了。历史上往往把国事的败坏归罪于女性，殷之亡，归罪于妲己，这就不符合历史事实了。周武王的《牧誓》所言"牝鸡无晨。牝鸡之晨，惟家之索"（《尚书·周书》）的指责是不公正的，纣王之亡国，不在于妲己。我们现代人大多不会认同古人把女人干政一概视之为"祸水"的观点。问题不在于司晨的是牝鸡还是牡鸡，而在于它是如何司晨，即在何种制度下执政及如何执政的。武则天那样登上皇帝的宝座，女性的生活要开放一些，但这并不说明妇女地位已有任何根本性的变化，亦丝毫没有改变专制主义集权制度的本质。朱元璋在洪武元年立下这一条明帝国的祖训，有它合理性的一面，也有它残暴的歧视女性的一面。

马皇后与朱元璋是结发夫妻，《明史·后妃传》记载朱元璋的后妃只有四个人，那就是高皇后、孙贵妃、李淑妃、郭宁妃，都是早期即与朱元璋相处的。朱元璋的后妃究竟有几人，那就说不清楚了。从《明史·诸王传》的记载看，朱元璋有二十六子，其中提到生他们的母亲便有十五六人，但也有二三个人的生母状况未详，其中还不包括只生女儿的母亲。至于那时生活在后宫中的女性，就更多了，那么多后妃以下的嫔御女史的供给，包括衣食之费、金银布帛、器用百物之供，皆有定则。宫内女性如果以私事外出要论死，宫嫔以下有疾，医者不得入宫，以症取药，可见其管束之苛刻和严厉。这个制度定于洪武三年（1370年），《明史纪事本末·开国规模》云："严宫闱之政，著为令，俾世守之。上以元末宫嫔女谒，私通外臣，或番僧入宫，摄持受戒，而大臣命妇亦往来禁掖，淫渎亵乱。遂深戒前代之失，著为典。"朱元璋去世之后，还有一部分曾受朱元璋宠幸过的女性要去殉葬。《明史·后妃传一》称："初，太祖崩，宫人多从死者。建文、永乐时，相继优恤。若张凤、李衡、赵福、张璧、汪宾诸家，皆自锦衣卫所试百户……人谓之'太祖朝天女户'。"历成祖、仁、宣二宗亦皆用殉，殉葬前赐一餐饭，称朝天饭，饭后被迫上吊自尽，不仅君王如此，王府亦如此。英宗正统元年（1436年）八月，宣宗崩，追赠殉葬为妃的有十个人，其册文云："兹委身而蹈义，随龙驭以上宾，宜荐徽称，用彰节行。"（《明史·后妃传一》）明代要到英宗去世时，才结束这一定制。英宗临崩曰："用人殉葬，吾不忍也。此事宜自我止，后世勿复为。"遂成定制。

五、后宫制度之二——宦官的组织机构与管理制度

后宫制度中另一个重要方面便是宦官制度,宦官最早的称谓有寺人、阉人、腐人,始见于《诗经》和《周礼》,而其实际出现的时代可以上溯到殷周。现代学者在甲骨文中已发现有关于商王占卜阉割战俘能否存活的卜辞,说明那时已有阉人了。当然阉人并非就是宦官,宦官出现的一个直接条件,就是帝王制度,帝王一个人可以占有许多妻妾。明末顾炎武便说过"宦官之盛,由于宫嫔之多"(《日知录·宦官》)。帝王的后、妃、嫔及其他名目繁多的后宫女子,不仅需要人服侍供奉,亦需要有人监视和守护,保证帝系的血脉传承,这样的任务用男性不行,用女性不能胜任,于是便让阉人来扮演这个双重角色,真正需要宦官的只有皇帝一个人。

在古代,宦官主要来源于罪犯,秦汉以后宫刑成为免死之刑,官吏和贵族上层人士,亦难免因有罪而受腐刑,司马迁便是因此而受腐刑。汉武帝时李延年及赵婕妤的父亲便都受过腐刑,许广汉有罪,被下蚕室,复为宦者丞,张贺"坐下刑",后为"掖庭令",

这在历代都成为惯例。在隋唐废除宫刑以后，宦官的来源有地方进贡的，也有宫廷派员到各地招募的；有的为贪图富贵而自宫的，有的则是被迫出卖儿子为阉童。历史上福建这个地方是专门进贡阉童的，《万历野获编·内监》之"阉幼童"条，记载："英宗朝最严自宫之禁，而臣下不奉行者，则时时有之。""天顺四年，镇守湖广贵州太监阮让，阉割东苗俘获童稚一千五百六十五人。既奏闻，病死者三百二十九人。后买之以足数，仍阉之。""福建总兵宁阳侯陈懋，进净身幼男百八人收之。""岂闽中为唐宋中官窟宅，至今尚然，即古所称私白者耶。"不仅帝王宫廷中用阉人，藩王府也收阉者。

朱元璋建国时，曾经考虑到限制宦官的数量，《明史·宦官一》称："明太祖既定江左，鉴前代之失，置宦者不及百人。"《明史纪事本末·开国规模》载，洪武二年（1369年）秋八月，命吏部定内侍诸司官制。上曰："朕观《周礼》，阉寺未及百人。后世至逾数千，卒为大患。今虽未能复古，亦当为防微之计。古时此辈所治，止于酒浆醯醢，司服守祧。今朕亦不过以备使令，可斟酌其宜，毋令过多。"又顾侍臣曰："求善良于中涓，百无一二。用为耳目，即耳目蔽。用为腹心，即腹心病。驭之之道，但当使之畏法，不可使之有功，有功则骄恣，畏法则检束。"洪武十年（1377年）夏五月，有内侍以久侍内庭，从容言及政事，上即日斥遣还乡，命终身不齿。谕群臣曰："阉寺之人在左右久，其小忠小信足以固结君心，及其久也，假威窃权，势遂至于不可抑。朕立法寺人不许预政事，今决去之，所以惩将来也。"《明史·宦官传·序》称："尝（于洪武十七年）镌铁牌置宫门曰：'内臣不得干预政事，预者斩。'"洪武年间还规定宦官"不得兼外臣文武衔"，"不得御外臣冠服"，"官无过四品"，"月米一石，衣食于内庭"，"内臣不许读书识字"（《明史·宦官传·序》）。而且朱元璋还规定宦官由吏部管辖。沈德符在《万历野获编·补遗卷一·内监》之"内官定制"条称："本朝内臣俱为吏部所领，盖《周礼》冢宰统阉人之例。至永乐始归其事于内，而史讳之。"亦有记载称"国初宦官悉隶礼部"（《明史·叶钊传》）。朱元璋限制宦官的措施和条令，只有他在位时有效，他去世以后情况就变了。

朱元璋执政的时期，明宫廷内侍机构的设置亦多有变化，随着时间发展而不断庞大。吴王元年（1367年）始置内使监，设监令，秩正四品，置宦官不及百人。到洪武十七年（1384年）初，宦官的机构已增至七监，另有司局若干。洪武二十八年九月，宦官衙门增至十一监、二司、六局。至洪武三十一年，增至十二监、二司、七局，均为正四品衙门。每个衙门宦官的数量也大幅增加，其名称与职掌如下：

司礼监，有首监之称，设提督太监、掌印太监、秉笔太监、随堂太监等。提督掌督理皇城内一应仪礼刑名事务，以及管束长随、当差、听事各役，关防门禁，催督光禄供应等事。掌印太监掌理内外章奏及御前勘合。秉笔、随堂掌章奏文书，照阁票批朱，即批红，其中有人提督东厂。其下属还有内书房，专掌通政司每日进封本章，并会集京官所上封本，实际上是一个机要机构。宣德时，始设内书堂，为小内侍读书之所。在内侍十二监中，司礼监是为首的一监，它是内外廷的联系枢纽。张居正要有司礼监冯保的支持才能执政。冯保嘉靖中为秉笔太监，万历初掌司礼监，又督东厂，兼总内外，连万历见了他，也有几分畏惧。尽管张居正是万历的老师，如果没有后宫神宗生母李太后视帝起居于乾清宫，管束着这个十岁便即位的皇帝，张居正那是寸步难行。从这一点可以看到，在特定条件下，后宫对前廷政府机构运转影响之大。而内侍的建构也是逐步形成的，洪武三十一年还只是基本定型，其实际运作又随着时间推移而不断变化。

内官监，曾经是内府的首监，后来让位于司礼监。它的职掌以皇城内各种实物的供给为主，设掌印太监一员，礼仪制度所需的各种用品皆由其掌控，是一个肥缺。

御用监，这是内府掌管器物用具的衙门，设掌印太监一员，皇帝御前的一切日用品都由其管理，包括古董和字画。

司设监，掌皇帝出行时的卤簿、仪仗、帷幕之事。

御马监，这是掌控皇城警卫的要害部门，既掌兵符令箭，与外廷兵部相关；又掌四卫勇士，与外廷都督府相关；还分管草场、皇庄。既是内府管军队的，又是管内府财务收支的；设掌印、监督、提督太监各一员。

神官监，掌太庙陵寝洒扫香火等事务，与外朝礼部相联系。

尚膳监，掌印太监一员，掌帝王御膳及宫内食用并筵宴诸事。

尚宝监，设掌印太监一员，掌玉玺、敕符、将军印信，它监视外廷用印的过程。

印绶监，它是管理印绶的，掌古今通集库，并铁券、诰敕、贴黄、印信、勘合、符验、信符诸事。

直殿监，掌宫廷内各殿及廊庑扫除之事务。

尚衣监，掌皇帝御用冠冕、袍服、靴袜之事。

都知监，掌随驾前导警跸。

这十二监的设置，已可见内府机构实际上是对应于外朝的一个庞大的政府机构。在十二监下面还有四司：惜薪司，管柴火的；钟鼓司，掌管内廷钟鼓音乐，一是报时，二是礼仪上的需要，三是提供娱乐杂戏；宝钞司，掌造币的，以供内廷需要；混堂司，掌沐浴之事。其中宝钞、混堂二司是永乐时设置。此外还设有八局：兵仗局，掌军器制作，下设火药司；银作局，掌打造金银器饰；浣衣局，掌洗涤衣物，宫人年老及罢退废者居此；巾帽局，掌宫内靴帽制作；针工局，掌造宫中衣服；内织染局，掌染造御用宫内应用缎匹；酒醋面局，掌宫内食用酒醋及糖酱面豆诸物；司苑局，掌蔬菜瓜果。这八局在职能上与外廷的工部相对应，其所辖工匠甚多，其中浣衣局是永乐时设置。这十二监、四司、八局合在一起通称二十四衙门，也就是明代内府宦官的常设机构。若要比较详细地了解二十四衙门情况，可以参考的著作有明万历年间的宦官刘若愚所撰《酌中志》，明人吕毖从中选出一部分称《明宫史》，有五集，具体介绍内府的情况。刘若愚最初属司礼太监陈矩名下，《明史》称其"善书，好学有文"（《明史·刘若愚传》）。

从组织机构上可以看到，内府这二十四衙门是一个非常庞大的机构。从机构的结构上看，可以看到宫廷内部是一个高度自给自足的机构，内廷的一应需要，都在这个机构内部造作并满足其各个方面的需要。但这些需要实际上要靠全国农户提供的租税、赋役来保障。从机构设置的项目看，它反映了中国自给自足农业社会的基本特征。这个机构包括内宫的嫔妃宫女，人数非常庞大。清初康熙曾讲到明末宫女与宦官加起来有十万人之多，这是一个非常庞大的消费群体，压在老百姓头上，成为一个难以承受的重负，这也决定了明王朝必垮无疑。再说这么多男男女女生活在这样一个几乎是全封闭的皇城内，势必矛盾重重，形成各种派系，互相钩心斗角。在宫女与宦官之间会形成一种非常特异而微妙的关系，而由二十四衙门组成的内廷，与外朝（从内阁到六部、都督府、六科各种政府机构）之间，又存在着错综复杂的利害关系。这样一个内外朝相处的复杂而又庞大的机构，又是围绕着一个轴心，那就是帝王，才能顺利而快速地运转。

帝王生活在深宫中,特别是幼年即位的小皇帝,时时刻刻又在接受宦官们的调教。唐代有一个大宦官仇士良,他掌握了神策军的兵权,牢牢控制着帝王的一举一动。文宗企图借仇士良杀掉宦官王守澄,结果反而被仇士良所控。文宗的心腹李训、郑注皆被其所杀,文宗成了傀儡。有一次文宗问内阁学士周墀,自己是何主,文宗的结论是自己与周赧、汉献这两个傀儡皇帝差不多。还说:"赧、献受制强臣,今朕受制家奴,自以不及远矣!"(《新唐书·仇士良传》)可见帝王的悲哀。仇士良年老退休时,对继承自己位置的宦官交代如何调教帝王的经验,他说:"天子不可令闲暇,暇必观书,见儒臣,则又纳谏,智深虑远,减玩好,省游幸,吾属恩且薄而权轻矣。为诸君计,莫若殖财货,盛鹰马,日以球猎声色蛊其心,极侈靡,使悦不知息,则必斥经术、暗外事,万机在我,恩泽权力欲焉往哉?"(《新唐书·仇士良传》)这个仇士良先后杀二王、一妃、四宰相,贪酷二十余年,亦有术自将,恩礼不衰。要到他死了,唐武宗才能收拾他。明英宗、武宗、神宗便都是被宦官调教坏的。当然宦官中亦有以正道调教小皇帝的,如冯保便是。万历的母亲李太后"遇帝严。保倚太后势,数挟持帝,帝甚畏之。时与小内竖戏,见保入,辄正襟危坐曰:'大伴来矣。'所昵孙海、客用为乾清宫管事牌子,屡诱帝夜游别宫,小衣窄袖,走马持刀,又数进奇巧之物,帝深宠幸。保白太后,召帝切责。帝长跪受教,惶惧甚。保属居正草帝罪己手诏,令颁示阁臣。词过挹损,帝年已十八,览之内惭,然迫于太后,不得不下。"(《明史·冯保传》)张居正去世,太后归政久,再没有力量能约束神宗,帝积怒于冯保,"东宫旧阉张鲸、张诚乘间陈其(冯保)过恶,请令闲住。帝犹畏之,曰:'若大伴上殿来,朕奈何?'鲸曰:'既有旨,安敢复入。'乃从之。"(《明史·冯保传》)结果冯保被安置南京,久之乃死。政局的变化,往往与内廷宦官之间的矛盾密切相关。事态发展的结果不是皇帝管束宦官,而是宦官们如何调教小皇帝了。宦官制度走向朱元璋当初立制的反面了。如此庞大的政府官僚机构一旦运转失灵,会使整个政府机构、国家权力处于瘫痪或半瘫痪的状态,这些问题要放在以后讲到明外朝政府组织机构运作时再来说。现在先讲一下这么多男男女女是如何在这个巨大的皇城内生活的,其中趣闻不少。

今摘录明人沈德符《万历野获编·内监》之"对食"条:"凡宫人市一盐蔬,博一线帛,无不藉手。苟久而无匹,则女伴俱姗笑之,以为弃物。当其讲好,亦有媒妁为之作合。盖多先缔结,而后评议者,所费亦不赀。然皆宫掖之中,怨旷无聊,解馋止渴,出此下策耳。……按宫女配合,起于汉之对食,犹之今菜户也。……余向读书城外一寺,稍久与主僧习,寺中一室,房锁甚固。偶因汛扫,随之入,则皆中官奉祀宫人之已殁者,设牌位,署姓名甚备。一日,其耦以忌日来致奠,擗踊号恸,情逾伉俪。余因微叩其故,彼亦娓娓道之,但屡嘱余勿广告人而已。"另有"内廷结好"条:

"内中宫人,鲜有无配偶者,而数十年来为盛。盖先朝尚属私期,且讳其事。今则不然,唱随往还,如外人夫妇无异。""宫人与内官既偶之后,或一人先亡,亦有终身不肯再配,如人间所称义节。其与为友者,多津津称美,为人道之。今上最憎此事,每闻成配,多行谴死,或亦株连说合媒妁,多毙梃下。然亦终不能禁也。""凡内人呼所配为菜户,即至尊或亦问曰:'汝菜户为谁?'即以实对。盖相沿成习,已恬不为怪。"

从这几条记录可以知道对食是宫中宦官与宫女结对的习惯,历代传承,但又是非法的,然亦只能承认既有事实。这类事要看皇帝的个性处置,有时惹恼了要加以惩罚,有时也习惯了。其实一般情况下,这只是发生在底层,故菜户是低贱的称谓。但宦官上层亦不例外,熹宗时大宦官魏忠贤与客氏也是一对伴食。客氏是熹宗的奶妈,二者的结合,势倾内廷。客氏原来是中官典膳魏朝的对食,及魏忠贤得宠,客氏便移情于忠贤。熹宗即位,二人并有宠,忠贤不识字,因得宠而为秉笔太监而权倾一时。明末的"梃击""红丸""移宫"三大案之聚讼,都与东宫太子皇位的交接和内廷的宦官有关,由此引起所谓阉党与东林之争。

在宦官问题上,朱元璋立法的本意,出于其维护皇权的主观愿望,定下过于苛严的法规,往往在实际生活上行不通。帝王作为政事的中心枢纽,事事皆离不开近身的宦官,可约束于一时,但不能持久。朱元璋规定内臣不许读书识字,然而内臣不识字,何以管理内府的事务？作为秉笔太监，如何代替皇帝在内阁的"票拟"上"批红"呢？故宣宗不得不设内书堂，选小内侍，令大学士陈山教习之。内侍的成员大都由阉童入宫，不学文字，如何能办事呢？从唐宋以来，宦官相当大一部分是自幼被阉或为各地进献的阉儿，从宦官列传也可以看到这些人的出身都是"少阉""少为阉""幼儿为阉者""幼以小黄门""少以宦人入直内侍省"，唐代著名的大宦官高力士，便是武则天圣历年间由岭南讨击使进献的阉儿。宦官的业务能力和某些政治才干，包括那些谄媚阿谀的基本功，都是宫廷这个大环境熏冶培育出来的，但一个阉童如果不给一定的文化知识教育，不懂得一点历史、礼仪之类常识，那也是无法胜任今后职务的。在内宫给年轻的宦者学习文化知识、办一些学习班是古已有之。《唐六典·内侍省·宫闱局》中便有"其小给使学生五十人"，便是唐代宫闱局所属的宦官学生，定员五十人，实际恐怕不止这个数字。教授者称博士，明宣宗让大学士陈山来教这些小内侍，也出于不得已而为之。

明代内侍省在司礼监下设内书堂，《明宫史·内府职掌》之"司礼监"条记载内书堂读书的情况：

> 自宣德年间创建，始命大学士陈山教授之，后以词臣任之。凡奉旨收入官人，选年十岁上下者二三百人，拨内书堂读书。……至书堂之日，每给《内令》一册，《百家姓》《千字文》《孝经》《大学》《中庸》《论语》《孟子》《千家诗》

《神童诗》之类，次第给之。……其功课，背书、号书、判仿，然判仿止标日子、号书不点句也。凡有志官人，各另有私书自读……派年长有势力者六人或八人为学长，选稍能写字者为司房。凡背书不过、写仿不堪，或损污书仿、犯规有过者，词林老师批数目，付提督责处之。其余小事，轻则学长用界方打手，重则于圣人前罚跪，再重则扳着几炷香。扳着者，向圣人前直立弯腰、用两手扳着两脚，不许体屈，屈则界方乱打如雨。或半炷香，或一炷香，其人必眼胀头眩，昏晕僵仆，甚而呕吐成疾者。此最酷、最不近理之法也。凡强凌弱、众暴寡、长欺幼者，每贿托学长，借公法以报私怨。……遇令节朔望，亦放学一日。每日暮放学，则排班题诗……以腔韵题毕，方摆列鱼贯而行。人有不知而误乱挽越者，必群打诟辱之。别衙门官遇学生摆列行走，必拱手端立让过。即司礼老公，遇之亦然。凡各衙门缺写字者，即具印信本奏讨，奉旨拨若干名，即挨名给散。……凡内书堂读书官人，已拨散将完，无人读书。该监题知，于二十四衙门官占官下及监工，改读书以补之。

这一段记载比较真切地反映了当时小太监在内书堂读书的具体状况，老师从哪儿来，课本是什么，作业包括背诵、临帖，以及体罚的方法，假日，宫内行走的排列，以及工作分配，基本上是过去旧式私塾的教学方法，明清两代没有大的变化。

宦官参政，也是帝王根据实际政务上的需要逐步演化而来。

从朱元璋洪武时期便已开始,尽管朱元璋立下了不许宦官预政的规则,一旦他宫廷事务上有某种需要,他也只能派出近身的宦官,因为亲近侍奉他并为他所了解的就是这些宦官。事情是从一些小事上发生变化,只要这个缺口一打开,那么宦官参政的势头就很难改变了。实际上从洪武初年起,一些宦官在外交事务上便发挥了重要作用。如洪武二年,宦官金丽渊奉命出使高丽。洪武十年,朱元璋曾命中官陈能去越南祭祀已故越南国王。琉球中山王遣使朝贡,朱元璋遣内官送其使还国。洪武十九年(1386年),朱元璋遣中官送占城、真腊使者返国。洪武二十八年,朱元璋又派宦官赵达、朱福等人出使暹罗。这些中官参加外事活动的记载皆见于《明实录》。洪武年间还派宦官参与边境地区的茶马贸易。《明史·宦官传序》便提到:"有赵成者,洪武八年(1375年)以内侍使河州市马。其后以市马出者,又有司礼监庆童等。"《明史·西域传》记此事更详。明人王世贞的《弇山堂别集》亦讲到这类事务的状况。此外宦官还参与犒军。洪武十一年(1378年),朱元璋遣宦官吴诚、吕玉至贵州总兵官杨仲名行营犒军。朱元璋还派遣宦官到外地宣谕旨意。洪武十二年(1379年),朱元璋派宦官陈景去西南靖江王朱守谦处宣读谕旨。这些案例都说明在洪武时,朱元璋禁止宦官预政的政令便无法执行。当然这些差遣都是临时性的,也不是什么机密的重大事务,事毕便回宫复命了。宦官参与重大政治活动,是在永乐年间,成祖"靖难之役"受益于宦官,由于惠帝朱允炆驭宦官较严,《明史·宦官传·序》记载事变中:"内臣多逃入其(燕王)军,漏朝廷虚实。文皇以为忠于己,而狗儿辈复以军功得幸,即位后遂多所委任。永乐元年(1403年),内官监李兴奉敕往劳暹罗国王。三年(1405年),遣太监郑和率舟师下西洋。八年(1410年),都督谭青营有内官王安等。又命马靖镇甘肃,马骐镇交趾。十八年(1420年)置东厂,令刺事。"这里从临时派遣的接待与出使国外,变成常驻地方的官员。故《明史·宦官传·序》称:"明世宦官出使、专征、监军、分镇、刺臣民隐事诸大权,皆自永乐间始。"

明代宦官作为相对独立的政治力量的崛起,其标志是司礼监地位的上升。司礼监提督成为总领宦官群体的衙门,特别是秉笔太监拥有了"批红"的职权,宦官由此逐渐形成内朝。秉笔太监"批红"与内阁的"票拟"成为内朝与外朝对柄机要的局面,也促使两者可以公开地分庭抗礼。只要这两者之间充分默契地配合,按照规程运作,那么皇帝可以垂拱而治,有充分时间在宫廷内游耍戏乐了。明代中后期的帝王很少真正管理国事,而明代的统治却能延续那么长的时间,实际上得益于这套机构能正常地运转。如果内外朝分裂,争吵不绝,如万历末到光宗、熹宗年间的东林与阉党围绕三大案的纷争,其背景实际上是内外朝在权力结构上失衡的表现,最终导致政权的半瘫痪状态。矛盾积叠日久,崇祯帝要扭转乾坤,也无法挽回明朝的崩溃。崇祯帝自己最终也上演了吊死在煤山的历史悲剧。

朱元璋在后宫制度的立法和设计上，总结了中国历代封建王朝崩溃和垮台的教训，认为母后专制、外戚专权与宦官专政是对王权最直接的威胁，所以他要作祖训为子孙立法，不让后妃预政，不让宦官预政。前者他是做到了，终明一代没有出现母后临朝、外戚专政的局面，至于限制宦官预政则是失败的。他废除宰相的立法，也是失败的，殿阁大学士后来实际上成为宰辅。故立法定制还得从实际情况来，光凭主观愿望不行，立铁牌以待永久也不行。这对于后代立法建制者是值得进一步思考的一个难题。

六、以内制外——丞相制度如何演化为内阁与司礼的对柄机要

以内制外，是中国历史上历代王朝所采取的一贯手法，从决策的机制讲，最终决策的权力集中在皇帝一个人身上，而实际决策的过程，皇帝一个人是无法胜任的，所以不得不借助于身边的助手。由皇帝身边的助手组成的机构便逐渐成为正式实施决策过程的政府权力机构，这个机构势必成为正式的政府机构，帝王为了控驭这样的机构，又不得不借助于身边更贴身的助手以内制外。历代政府中央决策机构的演化，不断地由内制外，当内廷外朝化后，又有新的内朝机构来制衡它。汉代的中大夫、给事中都属于内朝，与外朝的宰相和御史大夫议论政事。尚书省在汉代本来是内朝，是汉武帝身边管理文书的班子，后来变成决策的参谋班子，之后又成为独立的机构取代了丞相，于是它由内朝变成外朝，宫廷内部的中书又慢慢崛起，尚书省成为行政机构，中书起草与门下封驳成为决策系统的权力结构。它们又逐步外朝化，掌封驳的门下地位下降，中书省的地位上升，成为中央决策的首脑，这个过程在中国历史上反反复复地出现过。从朱元璋废丞相以后，又重启

了这一历史演化的过程。

朱元璋在洪武十三年废除丞相制度,析中书省之政归六部,以六部尚书分任天下事,以殿阁大学士备顾问,以弹劾之责授都察院,以通政司负责章奏之收纳,审案归大理寺,分大都督府为五,而征调军队的权力归兵部,这样把军政大权最终都集中在帝王一个人身上。洪武二十八年,朱元璋还敕谕群臣:"国家罢丞相,设府、部、院、寺以分理庶务,立法至为详善。以后嗣君,其毋得议置丞相。臣下有奏请设立者,论以极刑。"(《明史·职官志一》)这样,在朱元璋看来,他已把相权从此一笔勾销。实际上则很难办到,成功与否取决于今后的皇帝有没有能力执掌那么巨大的权力。在决策过程中,要看皇帝能否从纷繁复杂的来自内外诸司的奏章中,判断相关事件的是非,并采取适当的措施去处理好各种棘手的矛盾和问题。这是要不要恢复相权的条件。结论是明摆着的,皇帝不可能正确地独断一切事务,不能正式恢复丞相制度,变相的丞相还是会应运而生的,这一点正是朱元璋的无奈和悲哀所在。因为他的皇子皇孙们不可能如他那样成为雄才大略的君王,反而大都是吃喝玩乐、荒诞不经的花花公子,内阁成为变相的宰相,而内相制度如司礼太监便应运而生,有了内阁与司礼的对柄机要,皇帝尽可以在深宫后院戏耍一辈子而不闻政事。朱元璋没办法保障皇子皇孙们的素质和品位,优裕的生活条件不可能培养出杰出的统治帝国的人才,这是不因个人的意志而转移的客观规律。

有一个统计资料讲到，在洪武十七年九月十四日到二十一日的八天里，内外诸司奏章共一千六百六十份，奏事三千三百九十一件，明太祖不得不哀叹："朕一人处此多务，岂能一一周遍，苟致事有失宜，岂惟一民之害，将为天下之害；岂惟一人之忧，将为四海之忧。"（《明太祖实录·洪武十七年九月》）说明他为帝为王责任重大，要在那么短的时间内处理好那么多章奏，涉及那么多繁杂事务，让谁也力难胜任。他的叹声中流露出力不从心、负荷过重的困境，说明做一个称职的好皇帝实在是个又苦又累的差使。《史记·秦始皇本纪》讲到方士侯生与卢生私下议论秦始皇，"天下之事无小大皆决于上，上至以衡石量书，日夜有呈，不中呈，不得休息。贪于权势至如此"。看来此话不假，集权制下的皇帝确实辛苦。不仅又苦又累，还得处处提防各种陷阱，实在难。不仅他难，而且在身旁帮他办事的人也难。《明史·宦官传·序》讲到在洪武时有一个人叫杜安道，他不是宦官，是外臣，"以镊工侍帝数十年，帷幄计议皆与知，性缜密不泄，过诸大臣前一揖不启口而退。太祖爱之，然亡他宠异，后迁出为光禄寺卿"。为什么他不启口，因为尽管亲自聆听朱元璋许多议论，他只能缄默不言，泄漏禁中之言，弄不好有灭门杀身之祸。《史记·秦始皇本纪》讲到这样一个故事，始皇帝"行所幸，有言其处者，罪死。始皇帝幸梁山宫，从山上见丞相车骑众，弗善也。中人或告丞相，丞相后损车骑。始皇怒曰：'此中人泄吾语。'案问莫服。当是时，诏捕诸时在旁者，皆杀之。自是后莫知行之所在。听事，群臣受决事，悉于咸阳宫"。可见在有雄才大略的君王身旁立言处事之难。朱元璋与刘基曾经有一段关于挑选宰相的谈话，这次谈话涉及对李善长、杨宪、汪广洋为人的议论，为此刘基与李善长、胡惟庸结下了难解的仇怨，这反映了高层之间很难有推心置腹的议论，特别是对身边共掌国事者的议论，双方很难在思想上沟通，问题积累多了，到一定时候有一个导火线，往往引起矛盾的总爆发，多年共事的关系变成你死我活的斗争。这类教训，古往今来实在太多了。这个问题留待讲胡惟庸案子时再说。

洪武十三年九月，朱元璋仿周制设四辅官的虚职，以取代丞相，结果不好。到洪武十五年十一月，又仿宋制设殿阁大学士备顾问，此外他在洪武十四年（1381年）还曾令翰林院的编修、检讨、典籍，左春坊的左司直郎及正字考驳诸司奏事，这里左春坊是东宫的机构，朱元璋是让他们对外廷的章奏在文字上做一次初审的过滤。朱元璋的这些措施为后来明成祖以殿阁大学士为基础建立内阁开了先河。

明成祖即位不到两个月，便任命原翰林院的词臣解缙、黄淮、胡广、杨雄、杨士奇、胡俨、金幼孜等七人值文渊阁，参与机务，内阁作为一种建制正式开始出现。永乐元年九月，"特简讲读、编、检等官参与机务（简用无定员），谓之内阁"（《明史·职官志二》）。"然其时，入内阁者皆编、检、讲读之官，不置官属，不得专制诸司。

诸司奏事，亦不得相关白。"(《明史·职官志一》)编是编修，检为检讨，讲读即侍讲、侍读，都是翰林院的词臣，属于翰林院学士及史官的范畴。翰林院学士的职掌是掌制诰、史册、文翰之事，或者给君王讲读经史，是做文字工作和备天子顾问的。而编、检则是翰林院属下的史官，其来源是以考试为进士而入翰林院，一般二甲授编修，三甲授检讨。这批人都是在科举考试中被选拔出来的，他们参与机务作为内阁的成员，只是备顾问，不是权力机关的一级机构，与六部之间不是上下级关系，然而其实际作用和影响远远超过最初法定的身份。据当时人杨士奇说，永乐初，"凡制诏命令诫敕之文日多，而礼典庶政之议及事之关机密者咸属焉"。"时几务孔殷，常旦及午，百官奏事退，内阁之臣造前进呈文字，商机密，承顾问，率漏下十数刻始退。"(《三朝圣谕录序》)成祖北上，他们跟了一起去北京。《明史·杨荣传》称："军务悉委荣，昼夜见无时。""凡宣诏出令，及旗志符验，必得荣奏乃发。"《明史·解缙传》称成祖认为内阁的作用是"代言之司，机密所系，且旦夕侍朕，俾益不在尚书下也"。黄佐在《翰林记》引成祖的话说："天下事咸朕与若等同计，非若六卿之分理也。"他们是以机要秘书的身份，与帝王一起参与决策，并借用其笔杆，替君王发号施令，故其实际作用，在成祖看来已超过六部尚书了。而从品秩上讲，六部尚书要高于他们，六部尚书的品秩是正二品，他们则不高于正五品。朱棣实际借助这批文人谋士，以小制大，以内制外。

到了仁宗洪熙年间,由于仁宗在位不过一年,一切政事的处理自然依赖这些起家于洪武、永乐年间的老臣。他只能与杨士奇、杨荣"同计天下事",其子宣宗即位时二十八岁,在位只有十年,那时机务仍只能依靠永乐以来的老臣。"悉下大学士杨士奇等参可否,虽吏部蹇义、户部夏原吉时召见,得预各部事,然希阔不敌士奇等亲"(《明史·职官志·序》),这样阁权逐渐凌驾于六部及都察院之上。

英宗是九岁即皇帝位,这样的小孩子什么也不懂,还不是得听由身边的老人摆布?故内阁地位的上升是洪武、永乐、洪熙、宣德这几十年在实际参与决策发号施令的过程中形成的,开始是在朱元璋、朱棣的掌控之下,到了仁、宣及英宗初年,君王的作用逐渐减弱,这套机构按照既定的格局在自动运转。由君王的独断演化成垂拱而治,这是历史发展必然的结果。尽管九岁的稚童做皇帝,只要社会矛盾没有急剧的变化,那么王朝的权力机构仍会沿着自身的轨迹运转下去。

那么内阁的具体职掌究竟是什么?《明史·宰辅年表一》称:"纶言批答,裁决机宜,悉由票拟。"票拟的具体内容包括两个方面,一是替皇帝起草诏令,一是给诸司的奏启进行批答。这项工作起始的时间大体上在宣德、正德年间,二者中,起草诏令的时间在永乐年间已经开始,这两项使命由于皇帝不具体过问事务或者皇帝年幼无法操持政务,使票拟由内阁专掌,不再是皇帝御前受命进行,而是由内阁独立进行,内阁成了皇权的替身了。皇帝诏令的起草,如果未经内阁票拟则被称为"中旨""手敕""内批",就不能算作法定的正规文件下达,至于下面的奏启,如果没有得到内阁的票拟,那就是"留中",因而票拟成为决策过程中正规的不可或缺的办事程序。随着票拟成为内阁主要职责,大学士如杨士奇、杨荣以东宫旧臣,分别升为礼部侍郎兼华盖殿大学士与太常卿兼谨身殿大学士。这样内阁学士与六部尚书并肩而坐了。

内阁是在洪武十三年废丞相以后的事物,它自身亦有一个发生发展的过程,大体上经历了三个历史阶段。在永乐、宣德年间,内阁尚无独立性,基本上还是从属于皇帝的幕僚,如同当今之机要秘书。在正统到正德年间,内阁仍在禁内办事,但已成为内廷事务的枢纽,实际上构成明代的政治中枢。内阁制度的最终定型是在嘉靖年间,由于世宗不理朝政,内阁的首辅便成为实际上的宰辅。连世宗都认为"此官虽无相名,实有相职",实际上恢复了明初的丞相制度,而首辅的进退和权力的大小则取决于君王对其的信任程度。

内阁的票拟还不能作为诏令直接下达,还得经过皇帝的亲笔朱砂"批红",才能正式下达生效。黄佐的《翰林记》称:"永乐、洪熙二朝,每召内阁造膝密议,人不得与闻……然批答出自御笔,未尝委之他人也。宣庙时,始令内阁杨士奇辈及尚书兼詹事蹇义、夏原吉，于凡中外章奏，许用小票墨书贴各疏面以进，谓之条旨，中易红书批出，上或亲书，或否。及遇大事大疑，犹命大臣面议，议既定，即传旨处分，不待批答。……正统后，始专命内阁条旨。"实际上批红都要皇帝亲笔御批，也很难件件如此，大部分需要他人代为批红。这样就必然需要经过内书堂训练、有一定文化知识底蕴的太监来代笔了。司礼的秉笔太监便是适应这个需要而产生的。英宗即位时还是小孩子，太皇太后也不能与内阁面议取旨，所以只能专令内阁票拟条旨，同时司礼监有专职的秉笔太监，为皇帝批红。如此一来批红成了司礼太监最主要的职掌，从而使其成为皇帝处理机务最贴近的助手，同时也提升了司礼监在十二监中的地位，使其成为所有宦官机构的第一署。司礼监宦官，由于对其文化知识上有较高的要求，一般都是由内书堂侍东宫，然后随太子即帝位而入司礼监。从明代实际情况看，被选入东宫的宦官，常常就是幼年与皇储一起伴读的伙伴，这些太子身边的小伙伴，或者称作"豫教"的教师，对太子的影响远远超过后来为太子讲经的翰林院的侍讲侍读们。这些宦官和皇太子长期相处形成的亲密关系，成为他们在司礼监弄权的资本，如王振之于英宗、刘瑾之于武宗，就是沿着这条途径发展而弄权，造成严重后果。

除了票拟之外，司礼太监在十二监中成为第一监也有许多特殊的条件。一是皇位交替，司礼太监往往与阁臣同受顾命大臣，如英宗朝的司礼太监牛玉和孝宗朝的司礼太监戴义。而穆宗在遗诏中正式任命张居正与冯保同为顾命大臣，所以神宗会对冯保抱有几分畏惧。其二是司礼太监可以提督京营。土木堡之变后，景泰帝便命司礼太监与兵部同理京营军务。如曹吉祥便在景泰中分掌京营，所以他与石亨能在景泰帝病重时迎英宗复辟。成化以后司礼太监提督京营已成定制，而且京营中有四卫直接为御马监掌控，以保卫皇城。东厂始置于永乐十八年，内廷故事，厂印与监印由二人分掌。后来以司礼太监掌东厂，成化时太监尚铭先掌东厂，然后入司礼监，正德初以司礼太监王岳曾管辖东厂事，孝宗时又令汪直设西厂，以侦察外事。武宗正德时，司礼监刘瑾复设内行厂，司礼掌印太监照例不得掌厂印。嘉靖、万历时，掌印太监麦福、黄锦、冯保都破例监掌厂印。这样东西厂、内行厂这些特务机构的刺奸之权可以熏灼里外，弄不好都成为宦官肆意排斥异己的工具。有了顾命大臣的威望，又掌握了从事侦察刑讯的机构，而又有御马监掌四卫勇士营，与外廷都督府相抗，同时又掌兵符、令旗，间接掌控着兵权。有了这些条件，司礼监在大内便成为能与内阁部院等外朝庞大官僚机构相匹敌的举足轻重的部门。沈德符《万历野获编·内监》之"内官定制"条称："司礼今为十二监中第一署，其长与首揆对柄机要，金书、秉笔与管文书房，则职同次相。其僚佐及小内使，俱以内翰自命，若外之词林。"司礼监的长官是提督，这里讲的金书是掌印太监，而秉笔与随堂负责章奏文书，照阁票批朱。文书房，即书籍字画等库掌司；内翰，指宫内的翰林；

词林即指翰林院的学士。这样一来，司礼监，特别是金书、秉笔成了皇权的象征，而内阁则成了相权的象征，两者的关系成了互相制衡的关系，帝王可以心安理得地吃喝玩乐，做他的风流天子了。故明代的帝王，自朱元璋与朱棣之后，没有一个皇帝有大出息。《明宫史·内府职掌》之"司礼监"条称："凡每日奏文书，自御笔亲批数本外，皆众太监分批。遵照阁中票来字样，用朱笔楷书批之。间有偏旁偶误者，亦不妨略为改正。最有宠者一人，以秉笔掌东厂，掌印秩尊，视元辅；掌东厂权重，视总宪兼次辅。其次秉笔，其次随堂，如众辅焉。皆穿贴里，先牛斗，次升坐蟒；先内府骑马，次升橙杌。"另有"司房，打发批文书、誊写应奏文书"。司礼监的生活在《酌中志·内府衙门职掌·司礼监》之"文书房"条说得更具体："每日早晨，或非朝讲之日，及申时后，掌印公过司房看文书，秉笔、随堂人各有室，挨次细看。先看文书房外本，次看监官典簿文书。""其亲信掌班人等，一人不得入机密禁近。"通过文件制作的过程，可以看到相权实际上转归宦寺，正如《明史·职官志·序》所说："内阁之拟票，不得不决于内监之批红，而相权转归之寺人。"那么多题奏要皇帝一个人来批朱，事实上也不可能，内廷不得不有一个班子和机构来组织这项工作。司礼监与内阁最终对柄机要的局面也是自然形成的，这与当初朱元璋废丞相后的制度设计完全是两回事了。

由上面的叙述可以知道，可靠的制度设计，不决定于设计者的主观愿望，它只能是实际决策习惯的流程的法制化。同时还可以看到由内而外，几乎是一个规律。丞相本来也只是为君主助理政务的仆役，以后成为外朝的首辅。尚书本来是汉武帝用来对付丞相专权的内朝主官，最终它代替了丞相成为外朝的行政机构首脑。中书省的发展过程也是由内而外，明代用以取代中书省的内阁，本来是皇帝身边的参谋班子，后来变成外朝的中枢部门。在内廷产生宦官掌控的司礼监，通过批红来制衡内阁，外朝的力量不断由内而外地进行演化。以卑弱制强大，以小制大，以近制远，几乎是历朝历代政治制度发展的基本模式。尽管在位的执政者往往不喜欢它，但难以逃脱这个规律的影响。

明代随着宦官实际政治影响力的变化，宦官与命官的相互关系也在悄悄地发生变化。赵翼《廿二史札记·明史》之"明代宦官"条载："永乐中，差内官到五府六部，俱离府部官一丈作揖。途遇公侯驸马，皆下马旁立。今（万历天启间）则呼唤府部官如属吏。公侯驸马途遇内官，反回避之，且称以翁父。至大臣则并叩头跪拜矣。此可见有明一代宦官权势之大概也。"总之人际关系的变化，是随着权势地位的变化而变化，尽管人们憎恶它，但改变不了这种状况的反复出现。

第二讲 东宫制度

一个王朝要延续下去，必须有未来皇帝的储备，即所谓的皇储，亦即皇太子，用当今的语言讲就是接班人。涉及的问题，一是如何选择和确定皇太子；二是确立皇太子以后，安置在哪里，如何确定太子的辅教及官属，以保证太子能定向培育成合格的皇帝。古人把这件事视作立国的根本，由立太子问题而引起的纷争，便成为争国本的问题，因为它关系到王朝未来的发展和前途。

一、围绕接班人问题的东宫制度

个人的生命毕竟是有限的,即使是君王也不例外。秦始皇迷信长生不老之药,所以没有尽早及时地确定他的接班人。他死得突然,结果交接班的问题被赵高一手操纵,弄了一个胡亥作为接班人,二世而亡。所以汉帝国建立以后,便把接班人问题尽早提到议事日程上来。汉初的贾谊有一篇名为《保傅》的文章,后来也收在《大戴礼记》中,就大讲接班人的培养和教育,也就是东宫的建制,认为这是国家的头等大事。所以各个王朝,一旦称王立国,往往首先把立世子或太子作为首要的任务来抓,明代朱元璋兴起时也不例外。

至正二十四年正月,朱元璋在集庆即吴王位,立其原配马皇后的长子朱标为世子,那一年朱标十三岁。洪武元年朱元璋建国号明,复立世子朱标为太子,那一年朱标十七岁,中书省和都督府请仿元制,以太子为中书令。帝以元制不足法,令詹同考历代东宫官制,为东宫挑选官员班子。东宫官制的历史沿革,在中国历史上,前前后后有两千余年。东宫班子的组成,在各个王朝反反复复，经验教训很多。詹同，元末明初的饱学之士，《明史》有传。他是浙江金华人，原是陈友谅那儿的翰林学士，陈友谅败，为朱元璋录用，教习功臣子弟于内府，史称其"学识淹博，讲《易》《春秋》最善。应教为文，才思泉涌，一时莫与并"（《明史·詹同传》）。朱元璋让他来讲述历代东宫官制的沿革，当是想在总结历代东宫沿革的基础上，弄清东宫该如何建制的原则问题，然后考虑如何组建东宫官员。

历代东宫官制一般包括三个组成部分，一是在东宫担任辅教规谏之职的，若太子三师、三少，以及太子宾客、太子司仪郎、太子左右谕德和太子左右赞善大夫等；二是处置东宫内外事务的，包括礼仪宾客及供应皇太子生活起居，那就是詹事府；三是东宫的警卫仪仗，那就是东宫卫率。这一套机构设置的规制，也是随着历史的发展而逐渐演化的，在汉代这一套体制已基本成形了，魏晋至隋唐更加细密。而这个建置的设想，实际上是把东宫的官属与朝廷的官僚结构分为两个系统。在通常情况下，它又是未来太子继位后朝廷官员的基本班子，从某种意义上说，它犹如一个影子内阁。这种设计，往往又背离了"天无二日，人无二主"的原则，弄不好会形成两个政治中心。太子长大以后，父子之间往往出现权力角逐上的矛盾斗争，甚至导致父子双方以兵戎相见。

讲一点历代东宫沿革的历史有好处，当然也不能过细讲，要说清楚这个问题，可以写部专门的著作，但迄今尚未发现这方面的专著，也未找到专门的论文。而东宫制度，事关接班人的头等大事，也实在应该有人去探讨。学习断代史不能限于某一朝代，特别是典制的问题，必须上下贯通才能由知其然而知其所以然。

一个王朝要延续下去，必须有未来皇帝的储备，即所谓的皇储，亦即皇太子，用当今的语言讲就是接班人。涉及的问题，一是如何选择和确定皇太子；二是确立皇太子以后，安置在哪里，如何确定太子的辅教及官属，以保证太子能定向培育成合格的皇帝。古人把这件事视作立国的根本，由立太子问题而引起的纷争，便成为争国本的问题，因为它关系到王朝未来的发展和前途。要说清楚明代东宫制度上的问题，还需要上溯到中国古代历史上这个制度的渊源和演化，故只能前前后后穿插着说。典章制度是长期历史累积形成的。

如何选立皇储，亦即立谁为太子，得根据未来皇位继承的需要。在殷商时，它的世系大略是"兄终弟及"，据王国维《殷周制度论》称：商代"自成汤至于帝辛三十帝中，以弟继兄者凡十四帝，其以子继父者，亦非兄之子，而多为弟之子"。在周代，皇位的继承多为"父子继立"。父亲有多个儿子，怎么办呢？立长？立贤？还是立嫡？如何避免诸子之间因皇位的争夺而发生内战？蒙古帝国早年在这个问题上，采取库里台大会推选的办法，最终导致蒙古帝国的分裂。中国传统的办法是立嫡立长，《春秋公羊传·隐公元年》有一段释文，解释了孔子在经文中为什么没有讲隐公即位的道理，其云：

"公何以不言即位？成公意也。何成乎公之意？公将平国而反之桓。曷为反之桓？桓幼而贵，隐长而卑。其为尊卑也微，国人莫知。隐长又贤，诸大夫扳隐而立之，隐于是焉而辞立，则未知桓之将必得立也；且如桓立，则恐诸大夫之不能相幼君也。故凡隐之立，为桓立也。隐长又贤，何以不宜立？立适（嫡）以长不以贤，立子以贵不以长。桓何以贵？母贵也。母贵则子何以贵？子以母贵，母以子贵。"这里为鲁隐公立而不称即位说了那么一大番道理，讲的是王位继承上的制度，必须是"立适（嫡）以长不以贤，立子以贵不以长"，为什么如此？防止皇位在诸子之间争夺，防止诸子因争夺王位而引起内讧，导致王朝自行瓦解。嫡，指正妻所生；庶，指妾所生。不以贤，因贤与不贤，一时很难确定，故以长。以出身贵贱论，而不以长幼论，则为防止嫡庶之间的争立，这是帝王制度一夫多妻制下防止因王位继承争夺而不得已采取的一种办法。王位的实际继承程序是否如此，那是另一回事。立嫡立长固然能减少诸子争立的矛盾，但若嫡长没有担任天子重任的才能，其所带来的后果同样也是非常严重的。从中国历史看，围绕这个王位继承问题发生的悲剧和闹剧几乎是连绵不断，皇位继承所带来的权力再分配，几乎都是在纷争不断的过程中完成。中国历史学界，迄今仍少有这方面的专著和专题论文。

从朱元璋立储的指导思想上讲，他是接受立嫡立长这个传统观念的。朱标是其嫡长子，故立为太子，论贤能，则朱标不一定高于其兄弟。朱标在洪武二十四年（1391年）早于朱元璋去世，朱元璋立长孙朱允炆为皇太孙，本的也是这个原则。那一年朱允炆只有十四岁，从才能上当然远远不如朱元璋已封王的诸子。朱元璋在洪武二十九年（1396年）重定诸王见东宫礼仪，朝见后于内殿行家人礼。因诸王皆尊属，为朱允炆长一辈，在朝是君臣关系，在家是长幼辈分关系，重定礼仪，以确立朱允炆作为皇太孙以后接皇位的名分。那么这个由朱元璋确立的法定关系，能否为诸王所遵循，又是另一回事了。制度有作用，其作用如何，关键是在人的执行。有明一代太子废立的争论，都与这个制度紧密相关。如万历年间的争国本案、妖书案，都与万历迟迟不立太子有关，又与迟迟不立皇后有关，立了太子又与太子地位不稳有关，结果引起满朝文武的大争论。这个具体事件留待后面再作说明。

关于东宫这个名词的来历，始见于鲁隐公三年（前720年），卫庄公娶于齐东宫得臣之妹。唐人孔颖达的疏义称："得臣为太子，云常处东宫者，四时东为春，万物生长在东；西为秋，万物成就在西。以此君在西宫，太子常处东宫也。"（《春秋左传正义·隐公三年》）故历代皆以东宫代指太子，而宫殿建筑亦以东宫居太子。朱标十三岁为世子，正处于成长时期，当然需要教养，朱元璋首先让他去凤阳省墓，其对朱标云："儿生长富贵，习于晏安。今出旁近郡县，游览山川，经历田野，其因道途险易以知鞍马勤劳，观闾阎生业以知衣食艰难，察民情好恶以知风俗美恶，即祖宗所居，访求父老,问吾起兵渡江时事,识之于心,以知吾创业不易。"(《明史·兴宗孝康皇帝传》)那年冬天,让他看朱元璋祭天的仪式,让"左右导之农家,遍观服食器具,又指道旁荆楚曰:'古用此为扑刑,以其能去风,虽伤不杀人。古人用心仁厚如此,儿念之。'"(《明史·兴宗孝康皇帝传》)从这些教育的内容看,朱元璋毕竟是布衣出身的皇帝,经历过艰难,如此教养十三四岁的朱标,属于正道。

二、教辅功能的理想与实际——关于东宫制度的历史考察

《礼记·文王世子》中说:"入则有保,出则有师。"指太子燕居出入时,有师保相辅翼,具体讲,"师也者,教之以事而喻诸德者也。保也者,慎其身以辅翼之而归诸道者也"。从文献上看,战国时各国的东宫已有保傅的设置。《史记·商君列传》:"于是太子犯法。卫鞅曰:'法之不行,自上犯之。'将法太子。太子,君嗣也,不可施刑,刑其傅公子虔,刑其师公孙贾。"说明那时太子东宫确有师傅之职。地下考古资料也能证明这一点,湖北荆门沙洋区郭店村的楚墓一号墓的墓主很可能是楚国的一位"东宫之师",墓中出土的楚文字竹简,便是辅导太子用的读物,这位东宫太师生活的年代,大体上处于孔子与孟子之间。

把对太子教辅的历史地位提得最高,并将其理想化的,当是《大戴礼记》的《保傅》篇,这应该是汉初的作品,文字与贾谊《新书》中的《保傅》基本相同。《汉书·贾谊传》也引用了相关的内容,它还引用《尚书·吕刑》中的一句话:"一人有庆,兆民赖之。"这也就是"天下之命悬于天子,天子之善在于早谕教与选左右"

(《大戴礼记·保傅》)。一个人的成长，早期教育当然很重要，作为皇储的早期教育，也就是从娃娃抓起，当然更加重要了。至于"天下之命悬于天子"那就不一定准确了。天子的品德与才能与国家的治乱固然有很大关系，但历史的发展自有其规迹，并非悬于天子一人，天子本身亦不过是那个时代人际关系的象征而已。背离那个时代的历史趋势，天子也一样会被时代淘汰。《保傅》篇为了强调太子傅教的重要，虚构了"周成王幼，在襁褓之中，召公为太保，周公为太傅，太公为太师"的故事，国家决策和行政的重臣怎能围着成王的辅教转呢？所以这样说只是突出其重要性而已，但这个观念确实为历代统治者所接受。那么皇储作为未来天子这样的定向培养可行吗？历代太子辅教状况究竟如何？有效吗？这只有让历史自身去检验了。

（一）西汉时的太子教育问题

汉代在刘邦时，第一个任太子太傅的是叔孙通，他的地位并不高，职次于太常卿，辅教的太子是汉惠帝刘盈。他担任太子太傅的时间是在高帝九年（前198年），那年刘盈十四岁，高帝去世是在十二年，其实他辅教太子的时间不过三年。他如何辅教刘盈的，则史阙其文。叔孙通为太子刘盈做的一件事，《汉书·叔孙通传》云："十二年，高帝欲以赵王如意易太子，通谏曰：'昔者晋献公以骊姬故，废太子，立奚齐，晋国乱者数十年，为天下笑。秦以不早定扶苏，胡亥诈立，自使灭祀，此陛下所亲见。今太子仁孝，天下皆闻之；吕后与陛下共苦食啖，其可背哉！陛下必欲废適（嫡）而立少，臣愿先伏诛，以颈血汙地。'高帝曰：'公罢矣，吾特戏耳。'通曰：'太子天下本，本壹摇天下震动，奈何以天下戏！'高帝曰：'吾听公。'"可见叔孙通是忠于自己职守，以死相谏，以安太子位。叔孙通本是秦之博士，教授诸生，秦亡后，随从叔孙通学习的弟子多达百余人，且为刘邦定朝仪，故以其为太子太傅，应该说是够资格的了。然而在其辅教之下，惠帝即位后七年，二十三岁时去世，实在说不上有什么作为，背后实际上是吕后在执政。班固对其赞语是："可谓宽仁之主。遭吕太后亏损至德，悲夫！"（《汉书·惠帝纪》）他名义上作为皇帝，实际上只是吕后手上的一个傀儡，故叔孙通对惠帝调教所能起的作用，实在有限。可见天子的作为，不完全决定于他个人的品德和才能，周边环境和人际关系的影响更大。从惠帝个人而言，他的品德不坏，他能"内修亲亲，外礼宰相"，"闻叔孙通之谏则惧然，纳曹相国之对而心说"。（《汉书·惠帝纪》）他毕竟拗不过自己的母亲吕后，只能在内心痛苦中不久于人世。如果让他做主，可以说是一位宽仁守成之君主。

此后见之于记载的太子太傅，在汉文帝时曾有东阳侯张相如为太子太傅，不久被免，于是有石奋，官至太中大夫，《汉书·石奋传》称其"无文学，恭谨，举无与比"，时"选可为傅者，皆推奋为太子太傅。及孝景即位，以奋为九卿。迫近，惮之，徙奋为诸侯相"。可见石奋文化水平不高，个人行为端正，对景帝辅教严，故景帝即位后，怕见他，远徙地方。卫绾尽管出身低下，以戏车为郎，而行为端正，景帝为太子时，召其赴饮，绾称病不行，故文帝嘱景帝称："绾长者，善遇之。"(《汉书·卫绾传》)景帝立胶东王刘彻为太子时，拜卫绾为太子太傅。汉武帝为太子选太傅时，选了石奋的少子石庆，《汉书·石奋传》载："建元二年，郎中令王臧以文学获罪皇太后。太后以为儒者文多质少，今万石君家不言而躬行，乃以长子建为郎中令，少子庆为内史。"元狩元年（前122年）武帝立太子，"选群臣可傅者，庆自沛守为太子太傅，七岁迁御史大夫"(《汉书·石庆传》)。汉武帝选石庆为太子太傅，原因不在于他的学问，而在于他的德行。石庆做了七年太子太傅，迁为御史大夫，可见汉武帝对他任太子太傅职是满意的。从汉文帝到武帝这个阶段，朝廷挑选太子太傅的要求，不再倾向于文学，而是倾向于为傅者的品德和行为是否耿直，能否为太子做表率。如石奋那样虽无文学，但自身立得正，景帝做了皇帝还惧他三分。文帝是藩王出身，景帝与武帝都是由太子即皇位的，景帝个人的德行不怎么样，但平定"七国之乱"，稳定汉朝大局毕竟是在他执政时期；武帝是一个有雄才大略的皇帝，他自己的太子太傅也是以行为端正著称。可见那个时期对太子辅教的重点不在于文学和经典，而在于行为的端正，这才是为人的起点。做普通人是如此，做皇帝也是如此。学习传统文化、修养身心的重点，必须放在如何做人上，这才是根本，而这一点又与整个社会风气、人际关系的状况息息相关。师德的败坏，社会风气向唯利是图的倾向发展，弄虚作假成风，怎能从学校培养出品学兼优的人才呢？教育离开了德育这个根本，那么科学技术和文化知识的水平再高也会变得更坏。目前教育的状况，不仅仅是改变学校的教育行政上的问题，如何改变社会风尚或许更为迫切，这是一个综合性的系统工程。

昭宣以后太子太傅的情况有了很大的变化，其时为太子太傅者，多系名士大儒，所授内容亦多为儒家经典及文学的素养。汉元帝为太子时，宣帝选疏广为太子少傅，太子的外公想让其弟照管太子，被疏广拒绝。他对汉宣帝说："太子国储副君，师友必于天下英俊，不宜独亲外家许氏。"（《汉书·疏广传》）他做了五年太子太傅，"皇太子年十二，通《论语》《孝经》"。此后接着有萧望之为太子太傅，以《论语》《礼服》授太子。汉元帝即位后，又有儒生匡衡为太子少傅。"成帝末年，立定陶王为皇太子，以丹为太子太傅"（《汉书·师丹传》），师丹也是儒生，由博士出身，通经术。自昭宣以后，以儒术傅太子的那些经学大师的政治地位高了，太子即位以后他们大多得到了升迁。宣帝临终时命太傅萧望之、少傅周堪受遗诏辅佐元帝，元帝时的太子太傅匡衡成帝时为丞相，师丹在哀帝即位后以师傅居三公位，这说明太子师傅的地位已非汉初叔孙通所能比拟了。然而这些师傅们以经术教授太子,其结果又如何呢?对于汉元帝,宣帝生前就表示不满,这种方式培育出来的天子,他们缺少应对各种社会矛盾和突发事件的实际能力。国家管理能力仅靠书本上那些东西是不行的,汉之国势,从昭宣以后走向衰落,元、成、哀、平可以说是一代不如一代。帝王处理各种政治问题的能力,在于应对各种复杂局面时,能否敏锐感知并及时作出反应,包括运用政治权术方面的方式方法,它只有从权力角逐的实际锻炼中习得。朱元璋在立朱标为世子时所讲的话,确实有他切身的体验,他的政治军事才能是在实际斗争中积累起来的。儒生给他讲的东西,他采取的方针是为我所用,至于如何应用,则必须从实际斗争需要出发,不是从本本出发,让实际生活削足适履。

一般说来,一个王朝前面几代皇帝要比后面的皇帝高明一些,根本的原因是他们接触和具体处理实际问题的机会相对要多一些。北齐文宣帝高洋立高殷为太子,先后令国子博士李宝鼎、邢峙为太子太傅和侍讲,太子接受的是传统的儒学,"温裕开朗,有人君之度,贯综经业,省览时政,甚有美名",但高洋却"每言太子得汉家性质,不似我,欲废之"。北齐高氏家族习惯鲜卑游牧生活,高洋为了考验这个只有十六岁的太子,一次他在"金凤台,召太子使手刃囚。太子恻然有难色,再三不断其首。文宣怒,亲以马鞭撞太子三下,由是气悸语吃,精神时复昏扰"(《北齐书·废帝纪》)。文宣帝去世,高殷即帝位,不到一年时间,便被他的叔父高演即高欢之第六子所废。因为他没有政治斗争的经验，温良恭俭让怎能应付复杂的宫廷政治斗争呢？高洋考验高殷的做法固然显得专横、残忍，我们平常人自然会觉得非常反感，但他作为那个时代的一国之君，自有其独特的思维方式。在他看来，一个没有勇气、不能亲手操刀杀人的人，又如何能具有足够的胆识和魄力去战胜各类对手、统治一个国家呢？北齐那时候，可是一个东西南北互相对峙的时期。帝王制度的本质是集权制度，这就决定了作为王者必须具备能够压倒一切觊觎者的强硬性格，这也就是中国历史上那些颇有作为的帝王，往往同时又极其残忍甚至是暴君的原因之一。

（二）太子废立之间的矛盾冲突

按照嫡长制，立太子照理不是一个问题，只要天子有儿子就行。但也不尽然，如果没有立皇后，都是嫔妃所生之子，天子宠爱的妃子先后发生变化，那么立长便会包含着纷争。明代万历年间便发生过这个问题，神宗第一个儿子是太后身边的宫女王氏所生，过了几年神宗宠爱的郑贵妃生了皇帝的第三个儿子，神宗迟迟不立太子，便是绕不开嫡长子这个坎儿。其后期册立东宫之争，即所谓争国本、妖书案、梃击案，都与初立太子的问题有关。明王朝正是在这场纷争过程中逐渐走向衰亡的，这个问题我们放到后面再说。现在先说天子立了太子以后，又想废太子怎么办？它会引起什么样的后果？废太子的原因各有不同，而废太子的过程，往往惊天动地，为什么会这样？

立了太子以后，要废太子的原因很多。有的是天子喜欢上另一个妃子，并及其子，所以要废原来的太子，再立新的太子。有的是因为原来的太子有了这样那样的问题，所以要废掉他，立新的太子。有的是有人利用父子之间的嫌隙，故意挑起冲突而引起废立。有的是诸子兄弟之间的互相倾轧，引起太子地位不稳，而迫使父皇进行废立。有的则是因为父皇或母后担忧太子影响他们的权力和地位而要废旧立新。也有该废而不废的，有的是将废而没有废成，反为太子所弑。无论废还是不废，都反映了父子之间在权力结构上无法调和的矛盾。废立的过程与结局也各不相同，有的完成了废立的过程，有的则是想废而中途停止。无论如何，这个过程对上上下下都是一次非常激烈的冲突和折腾，对牵涉其中的一部分人来说，都是无法弥补的伤痛和灾难。这是帝王制度下宫廷权力的重组和再分配，它残酷的程度有时不亚于战场上的互相厮杀，整个王朝在这一场又一场的厮杀中大伤元气，并逐渐走向衰亡。下面我会列举各种类型废立的案例，看这些案例，往往都会因极其残忍的场面而心惊肉跳。

（三）刘邦想废太子刘盈未成

刘邦在晚年一度想废掉太子刘盈，即后来的惠帝，也许是因为惠帝太仁慈而显得软弱。那时刘邦正宠爱着戚夫人，戚夫人的儿子如意，虽只有八岁，却讨得刘邦的喜爱。刘盈比他大七岁，高帝十年时，刘邦在朝廷上提出废立的问题，却引起一片反对声，而刘邦又显得那么坚持。最为恐慌的不是别人，却是刘邦的结发妻子吕后，因此吕后与戚夫人之间、刘盈与如意之间，便成了一场你死我活的斗争。两个孩子还不懂得这场斗争可能产生的后果，而吕后则深知其中利害。《汉书·张良传》记载了这件事：

> 上欲废太子，立戚夫人子赵王如意。大臣多争，未能得坚决也。吕后恐，不知所为。或谓吕后曰："留侯善画计，上信用之。"吕后乃使建成侯吕泽劫良，曰："君常为上谋臣，今上日欲易太子，君安得高枕而卧？"良曰："始上数在急困之中，幸用臣策；今天下安定，以爱欲易太子，骨肉之间，虽臣等百人何益！"吕泽强要曰："为我画计。"良曰："此难以口舌争也。顾上有所不能致者四人。四人年老矣，皆以上嫚侮士，故逃匿山中，义不为汉臣。然上高此四人。今公诚能毋爱金玉璧帛，令太子为书，卑辞安车，因使辩士固请，宜来。来，以为客，时从入朝，令上见之，则一助也。"于是吕后令吕泽使人奉太子书，卑辞厚礼，迎此四人。四人至，

客建成侯所。

汉十一年，黥布反，上疾，欲使太子往击之。四人相谓曰："凡来者，将以存太子。太子将兵，事危矣。"乃说建成侯曰："太子将兵，有功即位不益，无功则从此受祸。且太子所与俱诸将，皆与上定天下枭将也，今乃使太子将之，此无异使羊将狼，皆不肯为用，其无功必矣。臣闻'母爱者子抱'，今戚夫人日夜侍御，赵王常居前，上曰：'终不使不肖子居爱子上。'明其代太子位必矣。君何不急请吕后承间为上泣言：'黥布，天下猛将，善用兵，今诸将皆陛下故等夷，乃令太子将，此属莫肯为用，且布闻之，鼓行而西耳。上虽疾，强载辎车，卧而护之，诸将不敢不尽力。上虽苦，强为妻子计。'"于是吕泽夜见吕后。吕后承间为上泣而言，如四人意。上曰："吾惟之，竖子固不足遣，乃公自行耳。"于是上自将而东，群臣居守，皆送至霸上。良疾，强起至曲邮，见上曰："臣宜从，疾甚。楚人剽疾，愿上慎毋与楚争锋。"因说上令太子为将军监关中兵。上谓："子房虽疾，强卧傅太子。"是时叔孙通已为太傅，良行少傅事。

汉十二年，上从破布归，疾益甚，愈欲易太子。良谏不听，因疾不视事。叔孙太傅称说引古，以死争太子。上阳许之，犹欲易之。及宴，置酒，太子侍。四人者从太子，年皆八十有余，须眉皓白，衣冠甚伟。上怪，问曰："何为者？"四人前对，各言其姓名。上乃惊曰:"吾求公,避逃我,今公何自从吾儿游乎?"四人曰:"陛下轻士善骂,臣等义不辱,故恐而亡匿。今闻太子仁孝,恭敬爱士,天下莫不延颈愿为太子死者,故臣等来。"上曰:"烦公幸卒调护太子。"

四人为寿已毕,趋去。上目送之,召戚夫人指视曰:"我欲易之,彼四人为之辅,羽翼已成,难动矣。吕氏真乃主矣。"戚夫人泣涕,上曰:"为我楚舞,吾为若楚歌。"歌曰:"鸿鹄高飞,一举千里。羽翼以就,横绝四海。横绝四海,又可奈何!虽有矰缴,尚安所施!"歌数阕,戚夫人歔欷流涕。上起去,罢酒。竟不易太子者,良本招此四人之力也。

从这一长段引文,可以看到刘邦下决心要易太子,惠帝人不坏,但不是当皇帝的料,他太懦弱。至于如意长大以后是什么料还是一个未知数,而朝臣的坚决反对则是刘邦不得不思考的问题,而且吕后从刘邦起家,其与诸将的关系已深,他没有办法改变这个局面。刘邦心里也清楚,他去世后,名义上是惠帝为天子,实际执政的是吕后,吕后的霸道足以弥补惠帝之懦弱。利害的考量,割舍了情感,所以苦命的是戚夫人及其子如意。所以刘邦会对戚夫人说"吕氏真乃主矣"的话,他知道将来戚夫人与如意的结局不好,所以刘邦唱楚歌,戚夫人为楚舞,显示了刘邦无可奈何的悲哀。这个更易太子半途而废的过程,实际上是一场没有硝烟的战争。《汉书·周昌传》则具体讲了刘邦去世后戚夫人与如意的悲剧结局:

周昌者，沛人也。……为人强力，敢直言，自萧、曹等皆卑下之。昌尝燕入奏事，高帝方拥戚姬，昌还走。高帝逐得，骑昌项，上问曰："我何如主也？"昌仰曰："陛下即桀、纣之主也。"于是上笑之，然尤惮昌。及高帝欲废太子，而立戚姬子如意为太子，大臣固争莫能得，上以留侯策止。而昌庭争之强，上问其说，昌为人吃，又盛怒，曰："臣口不能言，然臣期期知其不可。陛下欲废太子，臣期期不奉诏。"上欣然而笑，即罢。吕后侧耳于东箱听，见昌，为跪谢曰："微君，太子几废。"

是岁，戚姬子如意为赵王，年十岁，高祖忧万岁之后不全也。赵尧为符玺御史……尧侍高祖，高祖独心不乐，悲歌，群臣不知上所以然。尧进请问曰："陛下所为不乐，非以赵王年少，而戚夫人与吕后有隙，备万岁之后而赵王不能自全乎？"高祖曰："我私忧之，不知所出。"尧曰："陛下独为赵王置贵强相，及吕后、太子、群臣素所敬惮者乃可。"高祖曰："然，吾念之欲如是，而群臣谁可者？"尧曰："御史大夫昌，其人坚忍伉直，自吕后、太子及大臣皆素严惮之。独昌可。"高祖曰："善。"于是召昌谓曰："吾固欲烦公，公强为我相赵。"昌泣曰："臣初起从陛下，陛下独奈何中道而弃之于诸侯乎？"高祖曰："吾极知其左迁，然吾私忧赵，念非公无可者。公不得已强行！"于是徙御史大夫昌为赵相。……

  高祖崩，太后使使召赵王，其相昌令王称疾不行。使者三反，昌曰："高帝属臣赵王，王年少，窃闻太后怨戚夫人，欲召赵王并诛之。臣不敢遣王，王且亦疾，不能奉诏。"太后怒，乃使使召赵相。相至，谒太后，太后骂昌曰："尔不知我之怨戚氏乎？而不遣赵王！"昌既被征，高后使使召赵王。王果来，至长安月余，见鸩杀。昌谢病不朝见，三岁而薨。……

  初，赵尧既代周昌为御史大夫，高祖崩，事惠帝终世。高后元年，怨尧前定赵王如意之画，乃抵尧罪，以广阿侯任敖为御史大夫。

《汉书》这篇传的内容都是本《史记》而来，传记中的人物和对话，那么生动活泼，人物性格是那么棱角分明而又鲜活。太子废立的问题，涉及整个朝廷权力结构的重新组合，尽管刘邦那么坚决，毕竟拗不过群臣阻挠。王朝的延续，不仅仅是太子是谁的问题，而是看人脉关系谁更深更厚，刘邦也无法改变这个既定的人事关系，只能无可奈何花落去。他为戚夫人与如意留下了后路，然而以吕后的残忍，怎能容忍得了戚夫人与赵王呢？过去碍着刘邦无法下手，刘邦一死她就睚眦必报了，连当初她曾跪拜过的、有恩于她和刘盈的周昌也不放过，况且周昌所为是奉刘邦之命。故刘氏家族的后续者对吕氏专权这一事件的怨恨是刻骨铭心的。汉武帝立昭帝为太子时，要先杀其母赵婕妤，就是为了防止吕后专权的再现。而刘邦想立如意，又半途而废，则害苦了戚夫人与如意，如果没有这个插曲，戚夫人与如意还不至于如此被放在铁板上烤。这一次太子的废立，实际上是一次对未来王位的争夺，虽然还没有成为公开的兵戎相见，其过程和结局也够残酷了。即使如周昌与赵尧完全出于公心，也得到如此的苦果。不管是何人，一旦卷入争夺接班人的旋涡，除了最终的胜利者，谁也难以有好果子吃。

（四）晋武帝司马炎该废太子司马衷而不废

在中国历史上，皇子被作为皇储立为太子的时候，其本人往往还只是幼童，甚至只有二三岁。这样的孩子其智能状况还没有显现出来，等其长大，才发现他是弱智儿童，将来如何担当一国之君主的重任呢？在常人眼中看来，这当然应该废掉，重选适宜的人选。然而当局者在思考这个问题时，就颇费周折了，因为废立牵涉太多的利益纠葛。那么办呢？下面我想讲一个案例，是西晋武帝司马炎所遇到的难以破解的废立问题。

西晋武帝司马炎即位以后，在泰始三年（267年）立司马衷为太子，司马衷是杨皇后所生。杨皇后共生三子，司马轨、司马衷、司马柬三人，而司马轨二岁便夭折了，故司马衷便成为晋武帝的嫡长子。司马衷实际上是一个弱智儿，被立为太子时只有九岁，他在三十三岁时即帝位，即晋惠帝，前后在位十五年，终年四十八岁。

其弱智的状况,《晋书·惠帝纪》称帝:"尝在华林园,闻虾蟆声,谓左右曰:'此鸣者为官乎?私乎?'或对曰:'在官地为官,在私地为私。'及天下荒乱,百姓饿死,帝曰:'何不食肉糜?'其蒙蔽皆此类也。后因食饼中毒而崩。"从这一段文字,便可知道这是一个弱智者,他无法判断稍为复杂问题的是非,怎么能治理一个国家呢?故在他执政的十五年间,"政出群下,纲纪大坏,货赂公行,势位之家,以贵陵物,忠贤路绝,谗邪得志,更相荐举,天下谓之互市焉。高平王沈作《释时论》,南阳鲁褒作《钱神论》,庐江杜嵩作《任子春秋》,皆疾时之作也"。可见在司马衷执政的十五年间,整个社会腐烂透顶,结果是"八王之乱",好端端一个统一国家的局面给糟蹋垮了,接下来是南北分裂、战乱不断的局面。

知子莫若父,司马衷是一个低能儿的状况,司马炎心里应该是清楚的,《晋书·惠帝纪》亦云:"帝之为太子也,朝廷咸知不堪政事,武帝亦疑焉。"当时朝廷大臣也就这个问题提醒过司马炎,《晋书·卫瓘传》载:"惠帝之为太子也,朝臣咸谓纯质,不能亲政事。瓘每欲陈启废之,而未敢发。后会宴陵云台,瓘托醉,因跪帝床前曰:'臣欲有所启。'帝曰:'公所言何耶?'瓘欲言而止者三,因以手抚床曰:'此座可惜!'帝意乃悟,因谬曰:'公真大醉耶?'瓘于此不复有言。贾后由是怨瓘。"司马衷不堪任天子之责,朝廷大臣都清楚,晋武帝也清楚,武帝为什么该废而不废呢？

武帝所以不废太子，不是因为不知道司马衷弱智无能，而是因为太子背后从后宫到朝廷大臣间有一条长长的与太子相关的利益链。《晋书·武元杨皇后传》称："帝以皇太子不堪奉大统，密以语后。后曰：'立嫡以长不以贤，岂可动乎？'"司马衷到十三岁，要娶太子妃了，这又是一场对未来权力和利益的争夺。尽管司马衷是一个弱智者，有的大官也拼命要把女儿送上门去。《晋书·惠贾皇后传》云："初，武帝欲为太子取卫瓘女，元后纳贾、郭亲党之说，欲婚贾氏。帝曰：'卫公女有五可，贾公女有五不可。卫家种贤而多子，美而长白；贾家种妒而少子，丑而短黑。'元后固请，荀𫖮、荀勖并称充女之贤，乃定婚。"结果聘了比司马衷大二岁的南风，是年她十五岁。贾充看中的不是司马衷这个弱智儿，而是在司马衷登上皇位以后，由他女儿以皇后的身份掌控朝廷大权，也正是这一点注定了贾后忌妒酷虐玩弄权术的性格。还是这篇传中讲到"帝常疑太子不慧，且朝臣和峤等多以为言，故欲试之。尽召东宫大小官属，为设宴会，而密封疑事，使太子决之，停信待反。妃大惧，倩外人作答（现在叫作枪手）。答者多引古义。给使张泓曰：'太子不学，而答诏引义，必责作草主，更益谴负，不如直以意对。'妃大喜，语泓：'便为我好答，富贵与汝共之。'泓素有小才，具草，令太子自写。帝省之，甚悦。先示太子少傅卫瓘，瓘大踧踖，众人乃知瓘先有毁言，殿上皆称万岁。充密遣语妃云：'卫瓘老奴，几破汝家。'"（《晋书·惠贾皇后传》）司马衷是靠考试作弊骗过武帝司马炎的，由此亦可见卫瓘与贾充两户大家钩心斗角所争之利害冲突所在。当然武帝不是不知道司马衷将来无法胜任，但立而后废，就难免在朝堂上引起一场轩然大波。那么他又怎么思考这个问题，怎样来挽回司马衷由于弱智所带来的隐患呢？

在无可奈何中，他把希望寄托在皇孙即惠帝的长子司马遹身上。《晋书·愍怀太子传》云："愍怀太子遹字熙祖，惠帝长子，母曰谢才人。幼而聪慧，武帝爱之，恒在左右。尝与诸皇子共戏殿上，惠帝来朝，执诸皇子手，次至太子，帝曰：'是汝儿也。'惠帝乃止。宫中尝夜失火，武帝登楼望之。太子时年五岁，牵帝裾入暗中。帝问其故，太子曰：'暮夜仓卒，宜备非常，不宜令照见人君也。'由是奇之。尝从帝观豕牢，言于帝曰：'豕甚肥，何不杀以享士，而使久费五谷？'帝嘉其意，即使烹之。因抚其背，谓廷尉傅祇曰：'此儿当兴我家。'尝对群臣称太子似宣帝，于是令誉流于天下。"可见司马炎对司马衷不抱太大希望时，却指望孙子将来能改变这个局面。其实孩子还小，在其成长过程中，变数还很多，司马遹不是贾后所生，贾后能容得下非己所出的儿子顺利即位吗？这又是一个难以破解的问题。惠帝即位以后，司马遹立即被立为皇太子，然而司马遹"及长，不好学，惟与左右嬉戏"（《晋书·愍怀太子传》），不懂得自己处境的危险，被贾后设计使其醉后书祷神之文，以咒惠帝，借故废了愍怀太子。当司马炎驾崩以后，形式上是惠帝即王位，由于惠帝的低能，权力实际上落入贾后之手。贾后首先设法废掉太后，又杀掉太后之父杨骏，并夷三族，死者数千人，接着设计杀卫瓘一门九人，武帝留下的顾命大臣先后被诛杀，接着便是废愍怀太子，扫除一切影响其专制权力的障碍。结果适得其反，引起众情怨愤。贾后进一步鸩杀太子，于是导致"八王之乱"，把西晋统一的局面弄得四分五裂。唐太宗李世民，在《晋书·世祖武帝纪》末的制文中讲到武帝身后："曾未数年，纲纪大乱，海内版荡，宗庙播迁。""知子者贤父，知臣者明君；子不肖则家亡，臣不忠则国乱；国乱不可以安也，家亡不可以全也。""惠帝可废而不废，终使倾覆洪基。夫全一人者德之轻，拯天下者功之重，弃一子者忍之小，安社稷者孝之大；况乎资三世而成业，延二孽以丧之，所谓取轻德而舍重功，畏小忍而忘大孝。圣贤之道，岂若斯乎！"李世民这一段制文写得有理有据，惠帝确实该废。中国有一句老话，叫作当断不断，反受其乱。而李世民书写这一段制文，确是埋下了自己另一番难以言说的心结。那就是在玄武门之变中，他弑兄杀弟，连十个年幼的侄儿也一个不留，真是斩尽杀绝，接着是逼父禅位，他是作注解，显示自己所作所为正是为了"可废而不废，终使倾覆洪基"，在父子、兄弟之间，则是"全一人者德之轻，拯天下者功之重"，为自己破坏中国传统伦理的行为提供理论根据。而司马炎对惠帝的可废而不废所导致的后果提供了历史的佐证。唐太宗李世民不仅弑兄逼父为自己获取王权,而且在废立太子的问题上,从实际效果上讲,亦不见得如其所愿。他安排李治为太子,顺利即位为唐高宗,李治的情况虽不能说如晋惠帝那样弱智无能,但也确实是一个软弱可欺的人,武则天比之贾后,在能力和策略上则有过之而无不及,这大概也是李世民始所未料的吧!真是智者千算,不如老天爷一算。下面我们就讲一下李世民前之夺嫡和后之废立这两个历史事件,了解中国东宫制度史,这两个案例也许是不可或缺的典型事件。

(五)李世民夺嫡

与李世民夺嫡相关的事件,便是发生在唐高祖武德九年(626年)六月四日的玄武门之变。要知道我们目前所能看到的历史记载,是李世民留下的一面之词,他的对立面太子建成、齐王元吉方面没有什么完整的材料。而唐初监修国史的房玄龄,就是玄武门之变具体策划者之一。贞观三年(629年)闰十二月,李世民把史馆移入禁中,即门下省之北,是为了自己能直接干预那段历史的记载。《资治通鉴·唐纪十三》贞观十七年(643年)有一段记载:

> 初,上谓监修国史房玄龄曰:"前世史官所记,皆不令人主见之,何也?"对曰:"史官不虚美,不隐恶,若人主见之必怒,故不敢献也。"上曰:"朕之为心,异于前世。帝

王欲自观国史，知前日之恶，为后来之戒，公可撰次以闻。"谏议大夫朱子奢上言："陛下圣德在躬，举无过事，史官所述，义归尽善。陛下独揽起居，于事无失，若以此法传示子孙，窃恐曾、玄之后或非上智，饰非护短，史官必不免刑诛。如此，则莫不希风顺旨，全身远害，悠悠千载，何可信乎！所以前代不观，盖为此也。"（此段亦见《旧唐书·朱子奢传》）上不从。玄龄乃与给事中许敬宗等删为《高祖》《今上实录》，癸巳，书成，上之。上见书六月四日事（玄武门之变，李世民杀兄逼父之事）语多微隐，谓玄龄曰："周公诛管、蔡以安周，季友鸩叔牙以存鲁，朕之所为，亦类是耳，史官何讳焉！"即命削去浮词，直书其事。

所以唐初的实录，是依照李世民所定的调子来写的。两唐书的书写也是这个基本调子，按照这个调子，太子李建成与齐王元吉的传当然是被脸谱化了的。既然要书其事，那人们从玄武门之变的过程，或多或少能恢复一些历史的本来面目，换一个视角，也能分析其中的来龙去脉。

李渊起兵时，建成与世民是其左右手，是李建成领兵取长安的，根据立嫡立长的原则，李渊建国时，他便被立为皇太子了。而李世民则在武德元年被任为尚书令，封秦王，在关东平定刘武周、王世充、窦建德上立有大功。齐王元吉是留守并州的，以后在平定王世充上亦立有大功，齐王与建成结盟与秦王李世民相抗衡。

当时的局面，太子居东宫，与高祖李渊日夜并通，李世民居承乾殿，元吉居武德殿后院，"皇太子及二王出入上台，皆乘马携弓刀杂用之物，相遇则如家人之礼"（《旧唐书·隐太子建成传》）。在皇太子与秦王之间摩擦不断的时候，"高祖呼太宗小名谓裴寂等：'此儿典兵既久，在外专制，为读书汉所教，非复我昔日子也'"。可见李渊对李世民不满，更倾向于建成和元吉。

建成、元吉对付秦王的办法，是通过李渊设法拆散其身边的羽翼。一是把房玄龄与杜如晦斥出秦王府，不得复入。二是设想过让李世民到洛阳去，秦王李世民不愿意出行，故此计未行。在这个背景下，双方都在设法收买对方手下的人马。建成、元吉设法收买李世民手下的勇将尉迟敬德与段志玄，"密致书以招敬德曰：'愿迁长者之眷，敦布衣之交，幸副所望也。'仍赠以金银器物一车"。尉迟敬德报告李世民，李世民让他收下礼物，并可借此"知彼阴计，足为良策"（《旧唐书·尉迟敬德传》）。又如，"隐太子建成、巢剌王元吉，竟以金帛诱之，志玄拒而不纳，密以白太宗，竟与尉迟敬德等同诛建成、元吉"（《旧唐书·段志玄传》）。而李世民也在收买建成、元吉的人，如常何是建成方面负责玄武门警卫的人，李世民赐以金铤复以数十金刀子，以赐守卫玄武门骁勇之武夫（见于近世敦煌石窟中发现之写本，有李义府撰写的常何碑文），同时从上述记载亦可见双方谋划对付对方的策略已久。武德九年突厥犯边，太子建成建议由元吉带兵北讨，于是高祖李渊诏齐王元吉率师拒之，"仍令秦府骁将秦叔宝、尉迟敬德、程知节、段志玄等并与同行。又追秦府兵帐，简阅骁勇，将夺太宗兵以益其府"（《旧唐书·巢王元吉传》）。这样釜底抽薪，分化瓦解秦王府的政治军事实力。在这个历史背景下，李世民与属下商量应对之策。而高祖李渊的方针还是调和二者，故在武德八年（625年）末，加李世民为中书令、齐王元吉为侍中。而李世民的幕僚们，则拼命劝李世民先发制人。于是李世民先征求李靖与徐世勣这两个实力派的意见。《资治通鉴·唐纪七》注引《统纪》言二人称："大王以功高被疑，靖等请申犬马之力。"在求得外部力量支持下，这次发动玄武门突然袭击的事件，是李世民与其幕僚和部将集体策划的结果。他们定下的计划是："六月三日，密奏建成、元吉淫乱后宫，因自陈曰：'臣于兄弟无丝毫所负，今欲杀臣，似为世充、建德报仇。臣今枉死，永违君亲，魂归地下，实亦耻见诸贼。'高祖省之愕然，报曰：'明日当勘问，汝宜早参。'四日，太宗将左右九人至玄武门自卫。高祖已召裴寂、萧瑀、陈叔达、封伦、宇文士及、窦诞、颜师古等，欲令穷核其事。建成、元吉行至临湖殿，觉变，即回马，将东归宫府。太宗随而呼之，元吉马上张弓，再三不彀。太宗乃射之，建成应弦而毙。元吉中流矢而走，尉迟敬德杀之。俄而东宫及齐府精兵二千人结阵驰攻玄武门，守门兵仗拒之，不得入，良久接战，流矢及于内殿。太宗左右数百骑来赴难，建成等兵遂败散。"（《旧唐书·隐太子建成传》）

从事情的过程，可见建成与元吉方面事先毫不知情，故为所乘。而玄武门所以能阻挡东宫之兵马，那是因为守门的常何已为李世民所收买，打败建成、元吉的部属后，"太宗命敬德侍卫高祖。敬德环甲持矛，直至高祖所。高祖大惊，问曰：'今日作乱是谁？卿来此何也？'对曰：'秦王以太子、齐王作乱，举兵诛之，恐陛下惊动，遣臣来宿卫。'"这实际上是以武力对父皇逼宫了。这些叙述都是被李世民认可记录在《唐高祖实录》中，两唐书的传记便是依此而来。究竟是谁阴谋设计发动这场兄弟间以兵戎相见的宫廷政变不是非常清楚了吗？"建成死时年三十八。长子太原王承宗早卒。次子安陆王承道、河东王承德、武安王承训、汝南王承明、钜鹿王承义并坐诛。太宗即位……以礼改葬。葬日，太宗于宜秋门哭之甚哀。"（《旧唐书·隐太子建成传》）"元吉死时年二十四。有五子：梁郡王承业、渔阳王承鸾、普安王承奖、江夏王承裕、义阳王承度，并坐诛。"（《旧唐书·巢王元吉传》）李世民有预谋地发动突然袭击，弑兄、杀弟、逼父，连十个侄儿，若元吉诸幼子，一个也不留，也太残忍了。事实的过程，已经充分说明这场政变之性质了，任何文字上的修饰也无法掩盖事件之本质。

贞观时，修《晋书》，唐太宗李世民亲自为《晋书·高祖宣帝纪》写了一段制文，就魏晋易代之事直接表明了他的态度。文中称："及明帝将终，栋梁是属，受遗二主，佐命三朝，既承忍死之托，曾无殉生之报。天子在外，内起甲兵，陵土未干，遽相诛戮，贞臣之体，宁若此乎！尽善之方，以斯为惑。夫征讨之策，岂东智而西愚？辅佐之心，何前忠而后乱？故晋明掩面，耻欺伪以成功；石勒肆言，笑奸回以定业。古人有云：'积善三年，知之者少；为恶一日，闻于天下'，可不谓然乎！虽自隐过当年，而终见嗤后代。亦犹窃钟掩耳，以众人为不闻；锐意盗金，谓市中为莫睹。"李世民这一番对司马懿嘲讽的话，可谓说得既痛快，又淋漓尽致，特别是其中的"虽自隐过当年，而终见嗤后代"，实在道出了一个常演常新的历史真理。反观其在玄武门之变的所作所为，后来修史时，又要亲自过问史官们的书写，还不同样是"虽自隐过当年，而终见嗤后代"吗？凡涉及至高无上权力的争夺时，什么礼义廉耻，早已丢到九霄云外去了，事过以后又要以正人君子自居。

（六）李世民废承乾立李治

李世民与建成、元吉围绕东宫太子废立的争斗，实际上是兄弟之间争夺王位继承权的斗争，高祖李渊完全失控。到了贞观十七年，李世民又经历了自己诸子之间为争夺接班人地位的你死我活的斗争。他吸取其父李渊的教训，竭力要把围绕太子废立的这场权力斗争的主动权掌控在自己手中。

李世民有十四个儿子，略少于李渊的二十二个儿子。长子李承乾，武德二年（619年）生于承乾殿，故取名为承乾。李世民即位，承乾被立为皇太子，那年他只有八岁，还是一个孩子。他的母亲是长孙皇后，舅舅是长孙无忌。从长孙这个姓氏，便可知道他们家出身于鲜卑族，受游牧文化的影响较深。在太子身边与之游戏的阉竖，大都是与突厥作战中被俘阉割的孩子，所以从其早年的嗜好，可以看到他的习惯与汉族的传统文化不同，胡化的游戏活动更适合处于成长期的承乾的性格。《资治通鉴·唐纪十二》之"贞观十七年"讲道："初，太子承乾喜声色及畋猎，所为奢靡，畏上知之，对宫臣常论忠孝，或至于涕泣，退归宫中，则与群小相亵狎。宫臣有欲谏者，太子先揣知其意，辄迎拜，敛容危坐，引咎自责，言辞辩给，宫臣拜答不暇。"从这里可以知道，李世民为其设计的辅教格式，与其实际成长过程中的习性是两重不同的文化风格。"太子作八尺铜炉，六隔大鼎，募亡奴盗民间马牛，亲临烹煮，与所幸厮役共食之。又好效突厥语及其服饰，选左右貌类突厥者五人为一落，辫发羊裘而牧羊，作五狼头纛及幡旗，设穹庐，太子自处其中，敛羊而烹之，抽佩刀割肉相啖。又尝谓左右曰：'我试作可汗死，汝曹效其丧仪。'因僵卧于地，众悉号哭，跨马环走，临其身，剺面。良久，太子欻起，曰：'一朝有天下，当帅数万骑猎于金城西，然后解发为突厥，委身思摩，若当一设，不居人后矣。'"（《资治通鉴·唐纪十二》）这完全是小孩子玩游戏的玩意儿，但从游戏中又可以看到太子那时喜欢的是突厥文化，能施展其好猎奇、放肆的性格。这当然违反中国传统文化中辅教太子的要求，正因为如此，太子东宫的左右庶子于志宁和孔颖达要数谏太子，并得到李世民的认可和嘉奖。而太子本人当然会产生一种逆反心理，与由他父亲配置在东宫对他实施辅教的班子成员处于对抗的状态，甚至派人去暗杀他们。这种思想和行为都是太子处于青春期不成熟的表现。

太子与汉王李元昌亲善，汉王元昌是李渊的第七子，与太子承乾年岁相近，二人习性相似，故"太子与之亲善，朝夕同游戏，分左右为二队，太子与元昌各统其一，被毡甲，操竹稍，布陈大呼交战，击刺流血，以为娱乐。有不用命者，披树挝之，至有死者。且曰：'使我今日作天子，明日于苑中置万人营，与汉王分将，观其战斗，岂不乐哉！'"（《资治通鉴·唐纪十二》）可见太子与汉王元昌之间是由于共同文化倾向而相亲相爱。

再说发生在贞观十七年齐王李祐的叛乱。齐王是李世民第五个儿子，贞观十年（636年）封齐王，授齐州都督。其性格与太子相近，史传称其"溺情群小，尤好弋猎"（《旧唐书·庶人祐传》），所以他与李世民派来的长史、司马，对他进行辅教的人处于对立的状态。派去做长史的权万纪对李祐严加管教，"城门外不许祐出，所有鹰犬并令解放"（《旧唐书·庶人祐传》），又斥出李祐喜欢的伙伴君谟、梁猛彪，于是齐王李祐要谋杀权万纪，事泄。李世民派人去齐州查处，要将李祐送京城查办，反而促使李祐射杀权万纪，起兵作乱，被李世民派兵擒获，械送京师，赐死于内省。在审查齐王谋反案中，牵连到太子。齐王谋反时，"承乾谓纥干承基曰：'我西畔宫墙，去大内正可二十步来耳，此间大亲近，岂可并齐王乎？'会承基亦外连齐王，系狱当死，遂告其事。太宗召承乾幽之别室，命司徒长孙无忌、司空房玄龄、特进萧瑀、兵部尚书李勣、大理卿孙伏伽、中书侍郎岑文本、御史大夫马周、谏议大夫褚遂良等参鞫之，事皆明验。"（《旧唐书·恒山王承乾传》）

在这次事件之前，还有魏王泰与太子承乾之矛盾穿插其间。李泰是李世民的第四子，少善属文，贞观十年徙封魏王，太宗以泰好士爱文学，特令就府别置文学馆，任自引招学士，所以招引了一批士大夫在身边。他在贞观十五年（641年）撰《括地志》表上李世民，深得李世民喜爱，"俄又每月给泰料物，有逾于皇太子"。"令泰入居武德殿"，"时皇太子承乾有足疾，泰潜有夺嫡之意，招驸马都尉柴令武、房遗爱等二十余人，厚加赠遗……文武群官，各有附托，自为朋党"。（《旧唐书·濮王泰传》）于是太子承乾一方面招人为刺客，"令杀魏王泰，不克而止"，又"与汉王元昌、兵部尚书侯君集、左屯卫中郎将李安俨、洋州刺史赵节、驸马都尉杜荷等谋反，将纵兵入西宫"（《旧唐书·恒山王承乾传》）。至贞观十七年，"承乾败，太宗面加谴让。乾曰：'臣贵为太子，更何所求？但为泰所图，特与朝臣谋自安之道。不逞之人，遂教臣为不轨之事。今若以泰为太子，所谓落其度内。'太宗因谓侍臣曰：

'承乾言亦是。我若立泰，便是储君之位可经求而得耳。'泰立，承乾、晋王皆不存。晋王立，泰共承乾可无恙也。'"李世民还说："泰文辞美丽，岂非才士。我中心念泰，卿等所知。但社稷之计，断割恩宠，责其居外者，亦是两相全也。"（《旧唐书·濮王泰传》）另一方面李世民又谓侍臣曰："我若立泰，则是太子之位可经营而得。自今太子失道，藩王窥伺者，皆两弃之，传诸子孙，永为后法。"（《资治通鉴·唐纪十三》）李世民想把处置这件事的原则作为祖宗之法，传之后人。那么这件事的演化是否与李世民之初衷相符呢？那可完全是另一回事了。晋王即李治，李世民之第九子，是小儿子，较软弱的一个，为了立他为太子，李世民也演了一出戏。其事见《旧唐书·长孙无忌传》，其云：

> 太子承乾得罪，太宗欲立晋王，而限以非次，回惑不决。御两仪殿，群官尽出，独留无忌及司空房玄龄、兵部尚书李勣，谓曰："我三子一弟，所为如此，我心无憀。"因自投于床，抽佩刀欲自刺。无忌等惊惧，争前扶抱，取佩刀以授晋王。无忌等请太宗所欲，报曰："我欲立晋王。"无忌曰："谨奉诏。有异议者，臣请斩之。"太宗谓晋王曰："汝舅许汝，宜拜谢。"晋王因下拜。太宗谓无忌等曰："公等既符我意，未知物论何如？"无忌曰："晋王仁孝，天下属心久矣。伏乞召问百僚，必无异辞。若不蹈舞同音，臣负陛下万死。"于是建立遂定，因加授无忌太子太师。寻而太宗又欲立吴王恪，

无忌密争之,其事遂辍。

为什么李世民要如此失态呢?因为晋王李治是李世民的第九子,也是长孙皇后所生之最少子。长孙皇后去世时,他只有九岁,太宗怜之,故一直留在身边,且其身心软弱无能,对李世民不构成任何威胁。其立为太子时,也只有十五岁,尚未成年,可塑性强。但立其为太子,不符合立嫡立长的原则,吴王恪是李世民的第三子,以长幼论序,当立吴王恪。恪母是隋炀帝的女儿,恪又有文武才,太宗常称其类己,既名望素高,甚为物情所向。从未来为天子的才能和威望讲,都优于李治。所以晋王李治被立为太子后,太宗又一度想立吴王李恪。长孙无忌为什么反对呢?因为李治是长孙皇后所生,是自己的亲外甥,再一次废立,又一次大动干戈,所以为长孙无忌所阻。但李世民这一想法却害苦了吴王恪,高宗即位以后,长孙无忌便借故诛恪,"以绝众望,海内冤之"(《旧唐书·吴王恪传》)。这次废立,李世民是为了保全诸子,但三子一弟都结果不好。《旧唐书·太宗诸子传》的"史臣曰":"太宗诸子,吴王恪、濮王泰最贤,皆以才高辩悟,为长孙无忌忌嫉,离间父子,遽为豺狼,而无忌破家,非阴祸之报欤?"长孙无忌最终死于武则天之手,而武则天是借手于长孙无忌的亲外甥唐高宗李治啊!不是说真有什么阴报,而是卷在权力结构的旋涡之中,谁都难免悲剧的结局,因为大利与大害相伴而生。

权力结构的交接,是无法避免的历史事件。人的生命毕竟有限,帝王也不例外，立太子、废太子，都是为了准备这个权力的交接。而这个交接的过程，实际上是一次权力的重组，或者说是权力的再分配。权力再分配不像遗产分割，遗产可以分割成若干份，而权力是无法分割的。权力的再分配只能是权力在一定人际关系上的共享，这可是一个非常难解的结。在位者到了一定年龄，都要解这个结，其子女，其周围的文臣武将，包括在其诸子周围的人们，都势必卷入这场旋涡，谁都想侥幸取胜。实际上这是一场你死我活的争夺，故一旦卷入这个旋涡，那他面临的结局不是得失多少的问题，往往是生死存亡的问题，即使想退出也难。他们都将面临灭顶之灾，而其结局大多数是悲惨的。嫡长制的提出是为避免争夺皇位的纷争，结果还是难以避免诸子之间的纷争。在帝王制度下，权力交接不是赌场，就是战场，大多是在无序状态下进行的。争夺的诸方往往都是不择手段，无所不用其极。

（七）南朝宋文帝被太子刘劭所弑的故事

太子的废立，毕竟是一件大事，李世民在玄武门之变和废太子承乾这两件事上，都做了周密的准备，是在对方毫无准备的情况下迅速处置此事。在废太子承乾时，先不动声色地把承乾召来，幽之别室，使其毫无反抗余地。然后召集大臣审问其事，并且当面谴责承乾，这样承乾毫无还手之力。如果承乾提前获悉将被废黜的消息，难免会进行反抗，而且东宫离唐太宗的居处又那么近，这件事处理起来就麻烦了。历史上也有过父皇企图废太子，但事机不密，迟疑太久，反为太子所害的案例，如南朝的宋文帝刘义隆就是被其太子刘劭所弑的。这叫作当断不断，反受其乱。

刘劭是宋文帝的嫡长子，六岁时被立为太子，年十二出居东宫，《宋书·二凶传》称刘劭"好读史传，尤爱弓马，及长，美须眉，大眼方口，长七尺四寸。亲览宫事，延接宾客，意之所欲，上必从之。东宫置兵，与羽林等"。看来他原本与宋文帝父子之间的关系还不错，问题是由于他在宫内搞巫蛊，诅咒其父宋文帝。史称："有女巫严道育，本吴兴人，自言通灵，能役使鬼物。""托云善蚕，求召入，见许。道育既入，自言服食，主及劭并信惑之。始兴王（刘）濬素佞事劭，与劭并多过失，虑上知，使道育祈请，欲令过不上闻。道育辄云：'自上天陈请，必不泄露。'劭等敬事，号曰天师。后遂为巫蛊，以玉人为上形像，埋于含章殿前。"（《宋书·二凶传》）这件事后来泄露，宋文帝派人收捕东阳公主婢鹦鹉，于是"封籍其家，得劭、濬书数百纸，皆咒诅巫蛊之言，得所埋上形像于宫内。道育叛亡，讨捕不得，上大怒，穷治其事，分遣中使入东诸郡搜讨，遂不获。上诘责劭、濬，劭、濬惶惧无辞，唯陈谢而已。道育变服为尼，逃匿东宫，濬往京口，又载以自随，或出止民张旿家"（《宋书·二凶传》）。这件事使父子之间的矛盾尖锐化了。宋文帝开始考虑废立的问题。但刘劭的东宫有兵

甲万人,而宋文帝处理废立的过程又犹豫不决。《宋书·王僧绰传》载宋文帝议论和处置此事的过程,其云:

> 会二凶巫蛊事泄,上独先召僧绰具言之。及将废立,使寻求前朝旧典。劭于东宫夜飨将士,僧绰密以启闻,上又令撰汉魏以来废诸王故事。撰毕,送与江湛、徐湛之。湛之欲立随王诞,江湛欲立南平王铄,太祖欲立建平王宏,议久不决。诞妃即湛之女,铄妃即湛妹。太祖谓僧绰曰:"诸人各为身计,便无与国家同忧者。"僧绰曰:"建立之事,仰由圣怀。臣谓唯宜速断,不可稽缓。当断不断,反受其乱。愿以义割恩,略小不忍,不尔便应坦怀如初,无烦疑论。……事机虽密,易致宣广,不可使难生虑表,取笑千载。"上曰:"卿可谓能断大事。此事重,不可不殷勤三思。且庶人始亡,人将谓我无复慈爱之道。"僧绰曰:"臣恐千载之后,言陛下唯能裁弟,不能裁儿。"上默然。

在宋文帝优柔寡断的时候,其二子刘劭与刘濬则已在磨刀霍霍了。元嘉二十年(443年)二月,宋文帝使人抓捕严道育时,获其二婢,于是令将二婢送京师,审实以后准备废刘劭。"劭因是异谋,每夜辄飨将士,或亲自行酒,密与腹心队主陈叔儿、詹叔儿、斋帅张超之、任建之谋之"(《宋书·二凶传》)。在二月二十一日夜,"诈上诏云:'鲁秀谋反,汝可平明守阙,率众入。'因使超之等集素所畜养兵士二千余人,皆使披甲,召内外幢队主副,豫交部勒,云有所讨"。"明旦未开鼓,劭以朱服加戎服上,乘画轮车,与萧斌同载,卫从如常入朝之仪,守门开,从万春门入。旧制,东宫队不得入城,劭与门卫云:'受敕,有所收讨。'令后队速来,张超之等数十人驰入云龙、东中华门及斋阁,拔刀径上合殿。上其夜与尚书仆射徐湛之屏人语,至旦烛犹未灭,直卫兵尚寝。超之手行弑逆,并杀湛之。劭进至合殿中阁,太祖已崩,出坐东堂,萧斌执刀侍直。呼中书舍人顾嘏,嘏震惧不时出,既至,问曰:'欲共见废,何不蚤启?'未及答,即于前斩之。遣人于崇礼闼杀吏部尚书江湛。太祖左细杖主卜天与攻劭于东堂,见杀。又使人从东阁入杀潘淑妃(刘濬之母),又杀太祖亲信左右数十人。""劭即伪位,为书曰:'徐湛之、江湛弑逆无状,吾勒兵入殿,已无所及,号恸崩衄,肝心破裂。今罪人斯得,元凶克殄,可大赦天下。改元嘉三十年为太初元年。'"(《宋书·二凶传》)父子之间因巫蛊案这一场冲突,宋文帝发现异状,没有及时采取措施,结果让刘劭先下手为强,突然袭击弑父夺权,嫁祸于人,然后冠冕堂皇地登上大位。废立之间的矛盾错综复杂,宋文帝之失,在既发现太子刘劭逆状,又不采取措施,而在立谁为太子的问题上争执不下,结果反受其害。

刘劭取得权力以后,实际上亦难以服众,他那个即位的诏书骗不了人。刘劭去动员其东宫之左卫率袁淑参与行动时,刘劭曾"问曰:'事当克不?'淑曰:'居不疑之地,何患不克。但既克之后,为天地之所不容,大祸亦旋至耳。愿急息之。'"(《宋书·袁淑传》)结果袁淑为刘劭所杀,后来事态的发展,亦不出袁淑所料。事变后,宋文帝的第三子刘骏,字休龙,自江州起兵,自上游直趋金陵,诸方镇同时起兵讨逆,而刘劭这边顷刻之间众叛亲离,土崩瓦解。刘劭躲到井中,被斩于牙下,临刑叹曰:"不图宗室一至于此。"(《宋书·二凶传》)

由巫蛊案引起的废立之争,宋文帝处事不密,而又优柔寡断,结果是反受其乱。而刘劭虽得逞于一时,这种事毕竟不得人心,最终还是以失败告终。然而宋文帝临废立事,认为"此事重,不可不殷勤三思"(《宋书·王僧绰传》),这话也不能说没有道理。当年汉武帝因戾太子起兵诛江充,武帝发兵攻太子,事后发觉太子冤屈,武帝悔恨不已,亦是前车之鉴。然宋文帝应有预防的措施,而事机虽密,却让刘湛之母淑妃知悉,抓捕严道育之二婢,又惊动了刘劭他们,故反为刘劭所害。

三、东宫机构的演化及其班子成员组成的变化

汉时东宫官员的建置分两部分，一是属二傅，即太傅与少傅。惠帝为太子时，曾以张良为太子少傅，叔孙通为太子太傅。其属官有太子门大夫、庶子、洗马、舍人等，如晁错在景帝为太子时，曾任太子舍人、门大夫。庶子或中庶子，则大都与太子年齿相当。汉元帝为太子时，有欧阳地余为其中庶子，萧育为庶子，冯奉世的儿子冯野王便"少以父任为太子中庶子"（《汉书·冯奉世传》）。洗马，其实是先马，太子的马前卒也，太子出，在前导威仪。汲黯在武帝为太子时任太子洗马，"以严见惮"，"黯姊子司马安亦少与黯为太子洗马"。（《汉书·汲黯传》）这些都是功臣宿将子弟因荫子入宫，为太子洗马，也是太子的同龄人，并是太子的玩伴。舍人，亦为太子身旁的伴侣，选自良家子，如郑当时便曾为太子舍人。看来太子官属都是朝廷各级官吏的子弟为之，太子即位后，这些人便活跃在朝廷之上。

二是詹事，其下属有率更令、家令、中盾、卫率、厨、厩长等。詹事是给事的意思，为兼事皇后、太子之官，并非单属东宫，

大抵这亦反映了太子自幼年至成年、由中宫到东宫这样一个成长的过程。在汉代，太子幼年时，是与皇后生活在一起的，通常要行冠礼或成婚以后，才"就宫"，即赴东宫处于相对独立的学习和生活环境。詹事的属官如率更令，掌知漏刻的，即宫中报时的人；家令主东宫饮食；太子仆，主掌车马。太子五日一朝，非入朝日，则遣太子仆入，请问起居。太子未立，则不设东宫官。立太子后，则设东宫官属，表明太子是王储，不再属于中宫。

自汉至魏，东宫官制大体相沿，西晋司马炎立太子司马衷时，由于其是弱智儿，便更加完备和加强东宫官属，以弥补太子之不足，除了二傅和詹事府以外，又增加了东宫卫率，即东宫有自己的兵卫。至惠帝立其子司马遹为太子时，设左右前后四卫率，有精兵万人。那时东宫的官属最为完备，也最为庞大，但改变不了司马衷父子俩悲惨的结局。然而自此开了东宫带兵的先例以后，父子之间便有兵戎相见的条件了。刘劭弑父的案例说明东宫带兵有害无益，刘劭所以能发难，是因为"东宫置兵，与羽林等"（《宋书·二凶传》），故在平时，太子干预兵事，往往是危机的信号。从父子双方讲，这是犯大忌的事。隋代东宫"始分置左右卫率、左右宗卫率、左右虞候开府、左右内率、左右监门率"（《唐六典·太子左右卫及诸率府》），这十卫率曾经是东宫直接管辖的。文帝立杨勇为太子时，曾以苏孝慈管理东宫的警卫部队。《隋书·裴政传》载：东宫"武职交番，通事舍人赵元恺作辞见帐，未及成。太子有旨，再三催促"。杨坚考虑要废太子杨勇时,便先设法削弱东宫的兵力,"高祖令选宗卫侍官,以入上台宿卫。高颎奏称:'若尽取强者,恐东宫宿卫太劣。'高祖作色曰:'我有时行动,宿卫须得雄毅。太子毓德东宫,左右何须强武?此极敝法,甚非我意。如我商量,恒于交番之日,分向东宫上下,团伍不别,岂非好事?'"(《隋书·杨勇传》)所谓"团伍不别",就是东宫宿卫统一由朝廷派遣,东宫不能再有自己的直属卫队,从某种意义上讲,太子杨勇就此被缴了械,这是吸取宋文帝的教训,预设防备。唐代的东宫兵制,在高祖时,不仅太子李建成有卫率之兵,秦王李世民和齐王李元吉都有自己的武装,都能带兵,且有实战的经验。经历了玄武门之变,唐太宗李世民就不愿太子直接带兵了。李承乾想要谋杀魏王泰时,左卫府率竟然被作为刺客来使用,这从另一方面证明太子手中实在没有可供差遣的兵力了。贞观以后,历朝东宫都不再具有自己的武力。高宗第六子章怀太子被废是因为"于东宫马坊搜得皂甲数百领,乃废贤为庶人,幽于别所"(《旧唐书·章怀太子贤传》)。说明东宫不仅不能有自己的卫队,而且连收藏兵器也成了违法犯禁而被废黜的理由了。李世民在废黜太子承乾以后不再相信东宫这套机构能培养太子成长,虽然不能废止东宫机构,但是不让太子就宫了。

《旧唐书·褚遂良传》记载,太宗特于自己"寝殿侧别置一院,令太子居,绝不令往东宫"。褚遂良曾为此上疏进谏,以为皇太子应居东宫,"春诵夏弦,亲近师傅,体人间之庶事,适君臣之大道",而不该"常居宫内,保傅之说无畅,经籍之谈蔑如。且朋友不可以深交,深交必有怨;父子不可以滞爱,滞爱或生愆",建议"尝计旬日,半遣还宫",亦即希望让太子有一半时间在东宫,接触师傅和东宫的僚属,据说"太宗从之"。至于实施情况,不见记载。与褚遂良意见类似的还有刘洎,他提出:"古之太子,问安而退,所以广敬于君父;异宫而处,所以分别于嫌疑。今太子一侍天闱,动移旬朔,师傅已下,无由接见。假令供奉有隙,暂还东朝,拜谒既疏,且事俯仰,规谏之道,固所未暇。陛下不可以亲教,宫寀无因以进言,虽有具寮,竟将何补?"(《贞观政要·尊师傅第十》)这样一来,立李治为太子时,太宗为太子组建的庞大东宫僚属班子完全被架空了,成为应景的摆设。太宗立李治为太子时,为东宫配置的官属与李承乾为太子时不同,不是专职的,都是朝廷重臣兼职的,所以如此安排,是为了更容易控制。其主要的成员有长孙无忌为太子太师,于志宁为左庶子,许季宗、高季辅、马周为太子右庶子,张行成为太子少詹事等;武官则有李勣以兵部尚书为太子詹事兼左右率,李大亮以左卫大将军兼太子右卫率,亦有自晋王府入东宫为僚属的如李义府,还有中书侍郎岑文本。阵容虽然很强大,但僚属各有本职,而李治又不去东宫,故实际上成为摆设。所以太宗让中书侍郎岑文本兼摄东宫事时,他就婉辞了,然"仍令五日一参东宫,皇太子执宾友之礼,与之答拜"(《旧唐书·岑文本传》）。这实际上也是一句空话。

《贞观政要·教戒太子诸王第十一》记载李世民在李承乾和李治为太子时，辅教太子的方式有所不同。前者他是通过东宫僚属去辅教太子，他对太子左庶子于志宁、杜正伦说："卿等辅导太子，常须为说百姓间利害事。朕年十八，犹在人间，百姓艰难，无不谙练。及居帝位，每商量处置，或时有乖疏，得人谏诤，方始觉悟。若无忠谏者为说，何由行得好事？况太子生长深宫，百姓艰难，都不闻见乎！且人主安危所系，不可辄为骄纵。……每见有不是事，宜极言切谏，令有所裨益也。"这是把辅教的具体职能交由东宫官属去实施。从李承乾实际的状况看，那些东宫正式的官属根本管不住他，太子不仅不听，甚至想着派人去暗杀他们。而与李承乾昼夜相处的则是一些小人，是其玩伴，结果太子走到与李世民期望完全相反的方向。李世民立李治为太子时，由于太子就在身旁，他对身边的侍臣讲自己是如何管教太子的：

> 太宗谓侍臣曰："古有胎教世子，朕则不暇。但近自建立太子，遇物必有诲谕，见其临食将饭，谓曰：'汝知饭乎？'对曰：'不知。'曰：'凡稼穑艰难，皆出人力，不夺其时，常有此饭。'见其乘马，又谓曰：'汝知马乎？'对曰：'不知。'曰：'能代人劳苦者也，以时消息，不尽其力，则可以常有马也。'见其乘舟，又谓曰：'汝知舟乎？'对曰：'不知。'曰：'舟所以比人君，水所以比黎庶，水能载舟，亦能覆舟。

尔方为人主，可不畏惧？'见其休于曲木之下，又谓曰：'汝知此树乎？'对曰：'不知。'曰：'此木虽曲，得绳则正，为人君虽无道，受谏则圣。此傅说所言，可以自鉴。'"（《贞观政要·教戒太子诸王第十一》）

这是李世民借一事一物以教导李治。这样亲自对太子实行"传、帮、带"，能有效吗？也很难说。李治的性格与李承乾不同，李承乾是刚强自以为是，而李治则表现为柔顺听话。前者失宠，后者得以固位并顺利接班。但他毕竟生于深宫，长于妇人之手，当身边出现一个无论才智和谋略都远胜于他的武则天时，却又因柔顺而缺少抗争的阳刚之气，在无奈中交出了皇权。

再从东宫建置的配备过程看，在唐代也有两种不同的情况，一是由皇太子自行组建，一是由皇帝与大臣拟意建置。由皇太子自行组建的先后有李建成、李世民、李隆基三人，而李建成与李世民，分别是高祖李渊的长子和次子，他们是帮助李渊建唐的左右手，各自建立的这套班子，都与太子共生死、同患难，是在斗争中建立起来的。二虎相斗，李世民取得胜利，他的这套班子接管整个朝政便顺理成章，因为他们是在内外斗争中历练出来的，不是东宫的保傅们辅教出来的。

再说李隆基，是睿宗李旦的第三子，他是在联合太平公主一起削除韦后势力的斗争中成长起来的。睿宗李旦即位以后即在当年景云元年（710年）立李隆基为太子，东宫的官属多由其自置或奏授，有姚崇以兵部尚书兼太子右庶子，宋璟以吏部尚书兼太子左庶子，萧至忠以中书令兼太子右谕德，崔湜以中书侍郎兼太子詹事，此外尚有王琚为詹事府司直，张说、褚无量则是李隆基为平王时的侍读。这样组建的班子，不是唐睿宗李旦管教李隆基，而是李隆基在影响和支配朝政。由于李旦软弱无能，他只能在太平公主与李隆基这两股力量之间谋求平衡，在平衡中谋求生存。故每当宰相奏事时，他总是先问："尝与太平议否？"又问："与三郎（李隆基）议否？"（《资治通鉴·唐纪二十五》）他的处境与当年高祖处于李建成和李世民二强之间相似，其影响则更等而下之。所以一旦一方战胜另一方，李隆基以突然袭击的方式实施宫廷政变，打败并消灭太平公主一方势力以后，李旦只能禅位于李隆基，做太上皇去了。故一个够资格、有能力的接班人，不是在东宫的辅教中诞生，而是在实际斗争中逐渐形成的。

由皇帝及大臣们拟议的太子东宫班子，在唐代属多数。若李承乾是唐太宗的嫡长子，贞观初立为太子，八岁时太宗为其组建东宫的官员班子，有杜正伦、李百药任太子右庶子，于志宁任太子左庶子，孔颖达任太子中允，其后又有张玄素、赵弘智、令狐德棻、萧钧等。应该说这些人在当时都是饱学之士，在这些人辅教之下，李承乾亦曾涉猎经书，曾让颜师古为东宫注班固《汉书》。然而少年人要与这些老人为伴是不容易的，两代人之间毕竟有代沟，李承乾在东宫亲近的都是一些与他年龄相近的玩伴，从习性上更易于接受游牧民族的游猎生活,难改声色之好。东宫官员进谏的话,自然处于与太子对立的一面,这样他们与太子的关系,正如李世民与杜正伦、于志宁谈话中所讲,变成监管与被监管,背离了一个青少年成长过程中必然经历的身心变化需求。又如李治的东宫班子也是李世民为之筹建的,他是在李世民亲自教导下定向培育出来的皇储,当然不可能成为一个出色的帝王。书本可以增长人的文化知识,但能力和才干则只能通过实践来获得。作为帝王要有一点霸气,没有霸气怎能服众呢?一般地讲,皇帝是强者,为太子者只能是弱者,否则无法适应,这叫作以柔克刚。反之皇帝如果是一个柔弱无能之辈,若唐睿宗李旦那样,那么他的太子必须是强者,否则的话王朝不可能强盛。再说生于深宫、长于妇人之手的太子,不摆脱这个环境,不知民间疾苦,不经艰难,也不可能成为有主见有作为的君主。汉宣帝所以在汉昭帝以后能处理霍氏家族,使汉室出现一个中兴的局面,是因为他自幼长于民间,妻许氏亦出自民间,没有早年这一番经历,宣帝不可能比元、成、哀、平好多少。李治是李世民亲手培养的,而武则天则是宫廷斗争中锻炼成长的,李世民之后,要驾驭这样一个庞大的帝国,也确实需要一个强者,没有武则天那样的凶狠毒辣,怎么能稳定李世民身后的局面呢?放手由睿宗、中宗去办,那还不早就乱套了吗?武则天死后的乱局不就证明了这一点吗?这也许是"有心栽花花不发,无意插柳柳成荫"。

高宗、武则天时期，宫廷内部的权力斗争激烈而复杂。武则天又是少见的强者、杀人不眨眼的暴君，那么在她手下的皇太子，过的只能是苦日子，对太子的废立犹如走马灯一般，反复无常。先是立长子李忠，后废，赐死流所。继立第五子李弘，后又将其鸩死。再立第六子李贤，后又废，逼其自杀。至于第七子李显、第八子李旦，都曾先后做过几年皇帝，即中宗和睿宗。他们或是名为皇帝，实为太子，或者做过皇帝再做太子，完全处于一种无序的状态，当然也就没有正常的东宫制度可言。再说唐玄宗李隆基时期，因为他自己是亲身参与和经历两次宫廷政变后上台的，鉴于历史教训，他对太子更是处处设防，明文规定太子要居于他住所的别院，东宫的官员设置实际上已成为摆设，变成官员迁转的一个名义上的位置。玄宗先立第二子李瑛为太子，后废。开元二十六年（738年），立第三子李亨为太子，次年四月，即下敕旨令太子不得与外朝相联系，连太子内坊亦划给内侍省管辖，李亨的一举一动都处于监控之中。据《资治通鉴·唐纪三十一》，天宝五载（746年）正月，太子李亨出游途中，遇太子妃兄韦坚，仅仅因为韦坚又与边将皇甫惟明在景龙道欢娱了一会儿，就被李林甫事先派遣的亲信告发，李林甫便据以上报，称"坚与惟明结谋，欲共立太子"。玄宗虽未因此定李亨的罪，但韦坚与皇甫惟明因此而下狱贬黜，并在贬所赐死。韦坚亲党坐流徙者数十人，左相李适之受牵连，最终仰药而死，李亨上表与新妇韦氏离绝，可见父子之间猜忌之深。

同样道理，李亨在灵武即位以后，李隆基回来做太上皇，也是一报还一报，为了权力的争夺，父子之间没有亲情可言。唐德宗以后，东宫太子一般都安置在少阳宫居住，处在皇帝后宫宦官严密监控之下，仍不能与东宫官属相处。《资治通鉴·唐纪四十九》称，德宗一度欲废太子李诵（后即位为唐顺宗），中书侍中为之切谏："太子自贞元以来常居少阳院，在寝殿之侧，未尝接外人，预外事，安有异谋乎？"少阳院在大明宫中德宗常居的浴堂殿之东，温室殿之西南。文宗所立皇太子李永亦曾居少阳院，唐文宗开成三年（838年）曾"诏（皇太子）侍读窦宗直、周静慎依前隔日入少阳院"（《旧唐书·文宗二子》）。仇士良立宪宗，亦是先迎至少阳院，故少阳院成为东宫太子的居所，而东宫则成为太子举行有关礼仪活动的场所，东宫官职则成为官员转徙中的一个阶梯，不再有实际的职务了。

四、东宫制度的实际效果与太子们的遭际——以唐代为例

如果要考察东宫制度的实际效果,不妨仍以唐代为例。有唐一代,包括武则天在内,共二十一帝,除开国君主高祖起兵太原以武力建唐以外,其余二十帝,因宫廷政变而即位者,有太宗、武则天、中宗、睿宗、玄宗五人;因大臣力争而立为帝者,有高宗、敬宗二人;在外拥兵自立者有肃宗一人;由宦官拥立者有代、宪、穆、文、武、宣、懿、僖、昭九帝;由藩镇拥立者有哀帝一人;由长子而立为太子,并能顺利即位者,唯德宗与顺宗二人。唐代有较大作为诸帝若太宗、武则天、玄宗都是靠宫廷政变得以即位的。至于在东宫顺利接班的德宗与顺宗,实在谈不上有什么政绩,而且顺宗即位时已中风失语,在位时间极短。故有唐一代找不出一个由东宫制度正规培养而接位时能有作为的皇帝。所以如此,单是责备父皇选择、管教太子的不当,似乎亦不公平。事实上,连在政绩上有贞观之治的唐太宗,在立储问题上也被困扰得焦头烂额。从太子的视角讲,也不能说他们都不努力学习。唐代的太子和诸王主持编纂的书可不少,即使如李承乾也曾让颜师古注《汉

书》，魏王李泰在王府召集学士编过《括地志》。高宗时，先是李弘为皇太子，在东宫组织文人学士博采古今文集，分类编过一本多达五百卷的《瑶山玉彩》。李贤为皇太子时，也曾召集文人学士注范晔的《后汉书》，至今仍为我们所用。为了太子与诸王学习，唐玄宗在开元时，还让徐坚、韦述编过一本《初学记》，为后学保存了不少资料，迄今我们还受益于它。但是，不管太子尽了多大的主观努力，一旦放到这个位置上，日子就不好过。

高宗咸亨元年（670年），李弘到了十九岁，该举行冠礼了，到了上元二年（675年），《旧唐书·孝敬皇帝弘传》中提到高宗"将逊于位"，"太子从幸合璧宫，寻薨，年二十四"。对死亡原因及经过竟不着一字。

在肃宗时，其第三子建宁郡王李倓曾典亲军，时张良娣有宠，倓为李辅国与张良娣所构，云："建宁恨不得兵权，颇畜异志。"（《旧唐书·承天皇帝倓传》）肃宗因而怒赐李倓死。"广平王收复两京，遣判官李泌入朝献捷。泌与上有东宫之旧，从容语及建宁事，肃宗改容谓泌曰：'倓于艰难时实得气力，无故为下人之所间，欲图害其兄，朕以社稷大计，割爱而为之所也。'泌对曰：'尔时臣在河西，岂不知其故。广平兄弟，天伦笃睦，至今广平言及建宁，则呜咽不已。陛下之言，出于谗口也。'帝因泣下曰：'事已及此，无如之何！'泌因奏曰：'臣幼稚时念《黄台瓜辞》，陛下尝闻其说乎？高宗大帝有八子，睿宗最幼。天后所生四子，自为行第，故睿宗第四。长曰孝敬皇帝（李弘），为太子监国，而仁明孝悌。天后方图临朝，乃鸩杀孝敬，立雍王贤为太子。贤每日忧惕，知必不保全，与二弟同侍于父母之侧，无由敢言。乃作《黄台瓜辞》，令乐工歌之，冀天后闻之省悟，即生哀悯。辞云："种瓜黄台下，瓜熟子离离。一摘使瓜好，再摘令瓜稀，三摘犹尚可，四摘抱蔓归。"而太子贤终为天后所逐，死于黔中。陛下有今日运祚，已一摘矣，慎无再摘。'上愕然曰：'公安得有是言！'时广平王立大功，亦为张皇后所忌，潜构流言，泌因事讽动之。"（《旧唐书·承天皇帝倓传》）李泌讲这个故事是为了保护广平王，即后来的代宗。

从李贤作《黄台瓜辞》可知当时李贤感到自己处境之危难，太子所以不好当，原因是这个位置是各种力量角逐的中心，无论谁处于这个位置，都是放在铁板上烤灼。因为他是未来权力的中心，在即皇位之前，始终是一个变数。正由于这一点，太子难当，即使不是太子，是潜在的太子争夺者，日子同样也不好过。如唐太宗时的魏王泰与吴王恪，并不是他们有什么罪名，因为他们有才气，声望太高，即使李治已经即皇帝位，长孙无忌还是非要把他们置之死地方能安心。故太子处在权力中心的位置而又有变数的时候，这是最难为人的位置和时期，几乎处处都有陷阱。肃宗去世时，如果没有程元振打破张皇后的密谋，诛张皇后与越王及其党羽，那么代宗也无法顺利即位。故无论是太子，还是太子潜在取代者，都处于险境，不仅他们个人，包括其周边的人亦势必卷入此巨大的利害冲突之中。再者李泌那番话，说明李弘之死，当与高宗有禅位于弘的意向有关。皇帝宝座的巨大诱惑力，使武则天作出了鸩杀亲生儿子这一有违人类普遍感情的抉择。李贤那首《黄台瓜辞》说明，太子虽是产于帝王之家这根藤蔓的瓜，但瓜的每次采摘，却不能不殃及池鱼，东宫大批官属受到株连自不必说，有时还引发或大或小的动乱，万千黎民百姓也跟着受难。

五、交接班过程中东宫官员与朝廷大臣的悲哀和苦衷

下面我想举几个案例,通过几个悲剧人物,来说明东宫班子中的成员,或者朝廷大臣,处在交接班这个难以摆脱的历史悲剧中,风险在哪儿,以及何以自处、何以回避。

南北朝时,北周武帝宇文邕立其长子宇文赟为皇太子,这个宇文赟即后来即位的周宣帝,史书称其"昏虐君临,奸回肆毒,善无小而必弃,恶无大而弗为"(《周书·宣帝纪》),可以说是坏事做尽做绝,北周实际上亡于他手。他被立为太子以后,宇文邕对其管束不可谓不严,但本性难改,结果帮助武帝管束他的人,在他即位以后,一个一个被他诛杀殆尽。周武帝安排在太子身边辅教和管束太子者若王轨、宇文孝伯、尉迟运诸人,后来结果都不好。如宇文孝伯,是东宫的左宫正,相当于师保之职,《周书·宇文孝伯传》:

> 建德之后,皇太子稍长,既无令德,唯昵近小人。孝伯白高祖曰:"皇太子四海所属,而德声未闻。臣忝宫官,实当其责。且春秋尚少,志业未成,请妙选正人,为其师友,

调护圣质,犹望日就月将。如或不然,悔无及矣。"帝敛容曰:"卿世载鲠直,竭诚所事。观卿此言,有家风矣。"孝伯拜谢曰:"非言之难,受之难也。深愿陛下思之。"帝曰:"正人岂复过君。"于是以尉迟运为右宫正,孝伯仍为左宫正。

宇文孝伯的话是在提醒宇文邕,他的儿子难以造就了,他想甩乌纱帽不干了,"非言之难,受之难也"是指讲了太子也不听。又,《周书·乐运传》称:

(建德二年,573年)高祖谓运曰:"卿来日见太子不?"运曰:"臣来日奉辞。"高祖曰:"卿言太子何如人?"运曰:"中人也。"时齐王宪以下,并在帝侧。高祖顾谓宪等曰:"百官佞我,皆云太子聪明睿知,唯运独云中人,方验运之忠直耳。"于是因问运中人之状。运对曰:"班固以齐桓公为中人,管仲相之则霸,竖貂辅之则乱。谓可与为善,亦可与为恶也。"高祖曰:"我知之矣。"遂妙选宫官以匡弼之。

当时武帝以王褒为太子少保,萧圆肃为太子少傅。实际上这些措施很难改变太子的顽劣本性。后来武帝让太子西征吐谷浑,而军中之事实际上皆取决于受命辅佐太子的宇文孝伯,事后武帝见到宇文孝伯时,"帝问之曰:'我儿比来渐长进不?'答曰:'皇太子比惧天威,更无罪失。'及王轨因内宴捋帝须,言太子之不善,帝罢酒,责孝伯曰:'公常语我,云太子无过。今轨有此言,公为诳矣。'孝伯再拜曰:'臣闻父子之际,人所难言。臣知陛下不能割情忍爱，遂尔结舌。'帝知其意，默然久之，乃曰：'朕已委公矣，公其勉之。'"（《周书·宇文孝伯传》）确实，即使一般人家，父子之间，别人都难以在其父面前评说其子，何况帝王之家。宇文孝伯已经把话说透了，不能说你该废掉太子，这个决心只能武帝自己下，而且只能个人谋定而动，否则会产生祸患。既然不想废，别人便难以言说了。据《周书·王轨传》，这次出师吐谷浑时，"时宫尹郑译、王端等并得幸帝（当时是太子，即后之宣帝）。帝在军中，颇有失德，译等皆预焉。军还，轨等言之于高祖。高祖大怒，乃挞帝，除译等名，仍加捶楚。帝因此大衔之。"王轨在大庭广众，公开在武帝面前讲述太子缺德的事，更是犯忌，王轨亦说："吾专心国家，遂不存私计。向者对众，良寔非宜。"然而后来"轨因内宴上寿，又捋高祖须曰：'可爱好老公，但恨后嗣弱耳。'高祖深以为然。但汉王次长，又不才，此外诸子并幼，故不能用其说"。捋须是古人对长者表示祝寿的一种亲密礼节，看来武帝保留这个不争气的长子也实在出于无奈。

太子宇文赟即位以后，是为周宣帝，郑译等亲信立即复为近侍，一场可怕的报复性杀戮就此开始。"帝既追憾被杖，乃问译曰：'我脚上杖痕，谁所为也？'译答曰：'事由宇文孝伯及王轨。'译又因说王轨捋须事。帝乃诛轨。"（《周书·宇文孝伯传》）那时王轨在前线徐州，他也知道宣帝即位以后祸必及己，他说："此州控带淮南，邻接强寇，欲为身计，易同反掌。但忠义之节，不可亏违。况荷先帝厚恩,每思以死自效,岂以获罪于嗣主,便欲背德于先朝。止可于此待死,义不为他计。冀千载之后,知吾此心。"该传的结论是"轨立朝忠恕,兼有大功,忽以无罪被戮,天下知与不知,无不伤惜"(《周书·王轨传》)。从为人讲,应该如王轨那样忠贞耿直不二。王轨被无辜诛戮以后,"(尉迟)运惧及于祸,问计于宇文孝伯"(《周书·尉迟运传》),其"私谓孝伯曰:'吾徒必不免祸,为之奈何?'孝伯对曰:'今堂上有老母,地下有武帝,为臣为子,知欲何之。且委质事人,本徇名义,谏而不入,将焉逃死。足下若为身计,宜且远之。'于是各行其志。运寻出为秦州总管"(《周书·宇文孝伯传》)。而宇文孝伯最终被赐死于家。如果太子不德不才,在东宫要做一个正直的官员,要矫正太子的缺陷实在难啊!太子的东宫官实在难做。

宇文孝伯、王轨,都是忠于君王,为太子好而反映太子的缺失,但都结怨于太子,一旦太子即位,就一个又一个掉脑袋,甚至遭灭门之祸。反之,如果一心为太子说话,掩饰太子的过失,甚至参与太子的密谋,一旦太子事败,父子反目,那你还得做替罪羊。如前面讲过的李承乾为唐太宗太子时,侯君集"子婿贺兰楚石时为东宫千牛,承乾令数引君集入内,问以自安之术。……尝举手谓承乾曰:'此好手,当为用之'","及承乾事发,君集被收,楚石又诣阙告其事"。因此被"斩于四达之衢,籍没其家"(《旧唐书·侯君集传》)。有的则是冒险向这个风险极大的旋涡中钻,希冀侥幸获利,结果悲惨得多。当然侥幸得逞者不是没有,如商人吕不韦便是一个,但结局也不好。有的则是无奈碰上或被卷入旋涡,想退也退不出来。诸葛武侯祠的对联有一句"功在朝廷,原不论先主后主",谈何容易。因为阿斗懦弱,诸葛是既能掌控全局又一心朝廷者,其他人达不到他的地位,更没有他的思想境界,那就难了,只能被旋涡卷入深渊,遭遇灭顶之灾了。

当然,也不是没有人全身而退,有一个叫李纲的,他在隋开皇末任太子杨勇的洗马,在唐高祖武德时,曾任隐太子建成的詹事,在唐太宗贞观时,任太子承乾的太子少师,担任三代东宫官。这三任东宫太子都被废黜,而他却能全身而退,关键还是为人正直和遇事一丝不苟。他为杨勇做太子洗马时,皇太子岁首宴宫臣时,左庶子唐令则奏琵琶,歌《武媚娘》之曲,他当场便批评唐令则失职,"自比倡优,进淫声,秽视听。事若上闻,令则罪在不测,岂不累于殿下"(《旧唐书·李纲传》)。杨勇被废黜,他公然为杨勇说话,他认为废黜太子杨勇,"乃陛下之过,非太子罪也。勇器非上品,性是常人,若得贤明之士辅导之,足堪继嗣皇业。方今多士盈朝,当择贤居任,奈何以弦歌鹰犬之才居其侧,至令致此,乃陛下训导不足,岂太子之罪耶!"(《旧唐书·李纲传》)关键是你杨坚没有挑选好杨勇的伙伴。唐高祖李渊让李纲任太子建成的东宫詹事,他不肯干,屡次辞职,故李渊说:"建成在东宫,遣卿辅导,何为屡致辞乎?"李纲的回答是:"以愚臣事太子，所怀鄙见，复不采纳，既无补益，所以请退。"李渊仍然要他当东宫詹事，他一面给东宫太子谏言，一面请辞，所以建成败，他没有受牵连。贞观时，唐太宗还让他任东宫官，他有足疾，太宗令舆入东宫，"纲凛然曰：'托六尺之孤，寄百里之命，古人以为难，纲以为易。'"（《旧唐书·李纲传》），他辞色慷慨，有不可夺之志。因为他没有私心，只忠于事，不是忠于个人。贞观五年（631年），他以八十五岁的高龄去世了，那时承乾还未被废。还有一个人便是魏徵，曾经做过太子建成的詹事主簿，建成败，李世民还是留用了他。在贞观十六年（642年）承乾地位摇摇欲坠时，李世民却拜魏徵为太子太师，而魏徵则自陈有疾，李世民则要他"可卧护之"，魏徵有前面的教训，知道这件事已无法挽回，好在他老了，那年便去世了，没有等到承乾被废黜。讲这些案例，只是为了说明东宫的官员，要处理好帝王家的父子关系实在左右为难，能在这两面为难中保全自己的，如李纲与魏徵那样全身而退的真是凤毛麟角。在这个难以相处的矛盾关系中，关键是要始终做一个正直的人，不为私心和私利所左右。但其结局也得看机遇，并非如此就能幸免。

六、明初东宫与诸王制度设置的构想和"靖难之役"

前面讲了那么多有关东宫制度的起源及其沿革的状况,主要集中在汉唐时期。因为明代的东宫制度是因袭传承汉唐,同时也是在吸取了汉唐所发生的各类事变的经验教训的基础上设置起来的。朱元璋称吴王时,立长子朱标为世子,那年朱标只有十三岁,便让浙江的宿儒宋濂给他讲授儒家经典,当年又让他去省祖坟,使其懂得创业之艰难,了解百姓生活之疾苦。洪武元年正月,朱标被立为皇太子时,朱元璋就考虑到如何设置东宫体制的问题,让詹同考究历代东宫制度的得失,在此基础上规划明代东宫的建置,因为那一年朱标已经十七岁,不久就要举行冠礼,然后就东宫。关于组建东宫班子的原则,朱元璋有一段上谕,曰:

> 朕于东宫不别设府僚,而以卿等兼领者,盖军旅未息,朕若有事于外,必太子监国。若设府僚,卿等在内,事当启闻,太子或听断不明,与卿等意见不合,卿等必谓府僚导之,嫌隙易生。又所以特置宾客谕德等官者,欲辅成太子德性,且选名儒为之,职此故也。……盖继世之君,生长富贵,昵于

安逸，不谙军旅，一有缓急，罔知所措。二公之言，其并识之。（《明史·兴宗孝康皇帝传》）

这一段上谕的宗旨，便是避免历史上东宫与朝廷两套班子之间的矛盾，使朝廷大臣兼任东宫官员的班子，于是以李善长兼太子少师，徐达兼太子少傅，常遇春兼太子少保，冯异宗兼太子右詹事。总之把那时的丞相班子、都督府班子、御史台的班子都挪到东宫官员相应的位置，实际上东宫就没有自己的班子。唐代自建班子的有李世民、李建成、李隆基，后来的李亨到了灵武时也自建班子，那么其父皇就少有好日子过。由朝廷的工作班子兼任东宫的班子，目的是避免皇帝与太子父子之间的矛盾冲突。但其他功能可以取消，东宫辅教的功能无法取消，太子日常生活还要有人侍候，这样太子周围还是会形成一班人，将来太子即位时，便构成新的工作班子。公开的两套班子的矛盾被取消了，隐性的两套班子的矛盾继续存在，这不是朱元璋一条上谕所能完全解决的。《明史·兴宗孝康皇帝传》还讲到朱标立太子那一年，"命选国子生国琦、王璞、张杰等十余人，侍太子读书禁中"。即是为太子找一批陪伴太子读书的同学，实际讲授的还是宋濂。教学完全一对一进行是不行的，学习过程只能是群体进行，才能在切磋琢磨中不断互相促进。此前朱元璋便在东宫建大本图，取古今图籍充其中，为太子诸王建一个图书资料室，这是阅读必不可少的条件。请名儒教授太子与诸王，选一批年龄相仿的青少年做伴读，与太子和诸王一起读书，这样的东宫状态，实际上只是一个学习的场所，还不是临朝执政的场所。故还得给太子实习临政的机会，所以有机会便让太子监国，让他有一个实习做皇帝的场所。朱元璋在洪武十年有一条上谕曰：

> 自古创业之君，历涉勤劳，达人情，周物理，故处事咸当。守成之君，生长富贵，若非平昔练达，少有不谬者。故吾特命尔日临群臣，听断诸司启事，以练习国政。惟仁不失于疏暴，惟明不惑于邪佞，惟勤不溺于安逸，惟断不牵于文法。凡此皆心为权度。吾自有天下以来，未尝暇逸，于诸事务惟恐毫发失当，以负上天付托之意。戴星而朝，夜分而寝，尔所亲见。尔能体而行之，天下之福也。(《明史·兴宗孝康皇帝传》)

朱元璋这一段讲话，是他历史经验的总结，也确是他发自内心的对后继者的希望。一般地讲，创业之主要高于守成之主，但也不是说必定是一代不如一代，守成之主亦有有雄才大略者，若汉武帝，中兴之主若汉宣帝，唐代李世民属于创业者，而李隆基的崛起，也是在矛盾斗争中成长的。朱元璋说这话时太子已二十七岁，已成年懂事，应该可以处理政事了，让他参与一切政事的处理，是为太子提供见习的机会。从这些话可以看到朱元璋这个皇帝确实非常勤奋，"戴星而朝，夜分而寝"，不是虚文，要太子惟仁、惟明、惟勤、惟断，这亦是皇帝理事必要的条件。"皆心为权度"，则既需要有理性思维逻辑推演得到的认识，又需要有许多只能靠积累大量经验基础上形成的直觉判断，才能快捷地处理得当。直到洪武二十二年（1389年），太子三十九岁时，才正式设置詹事院，为太子建立自己的官员班子提供机会。洪武二十四年，太子四十一岁时，让太子到陕西关中地区处理秦王与周王的事，同时考察和了解地方的情况。朱元璋以金陵为应天府，作为南京，以宋故都开封为北京，这是四战之地，而长安则是形胜险要之地。明代的军事中心在北方边防地区，以对付蒙古人南来的侵扰。经济中心则在江淮，特别是苏南地区，朝廷的给养主要来自苏南，军队的供给也依靠南方，而形胜之地则在潼关以西的长安，首都究竟放在哪儿好？考虑经略建都的事，这是朱元璋给太子出的一个考试课题。创业难，守成也不易，他要考察太子在宏图规划上的能力如何。可惜的是，太子在第二年便病逝了，使朱元璋二十多年的悉心培养付诸东流。从太子朱标对诸弟的态度看，他还是比较仁慈和保全的。

朱标去世后，朱元璋立朱允炆为皇太孙。此事的过程，如《明会要·帝系三》之"皇太孙"条所载："洪武二十五年（1392年）夏四月，皇太子标卒。帝御东角门，召对群臣，恸哭曰：'太子不幸至此！古云：'国有长君，社稷之福。'朕意欲立燕王，何如？'学士刘三吾进曰：'皇孙世嫡承统，礼也。即立燕王，置秦晋二王于何地？'帝意遂决。九月，立孙允炆为皇太孙。"秦王朱樉是朱元璋的第二子，晋王朱棡则是第三子，燕王朱棣是第四子，故刘三吾有此言。然朱允炆被立为皇太孙时只有十四岁，过了六年，朱元璋去世，朱允炆即位为建文帝时才二十岁，政治军事上的历练，都抵不上朱标的诸兄弟，而诸兄弟作为诸王都手握重兵在边疆，这就为难朱允炆了。而朱元璋已没有那么多时间来辅教朱允炆如何执政了。尽管朱元璋在世时，朱明家族内部的矛盾被抑制着，到了建文执政时，一切矛盾又重新爆发而裸露无疑，权力再分配的矛盾突现了。而朱元璋规划的东宫制度，规定了明代的东宫太子只能生于深宫，长于妇人之手。在深宫大院之内成长的儿孙，除了读书识字之外，他们日常生活中相处的只能是宫女与宦官，以及教他们读书的儒生，与整个社会处于隔绝的状态，没有实际的政治斗争锻炼。这样培养出来的帝王，只能是庸庸碌碌平常之辈，或者成为深溺于女色、游戏人生的人物。明朝十六代帝王，除了朱元璋与朱棣，实在没有一个能说得上有什么作为。朱元璋所设计的这一套由世袭的嫡长制下通过血缘关系物色皇储，从娃娃抓起培养未来帝王的制度，对明帝国能延续二百七十七年有作用，但从帝国的发展和壮大讲，其实际效果并不理想。而且结合他对诸王分封的设计和建置，反而提供了兄弟之间争夺王权的依据。实际演绎的结果，无论对大局，还是对兄弟诸王都造成了消极的影响。

朱元璋在洪武二年便让中书省编《皇明祖训》，据四库总目提要云："其文词悉太祖御撰也。其中多言亲藩体制，大抵惩前代之失，欲兼用封建郡县以相牵制。故亲王与方镇各掌兵，王不得与民事，官吏亦不得预王府事。"又云："如朝无正臣，内有奸恶，则亲王训兵待命，天子密诏诸王，统领镇兵讨平之。"（《皇明祖训·法律》）他用分封来弥补郡县之不足，以防止出现宋元时期王室孤立无援的状况。故他在次年即预封诸子为秦王、晋王、燕王、吴王、楚王、齐王、谭王、赵王、鲁王等，待其壮而就藩，外卫边陲，内资夹辅。到洪武六年，又命陶凯等采摭汉、唐以来藩王善恶可劝诫者，赐名为《昭鉴录》，颁赐诸王，预为鉴戒，可谓用心良苦。洪武九年（1376年），有国子生出身的叶伯巨便上书就分封诸王的问题提出异议，他说：

> 今裂土分封，使诸王各有分地，盖惩宋、元孤立，宗室不竞之弊。而秦、晋、燕、齐、梁、楚、吴、蜀诸国，无不连邑数十，城郭宫室亚于天子之都，优之以甲兵卫士之盛。臣恐数世之后，尾大不掉，然后削其地而夺之权，则必生觖望，甚者缘间而起，防之无及矣。议者曰：诸王皆天子骨肉，分地虽广，立法虽侈，岂有抗衡之理？臣窃以为不然，何不观于汉、晋之事乎？孝景，高帝之孙也，七国诸王，皆景帝之同祖父兄弟子孙也，一削其地，则遽构兵西向。晋之诸王，皆武帝亲子孙也，易世之后，迭相攻伐，遂成刘、石之患。由此言之，分封逾制，祸患立生，援古证今，昭昭然矣。……昔贾谊劝汉文帝，尽分诸国之地，空置之以待诸王子孙。向使文帝早从谊言，则必无七国之祸。（《明史·叶伯巨传》）

叶伯巨这些意见还是有道理的,朱元璋去世后,这些问题就完全应验了。然而当时朱元璋根本听不进这种意见,他看到叶伯巨的上书以后,勃然大怒,曰:"小子间吾骨肉,速逮来,吾手射之。"(《明史·叶伯巨传》)结果叶伯巨死于刑部大牢之中。

诸王的问题洪武末年已经暴露了,秦王是洪武十一年就藩西安,现在西安的古城便是秦王建的。洪武二十四年以秦王樉"多过失,召还京师,令皇太子巡视关陕。太子还,为之解。明年归藩"(《明史·秦王樉传》)。晋王㭎,朱元璋第三子,也是洪武十一年就藩于太原,中道笞膳夫,"帝驰谕曰:'吾帅群英平祸乱,不为姑息。独膳夫徐兴祖,事吾二十三年未尝折辱。怨不在大,小子识之'"(《明史·晋王㭎传》)。朱元璋这个话,意即身为帝王,身边的小人物也不能得罪,这方面历史教训很多。而㭎"性骄,在国多不法。或告㭎有异谋。帝大怒,欲罪之,太子力救得免。二十四年,太子巡陕西归,㭎随来朝,敕归藩"(《明史·晋王㭎传》)。这些事件说明朱元璋活着,诸王还不敢,太子在,兄弟之间曾经共同生活,还能相处。太子死,太祖死,建文帝怎么管得了比他长一辈的诸王呢?他们手中有地盘,有军队,一旦起兵作乱,就难以应对了。

朱元璋也不是没有考虑到他身后可能出现的危局,他生前亦尽力协调处理这方面的矛盾。在分封诸王之后,亦采取过抑制藩王非分的措施,对秦王和晋王就藩后出现的问题,故意让太子去处置。

他做恶人，让太子做好人，目的是既压制诸藩的非分，又调和兄弟之间的关系，让太子参与处理日常政务。然而皇位争夺的潜在矛盾是不可能从根本上解决的，同时诸子参差不齐，诸子身边的人，也不可能管得那么具体。而且在一夫多妻、多子兴旺观念的影响下，朱元璋成活的有二十六个儿子，他怎么管能让每个儿子都像他那样能干，都能像他所期望的守本分呢？朱允炆是在洪武二十六年（1393年）被立为皇太孙的，朱元璋在礼仪上确定了诸王见东宫太子的礼仪，即在朝见时东宫大于诸王，朝见以后，在内殿行家人之礼，因为诸王都是朱允炆的长辈。十四五岁的皇太孙，怎么制衡得了其叔辈之诸王呢？为此，他也让朱允炆如其父朱标那样参与省决朝政，"太子性仁厚，于刑狱多所减省。至是以命太孙，太孙亦复佐以宽大"（《明史·恭闵帝纪》）。仁厚的实质是软弱可欺，这个性格也决定了他难以压倒军事才能优于他的诸王。皇位的争夺，最终决定者毕竟是武力，不是什么礼让和仁厚的本性。在朱元璋去世以前，朱允炆作为皇太孙已感觉到他无法应对叔辈们的挑战了。

黄子澄是洪武十八年会试第一，殿试第三，也就是那年的探花，入翰林院由编修进修撰，是一个文人，不是打仗出身的武将。他伴读东宫，与太子、太孙两代人当伴读。朱允炆"为皇太孙时，尝坐东角门谓子澄曰：'诸王尊属拥重兵，多不法，奈何？'对曰：'诸王护卫兵，才足自守，倘有变，临以六师，其谁能支？汉七国非不强,卒底亡灭。大小强弱势不同,而顺逆之理异也。'太孙是其言"(《明史·黄子澄传》)。这个毕竟是书生之言。朱元璋为了保障太子顺利接班,那些能征惯战的宿将,已被他诛杀殆尽。即位时只有二十岁的娃娃怎么面对已有多年带兵经验、去漠北打过仗的诸王呢?黄子澄只会从书本上去推演朱允炆在名分上的优势,没有从实战情况来考虑该怎么应对。再说平定"七国之乱",那时汉景帝还能启用周亚夫,这是汉文帝留给景帝以应对变局的。诸王作乱,还可能出现另一种情况,那就是西晋的"八王之乱",导致整个王朝的解体。正是由于朱允炆没有经验,轻信了黄子澄的书生之见,草率地采取削藩的政策,而且没有擒贼先擒王,反而给燕王朱棣以时间,最终导致"靖难之役",朱允炆只能自焚而死。而朱元璋留下的祖训"如朝无正臣,内有奸恶,则亲王训兵待命,天子密诏诸王,统领镇兵讨平之"亦为朱棣起兵提供了口实。故朱棣起兵亦以诛黄子澄及齐泰为借口,正如汉代吴楚七国起兵时以诛晁错为借口一样。

朱元璋为诸王建立藩王制度,是为了"外卫边陲,内资夹辅"的局面,从而保障其皇朝能长盛不衰,结局与其期望恰恰相反。决定胜负的,不是制度和礼仪,而是实力布局的状况。朱元璋放手让诸王去名城大都,并能拥兵自卫,而且让燕王、秦王带兵出征,培养他们军事指挥的能力,而朱允炆这一方面却没有得到训练,更无实战的机会,也缺乏有实战能力的参谋人才,缺少在军队中有广泛人脉关系的将领，那么朱允炆的败局接位前就已注定了。所以朱允炆在为皇太孙时才有那样的忧虑，而黄子澄又那么轻率地应对，实际上误导了朱允炆。藩封的问题，应该解决，这是朱元璋制度设计中留下的隐患。朱棣一旦获取了皇权，他反过来对待藩王的措施，比朱允炆更加严厉。藩王的一切活动只能被圈定在藩王府中，两个兄弟藩王之间轻易不能相见，出城省墓也要得到批准。养起来的结果是造就了一批废物。从这一点也可以看到制度设计的结果，既不可能根据设计者的主观愿望来演化，也无法以祖制来限制事态的发展。事情自有其在利害矛盾发展中的规律，制度只能是这个规律比较合乎理性的反映，它不取决于人们善良的愿望。制度的设计无非是为了规范人们的活动，但它也只能顺乎自然，而不能单纯地按照人们的理想和愿望来设计和制定。

唐代处理诸王的问题，与在其前后的汉、明不同，是采取养起来的方针，结果是养了一大堆废物，明代后来的藩王实际上也是如此。唐代是养在长安，宫廷之旁，一切行动皆受限制，丝毫没有行动的自由。唐代中叶以后，诸王的生活及其所受之限制，《旧唐书》亦有记载，如《玄宗诸子传》称：

> 先天（玄宗最早的年号）之后，皇子幼则居内，东封年，以渐成长，乃于安国寺东附苑城同为大宅，分院居，为十王宅。令中官押之，于夹城中起居，每日家令进膳。又引词学工书之人入教，谓之侍读。十王，谓庆、忠、棣、鄂、荣、光、

仪、颖、永、延、济，盖举全数。其后，盛、义、寿、陈、丰、恒、凉七王又就封，入内宅。……天宝中，庆、棣又殁，唯荣、仪等十四王居院，而府幕列于外坊，时通名起居而已。外诸孙成长，又于十宅外置百孙院。每岁幸华清宫，宫侧亦有十王院、百孙院。宫人每院四百，百孙院三四十人。……诸孙纳妃嫁女，亦就十宅中。太子不居于东宫，但居于乘舆所幸之别院。太子亦分院（少阳院）而居，婚嫁则同亲王、公主，在于崇仁之礼院。

这是玄宗时期诸王的生活待遇，看起来还优裕，实际上是被圈养起来，已无个人自由活动的天地，连婚嫁亦是被指定的，实际上都是变相的囚徒生活。这是一种没有保障的生活，一旦时势发生变化，谁也不再理会这些被囚禁在高墙之内的亲王和公主们了，那时他们的生活便非常悲惨了。《旧唐书·德宗顺宗诸子传》有一段他们生活的记录，其云：

初，开元中置礼会院于崇仁里。自兵兴已来（"安史之乱"以后），废而不修，故公、郡、县主不时降嫁，殆三十年，至有华发而犹卝者，虽居内馆，而不获觐见十六年矣。凡皇族子弟，皆散弃无位，或流落他县，湮沉不齿录，无异匹庶。及德宗即位，叙用枝属，以时婚嫁，公族老幼，莫不悲感。初即位，将谒太庙，始与公、郡、县主相见于大次中，尊者展其敬，幼者申其爱，歔欷哭泣之声闻于朝，公卿陪列者为之凄然。

可见贵族化的虽优裕却是圈养起来的生活不可能持续，最受人羡慕的尊贵的公主、郡主、县主们连按时的婚嫁也无法进行，已经白发的老公主，还梳着稚童的发式，偶尔一次皇帝召见，能不唏嘘而泣吗？靠祖先的名望，哪怕是贵为帝王世家，也是难以为继的。这一切凄凉的生活写照难道不值得今天的人们鉴戒吗？要靠自己的努力，一切从头做起，而不是靠炫耀先人的光辉来获取非劳动所得的一切。

明代的藩王是养在各个封地，最终同样没有任何活动的自由，只会奢侈靡费劳动者血汗，最终成了农民起义军杀戮的对象。人的才能只能从实际生活的磨炼中成长，暖房的花朵毕竟生命力有限，经不起风吹雨打。我姓朱，严格讲，姓朱的祖先的历史并不光彩。"靖难之役"及藩封问题的历史情况留待以后再讲。现在应该先讨论一下成祖朱棣执政以后，明代东宫制度又是如何演化的问题。

七、明成祖时东宫与诸王的矛盾斗争

朱棣称帝以后,东宫与诸王矛盾的状况又如何呢?朱棣即明成祖,娶徐达之女为妃,称帝后立为皇后,高炽、高煦、高燧三子皆为皇后所生。洪武时,朱元璋便立高炽为世子,永乐二年(1404年)朱棣立长子高炽为太子,以高煦为汉王,高燧为赵王,以姚广孝为太子少师。明成祖在燕京起兵时,高炽是留守,而高煦是随军的。在"靖难之役"中,高煦是立有战功的,且高炽身体没有高煦健壮,所以高煦觊觎东宫的地位。一次成祖令高炽与高煦一起去谒明孝陵,"仁宗体肥重,且足疾,两中使掖之行,恒失足。高煦从后言曰:'前人蹉跌,后人知警。'时宣宗为皇太孙,在后应声曰:'更有后人知警也。'高煦回顾失色。高煦长七尺余,轻趫善骑射,两腋若龙鳞者数片。既负其雄武,又每从北征,在成祖左右,时媒孽东宫事。"(《明史·朱高煦传》)可见当年成祖觊觎皇位的事,在下一代的诸子中,又有强者想重演。

当初立高炽为太子时,成祖是举棋不定的。《明史·解缙传》:"先是,储位未定,淇国公丘福言汉王有功,宜立。帝密问缙。缙称:

'皇长子仁孝，天下归心。'帝不应。缙又顿首曰：'好圣孙。'谓宣宗也。帝领之。太子遂定。高煦由是深恨缙。……太子既立，又时时失帝意，高煦宠益隆，礼秩逾嫡。缙又谏曰：'是启争也，不可。'帝怒，谓其离间骨肉，恩礼浸衰。……永乐八年，缙奏事入京，值帝北征，缙谒皇太子而还。汉王（高煦）言缙伺上出，私觐太子，径归，无人臣礼。帝震怒。……逮缙下诏狱，拷掠备至。"最终解缙被埋在雪中，活活冻死。可见永乐年间，高煦与高炽二人之间为了争夺太子地位的斗争已是反反复复，非常尖锐。

成祖时，以内阁学士辅导东宫太子和太孙。《明史·黄淮传》："议立太子，淮请立嫡以长。太子立，迁左庶子兼侍读。永乐五年（1407年），解缙黜，淮进右春坊大学士。明年与胡广、金幼孜、杨荣、杨士奇同辅导太孙。七年，帝北巡，命淮及蹇义、金忠、杨士奇辅皇太子监国。十一年（1413年）再北巡，仍留守。明年，帝征瓦剌还，太子遣使迎稍缓，帝重入高煦潜，悉征东宫官属下诏狱，淮及杨溥、金问（忠）皆坐系十年。"可见东宫官难做。成祖诸子之间的矛盾，使东宫官员的处境如此悲惨。太子高炽这十年的日子也可想而知，他是每时每刻处于提心吊胆的状态。

永乐十五年（1417年），高煦因罪迁乐安，而又有人帮助高燧潜太子于成祖，太子则力解高燧使其得免，这样太子地位才稳定下来。明成祖前后在位二十二年，高炽这二十年太子的生活实际上是苦熬过来的，靠的是一个忍字。正是这个忍字，把身体也折腾坏了，故高炽（明仁宗）在位只有一年多时间，就由其太子朱瞻基即位，原来皇太孙与诸叔之间的矛盾又重现。明仁宗高炽去世时，宣宗自南京奔丧，高煦谋伏兵邀于路，仓促未成。宣宗即位以后，在宣德元年（1426年）八月，高煦又起兵作乱，宣宗亲征，围乐安，高煦出降。这一次事变，因高煦被牵连而诛的有六百四十余人，坐死戍边者一千五百余人，而赵王朱高燧亦因此被拘执。这次叔侄之间争夺王位的斗争，与上次朱棣与建文帝争夺王位的斗争结局不同，前次是为叔者胜利，这次是为侄者胜利。这说明朱元璋让诸王带兵作屏藩的办法不行，此后虽仍有藩王作乱的事，但朝廷对诸藩王的限制越来越严格了。

《明史·诸王传五》之末有一段总结性的言论，反映了明代藩王在中后期的生活状况。其云："有明诸藩，分封而不锡土，列爵而不临民，食禄而不治事。盖矫枉鉴覆，所以杜汉、晋末大之祸，意固善矣。然徒拥虚名，坐縻厚禄，贤才不克自见，知勇无所设施。防闲过峻，法制日增。出城省墓，请而后许，二王不得相见。藩禁严密，一至于此。当太祖时，宗藩备边，军戎受制，赞仪疏属，且令遍历各国，使通亲亲。然则法网之繁，起自中叶，岂太祖众建屏藩初计哉！"正是因为当年宗藩备边的办法，无法抑制汉晋尾大不掉的局面，而为了防范"靖难之役"，及仁、宣之间高煦起兵作乱再现，所以后来明帝对诸藩王有了种种限制。这又走向了另一极端。

八、明中叶权力交接的两种状况

从建文帝到明武宗正德末，这一百二十二年是明帝国的中期，建文帝这三年多是一个过渡期，实际承接朱元璋建国阶段历史的是明成祖朱棣。朱棣在位二十三年，仁宗在位一年，宣宗在位十年，英宗在位的前七八年，前后加起来共有四十余年。这个时期明帝国还是处于欣欣向荣的阶段。实际帮助这几位皇帝执政的内阁官员，都还是洪武与建文时期留下的儒生出身的大臣，如解缙、黄淮、胡广、金幼孜、杨士奇、杨荣、杨溥等，他们既是内阁大臣，也是仁宗、宣宗在东宫时的辅教者，特别是仁宗为太子时，经历许多次政治危机，是他们挺身挽回的。而朝廷大臣若夏原吉、蹇义，带兵的若英国公张辅等维护着明帝国的大局。那时宦官的势力和影响还没有崛起，《明史·杨溥传》有这么一段话：

> 英宗初立（那时只有九岁，还不懂事），（溥）与士奇、荣请开经筵，豫择讲官，必得学识平正、言行端谨、老成达大体者数人供职。且请慎选宫中朝夕侍从内臣。太后大喜。一日，太后坐便殿，帝西向立，召英国公张辅及士奇、荣、溥、

尚书胡濙入，谕曰："卿等老臣，嗣君幼，幸同心共安社稷。"又召溥前曰："仁宗皇帝念卿忠，屡加叹息，不意今尚见卿。"溥感泣，太后亦泣，左右皆悲怆。始仁宗为太子，被谗，宫僚多死诏狱，溥及黄淮一系十年，濒死者数矣。仁宗时时于宫中念诸臣，太后亦久怜之，故为溥言之如此。太后复顾帝曰："此五臣，三朝简任，俾辅后人。皇帝万几，宜与五臣共计。"

这一大段话，说明东宫太子、太孙的日子难过，东宫的班子们日子也难过，弄不好往往成了替罪羊。解缙之死于非罪，杨溥及黄淮都坐了十年班房，濒死者数矣，他们是大劫大难之后的幸存者，没有因冤屈而有任何怨言，依然忠心耿耿，这一点很不容易。有一句话更为重要，即"且请慎选宫中朝夕侍从内臣"，因为与小皇帝日夜相处的是内廷的宦官，近朱者赤，近墨者黑，近习的侍臣对小皇帝或小太子潜移默化的影响，是母后与内阁参与辅教的大臣们所无法替代的。这些内侍的出身都很低微，教养不足，仅靠内书堂的教育是远远不够的。如英宗是孩童即帝位，这个问题更显得重要。宪宗朱见深是在两岁时被立为皇太子，十八岁即帝位；明孝宗朱祐樘，是在六岁被立为皇太子，十七岁即位的；武宗朱厚照是两岁时被立为皇太子，十三岁即皇帝位。他们都是在不懂人事的幼童时期被立为皇太子，尚未成年便被迫即位成了皇帝，他们懂得如何治理国家吗？他们生于深宫，青少年成长时期都与宫女及宦官们为伴，故"请慎选宫中朝夕侍从内臣"

这句话的分量相当之重。太子与帝王青少年时期的教养稍有差池，影响所及，不仅对个人的发育成长不利，而且贻害国家和民族的根本利益。如果查一下仁、宣至英宗前期，内阁诸侍臣的出身，大都还是太祖朱元璋晚年及朱允炆、成祖永乐年间的进士出身，那个时期培育的人才，为仁、宣及英宗前期的稳定繁荣提供了条件，即使在英宗朱祁镇即位的最初几年，明代的政局还是稳定而良好的。《明史·杨溥传》云："是时，王振尚未横，天下清平，朝无失政，中外臣民翕然称'三杨'。"这三杨便是杨士奇、杨溥、杨荣三人，我们还知道土木堡之变以后力挽危局的兵部尚书于谦，还有昆剧《十五贯》中讲的明代两个清官周忱、况钟，都是经杨士奇推荐而居官二十年，"廉能冠天下，为世名臣"（《明史·杨士奇传》）。然而不仅帝王有交接班，在内阁辅助君王、在东宫辅教太子的老臣也要老去的啊，这个后继者的优劣事关重大。所以，那个时候明王朝又面临着另一次交接班的问题。皇帝还是一个童稚，但辅助皇帝治理国家的人，而且是一个集体，处理不好也会出大问题。同样是英宗这个傀儡，他在位的前期与后期便大不一样了。

英宗正统七年（1442年）以后，宦官司礼太监王振逐渐受朱祁镇宠信而专擅朝政。那时的朱祁镇不过是十六七岁的青少年，他懂啥啊！《明史·马愉传》有一段王振与杨士奇和杨荣的对话很有趣，其云："时王振用事，一日，语杨士奇、荣曰：'朝廷事久劳公等，公等皆高年，倦矣。'士奇曰：'老臣尽瘁报国，死而后已。'荣曰：'吾辈衰残，无以效力，当择后生可任者，报圣恩耳。'振喜而退。士奇咎荣失言。荣曰：'彼厌吾辈矣，一旦内中出片纸令某人入阁，且奈何？及此时进一二贤者，同心协力，尚可为也。'士奇以为然。翼日，遂列侍读学士苗衷、侍讲曹鼐及愉名以进。"

杨荣的想法虽不错，事情总要有一个交接班，但这个时候提携新秀，毕竟为时已晚。新人本身还有变数，没有经历考验，三杨毕竟是历仕四朝的老臣，既有经验，又有威望，上有太后的支持，王振对他们还无可奈何地忌三分。太后和三杨先后去世以后，继任者没有三杨的资历和威望，也缺少处事的经历和经验，那么如曹鼐、马愉他们就不可能顶住王振的压力和影响。本来内阁与司礼监是对柄机要的关系，此时势必发生变化，权力的重心向内倾斜，而英宗朱祁镇还不太懂事，这样国家权力便由王振借着英宗这个傀儡来行使，这实在是一件非常危险的事。北方也先汗内侵，王振裹着英宗亲征，结果酿成土木堡之变，英宗被俘，王振被乱兵所杀，蒙古军队直指京城。那时是靠英宗之弟景帝朱祁钰监国，靠兵部尚书于谦组织军队保卫北京，方才度过这个艰难的时刻。而王振此人，作为宦官便是少年选入内书堂，侍英宗东宫，自幼便得英宗喜欢的人，因此而掌司礼监，为他弄权提供了条件，结果是害国害己。

此后从英宗、宪宗、孝宗到武宗，都出现过原来东宫宦官出身的司礼监的提督和掌印太监弄权的情况。其中如曹吉祥、王直、梁芳、刘瑾等，都曾在政治上造成严重的后果。故慎选君王和太子身边的内宦确实是一个非常重要的问题。那时的皇帝不过是被别人提线的木偶而已，魂不在他们自己身上。如武宗正德皇帝干那些极其荒谬的荒唐事，又能责怪他多少呢？孩子的教育还得严格要求，不能完全听任其凭兴趣爱好自由发展，得引导，得注意其周边的玩伴，"近朱者赤，近墨者黑"的话还是有道理的。美国式放任孩子兴趣发展的方式要分析，要尊重孩子的性格发展，但得管束，父母与社会都有教育孩子正常合理成长的责任。

当然，上面讲的那些消极的案例并不是说太子与皇帝身边的内侍都是歪种，还得具体事情具体分析。《明史·怀恩传》附《覃吉传》，其云："同时有覃吉者，不知所由进，以老阉侍太子。太子年九岁，吉口授《四书》章句及古今政典。宪宗赐太子庄田，吉劝毋受，曰：'天下皆太子有也。'太子偶从内侍读佛经，吉入，太子惊曰：'老伴当来矣。'亟手《孝经》。吉跪曰：'太子诵佛书乎？'曰：'无有，《孝经》耳。'吉顿首曰：'甚善，佛书诞，不可信也。'弘治之世，政治醇美，君德清明，端本正始，吉有力焉。"这个故事生动地说明太子周围的侍臣，对太子早年的诱导有很大关系，如果是正人，则走正路，如果是邪恶之小人，则走邪路。即使在英宗前期，并不是所有的内侍都如王振那样的恶人，亦有善良之辈。如与王振同时的金英与兴安，都是宣宗时留下来的宦官，土木堡事变之后，郕王（景帝朱祁钰）监国，"使英、安等召廷臣问计。侍读徐珵倡议南迁，安叱之，令扶珵出，大言曰：'敢言迁者斩！'遂入告太后，劝郕王任于谦治战守"。"安有廉操，且知于谦贤，力护之。或言帝任谦太过，安曰：'为国分忧如于公者，宁有二人！'"（《明史·金英兴安传》）于谦如无兴安在宫内的支持，在那时很难取得京城保卫战的胜利，说不定明帝国又会变成一个偏安南方的小朝廷。故对宦官也不能一概而论，如朝臣一般，都有良莠之分。明代后期的东宫、宦官、后宫的问题，留待以后再说。

九、有关东宫制度的结束语

明初，朱元璋废除中书省丞相制度，以六部尚书、五府都督、都察院、大理寺诸衙门，分理天下庶务。在设计这个权力结构的同时，他还以铸铁牌作祖训的形式，来抑制后宫与宦官干预政务，设置内阁学士备顾问。国家权力由皇帝一个人独揽。这样一个权力结构，连朱元璋这样有雄才大略的皇帝都感到力不胜任、疲劳不堪，到成祖朱棣这样强的人继承，也只能依傍内阁来一起办事。如仁宗、宣宗即位时，还懂一点事，英宗这个稚童即位，皇位实际上便悬空了。由于是世袭制，朱元璋无法规定后继者的年龄、健康状况和智能水平，所以不是每一个皇帝都能大权独揽的。名义上权力属于皇帝，但如果他根本不知道、不懂得如何运用属于自己手中的权力，也就难免不逐渐演化为内阁与司礼监对柄的机制。朱元璋对东宫制度的设计，使之简化，不让东宫形成另一套班子，虽然在明代避免了父子之间兵戎相见的血腥场面，但太子的成长却脱离了社会，明代的君王比任何一个王朝的都懦弱无能，昏昏然只知在宫廷享乐和搞迷信活动，在深宫中不可能培育出有雄才大略的君王来。

故从制度的设计联系付诸实施的过程来观察,往往不以设计者的主观愿望为转移。制度设计,一般包括组织结构及运行规则或条例这两个部分,而这个规则与条例往往又是习惯成自然,它的实际效果因人而异。三杨在位时,内阁与司礼监对柄机要的局面还能维持,一旦三杨和太后去世,小皇帝没有制衡的力量了,那么只能由他身边的太监掌握一切。他身边的侍臣如果选择不当,这个权力中心就会如汽车的方向盘失控那样,车子不知滑向哪里,难免要出车祸。土木堡之变就是这样一个极端的案例,几乎使明王朝遭受灭顶之灾,英宗自己也被俘,这不极端危险吗?

中国历史上,东宫制度、后宫制度、宦官制度、内阁制度与丞相制度,都是帝王制度下中央集权的权力结构不可或缺的组成部分。历代统治者同样都面临着交接班的问题,这是人类生命的自然现象所决定的。作为制度,它的组织结构在运行过程中的互相协调和互相制衡,需要有规章制度来规范,但不论这种规章是以祖训或其他何种法制的形式,或者习惯来规范,都需要人去操作,它不可能完全自动地运作。明代的内阁与司礼监的对柄,都会因人事的变化而发生变异,人的因素仍然起着非常重要的作用,所以不要把人治与法治完全对立起来。人的变数需要法来监控,但没有绝对完全严密无隙可乘的法制,一旦人的品质发生堕落,单纯依靠法制是很难处理好的,所以还得把人的教养放在首要的地位。人的伦理素养好了，遵纪守法的问题也好办了。

新老交替应该是一个逐渐的过程，三杨在位的时候，明代统治还是相对稳定的，而杨荣想到"择后生可任者"来培养接替者已太迟了。仁、宣、英宗早期的内阁诸大臣都是在太祖晚年崭露头角，以后经过建文、永乐时期才逐渐成形，不是特意被某人指定，或特加照应的，而是在那个环境中自然成长起来的，这个环境就是那时良好的社会风气。故后继人才的培养要抓早，抓紧，在培育一个良好的社会风气和伦理观念的基础上，让后继者有充分历练的机会，那么继任以后方能站住脚跟。这些年所谓扶上马、送一程的办法，把新旧交替作为一个过程，不是一刀切的办法，是接受了过去的教训而来的。

交接是一个集体完成的过程，明代的英宗即位时只是一个小孩，但大局还是可以比较稳定，也就是这个道理。不能老是发现哪个不行，来一个废立的大动作，那是要伤筋动骨、大伤元气的。中国历史上，古往今来这方面的教训实在太多了。辛亥革命似乎结束了帝王制度，否定了世袭制和终身制，但传统的影响还继续存在，而权力交接的问题只要还有国家形态存在，就会始终存在，不同时期只是形式不同而已。如果一个集体交接采取逐渐过渡的办法，即使个别人有问题，影响也不至于太大。总之，交接的过程应是互相辅助、互相体谅、互相照顾的过程，而不只是权力的互相争夺。中国历史上交接班之所以出现那么多问题，老人为交接的变数而苦恼，东宫太子日子那么难过，东宫班子的人度日如年，就是两代人都把权力交接视作权力争夺的问题。争则两败俱伤。

互相协作传帮带的办法，能做到不争吗？权力交接时，是不可能分割的，虽然权力是可以共享的，问题是能长期和谐相处吗？西方权力交接的办法是竞争的办法，它不乱，因为有一个共同遵守的规则和传统在那里。我们缺少这个东西，所以不能照搬。一些不发达地区照搬的结果，都乱了套。接班人应该有一个什么样的标准？如何达到标准？如何选择，由谁来选择？被选中以后又如何考核？如何完成交接的过程？在交接中发现人的问题时又如何处理？这是一个摸索的过程，过去有不少经验教训。如何吸取教训总结经验，慢慢摸索出一套正面的比较成熟的操作程序来，这对大局的稳定、社会的繁荣将是有利的。我想关键是先让大家对过去在这方面的历史经验和教训，有一个比较客观和正确的共识。怎样去取得这个共识呢？这是一个非常值得人们去思考和研究的问题。

第三讲 军兵制度

明代的军兵制度，从大的方面讲，大体上就是京军、卫所、军事管理系统这三个方面。其组成部分都是围绕一个目标：既要保持一支有战斗力的军事力量，又不能让武官干政，以免造成方镇林立、骄兵悍将横行的局面。这一套逐渐形成的体制和机构设置，有所得也有所失：所得，是明代有一支军事力量，又不至于过度庞大到失控的状态；所失，是这支部队不可能具备强大的战斗力，不能抵御内忧与外患。明朝的统治只能处于积弱的局面。

一、承平之时军队的功能

明代的军兵制度,在《明史·兵志》的序文中,有一个非常简略的概述,其云:

> 明以武功定天下,革元旧制,自京师达于郡县,皆立卫所。外统之都司,内统于五军都督府,而上十二卫为天子亲军者不与焉。征伐则命将充总兵官,调卫所军领之,既旋则将上所佩印,官军各回卫所。盖得唐府兵遗意。文皇北迁,一遵太祖之志,然内臣观兵,履霜伊始。洪、宣以后,狃于治平,故未久而遂有土木之难。于谦创立团营,简精锐,一号令,兵将相习,其法颇善。

这里有几个问题,需要认真思考。明以武功定天下,那么在平定天下之后,当国内战争的局面基本结束,进入和平时期,就有一个如何处置战争时期留下的军队(包括士兵和将领)的问题。而军兵制度的重建,是为了应对未来可能发生的内外战争。保持一支相应的武装力量,这既是明初朱元璋设置军兵制度的出发点,也是他的目标。明革元旧制,那么元的旧制是什么?元朝时中央以枢密院统兵，在地方又设行枢密院。明朝时中央是五军都督府，在地方是都指挥使司（简称都司）。那么在地方对军队如何管理呢？这就是卫所，是明代驻军的场所。比如上海有一个金山卫，当年便是明代驻军的场所。那么它的编制、兵员的来源及其在卫所内部的管理如何实施呢？至于十二卫作为天子亲军，名义上是属天子直辖的京军，它防卫的职能是什么？为什么要把他们从中央的五军都督府与各地的都司划开？而如果发生战争，临时调动军队，将军要由朝廷任命，又是为什么要把将领与士兵分开？战时临时任命将军，组合卫所军队，事后各回原地，这个办法行吗？明代这一套军兵制度下的军队有战斗力吗？《明史》讲朱元璋这一套军兵制度设计是取自唐府兵制的遗意，那么唐的府兵制是怎么一回事，它的渊源又在哪里？府兵真有战斗力吗？从某种意义上，明代军兵制度的设计，仍是因袭中国传统的军事制度的设计。故要讲清楚这些问题，还得寻根溯源，联系中国历史上军兵制度的发展和沿革来讲。再说明英宗时，土木堡之役，明朝几十万大军来了一个全军覆没，连英宗皇帝自己也当了俘虏。为什么明朝的卫所军队和京军，到了这个时候如此不堪一击呢？时任兵部尚书的于谦保卫北京的军队是从头训练起来的，使"兵将相习，其法颇善"，而英宗复辟以后，为什么又非杀于谦不可呢？

把上面这些问题归纳起来，首先要考虑的是军队的两大功能：一个是对外设防，就是边防的需要，如何防遏外来军事力量的进犯；

一个是对内，它要具有应对国内各种突发事件的功能，维护社会的治安，这中间最重要的是对帝室的警卫，特别是对首都与宫廷的守卫，不能让拿着武器的军队把矛头对着自己。既要保持一支有战斗力的正规军队，又要防止他们长期与地方行政合在一起，造成尾大不掉、军阀割据的局面。然而要保持这样一支规模庞大、人数众多的正规军，对朝廷财政来讲，即使在平时，也是难以承受的沉重负担，而在战时军费的开支，更是一个无法填满的无底洞。中国历史上各个王朝都是以小农立国，财政的来源主要依靠对小农征收的赋税，如果对农民横征暴敛，其结果是农民流亡，生产荒废，庞大的军队没有饷粮，最终是农民反抗，军队叛变，王朝崩溃。明末导致王朝崩溃的原因便是由辽东战事问题一次又一次地加派赋役，裁撤西边的军事开支，结果遣散的军队与农民起义军结合，迫使明王朝不得不两面作战，最终导致统治崩溃，二百七十七年的帝国崩于一旦。

从王朝的统治讲，它需要有一支庞大的军队，但又养不起他们，需要一支有战斗力的军队，又害怕兵将相习，出现尾大不掉的局面。故它要分割兵将之间的关系，但又势必丧失军队的战斗力。它需要一支守卫宫廷的可信可托的警卫部队，但又怕这支部队突然把枪口对着自己，使自己处于措手不及的状态。对拿着枪守卫自己的人，往往也提心吊胆地多加猜疑，一有风吹草动，往往凄怆地说："宁我负人，毋人负我。"于谦被杀，也就是这个道理。

于谦忠于景泰帝，而又掌握着守卫京师的军队，所以英宗复辟以后，英宗身边因策划并参与这场宫廷政变而当权的宦官非杀他不可，因为他兵将相习，能调动得起部队。要知道景泰帝是他们复辟以后才不明不白地去世的，是景泰帝和于谦在危急时刻保卫了北京，保卫了明朝安渡危机，而他们却如此对待病危的景泰帝，如此残忍地立即杀死于谦，为了夺取国家权力，那些人就是如此残酷无情。这类事例中国历史上不少，唐朝的永贞事变是如此，唐宪宗的暴崩也是如此。对这些阴谋家、野心家而言，皇帝只是一个傀儡而已，得到实惠的是他们。但最终策划英宗复辟的人也没有好结局，螳螂捕蝉，安知黄雀在后。其他类似的案例也是如此，历史自会公正地对待他们。

历朝历代关于军兵制度的设计，都徘徊在这几对他们无法克服的矛盾之中。理解了这几对矛盾，那么历史上各个王朝对军兵制度的设计，及其实践过程中出现的种种矛盾现象，就比较容易理解。这许多设计看来都是为了保持一支常备不懈的军队，而这些兵将不相习，被养起来的长期没有经过战争历练的军队，一旦面临战争，就可能会迅速地瓦解崩溃。卫所制度的设计，实际上只能起销兵的作用，这一点从清代的历史也可得到验证。当年的八旗军，一旦被优裕地养起来以后，便丧失战斗力了，他们还不如绿营。嘉庆时白莲教起义，清朝是靠乡勇才镇压下去，因为八旗、绿营兵都没有战斗力了。在太平天国兴起时，八旗与绿营的军队都不堪一击，起来与太平军对抗的反而是地方团练起家的部队，是曾国藩和李鸿章训练的湘淮军。在近代抗击外敌侵略时，湘淮军及李鸿章后来经营的北洋海军也不堪一击，甲午海战几乎全军覆没。于是清末新政时，想着模仿海外的军制，由袁世凯在小站训练新军，同时各省也派人去日本的军官学校学习培养新型的陆军军官。结果正是这些新军的军官们给了清王朝致命一击，武昌起义发动者便是新军的下级军官。而袁世凯小站练就的北洋陆军背叛清王朝，清王朝只能乖乖地收场，丝毫没有还手的余地。讲军兵制度时，这些历史事件都是值得认真思索的问题。再说军队有没有战斗力，只有拿战争来说明。养兵太多，其结果往往是糜饷而没有实效的。何况明代卫所的军队有相当一部分给养要靠自己种田来供应的呢！

二、中国历代关于战争问题和军兵制度的基本理论

中国古代关于军兵制度的记载非常分散。在二十四史的志中，正式立兵志的，则自欧阳修的《新唐书》起，宋、元、明三代的正史皆设有兵志，此前则大多分散在诸职官志有关武官的记载中。如《汉书》除《百官公卿表》外，《刑法志》也讲到一些。以后在《通典》《文献通考》中亦还有兵制的专章。《通志》的二十略只在《职官略》的武官那一篇中讲了兵制的问题。此外《周礼》的《夏官大司马》中，讲到一些军兵制度设计的思想。许多具体的案例，亦只能在相关的人物传记中略窥一二了。故在军兵制度这个层面，至今还缺少比较系统的理论和历史著作。总结中国历史上的军兵制度，可延伸到近代新军、北洋军阀，和20世纪20年代以后的国民党军队制度，一直到中国结束军阀统治费尽周折的历史过程。贯穿中国历史上所有军兵制度的设计，都是围绕着如何保持一支强大而又有战斗力的军队，担负起对内对外的防卫职能，同时又能有效地防止各种军事政变和骄兵悍将飞扬跋扈以及军阀割据、尾大不掉从而威胁国家统一的局面。

在中国古代，对于军事方面的研究和著作，都偏重于对战争问题的研究，先秦诸子中的许多著作，都论述到战争的问题。毛泽东便曾讲过《老子》这部书某种意义上也是一部兵书，这个话在历史上也有不少人说过。唐朝有一个叫王真的，讲《老子》五千言"未尝有一章不属意于兵也"（《道德经论兵要义述·叙表》）。明末的王夫之在《宋论·神宗》之六讲到《老子》一书，称"言兵者师之"，章太炎也表述过类似的意思。那是因为《老子》讲的是事物内在的辩证关系，故从战略战术的角度讲，《老子》这部书对研究战争艺术有益。《老子》一书共八十一章，直接谈兵事的有十几章，以哲理喻兵的有近二十章。其战略思想的出发点是在"柔弱胜刚强"（《老子·三十六章》），"天下莫柔弱于水，而攻坚强者莫之能胜"（《老子·七十八章》）。故孙武讲"兵形象水"，孙膑也讲打仗和行水一样，要"得其理"而不可"逆"。《老子》还说过："将欲弱之，必固强之；将欲废之，必固兴之；将欲夺之，必固予之。"（《老子·三十六章》）这是让先一步，伺机而后发制人。《老子》认为："兵者不祥之器，非君子之器。不得已而用之，恬淡为上……夫乐杀人者，则不可以得志于天下矣。"（《老子·三十一章》）所以不能穷兵黩武，好战而黩武者，都没有好的结局。他还主张"战胜，以丧礼处之"（《老子·三十一章》）。在这前面一章，他还说："以道佐人主者，不以兵强于天下，其事好还，师之所处，荆棘生焉。大军之后，必有凶年。善者果而已,不敢以取强。果而勿矜,果而勿伐,果而勿骄,果而不得已,果而勿强。物壮则老,是谓不道,不道早亡。"(《老子·三十章》)把这段话翻译成白话文:"凡因大道来辅佐君主的,决不会用武力逞强于天下,主动用兵于别人,最容易受到报复。军队驻扎的地方,必定田地荒芜,荆棘丛生。大战以后,必定有凶荒的灾害。善用兵的人战胜了便罢休,不敢借此来争强取霸。打了胜仗不要自满,不要自夸,不要骄傲,打仗本来就是出于不得已的事,决不能借着战争一时的胜利去争强称霸。任何东西强壮了就要衰老,若你借此以逞强,其结果必然是加速自身的衰亡。"老子这一番话,充满着辩证法,用来观察20世纪的军事史,还是挺有价值的。

从文献学的角度讲,读一下《汉书·艺文志》中《兵书略》后面的序,可以知道,那时兵书有五十三家、七百九十篇,现在能保留下来的兵家著作不多了。作者认为"兵家者,盖出古司马之职,王官之武备也",司马便是《周礼》中夏官司马,它属于管辖军队的长官。为什么叫司马呢?也许在冷兵器的时代,无论车战还是步战中的骑兵,马匹都在战争中起着决定作用。还说:"《洪范》八政,八曰师。孔子曰为国者'足食足兵','以不教民战,是谓弃之',明兵之重也。"军队的组建、训练、指挥及如何作战的问题,对国家和社会秩序的稳定,有着举足轻重的地位。因此,对于兵书的整理,汉立国以后,就着手进行了,前后进行过三次不同程度的整理工作:

汉兴，张良、韩信序次兵法，凡百八十二家，删取要用，定著三十五家。诸吕用事而盗取之。武帝时，军政杨仆捃摭遗逸，纪奏兵录，犹未能备。至于孝成，命任宏论次兵书为四种。(《汉书·艺文志·兵书略》)

这三次，一次是汉初的张良与韩信整理先秦留下的兵书；第二次是汉武帝时的杨仆，但还不完备；最后一次是汉成帝时的任宏。我们现在在《汉书·艺文志·兵书略》所看到的正是汉成帝时任宏遗留下来的目录，也是西汉末刘歆作《七略》时所看到的文献目录。刘歆将其汇编成《七略》中的《兵书略》，共分为四种，也就是《权谋》《形势》《阴阳》《技巧》。《老子》则不在其列，它是属于道家的著作，而《军礼司马法》则入于《六艺略》中礼这一类，汉时著录的这本书有一百五十五篇之多，皆已散佚，今存者仅五篇。《史记·司马穰苴列传》中，讲到齐威王命大夫追论古代的司马法，并附田穰苴的兵法于其中，号称"司马穰苴兵法"，司马法应是古司马执掌的军法，而田穰苴亦以军法严明而著称。

古代有一些重要的著作，不属于兵书四种，但其亦有重要篇章讲了兵法。如古代司马的职掌，我们可以从现存的《周礼·夏官司马·叙官》中看到一些梗概。如军队的编制，其云："凡制军，万有二千五百人为军，王六军，大国三军，次国二军，小国一军，军将皆命卿；二千有五百人为师，师帅皆中大夫；五百人为旅，旅帅皆下大夫；百人为卒，卒长皆上士；二十有五人为两，两司马皆中士；五人为伍，伍皆有长。"士兵的粮饷来源是农民的赋，即让老百姓根据其土地和人力来负担，《周礼·夏官司马·大司马》云："凡令赋，以地与民制之"。还规定了服兵役之农家如何接受训练，四季中都要有一个月接受军事训练。如中春要让"司马以旗致民，平列陈，如战之陈"，中夏要"读书契，辨号明之用"，然后参加田猎，中秋则"教治兵"，中冬则"教大阅"，一年四季都有一段时间进行军事训练，而狩猎则往往成为军事训练的常规手段。

《管子》亦有《兵法》篇，讲的也是军法。其中说，打仗要做到"举兵之日，而境内不贫者，计数得也"，根据国家的人力来确定征兵的数额。"战而必胜者，法度审也。"打仗的时候，军队能遵守军法。"胜而不死者，教器备利，而敌不敢校也。"打仗要取胜而不付出重大伤亡的代价，靠的是武器装备的精良，敌人无法与己较量。"得地而国不败者，因其民也。因其民，则号制有发也。"得地要取得那里民众的拥戴，要做到这一点，必须做到"三官不缪，五教不乱，九章著明"。这三官、五教、九章，实际上都是兵法的条令。

《荀子》的《议兵》篇，便讲到战国时各国军队训练的特征及其战斗力状况。齐国有技击，魏国有武卒，秦国有锐士，他认为"齐之技击不可以遇魏氏之武卒，魏氏之武卒不可以遇秦之锐士"，指出秦国以庆赏和刑罚"使天下之民所以要利于上者，非斗无由也","阰而用之,得而后功之,功赏相长也,五甲首而隶五家,是最为众强长久,多地以正。故四世有胜,非幸也,数也。"他讲秦国所以最强,得益商鞅耕战政策的成功。说到底,这个政策是招徕三晋流亡的农民来开垦土地,这就需要打破传统的土地规划,或称之为井田制的限制,即所谓"废井田,开阡陌";另一方面动员秦国的民众去当兵,由客民负担租税,本土的民众负担兵役。秦国有二十等爵,以赏军功:"一级公士,二上造,三簪袅,四不更",这四个爵级别相当于士;"五大夫,六官大夫,七公大夫,八公乘,九五大夫",这五级相当于大夫;"十左庶长,十一右庶长,十二左更,十三中更,十四右更,十五少上造,十六大上造,十七驷车庶长,十八大庶长",这九级相当于卿;"十九关内侯,二十彻侯",这两级相当于侯。士兵依照其战争中的功勋,给予爵位,如杀敌一人者,免除其全家的徭役和赋税,杀敌军官一名者,授爵一级,赐田一顷、宅九亩,还赏一庶子(相当于农奴)。不作战时,庶子为主家服劳役;作战时,随主人在军中服役。以此类推,依军功的大小授爵,或用以抵罪罚。这样,在重赏之下的举国皆兵,它构成秦国锐士的社会基础。虽然这只是一个短暂时期在秦国局部地区实施的兵农分工,但秦国就这样依靠自己所能动员的兵力,最终灭了六国。商鞅变法实施的耕战政策的立足点,是兵农分工,不是兵农合一。同时这样的战争又是非常残酷的,因为军功是以首级来计算的,《史记·鲁仲连传》注引《集解》谯周云:"秦用卫鞅计,制爵二十等,以战获首级者计而受爵。是以秦人每战胜,老弱妇人皆死。"

再说《汉书·艺文志》。《兵书略》对兵书分类有四种,它对每一种都有一个非常简略的概括。如权谋类为十三家,二百五十九篇。其云:"权谋者,以正守国,以奇用兵,先计而后战,兼形势,包阴阳,用技巧者也。"它的特点是讲战略和策略,如何用奇,以计谋取胜。《孙子兵法》等十三篇便是权谋类兵书的代表作。《兵书略》也讲到其他三种书的内容。形势类,有十一家,九十二篇,图十八卷。其云:"形势者,雷动风举,后发而先至,离合背乡,变化无常,以轻疾制敌者也。"这一类著作的内容偏重于讲兵力的部署和布阵所取的形势。《尉缭子》是其代表作,讲布阵必须根据天时、地利及敌我力量的对比,也就是对双方形势的正确判断,才能作出比较有利于自身的兵力部署。如《尉缭子》的《天官篇》讲道:"背水阵为绝地,向阪阵为废军,武王伐纣,背洛水向山阪而阵,二万二千五百人,击纣之亿万而灭商。"这实际上是置之绝地而后生,项羽的巨鹿之战,也是背水阵、置之绝地而后生的布阵办法。阴阳类有十六家,二百四十九篇,图十卷。其云:"阴阳者,顺时而发,推刑德,随斗击,因五胜,假鬼神而为助者也。"这里的阴阳类兵书,是以时辰方位推算阴阳顺逆、祸福吉凶的术数类著作。这里的阴阳是指事物的正反两面:背面是阴,正面是阳;从方向上讲,东南是阳,西北为阴;从一年四时讲,春夏为阳,秋冬为阴。阴阳盛衰往而复始,兵书以阴阳变化之势来说明用兵上如何顺势。随斗击,是看天文星相以斗柄所在为胜,五胜是指五行相克相胜的一种说法。这里固然有不少迷信的成分,但也是中国传统科技思想的发源地。古人用兵行师时,往往要举行占星、卜筮、望气这一类活动,在今人看来这完全属于迷信,它固然与古人的迷信心理有关,但也是古人掌握天时地利的依据。第四类为技巧,有十三家,一百九十九篇。其云:"技巧者,习手足,使器械,积机关,以立攻守之胜者也。"这一类是讲技法、器械、攻守之术的书。《墨子·公输》篇便是以墨子为守城一方,公输盘为进攻的一方:"公输盘九设攻城之机变,子墨子九距之,公输盘之攻械尽,子墨子之守圉有余。公输盘诎,而曰:'吾知所以距子矣,吾不言。'子墨子亦曰:'吾知子之所以距我,吾不言。'楚王问其故,子墨子曰:'公输子之意,不过欲杀臣,杀臣,宋莫能守,可攻也。然臣之弟子禽滑厘等三百人,已持臣守圉之器,在宋城上而待楚寇矣。虽杀臣,不能绝也。'楚王曰:'善哉!吾请无攻宋矣。'"

　　在上面这四类兵书中影响最大传布时间最久远的是权谋一类。而权谋类兵书中,影响最久远的当属《孙子兵法》十三篇,它强调的是用兵之法。国外对《孙子兵法》译本的题目,译为《战争的艺术》,在西方的军事院校,如美国的西点军校,也把它作为课本来讲。从中国历史上看,《孙子兵法》的注释本最多,现存的宋本便有《十一家注孙子》。历代皆注《孙子兵法》，连曹操也要注《孙子兵法》，为什么？因为这本书对战争的指挥最具实用价值。如《孙子兵法》的第一篇是《计》，用现代的语言讲就是作战的策划，即如何设计未来战争。孙子说："兵者，诡道也。故能而示之不能，用而示之不用，近而示之远，远而示之近。"诡者，诈也，欺骗和蒙蔽对方对自己所处形势的判断，从而作出错误的战略战术部署，以谋取战争的胜利。在战争过程中，他主张靠谋略来取胜，不是硬拼力量，故其在《谋攻》篇讲："不战而屈人之兵，善之善者也。故上兵伐谋，其次伐交，其次伐兵，其下攻城。攻城之法，为不得已。"他在《势》篇讲："凡战者，以正合，以奇胜。"正，是指正面与敌对阵，奇是指从侧面或背后奇袭敌人，取胜的关键在于出奇制胜，"故善出奇者，无穷如天地，不竭如江河"。双方力量强弱的对比是形，而战争的勇怯是势，要使形有利于己，而且要有势。这个势，要如"激水之疾，至于漂石者，势也。鸷鸟之疾，至于毁折者，节也。是故善战者，其势险，其节短。势如彍弩，节如发机"，"故善战人之势，如转圆石于千仞之山者，势也"。孙子关于谋略最基本的思想，不仅能应用在军事斗争上，即使在政治斗争中，在商业的争斗中，也是非常有价值的。中国古代那么多兵书，只有这部书流传最广，影响最为深远。实际上它是把老子的辩证思维，通过军事的谋略发挥到极致了。然而谋略毕竟是战争进行过程中双方在战场上的博弈，决定胜负最根本的东西，不仅在于双方谋略的高低，还在于谋略背后各方力量的基础，特别是各自的社会经济基础。此外，军队的组成和管理、军队的布局、士兵的来源及其素质、将领的培养和训练、武器装备的情况，都在不同程度上影响着战争的胜负。故军兵制度的考察更侧重于军队的组织、武官的组成、士兵的来源、兵将的关系、军队的布局及其调动，这些方面都直接或间接地影响着军队在边防和警卫方面的职能，故对军兵制度的考察需要从其职能的角度出发向上追溯。而战争时期是非常态时期，常态则是属于和平时期，和平时期要为战争做准备，而战争取得胜利以后，要学会处理进入和平时期的军队安置和组织，并为未来可能的战争做好准备。朱元璋建立明帝国以后，所面临的正是这方面的历史使命。如何让战时的军队转入和平时期，同时又保持相应的战斗力，以便随时面对新的战争局面，从平时到战时，从战时到平时，都是对军兵组织设置的严峻考验。兵书的重要组成部分，都是为了解决这两方面的转折。

三、关于京卫与天子亲军的设置

明代政府机构设置的一次大的变化,是在洪武十三年胡惟庸案以后,不设丞相,把中书省的政务分拆,由六部尚书直接面对朱元璋,这样可以避免权力被丞相或中书省架空。这一点不同于元朝政府机构的架置。元朝军政大权都集中于枢密院,朱元璋便把它一分为二,调兵的权和管兵的权一分为二,而且还把大都督府一分为五,地方按行政区划分别由都指挥使管辖。在地方上军政与行政、司法分权,可以防止唐节度使军政合一造成藩镇割据的局面。

关于军队管理的体制,值得注意的有两点:一点是关于五军都督府及卫所制的设置,把兵与将分割开了,兵将不相习,有事时调兵遣将,组成作战部队,外出打仗,事毕兵将各归其所,它防止了将领拥兵自重而威胁国家权力的集中统一。另一点,上十二卫为天子亲军,不属于五军都督府管辖,是京师与宫廷的守卫部队,归皇帝直接统辖,以此保障帝王权力的安全与巩固。

关于京卫具体设置的过程,《明史·职官志五》有具体的介绍,其云：

> 明初，置帐前总制亲军都指挥使司，以冯国用为都指挥使。后改置金吾侍卫亲军都护府，设都护（从二品），经历（正六品），知事（从七品），照磨（从八品）。又置各卫亲军指挥使司，设指挥使（正三品），同指挥使（从三品），副使（正四品），经历（正七品），知事（从八品），照磨（正九品），千户所正千户（正五品），副千户（从五品），镇抚、百户（正六品）。因置武德、龙骧、豹韬……十七卫亲军指挥使司，此设亲军卫之始。寻罢金吾侍卫亲军都护府。洪武、永乐间，增设亲军诸卫，名为上二十二卫，分掌宿卫。而锦衣卫主巡察、缉捕，理诏狱，以都督、都指挥领之，盖特异于诸卫焉。

从这一大段文字，可以看到这亲军是逐步扩充的。洪武时是上十二卫，至永乐年间又增加了十卫，故称为二十二卫，这二十二卫的任务是番上宿卫京师和宫禁的军队，到了宣德八年（1433年）时，又增加了四卫，合在一起京卫的亲军共有二十六卫。除了这些兵力之外，还有留守五卫，称宿卫镇抚司，洪武三年改为留守卫指挥司，专领军马守御各城门，及巡警皇城与城垣造作之事。这留守五卫是京师的警察与保安部队，负责巡视治安和看守城门的日常事务。而锦衣卫在亲军中又负有特殊的使命，它吸收的成员有不少属于恩荫寄禄的成员，这个机构负责侦察与审判诏狱，也就是负责处理皇帝下达的大案要案。朱元璋可通过这个特务机构掌握文武百官在京城的日常动态，因为其下属成员来自各级干部的子弟，他们可以往来于文武百官府第，在不知不觉中掌握他们的一举一动和日常言行，是朱元璋的耳目。一些重大案情都是锦衣卫发起的，这是锦衣卫的日常职责。《明史·职官志五》的表述如下：

> 锦衣卫，掌侍卫、缉捕、刑狱之事，恒以勋戚都督领之，恩荫寄禄无常员。凡朝会、巡幸，则具卤簿仪仗，率大汉将军等侍从扈行。宿卫则分番入直……盗贼奸宄，街途沟洫，密缉而时省之。凡承制鞫狱录囚勘事，偕三法司。五军官舍比试并枪，同兵部莅视。统所凡十有七。

从这一段叙述，可以知道锦衣卫这个机构是君王最贴身的侍卫，君王朝会与巡幸时，都有他们的身影。同时他们又是君王的鹰犬，监视着文武百官的一举一动，而且是钦定大案要案的侦察刑讯机构。它可以超越监察机构都察院、审判机构大理寺的职能，独立审案、判案，它有自己的刑讯监狱。有这样一个依附于亲军基础上的重大侦察刑讯机构，下属十七个卫所，一万七千余人，官员无时无刻不在锦衣卫的监控之下，所以明代功臣宿将丝毫动弹不得。朱元璋可以不管他们有多大的功劳，有多大的权势，一旦要收拾他们，就如老鹰抓小鸡一样，而他们则是毫无还手的余地。锦衣卫又都是做案子的老手，刑讯逼供，无所不用其极。明初朱元璋发起的四大案，几乎都与这个机构有密切的关系。

明初第一任亲军都指挥使是冯国用。冯国用是怎么样一个人？他怎么成为亲军都指挥使的呢？在《明史》冯国用与其弟冯胜同列一传。《明史·冯胜传》称：

> 冯胜，定远人。初名国胜，又名宗异，最后名胜。……雄勇多智略，与兄国用俱喜读书，通兵法，元末结寨自保。太祖略地至妙山，国用偕胜来归，甚见亲信。太祖尝从容询天下大计，国用对曰："金陵龙蟠虎踞，帝王之都，先拔之以为根本。然后四出征伐，倡仁义，收人心，勿贪子女玉帛，天下不足定也。"太祖大悦，俾居幕府。

冯国用是早年就投奔朱元璋的人，而且定都金陵是他向朱元璋建议的，朱元璋留他在身边参谋策划。那么他又怎么成为朱元璋亲军的都指挥使呢？《明史·冯胜传》继续说：

> 蛮子海牙扼采石，国用与诸将攻破海牙水寨，又破擒兆先，尽降其众三万余人。众疑惧，太祖择骁勇者五百人为亲军，宿卫帐中。悉屏旧人，独留国用侍榻侧，五百人者始安。即命国用将之，以攻集庆，争效死先登。与诸将下镇江、丹阳、宁国、泰兴、宜兴，从征金华，攻绍兴，累擢亲军都指挥使。卒于军，年三十六。太祖哭之恸。

从这段记述可知朱元璋的亲军最早是陈兆先的部下，降而复叛。朱元璋用信任感化了这支部队，先由冯国用带领在战争中锻炼了这支部队，然后在这个基础上，扩大为亲军上十二卫，到宣德年间扩编到二十六卫。亲军的战斗力要高于其他部队，它使朱元璋举内驭外、举重若轻地控制局面。这支扩编的亲军后来成为保卫宫禁与京师的主力部队，在永乐年间演化成京营，"永乐二十二年（1424年）置三大营，曰五军营，曰神机营，曰三千营"（《明史·职官志五》）。这里五军是步兵，神机统火器，三千是统骑兵的。土木堡之变以后，兵部尚书于谦在这个基础上，从三大营中选入精锐设立十团营。那时于谦便是靠这支部队保卫了北京城，抗击了也先军队对北京的进攻，使明王朝转危为安。可见这支亲军是明帝室刻意保留下来的一支主力部队。

关于亲军和锦衣卫如何守卫宫禁，朱元璋在《皇明祖训·祖训首章》中有一段非常清晰的叙述：

> 其日夜警备常如对阵，号令精明；日则观人语动，夜则巡禁严密，奸人不得而入。

> 凡警备常用器械，衣甲不离左右；更选良马数匹，调教能行速走者，常于官门喂养。及四城门，令内使带鞍辔各置一匹，在其所在，一体上古帝王诸侯防御也。

> 凡夜当警省，常听城中动静。或出殿庭，仰观风云星象如何，不出则候市声如何。

> 凡帝王居官，要早起睡迟，酒要少饮，饭要依时进，午后不许太饱，在外行路则不拘。

从这几段文字看，朱元璋对其后世继承帝位者的告诫，特别是安全警卫上的告诫非常具体而细致，宁可有备而无用，不能松弛而受突然袭击。所有警备用的器械、马匹都必须安置在适当的位置，真正要做到常备不懈。包括君王的饮食起居也成为警备的一项不可或缺的内容，如果一时疏忽，便会给奸人得计的机会，身国不可保。由此亦可见朱元璋在亲军警备上用心之良苦。这样的亲军警备制度历朝皆有，而且都曾在警备不周全上付出过沉重的代价。负责警备的官员忠诚与否，亦往往成为警备是否可靠必不可少的条件。把明代亲军制度与唐代三卫的设置作一对比，两者是完全相通的，可以说明代亲军的架构深得唐亲卫之遗意。反之唐代在这方面的教训，也告诉朱元璋宫禁内警卫工作必须常备不懈，才能确保君王身国之安全。

《明史·兵志》讲明代卫所制得唐府兵之遗意，明代关于亲军和京卫的制度，固有其自身演化的轨迹，然亦未尝不受唐代南北衙与三卫的影响。唐代京师宿卫的禁军有南衙与北衙之分，南衙诸卫守卫的地区在宫城之南侧，所以称南衙。朝廷各衙门都在宫城之南，故南衙兼有守卫京城和宫廷的职责，主要是卫城。北衙守卫的是北门，亦即玄武门和禁苑，所以称北衙，主要任务是卫宫。北衙的前身是唐高祖李渊在太原起兵时所统的旧部，在进军长安的途中有所扩编。进入长安建唐以后，愿意留下参加京师和宫廷宿卫的尚有三万人，号称"元从禁军"，父死子代，成为关中地区折冲府府兵的基本队伍。南衙有十六卫，其兵员数在三十万左右，故其兵员从数量上讲，要远远超过北衙。北衙这支队伍，经过李世民玄武门之变，深知玄武门乃出入、护卫后宫的咽喉要地，因而特地从元从禁军中挑选善射者百人，号称百骑，分二番在北门长上，以从田猎。在北门长上的将领亦由唐太宗亲自挑选信任可靠者，如募兵出身的薛仁贵，曾长期受命出任此职。又置北衙七营，选材力骁壮，月以一营番上。贞观十二年（638年）始置左屯营于玄武门，领以诸卫将军，号"飞骑"。

唐代禁卫都城和宫禁之南北衙的划分，《唐六典》的注文中将其与汉代京城的南北军相对应。然而汉代守卫皇宫的是南军，守卫京师的是北军，南军属卫尉，北军属中尉，统领南北军的是卫将军。吕后崩时，周勃是太尉，将军印在吕禄手中，周勃等骗取了卫将军印，掌握了北军，"勃入军门，行令军中曰：'为吕氏右袒，为刘氏左袒。'军皆左袒。勃遂将北军"（《汉书·高后纪》）。当时南军尚在吕氏手中，于是借机派兵入宫杀了吕产，夺取南军的兵权。可见帝位的稳固决定于南北军倾向于谁。汉文帝进未央宫的当夜，便拜由代邸来的宋昌为卫将军，领南北军，派张武为郎中令，行殿中。唯其如此，才能在未央宫安然入睡。

汉代帝王，靠对南北军的掌握才能坐稳龙椅，唐代帝王则是靠对南北衙禁军的掌握。比较而言，北衙禁军的地位更为紧要一些，唐太宗以后，北衙的禁军曾多次改编。唐高宗时，改为左右羽林军，武则天时改"百骑"为"千骑"，中宗又改"千骑"为"万骑"。

唐玄宗在中宗去世、韦氏专权时，便依靠万骑平韦氏，改名为左右龙武军，皆用功臣子弟，制若宿卫兵。正由于禁军那么重要的历史地位，李世民起用为诸卫将军的都是在玄武门之变中自己的铁杆下属，如尉迟敬德、秦叔宝、程知节、段志玄等人。如尉迟敬德与秦叔宝还转化为门神，过年时家家户户都贴他们的像，以求平安。值得一说的是李大亮这个人物，史称其"外若不能言，而内刚烈，不可干非其议"（《新唐书·李大亮传》），他对李世民特别忠心，先在贞观八年（634年）拜为左卫大将军，至贞观十七年立李治为皇太子时，又让他兼领太子右卫率，兼工部尚书，所谓"身居三职，宿卫两宫，甚为亲信。大亮每当宿直，必通宵假寐。太宗尝劳之曰：'至公宿直，我便通夜安卧。'其见任如此"（《旧唐书·李大亮传》）。反过来说，任何人在这个位置上，都是伴君如伴虎，稍有不慎，或观念上不合，就难免有杀身之祸。《册府元龟·环卫部·忠节》记有一例："李安静为右卫将军，天授时，王公百僚皆劝革命，安静独义形于色，无所陈请。及被收下制狱，来俊臣诘其反状，安静谓曰：'以我是唐家老臣，须杀即杀，若问以谋反，实无可对。'来俊臣竟诬构杀之。"这里所说的"革命"是指李唐改为武周，李安静处于这个要害的位置上，不能转弯子拥戴武周革命，武则天当然要置他于死地，另行安置可信的亲信。

在唐代京师和宫城禁卫部队南北衙中还有一支特殊的亲军，即所谓亲卫、勋卫、翊卫三卫。如在十六卫中为首的左右卫之下，便设有亲府、勋一府、勋二府、翊一府、翊二府，共五府，统率这五府的军官是五府中郎将，这三卫的职责是充当皇帝近身的宿卫，被史家喻为"王之爪牙""国之柱石"（《册府元龟·环卫部·总序》）。据《新唐书·十六卫》之"左右卫"条称："武德、贞观世重资荫，二品、三品子，补亲卫；二品曾孙、三品孙、四品子、职事官五品子若孙、勋官三品以上有封及国公子，补勋卫及率府亲卫；四品孙、五品及上柱国子，补翊卫及率府勋卫。"三卫的成员大都是中高级干部的子孙，每月番上值日的有数千人，能靠近皇帝的只是其中执扇的三百人，还必须挑选"少壮肩膊齐、仪容整美者"（《新唐书·十六卫》）。当初是令人眼红的荣耀，时间一久，往往会走向反面。这些能进入三卫的往往是纨绔子弟，故以"侍官"称之，在坊市间成了一句骂人的话。

唐代天宝年间有个韦应物，曾当过三卫。"安史之乱"以后，他的社会地位一落千丈，于是发愤读书，反而成了中唐最著名的诗人之一，终于苏州刺史，故其诗文集称《韦苏州集》。他的曾祖父是韦待价，在武则天时曾担任过尚书左仆射、同中书门下三品，祖父韦令仪曾任梁州都督，故他依靠祖辈门荫进入三卫，时间是天宝九载（750年）到天宝十四载（755年），即韦应物十五岁到二十岁之间，正是青少年成长的阶段。在《韦苏州集》中有一首诗，题目为《逢杨开府》，叙述了早年在任三卫期间荒唐的少年生活，其诗云：

>少事武皇帝,无赖恃恩私。身作里中横,家藏亡命儿。
>朝持樗蒲局,暮窃东邻姬。司隶不敢捕,立在白玉墀。
>骊山风雪夜,长杨羽猎时。一字都不识,饮酒肆顽痴。
>武皇升仙去,憔悴被人欺。读书事已晚,把笔学题诗。
>两府始收迹,南宫谬见推。非才果不容,出守抚茕嫠。
>忽逢杨开府,论旧涕俱垂。坐客何由识,惟有故人知。

体味此诗的内容,主要是讲他少年时在三卫的荒唐生活。为了便于理解,我把这首诗译成白话文,只能表述其语意,诗的韵味则是非我所长了。诗云:

少年时我曾经侍奉过玄宗武皇帝,作为三卫的郎官,并非我有什么才能,而是靠祖上的门荫。那时我在邻里间横行霸道,家里可以私藏亡命之徒。白天玩博戏,傍晚调戏东邻的姑娘。司隶不敢来捕我,因为我侍卫在宫廷的白玉台阶上。风雪交加的晚上,我跟着皇上来到骊山华清宫的温泉那儿,皇上去长杨羽猎时,我又追随在左右。那时我一个大字也不识,整天在酒肆中狂饮,疯狂玩耍。自从玄宗武皇帝升仙而去,我便潦倒而到处受人欺侮。待我知道要好好读书已经为时过晚,从那时起,我拿起笔努力学习作诗。当在河南、京兆两府任职时,我开始转变过去落拓不羁的行迹,在朝廷上为人们所推许。没有得到升迁的机会,并不是因为我的才能不够,而是为人所不容,结果还是外放地方去抚恤孤老。今天忽然见到你杨开府,谈论起过去曾在一起的往事时,两人都禁不住涕泪俱下。在座的客人哪里能认识我,唯有故交友人才能理解啊。

李肇的《国史补》曾讲到韦应物性情非常高洁,吃得很少,生活是那么简朴,日常起居的地方要打扫得非常干净,其诗作能把建安以来各派诗作的长处融为一体。实际上他有一些绝句,后人很难再超越他。人是可以改变的,环境改变了,人亦随着转变。然而贵族子弟在门荫下,过着物质极为丰富的生活,三卫侍卫是皇帝身边的人,是一批纨绔子弟,到"安史之乱"时,都一哄而散,怎么可能有侍卫君王的战斗力呢?这样养尊处优的亲军,不可能成为捍卫帝室的中坚力量。安史叛军破潼关以后,从潼关到长安就没有遇到多大的抵抗,唐玄宗只能匆匆忙忙地向四川逃逸。依靠优裕的供养绝不可能造就一支强劲有战斗力的军队,这一点已反复为历史所证明了。没有"安史之乱"的失败,便没有唐代光辉灿烂的文学作品。白首宫女话天宝,之所以在文学中那么富有生命力,是因为那个急切的落差实在惊心动魄。韦应物也正是在这个落差中觉醒过来,拿起笔来作诗歌。李白、杜甫哪一个不是这场剧变所造就的诗人呢?万事万物,失之东隅,得之桑榆。韦应物这个案例值得人们深思。究竟如何使自己的子孙后代能走正路?接班是接到了,失败了也不是坏事,能在失败中奋起,如韦应物那样才是好汉。君子之泽,五世而斩,这是一条难以逾越的客观规律。问题是我们如何面对它而已，想得透彻一点比较好。

明土木堡之败，虽未重演"安史之乱"首都沦陷的悲剧，但明军失败的教训同样极其惨痛。明英宗亲征时，带兵五十万，这支军队在行军过程中便混乱不堪。全军是英宗正统十七年七月十七日起程，至龙虎台驻营时，闻击鼓声便自相惊乱，八月至大同，北行不久由于前军兵败便决定班师。军行至土木堡，被蒙古骑兵突袭。《明史纪事本末·土木之变》："（王）振急传令移营，逾堑而行，回旋之间，行伍已乱。南行未三四里，敌复四面攻围，兵士争先奔逸，势不能止。铁骑蹂阵而入，奋长刀以砍大军，大呼解甲投刀者不杀。众裸袒相蹈藉死，蔽野塞川，宦侍、虎贲矢被体如猬。上与亲兵乘马突围不得出，被拥以去。英国公张辅，尚书邝埜、王佐，学士曹鼐、张益而下数百人皆死。从臣得脱者萧惟祯、杨善等数人。军士得脱者逾山坠谷，连日饥饿，仅得达关。骡马二十余万，并衣甲器械辎重，尽为也先所得。"王振亦死于乱兵之下。

英宗这次亲征，实际上并未经过严格意义上的双方交战，兵败于混乱的行军途中，为蒙古骑兵所袭击。而这次英宗带去的是京营的精锐部队，尚且如此慌乱不堪，所幸也先进攻京师的兵力不多，于谦的坚决抵抗挺过了这一难关。土木堡这次失败，充分证明了原来的制度设计大有缺陷，在兵将不相习的状况下，不要说打仗，连行军的指挥也乱象丛生。故于谦要立"团营操法"，《明史纪事本末·景帝登极守御》称："初，太宗以北伐故，宿重兵燕中。会承平久，不能无老弱，公侯中贵人往往役占。土木之难，精锐略尽，虽有五军、神机、三千诸营，然不相统一，每遇调遣，号令纷更，兵将不相识。于谦上言：'兵冗不练，遇敌辄败。额四十余万，非尽可用者，徒费大家米。'于是即诸营选马步骁悍者十五万，分为十营。每营各以都督领之。五千人为一小营，营以都指挥领之。团操以备警急，是为团营，而以谦总督。"没有经过战争和严格训练的军队，养起来的军队，虽然不会构成兵变的威胁，但真的遇上战争，那是无法应战的。军队只能在实战或者不断演练的过程中，才能保持相应的战斗力。养兵千日，用兵一时，如果养而不练，那部队是没有办法在投入实战时有战斗力的。

四、关于明代的卫所制度及唐的府兵制度

综观历史,当国家机器形成以后,都需要一个专门的武装集团来武装和保卫自己,这就是军队。要保持一支足够强大的军队,便得解决士兵及其给养的来源问题,并且必须处理好军队的编制、管理和指挥的问题,绝不能让这支军队把枪口对着自己,而必须是让军队无条件地服从自己的需要。这几乎是历朝历代的统治者都必须认真对待的一个重大课题。古往今来有头脑的统治者,也都会认真思考并采取适当的措施,希望能处理好这个问题。至于是否真如其愿,那就是另一回事了。历史上事与愿违的事情多着呢!有的能收效于一时,长远则由于情况变化而难以持续,也是难以避免的了。

中国历史上,历朝历代都是在与各类对手争夺中产生的,这个战争也就是所谓逐鹿战争,鹿死于胜利者之手,也就是打败一切战争的竞逐者成为战场上唯一的胜利者。这样的胜利者,可以是贵族,也可以是平民出身的领袖,如唐代的李渊及李世民父子便是贵族出身的王者,刘邦与朱元璋便是布衣出身的王者,拿下

政权的王者，保卫自己权力的柱石，还得靠经历过战争的军队。当由战争时期转入和平时期，如何安置在战争过程中已经庞大起来的军队及其将领，便是统治者必须面临的一个矛盾。这个矛盾包括两个方面，一方面要保留有一定战斗力的军队来保卫自己和对付外来战争，一方面要解决好军队的给养和管理的问题。朱元璋在把元朝残余势力赶出中原地区，全国基本上统一以后，在《皇明祖训·祖训首章》中有一段话说：

> 四方诸夷，皆限山隔海，僻在一隅，得其地不足以供给，得其民不足以使令。若其自不揣量来扰我边，则彼为不祥。彼既不为中国患，而我兴兵轻伐，亦不祥也。吾恐后世子孙倚中国富强，贪一时战功，无故兴兵，致伤人命，切记不可。但胡戎与西北边境互相密迩，累世战争，必选将练兵，时谨备之。今将不征诸夷国名，开列于后：
>
> 东北：朝鲜国；正东偏北：日本国；正南偏东：大琉球国、小琉球国；西南：安南国、真腊国、暹罗国、占城国、苏门答剌国、西洋国、爪洼国、湓亨国、白花国、三弗齐国、浡泥国。

由此可知，在洪武初年，他就决心结束战争，尽快地转入和平时期。这个关于不征国的祖训，说明他不因帝国军事力量的扩张，而采取对外扩张和侵略的政策，也就是不称霸，对南方邻国及海外各国采取友好的态度。中华人民共和国成立以后，对邻国始终抱着友好的态度，某种意义上，这也是中国传统的对外政策，那就是"人不犯我，我不犯人"。对北方和西北地区元军的残余力量，朱元璋的政策也是防御性的，在边境地区保持一支防御的边防军，保障中原地区人民的安居乐业。正因为如此，大规模战争结束以后，在战争过程中形成的庞大军队，不可能坐享靡费。

当国内战争还在继续的时候，各路豪强都是千方百计扩大自己手下的部队，那时也无须担心军队给养问题，缴获敌方、劫掠沿途已足够自给。但一旦群雄之一成为胜利者，那么这样的给养方式便难以为继了。统治者要靠对农民征收赋税来供养这支庞大的军队。但那时的情况是地旷人稀，由于人口流动大幅度减少，出现了大量被人们抛荒的荒地，生产还没有恢复，户籍和土地制度还未整顿，人不着地，而且地方和基层政权还处于瘫痪和半瘫痪的状态，要征税也无以措手。当时的统治者所面临的矛盾，便是既要维持这样一支军队，保持它的战斗力，又要设法恢复生产，才能供养这支军队。那么唯一的办法，是让军队的编制与空荒土地上的开荒运动结合起来，这就是明代卫所制度产生的背景。唐代府兵制度的诞生也是出于这样一个历史背景，把胜利后留下来的军队变成世袭制，就可以源源不断地保障士兵的来源。府兵制与卫所制设计的根据基本相同。

《史记·周本纪》讲到周武王灭商以后，营洛邑以居周，这个洛邑就是今天的洛阳，宣告自己"纵马于华山之阳，放牛于桃林之虚；偃干戈，振兵释旅：示天下不复用也",这些美妙动听的话语只是告诉我们战争暂时告一段落,社会进入和平的时期,并非完全不要兵了,一旦内外危机激化,还是会兵戎相见的。所以,任何一个王朝,有忧患意识的统治者都希望在自己手上始终保持一支强大而有战斗力的部队,以应对随时可能出现的战争危机。从周到明清,这个思想是一以贯之的。

五、卫所制的前身——唐代的府兵与卫所兵制的比较

《明史·兵志》的序言讲到明代的卫所制度"盖得唐府兵之遗意",我们不妨先了解一下唐代的府兵制,再与明代的卫所制作一对比,便可知道《明史·兵志》这句话言之不虚。唐的府兵制,《新唐书·兵志》中有一概括的叙述,其云:

> 初,府兵之置,居无事时耕于野,其番上者,宿卫京师而已。若四方有事,则命将以出,事解辄罢,兵散于府,将归于朝。故士不失业,而将帅无握兵之重,所以防微渐、绝祸乱之萌也。

关于府兵的组织,《新唐书·兵志》云:

> 太宗贞观十年,更号统军为折冲都尉,别将为果毅都尉,诸府总曰折冲府。凡天下十道,置府六百三十四,皆有名号,而关内二百六十有一,皆以隶诸卫。凡府三等,兵千二百人为上,千人为中,八百为下。

关于折冲府的管理人员,其云:

> 府置折冲都尉一人,左右果毅都尉各一人,长史、兵曹、

别将各一人，校尉六人。士以三百人为团，团有校尉；五十人为队，队有正；十人为火，火有长。

士兵的装备如下：

> 人具弓一，矢三十，胡禄、横刀、砺石、大觿、毡帽、毡装、行藤皆一。麦饭九斗，米二斗，皆自备，并其介胄、戎具藏于库。有所征行，则视其入而出给之。其番上宿卫者，惟给弓矢、横刀而已。

从这段叙述可知士兵的装备及粮食是要自备的。这从《木兰诗》的故事亦能窥其一斑，一旦征发出征，其装备及口粮的负担就很重了。关于服役的年限及兵种，《新唐书·兵志》则云：

> 凡民年二十为兵，六十而免。其能骑而射者为越骑，其余为步兵、武骑、排䂿手、步射。

府户军籍的壮丁服役时间长达四十年，到六十岁才免役。每年冬天都要进行军事的操练，参加当地的田猎，猎物归己。每年进京宿卫的时间则由兵部根据所在地点离京师远近而定番上轮值的次数，每次番上的时间为一个月。《新唐书·兵志》云：

> 凡当宿卫者番上，兵部以远近给番，五百里为五番，千里七番，一千五百里八番，二千里十番，外为十二番，皆一月上。

这段话的意思是每次番上的时间为一个月，折冲府所在的地点距京城在五百里内的，那便有五组兵户轮流番值，以保障京师必需的宿卫人员。距离远的部队多一些人轮值，七番便是有七组分别轮值,十二番也就是每年十二组兵户轮值。距离太远的话,在那时的交通条件下,路途上的跋涉就非常艰苦了。这仅仅是赴京师宿卫,还不是打仗。如果要打仗,士兵所遇到的艰难那就更难以言说了。

唐代的府兵如此,再看一下明代的卫所兵制,便可知其为我国社会历史条件下大战之后军兵制度的必然选择。《明史·兵志二》称:

> 革诸将袭元旧制枢密、平章、元帅、总管、万户诸官号,而核其所部兵五千人为指挥,千人为千户,百人为百户,五十人为总旗,十人为小旗。天下既定,度要害地,系一郡者设所,连郡者设卫。大率五千六百人为卫,千一百二十人为千户所,百十有二人为百户所。所设总旗二,小旗十,大小联比以成军。其取兵,有从征,有归附,有谪发。从征者,诸将所部兵,既定其地,因以留戍。归附,则胜国及僭伪诸降卒。谪发,以罪迁隶为兵者。其军皆世籍。此其大略也。

如果把唐代府兵与明代卫所的组织结构作一比较,那基本相似。唐以千人为单位,明以五千人为一单位。从原始的兵源上讲,唐的元从禁军,即明的从征者。唐的元从禁军只有三万人,诸起义以相属与降群盗则有十七万人,实际上是战争中收编的敌对方的军队,相当于明代卫所军中归附。军户世籍这一点上,二者也是一致的,建置的时间也都是逐鹿战争告一段落的时候。为朱元璋制定这一套军兵制度的是刘基,《明史·刘基传》称:"太祖即皇帝位,基奏定军卫法。"这个时间应在洪武元年,具体实施的时间段要更长一些。根据军卫法,官与兵皆附卫为籍,世世不得更改,附籍之后,授地置业,有家室,长子孙,一家之内,为军及官者一人,其余人丁,官之子弟为舍人,兵之子弟为余丁,既为出缺时补充,又为正兵及军官操练或征调出发时执耕稼之事。在管辖上,征调时,则统于诸将,事平则散归各卫。洪武二十六年定天下都司卫所的数字,内外卫三百二十九,守御千户所六十五。如以足额计算总的兵力在一百五六十万人。卫所的隶属关系,京卫以外的卫所属都司,有十三:北平、陕西、山西、浙江、江西、山东、四川、福建、湖广、广东、广西、辽东、河南,大体与十三承宣布政使司(简称布政司)相当。此外又有行都指挥司二,即甘州和大同,一对西北边境,一对北方边境。中央则属于大都督府管辖,洪武十三年改为五军都督府,分别统率诸军司卫所。这是明代卫所军制的大格局,地方上是三权并立,都指挥使管军政,布政使分管民政和财政,按察使分管刑狱,三者并为封疆大吏。地方上有军政、司法、行政的分割,防止了地方尾大不掉的局面。具体管理军队的成员,《明史·兵志二》:"专阃重臣,文武亦无定职,世犹以武为重,军政修饬。"这是明初的情况,不仅武将带兵,有时文官亦能带兵。

唐的府兵要番上宿卫,明代的卫所军中有一部分担任赴京师番上宿卫的任务，总为三大营，这三大营也就是前面所说的五军、三千、神机。《明史·兵志二》称："班军者卫所之军番上京师，总为三大营者也。初，永乐十三年（1415年）诏边将及河南、山东、山西、陕西各都司，中都留守司，江南、北诸卫官，简所部卒赴北京，以俟临阅。京操自此始。仁宗初，因英国公张辅等言，调直隶及近京军番上操备，谕以毕农而来，先农务遣归。既而辅言：'边军比悉放还，京军少，请调山东、河南、中都、淮、扬诸卫校阅。'制曰'可'。……岁春秋番上，共十六万人。"明代正统时，京操军还曾经被派去戍边。

六、明代的军屯与军队的给养

明代军队的给养依靠屯田,在卫所授田的军兵要参加农业劳动,即使在军事要塞守卫的军队,自己也要屯垦土地。《明史·食货志一》讲道:

屯田之制:曰军屯,曰民屯。太祖初,立民兵万户府,寓兵于农,其法最善。又令诸将屯兵龙江诸处,惟康茂才绩最,乃下令褒之,因以申饬将士。

洪武六年,"遣邓愈、汤和诸将屯陕西、彰德、汝宁、北平、永平"。"而军屯则领之卫所。边地,三分守城,七分屯种。内地,二分守城,八分屯种。每军受田五十亩为一分,给耕牛、农具,教树植,复租赋,遣官劝输,诛侵暴之吏。""三十五年定科则:军田一分,正粮十二石,贮屯仓,听本军自支,余粮为本卫所官军俸粮。永乐初,定屯田官军赏罚例:岁食米十二石外余六石为率,多者赏钞,缺者罚俸。又以田肥瘠不同,法宜有别,命官军各种样田,以其岁收之数相考较。"干部要带头劳动,以考校生产指标。"太原左卫千户陈淮所种样田,每军余粮二十三石。帝命重赏之。

宁夏总兵何福积谷尤多，赐敕褒美。"（《明史·食货志一》）

从这些记录看，明初军队屯垦在恢复元末生产破坏上是起了积极作用的。从仓储的角度，亦可以看到由于屯垦的发展，明初军粮的供给还是比较充裕的。《明史·食货志三》之"仓储条"称：

> 明初，京卫有军储仓。洪武三年增置至二十所，且建临濠、临清二仓以供转运。各行省有仓，官吏俸取给焉。边境有仓，收屯田所入以给军。州县则设预备仓，东南西北四所，以振凶荒。自钞法行，颇有省革。（洪武）二十四年储粮十六万石于临清，以给训练骑兵。二十八年置皇城四门仓，储粮给守御军。增京师诸卫仓凡四十一。又设北平、密云诸县仓，储粮以资北征。

从这些记载可见洪武永乐年间，军队屯垦在保障军粮的供给上是有效的，否则不可能要建那么多粮仓，这种富裕的情况一直持续到宣德和正统初年。卫所制度化兵为农，实际上是军队复员，恢复农业生产，同时保持相当数量的预备役的官兵，在一定时期内对维护国防安全也是有效的。

七、关于军民分籍管理和清理军籍的问题

明代这一套军兵制度,不仅始于唐,实际上曹操在北方实施的兵家制度在本质上也是如此。从户籍上划出一部分人口,作为兵籍,免除他们其他方面的赋税徭役,世世代代服兵役。事实上军户在社会地位上还低于民户。

曹魏时,对军户的寡妇还有强制分配的制度,目的只是保障兵员的供给。在明代,由于军户地位低下,故导致军户逃亡的情况很普遍,所以朱元璋要一次又一次地派人清理军籍。《续文献通考》便讲到"洪武十六年(1383年)九月,命给事中及国子生、各卫舍人分行天下,清理军籍"(《兵考·兵制》)。洪武二十一年(1388年),他又"诏卫所核实军伍"(《兵考·兵制》)。洪武时,"潮州生陈质,父在戍籍。父没,质被拘捕,请归卒业。帝命除其籍。(兵部尚书沈)溍以缺军伍,持不可。帝曰:'国家得一卒易,得一士难。'遂除之"(《明史·沈溍传》)。从这一段记载看,脱一军籍之难,要朱元璋亲自干预,同时亦可见军人地位大大低于士大夫。

明初派御史清军籍时,迁民户补军,且以北人往南边补伍,南人往北边补伍,水土不宜,往往死亡,故清理军籍实际上很残酷。

八、明代卫所制度的衰亡

明代卫所制度的衰败,主要的原因是军队士兵成了徭役的对象,军官的地位亦随之一落千丈。《明史·兵志二》讲到班军的情况,其云:

> 海内燕安,外卫卒在京只供营缮诸役,势家私占复半之。卒多畏苦,往往愆期,乃定违限罪,轻者发居庸、密云、山海关罚班六月,重者发边卫罚班至年半。令虽具,然不能革也。

嘉靖时,俺答犯京师,集诸营兵,仅四五万,是时禁军册籍皆虚数,半役内外提督大臣家,不归伍,举伍者半皆老弱,涕泣不敢前。这样的京营,怎能上前线迎敌呢?这种情况到了万历年间便更加严重了,那时:

> 内庭有小营缮,中官陈永寿请仍用班军,可节省。给事中宋一韩争之,谓:"班军轮操即三大营军,所系甚重。今边鄙多事,万一关吏不谨,而京师团练之军多召募,游徼之役多役占,皇城宿卫多白徒,四卫扈从多厮役。即得三都司健卒三万,犹不能无恐,况动以兴作朘削,名存实亡,缓急

何赖哉?"不听。……是时，法益弛，军不营操，皆居京师为商贩、工艺，以钱入班将。（《明史·兵志二》）

大率京军积弱，由于占役卖闲。其弊实起于纨绔之营帅，监视之中官，竟以亡国云。（《明史·兵志一》）

到了明代晚期，卫所制度已名存实亡，边防吃紧时增加兵力，只能依靠募兵了。而募兵一多，兵饷的开支便压垮了明代的财政。从辽饷三次加派起，加上练饷的几次加派，农民便四出逃亡，从根本上压垮了明代统治的社会基础。明代军队瓦解的另一个因素，是军官的地位日渐下降。《明史·兵志二》之"卫所条"称：

正德以来，军职冒滥，为世所轻。内之部科，外之监军、督抚，叠相弹压，五军府如赘疣，弁帅如走卒。总兵官领敕于兵部，皆跽，间为长揖，即谓非体。至于末季，卫所军士，虽一诸生可役使之。积轻积弱，重以隐占、虚冒诸弊，至举天下之兵，不足以任战守，而明遂亡矣。

军官地位那么低贱，还有谁愿意领兵打仗呢？军事力量瓦解，明朝没有了支柱，也就垮塌下来了。明王朝的崩溃与卫所制度的败亡相始终。

九、卫所以外的其他兵种

　　卫所军是明代军兵中的主力，除了卫所军队以外，明代还有一些其他兵种。郡县有一些地方自卫的武装诸如民壮，也就是民兵。边郡有一些土兵，也就是边兵。有的地方还有乡兵。在南方土司管辖的地区还有土司兵。这些兵种在明初就有，但不占什么地位。明中叶卫所兵衰落以后，其他兵种有时亦露出头来，其影响也只是局部的，整体上无法改变明代军事力量逐渐走向衰败的总趋势。既然它们是明代兵种中的几种类型，故亦略言其一二。

　　民壮，也就是民兵。朱元璋建国初便曾设立万户府，据《明会典·军役·佥充民壮》称，朱元璋"简民间武勇之人，编成队伍，以时操练，有事用以征战，事平复还为民"。这是不脱离民户的民兵，这些民兵都只是地方性的。洪武时，有周德兴者，《明史·周德兴传》称其曾理福建军务，后来去湖北，定武昌等十五卫，岁练军人四万四千八百人。致仕还乡不久，朱元璋又想到他，"帝谓德兴：'福建功未竟，卿虽老，尚勉为朕行。'德兴至闽，按籍佥练，得民兵十万余人。相视要害，筑城一十六，置巡司四十有五，防海之策始备"。明代东南海防,民兵起着重要作用。在北方边防,除了卫所军番上戍边之外,亦有民兵。《明史·兵志三》称:"成化二年(1466年),以边警,复二关民兵。敕御史往延安、庆阳选精壮编伍,得五千余人,号曰土兵。以延绥巡抚卢祥言边民骁果,可练为兵,使护田里妻子,故有是命。"至孝宗弘治时,便正式立法,"弘治七年(1494年)立佥民壮法。州、县七八百里以上,里佥二人;五百里,三;三百里,四;百里以上,五。有司训练,遇警调发,给以行粮,而禁役占放买之弊。富民不愿,则上直于官,官自为募"。卫所清军有缺额时,往往以民壮填补卫所军户的缺额。《明史·兵志三》载成化时有兵部侍郎李孟旸上疏请实军伍,"谓:'天下卫所官军原额二百七十余万,岁久逃故,尝选民壮三十余万,又核卫所舍人、余丁八十八万,西北诸边召募士兵无虑数万。请如孟旸奏,察有司不操练民壮、私役杂差者,如役占军人罪。'报可"。卫所缺额时,只能靠签发和招募民兵来充实军队了。这个情况在嘉靖、万历年间多有提及,签发民兵,不同于征调卫所军兵,需要发军饷,更类似于募兵。

还有一种称乡兵者,亦是地方兵种。如浙江义乌兵便属于乡兵,即所谓戚继光所练的戚家军。戚继光出身于世袭的登州卫指挥佥事,他的父亲叫戚继东,担任过大宁都司。世宗嘉靖年间,戚继光任都指挥佥事,在山东防备倭寇,后来改佥浙江都司,负责浙江的宁波、绍兴、台州三郡的防务。史称:"继光至浙时,见卫所军不习战，而金华、义乌俗称慓悍，请召募三千人，教以击刺法，长短兵迭用，由是继光一军特精。又以南方多薮泽，不利驰逐，乃因地形制阵法，审步伐便利，一切战舰、火器、兵械精求而更置之。'戚家军'名闻天下。"（《明史·戚继光传》）卫所军抗倭不力，只能从士兵重新训练起，而戚继光本人则是卫所军官出身，嘉靖时，戚继光与俞大猷成为一时抗倭的名将。俞大猷则是嘉靖十四年武举会试出身，除千户，守编军门，故他也是从卫所军官起家的。二人都是在闽浙打击倭寇的名将，故史称："继光为将号令严，赏罚信，士无敢不用命。与大猷均为名将。操行不如，而果毅过之。大猷老将务持重，继光则飙发电举，屡摧大寇，名更出大猷上。"（《明史·戚继光传》）军队和将领都只能在战场上打出来，没有战场上的历练，往往只能是纸上谈兵，军队愈养愈骄，上战场往往不堪一击。养在那里的军兵，往往成为徭役的对象，军官成了工头，结果是兵不似兵，将不似将。后来戚继光调到北方，总理蓟辽兵务，他在奏疏中讲到蓟门军队的状况时说："营军（京营的三大营）不习戎事，而好末技，壮者役将门，老弱仅充伍。"故京营的三大营，军不成伍。"边塞逶迤，绝鲜邮置，使客络绎，日事将迎，参游为驿使，营垒皆传舍"，原来的驿站是军事的通讯机构，后来则变成迎来送往的招待所，将领成了接待人员了，真要打仗，则缺少迅捷的通信设施。"寇至，则调遣无法，远道赴期，卒毙马僵"，一旦有事，调动卫所军，都是奔赴远道边防，赶到那儿也已兵马俱毙。而原来守塞的士兵，由于缺乏训练，所以"约束不明，行伍不整"，"临阵马军不用马，而反用步"，根本无法作战，士兵往往成为将领的家丁，所以"家丁盛而军心离"，守塞之兵不择缓冲，结果是"备多力分"（《明史·戚继光传》）。这是军队忙于劳役，缺乏训练的结果。这样的军队很难用以应对战争，卫所军兵没有战斗力，所以才不得不求助于民兵和募兵了。

除了乡兵之外，还有商灶盐丁，即以贩私盐为业的盐兵，比较有战斗力。《明史·兵志三》："成化初，河东盐徒千百辈，自备火炮、强弩、车仗，杂官军逐寇。而松江曹泾盐徒，嘉靖中，逐倭至岛上，焚其舟。后倭见民家有醝囊，辄摇手相戒。"为什么盐民起而与倭寇作斗争？因倭寇危及他们的生计。戚继光有一部将，名朱光者，嘉兴人，"初起家武举，募海滨盐徒为一军。自胡宗宪为御史至总督，皆倚任。先大小数十战，皆先登，杀倭甚众。以功授都司"（《明史·朱光传》）。

以上这些地方性的兵种，只能起辅助的作用，在本地区发生战乱时，为了保卫自身的利益，他们会奋起反抗和作战。一旦离开本地区，情况便发生变化了。如戚继光的义乌兵，到北方边疆便很难担当起边防的主力，他们能补充卫所军不足于一时，但还无法担当防卫边疆的主力。

十、明代的军事管理机构及其相互关系

明代对军队的管理，基本上由武官（若五军都督府及各行省的都指挥使和卫所的军官）、文官（由兵部派遣或临时派遣的总督）、宦官（朝廷派遣的监军，宦官监军唐代就有了）这三个方面互相牵制着。以文官制衡武官，以宦官监军，以内制外，形成文武相制、内外相制的局面。这种相互关系也是由历史发展逐渐形成的，所以如此设置，说到底是为了防止出现中唐以后那种骄兵悍将方镇林立的局面。这样做的结果，洪武、永乐以后，明代的军事力量总体上处于不断衰落的过程，对外始终处于防御的态势，不再具有对外扩张的可能。

以京营为例，永乐时在北京成立京军的三大营，即五军、三千、神机三大营，各营坐镇的营官是武官，同时设内臣监军，而军官的任命则通过兵部。于谦于景泰年间在三大营的基础上集中精锐成立十团营，便以武官武清侯石亨、昌平侯杨洪、安远侯柳溥为总兵官，此为实际指挥十团营的武官。同时以宦官曹吉祥、刘永诚为监军，又以兵部尚书于谦为提督。这三方面互相制衡，

同时又保证朝廷能第一时间掌握军队的动向。王世贞在《弇山堂别集》的《兵制考》中也讲到京营提督凡三，曰太监、曰公侯、曰尚书。公侯是武官，尚书是文官，即兵部尚书。

再如各省各边的驻军，从永乐年间起始，在各省、边设置总兵官，同时又有内臣协守。宣德以后另有镇守、巡抚诸文臣的派遣，也是内臣、文臣、武臣互相协同和制衡。宪宗成化时，有一个兵科给事中叫章鉴的，他在一份奏疏中讲："国家之制，边方以文臣巡抚，以武臣总兵，而内臣纲维之。"（《明宪宗实录·成化七年四月》）

命将出师时，也要有三方面的成员，组成统兵团体。如正统二年（1437年），讨伐蒙古朵儿只伯部落，便是以中军都督任礼为平羌将军总兵官，又以太监王贵为监军，兵部尚书王骥提督军务。正统六年（1441年）讨麓川任思发，便是以左军都督府右都督蒋贵为总兵官，内官曹吉祥、萧保监军，王骥则以兵部尚书总督军务。

在这三方面的关系中，可以看到，一方面以朝廷文臣制约武臣，另一方面又以内臣制约外臣。内外关系是相对的，武官是外，文官是内，宦官则是宫官。总的是以内制外，在环环相扣的关系中，武臣是最底层，也是地位最低的。

如果从制度层面上观察，直接管理军队的原来是大都督府，后来分为五军都督府，直接管辖卫所的军队。具体直接管辖军队的是由公、侯、伯及驸马都尉等勋臣充当的都督、都督同知、都督佥知，而军队官员武职的选授升黜、军队的调遣则听命于兵部。各重大军镇的总兵官要受镇守太监、督抚文臣的节制，虽然军令出自兵部，但实际上军令的发布、军队的调遣、高级将领的任命，都要经过朝廷的廷议，请旨而行。而调兵虎符则是由内府的印绶监、御马监掌管，这一事务又直接与兵部相关。这实际上反映了都督府、兵部、御马监三方面共掌兵柄的状况。

内廷发生宫廷政变，亦必然有军方参加，三方面至少是宦官与武官两个方面合谋方能成事。英宗复辟便是内官与武官合谋的结果。兵部尚书于谦没有参与，结果于谦被杀。那是因景泰帝病危，《明史纪事本末·南宫复辟》载其事云："武清侯石亨知景帝疾必不起，念请复立东宫，不如请太上皇（英宗）复位，可得功赏。遂与都督张軏、太监曹吉祥以南城复辟谋。"仅有这两方面的合谋还不够，于谦不会支持，于是去找太常卿许彬，许彬建议去找徐有贞（此人原名徐珵，是英宗的侍讲，英宗被俘，也先军队进逼京师时，他曾建议南迁，因而被黜），有徐有贞的出谋划策，复辟成功，可以压倒朝廷文官们的异议。"时会有边吏报警，有贞曰：'宜乘此以备非常为名，纳兵入大内，谁不可者！'亨、軏然之。计定，仓皇出。有贞焚香祝天，与家人诀，曰：'事成社稷之利，不成门户之祸。归，人；不归，鬼矣。'遂与亨、軏往会吉祥及王骥、杨善、陈汝言，收诸门钥。夜四鼓，开长安门，纳兵千人。"(《明史纪事本末·南宫复辟》)于是,这次政变才能成功。这同样是三方面的合谋,武官与内臣结合,得到文官的谋划,以边境报急为借口,以内官做内应,发兵入内宫发动政变,而文官于谦成了这次事变的牺牲品,景泰帝也死得不明不白。

三方会同管理军队的体制,在明代也并非一开始便是如此,它有一个逐步形成和演化的过程。明初朱元璋及成祖朱棣包括仁宗和宣宗时,都是皇帝亲自调遣和指挥军队,军权独揽。英宗起,皇帝不能亲自调遣指挥军队,那时英宗还年幼,才逐渐形成这三方协同并互相制衡的军队管理体制。它在防止武官独擅权力这一点上还是有效的。

朱元璋最初的军事领导系统是沿袭元代的体制。在最初的阶段,他还是以地方行政机构自居,故以行枢密院为最高军事行政机关,朱元璋自领院事,以行中书省为最高行政机关。在至正二十一年(1361年),改行枢密院为大都督府,以朱文正为大都督,实际上仍是朱元璋在节制属下的诸部。到了集庆即吴王位,更定官制,去大都督职,以左右都督为大都督府的长官,加上同知都督、副都督、佥都督,使都督府的长官由一人变为五人。洪武三年,十一月,以曹国公李文忠领大都督府事。李文忠是朱元璋的外甥,小名叫保儿,年十二母死,朱元璋抚为己子,令从己姓,留在身边做助手,担任过同佥枢密院事。朱元璋曾派他与胡大海、常遇春等一同领兵打仗,洪武十年他奉命与韩国公李善长共议国事。胡惟庸案以后，朱元璋把大都督府一分为五，即前、后、左、右、中的五军都督府。可是朱元璋对他还是不放心，因他毕竟是养子，兵权分割以后，曾领过大都督府的李文忠在洪武十六年生病时，被朱元璋毒死。大都督府一分为五以后，南北两京的大小都督一下子由五位增加到二十位，这样避免兵权过于集中的危险。各都督府分割统领相关的都司、里所的兵籍，大部权力都转到了兵部，军权便分散了。明代的武职官可以分成两类，一类可称为坐衙官，包括南北两京的五军都督府、中都和兴都两留守司、各都司、卫所的武职官员；另一类是坐营官，包括京军的三大营、十团营以及后来的十二团营的武职官，都是由皇帝特命的亲信大臣提督之，不是兵部所能直接铨择的，而兵部管辖的只是坐衙官及中下级军官。

在文官与武官的分工上，基本上是文官谋划指挥，武官指挥直接的军事行动。明代兵部始置于洪武元年，大都督府改为五军都督府以后，兵部成为全国最高的军事行政机关。兵部的长官为兵部尚书，左右侍郎为其副职，下设武选、职方、车驾、武库四司。武选掌卫所士官的选授、升调、袭替、功赏之事；职方掌舆图、军制、城隍、镇戍、简练、征讨之事；车驾掌卤簿、仪仗、禁卫、驿传、厩牧之事；武库掌戎器、符勘、尺籍、武学、廪隶之事。这个兵部四司也是旧设置逐步完善的过程，到了洪武二十九年才定型。兵部的设置及职权逐渐定型，五军都督府的权力也就逐渐转归兵部。明中期重大的军事行动都以兵部尚书为提督，而兵部尚书则由文官出领，如于谦便是以兵部尚书，也就是以文官的身份出任京营提督的。兵部以外，都察院系统的巡抚都御史和各省的提刑按察司（简称按察司）的分支机构兵备副使，也不仅仅是文职成员的身份，他们也是以地方军事力量的身份介入地方行政权力机构的。

宦官领兵的事，在明成祖时便已有先例了，如永乐三年宦官郑和便多次奉命出使西洋。而郑和则是守备南京的宦官，南京守备为司礼监的外差，亦称内守备。朱棣还命宦官山寿领骑兵出云州。这类案例在永乐年间可以找到不少。从宦官机构的系统讲，直接干预兵事的主要是司礼监与内阁共柄机要事，在兵柄上有一定的发言权，还有御马监和印绶监则直接与兵部的军令相关，而派遣去各地镇守的太监，都是由司礼监负责推举的，由兵部尚书负责任命，故其人选的确定都由司礼监。武宗正德年间的刘瑾说过："各处镇守出去，皆司礼举用。"（《继世纪闻》）世宗嘉靖皇帝也说过："各地内官亦非朕亲用，皆系司礼监指名奏请。"（《明世宗实录·嘉靖六年九月》）从宦官的角度讲，司礼监和御马监是宦官军事领导系统，属于中央，在各地镇守的中官则属于地方管理的系统。

明代的军兵制度，从大的方面讲，大体上就是京军、卫所、军事管理系统这三个方面，其组成部分都是围绕一个目标：既要保持一支有战斗力的军事力量，又不能让武官干政，以免造成方镇林立、骄兵悍将横行的局面。这一套逐渐形成的体制和机构设置，有所得也有所失：所得，是明代有一支军事力量，又不至于过度庞大到失控的状态；所失，是这支部队不可能具备强大的战斗力，不能抵御内忧与外患。明朝的统治只能处于积弱的局面。综观有明一代军兵制度的演化，在明初，军事活动非常频繁，也是军事指挥权力非常集中的时期，打了许多著名的战役，军事将领、参谋人才辈出，打开《明史》的目录，我们可以看到如徐达、常遇春、李文忠、邓愈、汤和、沐英、冯胜、冯国用、康茂才、耿炳文这样的一大批名将。明中叶以后能举出来的名将便很少了，即使如于谦那样的兵部尚书，也只有在京师保卫战中才能露其才华。建国初那个时期，事权还比较集中，军事斗争也易于见成效。反之在和平时期，为了防止武臣的独断，防止骄兵悍将，机构的重叠和相互制衡，是以牺牲效率为条件的，仗就很难打了，即使有突出的军事将领也很难有显示才能的机会。在一定的条件下，集中事权不一定是坏事。机构重叠、权力分散，固然有益于防止军人的跋扈，但也会弱化自身抵御外敌和应对突发事变的能力。故制度的设计无论集中还是分散，互相制衡还是个人独断，都要作分析，各有利弊得失，要因时权衡而行，要顺势而为，要吸取中国历史上的经验教训，走自己的路，不能照搬外国的东西，不要去比附外国的文官政治。中国自有自己的模式，也是利弊各半，问题是如何因时、因势、因事地加以取舍和变通，没有什么一成不变的事物。制度的设置和确立是一个漫长的过程，不是什么一劳永逸的事，随着事态的变化，也在不断修整。在特殊变化的时候，也不能死抠制度，认为有了制度便万事大吉，这恐怕不行。万事万物都在变动中，都会暴露出制度的不足。要有制度，但它不是万能的。因为制定、修改、执行制度的是人，还得靠人的聪明才智。有时候不能让刻板的死的制度束缚住人的创造性。

十一、柳宗元的《封建论》及其历史影响

柳宗元,字子厚,河东(今永济)人,二十一岁登进士,中唐时的古文运动,柳宗元和韩愈齐名,史称其"少聪警绝众","下笔构思,与古为侔"(《旧唐书·柳宗元传》)。其登进士后历任校书郎、蓝田尉,贞元十九年(803年)为监察御史。贞元二十一年(805年)顺宗即位,启用王叔文,王与柳宗元交善,欲大用之。不久顺宗内禅,宪宗即位,王叔文败,即历史上有名的二王八司马皆被贬黜,柳宗元与刘禹锡皆列名于八司马。柳宗元在《寄许京兆孟容书》中言及这段往事,称:"宗元早岁,与负罪者亲善,始奇其能,谓可以共立仁义,裨教化。过不自料,勤勤勉励,唯以忠正信义为志,兴尧、舜、孔子之道,利安元元为务,不知愚陋,不可力强,其素意如此也。"这是他与王叔文交往时的志向。王叔文事败以后,他说自己:"蹈不测之辜,群言沸腾,鬼神交怒。加以素卑贱,暴起领事,人所不信。射利求进者,填门排户,百不一得。"求进者由于没有达到自己的目的,柳宗元遭黜时,那些人"一旦快意,更造怨讟。以此大罪之外,诋诃万端,旁午构

扇，尽为敌仇，协心同攻，外连强暴失职者以致其事"。即一旦失足落井，下石者有之，墙倒时，众小人皆力推。在中国历史上，这一类小人很多。这就是柳宗元永贞事变以后所遭遇的艰难处境。

韩愈在《柳子厚墓志铭》中称："士穷乃见节义"，"然子厚斥不久，穷不极，虽有出于人，其文学辞章，必不能自力，以致必传于后如今，无疑也。虽使子厚得所愿，为将相于一时，以彼易此，孰得孰失，必有能辨之者"。这话有道理，好的作家，好的文章出于穷困之时，柳宗元的"末路孤危"，对个人而言是不幸，对文学而言是大幸。欧阳修说："诗穷而后工。"（《梅圣俞诗集序》）唐代杰出的诗人，都是在艰苦困顿中造就的。柳宗元的《封建论》应是早期的作品，它的背景应是中唐以来藩镇割据的局面。柳宗元在《封建论》中认为秦所以速亡，"非郡邑之制失也"，也就是并非因为秦始皇推行郡县制。他认为："秦有天下，裂都会而为之郡邑，废侯卫而为之守宰，据天下之雄图，都六合之上游，摄制四海，运于掌握之内，此其所以为得也。"他以汉初"七国之乱"为据说："汉有天下，矫秦之枉，徇周之制，剖海内而立宗子，封功臣。数年之间，奔命扶伤之不暇。""然而封建之始，郡邑居半，时则有叛国而无叛郡。秦制之得，亦以明矣。继汉而帝者，虽百代可知也。"毛泽东律诗中，"祖龙魂死秦犹在"与"百代都行秦政法"那两句就是从《封建论》上述这些论据中取得的。秦之速亡是由于郡邑不得行其理，酷刑苦役而万人侧目，失在于政，不在于制。对于唐代藩镇割据的局面，柳宗元认为与郡县制无关，而是军兵制度上的问题，他说："唐兴，制州邑，立守宰，此其所以为宜也。然犹桀猾时起，虐害方域者，失不在于州而在于兵，时则有叛将而无叛州。州县之设，固不可革也。"藩镇的问题，出于军队的失控，不是郡县制本身的问题。那么唐代中叶起，连年无法解决的藩镇割据，原因在哪里？边镇的军队为什么会出现失控的状态呢？

《新唐书·兵志》讲道："府兵法坏而方镇盛，武夫悍将虽无事时，据要险，专方面，既有其土地，又有其人民，又有其甲兵，又有其财赋，以布列天下。然则方镇不得不强，京师不得不弱。"为什么会出现这样一个方镇称霸于地方的局面？这与唐代在边境节度使的设置有关。唐代自贞观到高宗初年，对北方和西北的边境采取积极进攻的方针，先后击破东西突厥、薛延陀，西平高昌，东败高丽。到了高宗后期，边境成了多事之地，西面吐蕃崛起，北方的突厥、东北方的奚和契丹亦相继威胁唐的边境。唐对待北方和西北不得不由进攻转入防御，以有限的兵力分别防守东、西、北几个战场。唐的边境不断向内退缩，于是不得不在边境先后设置朔方、河东、幽州、河西、陇右、碛西、剑南、岭南八个节度使。节度使的出现，导致地方行政制度从州、县二级转向方镇、州、县三级。都督只是带兵的军事长官，而节度使却是"诸州在节度内者，皆受节度"（《唐六典·尚书兵部》），军事与民政统一归属于节度使，州刺史已为其下属。而这一类机构首先在边境地区设置，"安史之乱"以后，这些机构扩大到内地，在全国出现方镇林立的局面。节度使是方镇的统帅，而方镇则是节度使所辖的地区与军队，方镇拥有一道或数州的军民财政大权，俨然是一个握有重兵的独立王国。而中央则由于禁军的软弱，没有一支能统摄全局的武装力量，因而只好谋求地方军镇势力的平衡或利用其互相牵制而获得生存。一旦某一地方实力派在角逐中跃升为压倒一切的地位，那就没有原来中央政府立足余地了。《新唐书·兵志》概括"安史之乱"以后唐代方镇林立的局势，其云：

> 大盗既灭，而武夫战卒以功起行阵，列为侯王者，皆除节度使。由是方镇相望于内地，大者连州十余，小者犹兼三四。故兵骄则逐帅，帅强则叛上。或父死子握其兵而不肯代，或取舍由于士卒，往往自择将吏，号为"留后"，以邀命于朝。天子顾力不能制，则忍耻含垢，因而抚之，号为姑息之政。盖姑息起于兵骄，兵骄由于方镇，姑息愈甚，则兵将愈俱骄。由是号令自出，以相侵击，虏其将帅，并其土地，天子熟视不知所为，反为和解之，莫肯听命。
>
> 始时为朝廷患者，号"河朔三镇"。及其末，朱全忠以梁兵、李克用以晋兵更犯京师，而李茂贞、韩建近据岐、华，妄一喜怒，兵已至于国门，天子为杀大臣、罪己悔过，然后去。

这时候的唐王朝，国将不国了。晚唐的情况，柳宗元还没有亲自看到，然而那个局面的各种因素都已露头。柳宗元在《封建论》中有这么一段话："今国家尽制郡邑，连置守宰，其不可变也固矣。善制兵，谨择守，则理平矣。"要防止方镇割据、骄兵悍将不可制的局面，关键在于制兵。毛泽东在《读〈封建论〉呈郭老》那首律诗中所说的"熟读唐人《封建论》，莫从子厚返文王"是很有道理的。

从军兵制度的沿革讲，中唐到五代，骄兵悍将横行不法，是一个比较特殊的历史阶段，宋太祖赵匡胤"杯酒释兵权"以后，武官的地位进一步下降，宋、元、明、清再没有出现过这个局面。当然不是没有反复，在这些反复中，民国初年北洋军阀的割据可以说是一次全国规模方镇林立现象的再现。后来中国没有出现不发达国家常常冒出来的军政府乱局，《封建论》功不可没。因为有了前车之鉴，国家才能比较自觉地采取各种措施，防止方镇林立。

十二、苏东坡的《论封建》与朱元璋的一个失误

柳宗元写了一篇《封建论》，苏东坡则写了一篇《论封建》，立意相通，其云：

> 秦初并天下，丞相绾等言，燕、齐、荆地远，不置王无以填之，请立诸子。始皇下其议，群臣皆以为便。廷尉斯曰："周文、武所封子弟同姓甚众，然后属疏远，相攻击如仇雠，诸侯更相诛伐，天子弗能禁止。今海内赖陛下神灵一统，皆为郡县，诸子功臣以公赋税重赏赐之，甚足易制。天下无异意，则安宁之术也。置诸侯不便。"始皇曰："天下共苦战斗不休，以有侯王。赖宗庙，天下初定，又复立国，是树兵也，而求其宁息，岂不难哉！廷尉议是。"分天下为三十六郡，郡置守、尉、监。

这一段话是从《史记·秦始皇本纪》上搬下来的，把问题说得清楚明白，不像柳宗元那篇《封建论》那么拗口。接下来是苏东坡的议论了，他认为置郡县不立诸侯是大势所趋，是形势使然，其文云：

苏子曰：圣人不能为时，亦不失时。时非圣人之所能为也，能不失时而已。三代之兴，诸侯无罪，不可夺削，因而君之，虽欲罢侯置守，可得乎？此所谓不能为时者也。周衰，诸侯相并，齐、晋、秦、楚皆千余里，其势足以建侯树屏，至于七国，皆称王行天子之事，然终不封诸侯，不立强家世卿者，以鲁三桓、晋六卿、齐田氏为戒也。久矣，世之畏诸侯之祸也，非独李斯、始皇知之。始皇既并天下，分郡邑，置守宰，理固当然，如冬裘夏葛，时之所宜，非人之私智独见也，所谓不失时者。（《苏轼文集·论封建》）

这一大段话肯定了柳宗元讲的三代行封建，"封建非圣人意也，势也"。反之秦行郡县制，也是势也、时也。前前后后讨论分封制的人也不少，苏轼认为：

宗元之论出，而诸子之论废矣。虽圣人复起，不能易也。故吾取其说而附益之。曰：凡有血气，必争，争必以利，利莫大于封建。封建者，争之端而乱之始也。自书契以来，臣弑其君，子弑其父，父子兄弟相贼杀，有不出于袭封而争位者乎！自三代圣人以礼乐教化天下，至刑措不用，然终不能已篡弑之祸。至汉以来，君臣父子相贼虐者，皆诸侯王子孙。其余卿大夫不世袭者，盖未尝有也。近世无复封建，则此祸几绝。仁人君子，忍复开之欤！故吾以李斯、始皇之言，柳宗元之论，当为万世法也。（《苏轼文集·论封建》）

苏东坡这一大段议论，说得比柳宗元更加清楚明白，而且更加痛快，字字句句都在理上。苏轼之后，亦还有人偏要反其道而行之，这个人就是朱元璋。明代分封制的历史，也说明柳宗元、苏轼所言为是。在分封制这个问题上，复辟倒退是没有出路的，而且把朱元璋的子孙后代给害苦了。朱元璋想维护子孙后代都能受益于分封制，历史发展的结果恰恰是适得其反。

朱元璋想折中调和封建与郡县，在洪武元年十一月，朱元璋与太子间有一段对话：

> 尝御文楼，太子侍，问近与诸臣读何史？对曰："汉七国事。"问曲直安在？对曰："曲在七国。"上曰："此讲官一偏之说。景帝为太子时，以博局杀吴世子；及为帝，又轻听晁错，黜削诸侯。七国之变，实由于此。若为诸子，则宜言'藩王当上尊天子，毋挠天下公法'。如此，则为太子者知敦睦九族，隆亲亲之恩；为诸子者，知夹辅王室，尽君臣之义矣。"（《明会要·帝系三·杂录》）

这是朱元璋希望其诸子之间保持亲亲和睦的关系。叶伯巨在洪武九年上书对朱元璋的分封提意见，"今裂土分封，使诸王各有分地……臣恐数世之后，尾大不掉，然后削其地而夺之权，则必生觖望，甚者缘间而起，防之无及矣。……向使文帝早从谊言，则必无七国之祸"，亦不过重复当年贾谊的建议，而这却激怒了朱元璋，"既至，丞相乘帝喜以奏，下刑部狱，死狱中"（《明史·叶伯巨传》)。分封诸子,朱元璋立意已定,谁也动摇不了他。朱元璋二十六个儿子,封了二十三个王,洪武十一年起,诸年长之王陆续就藩。朱元璋在《皇明祖训》中规定了诸王只有少数护卫兵,地方镇守卫所和边防的军队是无权擅自调动的,地方镇守的部队要得到朝廷的调令,并得王令才能调发,就是给地方镇守部队加了一道锁。镇守部队则不许王擅施私恩。诸侯王不得干预地方民事的管理,军政与民政还是分开的,军政则在朝廷与镇守武官之间还加了诸王的监控。当朱元璋在世时,谁也不敢违拗他的意志,他的太子朱标在处理其诸弟的过失时,是遵照朱元璋的意愿,处处考虑到兄弟之间的和睦相处。周、秦诸王有过失时,他便从中调护。但朱标早逝,其子朱允炆即位时,矛盾就充分暴露无遗。朱允炆忙着设法削藩,燕王朱棣以靖难为名起兵打到南京来了。朱棣死后到其孙朱瞻基即皇位时,汉王朱高煦便起兵作乱了。朱元璋想保留分封制,同时借诸藩王协同节制地方方镇的军队,结果是骨肉之间兵戎相见,削地夺权及藩王起兵作乱的事便不遵朱元璋的意志而发生了。武宗正德年间,在宁夏有安化王寘鐇之叛,在江西则有宁王宸濠之叛。对于藩镇的管束,自成祖以后,已更加严苛,事情完全走向朱元璋初衷之反面。明中叶以后,诸王都成了"徒拥虚名,坐縻厚禄"的废物,即使有贤才也无法施展才能,反而束缚子孙们才能的发展。另一方面则是防范极其严密,事态完全背离了朱元璋"众建屏藩"之初衷了。在分封问题上朱元璋虽然有失误,但地方上军政分而治之原则,终明一代则是始终坚持的。所以整个明朝没有方镇林立、地方割据的局面。

十三、明以后军兵制度的演化

1644年，即崇祯十七年，李自成进京，明帝国崩溃。之后清兵入关，中国历史上出现了一个新的王朝，即统治者以满洲贵族为主体，与汉族官僚地主阶级结合在一起的清王朝。直到1911年辛亥革命，清廷崩溃，清王朝前后历时也有二百六十七年时间，与明朝持续时间大体相当。从军兵制度的角度讲，清初，满洲入关时，其军兵制度是双重的，一是满洲八旗制度，二是汉军绿营兵制度。

八旗是清兵入关以前就有的军队，带有部落兵的性质。而绿营兵是清兵入关以后，由归附的明军及招募的汉人组成。八旗兵由皇帝直接指挥，集中驻防于京师和全国各重要战略据点，具有国家和地区主力机动兵团的性质。绿营则由驻防所在地军政长官指挥，属于地方镇戍部队。

满洲人八旗军的编制始于牛录额真。努尔哈赤起兵时，有其父遗十三副铠甲。牛录指一大箭，十个人各出一箭，即构成一个单位，持大箭者即为其主，即为牛录额真。额真意思是这一牛录即十人一队的队长。努尔哈赤率领的队伍在征战中逐渐扩大,到万历二十九年(1601年),这支部队的兵力扩增到四百牛录,有十二万人之众。此时编入牛录的不仅有满洲人,还有蒙古人、汉人,蒙、汉人自为牛录,分为八旗,除了黄、红、蓝、白之外,增加镶黄、镶红、镶蓝、镶白,规定每三百人设一牛录额真,五牛录设一甲喇额真,五甲喇设一固山额真。一固山相当于一旗,合起来共八旗,八旗之名由此而来。当时有满洲牛录三百有八(其中亦包括一部分蒙古人),蒙古牛录七十六,汉军牛录十六。八旗各有旗主,各置官属。八旗并立,不相上下。

八旗旗主等于王,努尔哈赤以其弟及诸子分管八旗。努尔哈赤在时,这八大贝勒是次子代善、八子皇太极、第五子莽古尔泰、兄弟之子阿敏,为四大贝勒,其次有德格类、济尔哈朗、阿济格、岳托,其中尚未包括多尔衮和多铎。由这八贝勒共治国政,这在努尔哈赤留下的圣训中最为明白。他主张重大决策由八贝勒共议,不得一二人挟领袖之意专断。八旗共治,贤能者为八贝勒共推而作领袖,其去留之权,由八贝勒公决。而且还规定战争中所获之战利品,由八贝勒平分,这实际上是一种原始军事民主制。这样的体制不可能稳定,八贝勒会议后来演化成议政王大臣会议,君主则是由八贝勒共推,其性质与蒙古成吉思汗时的库里台制度相近。实际上八旗是八个部落的联盟,国家的体制接近于部落联盟,它的兵制是部落兵制。那时满洲人的生产是原始农业和狩猎结合,蒙古人是游牧生活，他们共同的特点是军事与生产相结合的组织形式。在冷兵器还占主导地位的时代，他们的优势在骑兵。再说，八旗制度在历史发展过程中必然不断演化，努尔哈赤去世时，皇太极实际上掌握正黄与镶黄两旗，有代善的支持，加上正白旗亦支持皇太极，所以皇太极及其支持者在八旗中占了多数。皇太极成了满洲八旗的君主，是靠其在八旗中力量的优势，故有上三旗之称。上三旗为天子自将，体制略高一级，奉天子之家事，即内廷之差使，即为内务府衙门。故在皇太极时，便已把努尔哈赤制定的军事民主制转化为君主制了。天子与议政王大臣的关系变成君臣关系，八固山共治的办法便消失了，议政王大臣会议成了决策的参议机构，最终决策权在天子手中。这个变化亦是在不断反复的过程中逐渐定型的。

清兵入关之初，满洲八旗、蒙古八旗、汉军八旗合在一起，不过二十二万人。兵力以满洲八旗为主，是世袭兵制，年满十六岁以上的八旗子弟挑补旗兵。八旗又分为禁旅八旗与驻防八旗两种，雍正以后，八旗丁壮皆直属于国家，不再归旗主私有。禁旅八旗中有一部分负责保卫宫廷的亲军叫郎卫，由上三旗官兵充当。雍正时，则把侍卫的任务扩大到下五旗。另一部分则负责拱卫京师，守卫各行省的要害地区。驻防的原则以重守卫与集中机动相结合，机动的部队集中在畿辅、热河、绥远、张家口，与禁旅八旗一起构成一支机动部队。绿营则由收编明代的降军组成，有六十六万余人,屯戍全国各地。八旗兵的装备、训练和兵饷待遇都要优于绿营兵,驻防的绿营兵还要受到八旗兵的监控。清政府在重大军事活动基本结束以后,对军队的态度是养起来,以优厚的待遇让他们养尊处优。对于各旗诸王,在雍正以后则严加管束,断绝他们与朝士的往来,积数十年,衣帛食粟,养尊处优,尽为尸居之活人,逐渐走向衰亡。清代皇子不一定封王,以防止宗室作乱。

历史地看,满洲随着八旗制度的衰落而趋向衰亡,所以养尊处优是使其自然消亡最好的办法。人只有在艰苦奋斗中谋生存才有发展的希望,生活条件太优裕不是一件好事,这大概也是人们难以违背的辩证法,富不过三代的道理也许就在于此。所以,清末八旗子弟成了人们嘲笑挖苦的对象。清政府在辛亥革命后毫无还手的余地,说垮就垮了。事实上,清中叶以后的事变需要军队时,八旗和绿营都已不起作用了。到嘉庆年间,白莲教起义时,清王朝已不得不大力招募乡勇来应对起义军了,此时距清兵入关不过一百多年时间,八旗、绿营的战斗力已经严重下降了。到了太平天国起义时,只能依靠湘淮军和洋枪队来镇压太平军。曾国藩办团练,以罗泽南的湘勇为基础,再加部分楚勇及新募之众,人数最初也只有四千人。开始置办水师,买炮船,兵勇来自湖南,工匠来自广西,火炮来自广东。他是依靠水师夺取长江水上控制权,阻断太平军的水上交通,然后攻克长江西岸的城市。清廷向荣的江南大营两次溃败,是靠湘军才得以挽回败局。李鸿章是曾国藩的门生，他是安庆人，在本省办团练，并在曾国藩的帮助下组建淮军，与上海的洋枪队结合，两面夹击太平军。

湘淮军用来对付太平军及后来的捻军发挥了很大的作用。但对内镇压这些军队还能发挥一些作用，对外防御外寇就困难了。尽管李鸿章搞洋务运动，学习和掌握洋枪洋炮，建立北洋和南洋的水师，但是这些军队真与外敌交战时就不行了，并在甲午战争中彻底失败。于是清政府有了改练新军的设想，在光绪二十九年（1903年），开始正式淘汰绿营，改革军制，在朝廷设立练兵处，以奕劻任总理大臣、袁世凯为会办大臣、铁良为襄办大臣。于是袁世凯在小站练兵，建立北洋六镇。它和清朝的旧军队不同，由西方国家的军制变成，用外国人为教习，以洋操为训练内容，用洋枪洋炮武装，拥有步兵、骑兵、炮兵、士官、辎重等兵种。六镇编成时，已有兵力八九万人，每镇兵力一万余人。时徐世昌为督练处参谋，段祺瑞、冯国璋、王国珍分任步兵、炮兵、工程兵、学堂总办兼统带，曹锟、李纯等任队官，此外张勋、倪嗣冲都在这支新练陆军中。袁世凯把训练权与指挥权合一，统兵者与练兵者合一，如此则兵将相习，自成一体，使袁世凯拥有了一支训练精良的国防军。同时，袁世凯还掌握了军事教育的大权，先是在保定办行营将弁学堂，后来是武备小学，以后是讲武堂、陆军速成学堂，最终改为保定军官学校，成为当时全国最高的军事教育机构，扩大了自己在军队中的实际影响。清末的重要将领大都出身于保定武备学堂和保定军官学堂，当时前往日本学习军事的也有一部分，在日本接受军事教育后，参加革命的也有一些。这一部分军事学校出身的成为军官以后，由于满清政府的倒台，便成了各地的督军。

十四、民国初年的军阀割据

自宋起，经元、明、清三代，中国长时期没有出现中唐以后那种方镇林立、骄兵悍将当道、军阀割据的局面，辛亥革命以后却重新出现了这种现象。北洋军阀统治的时间虽不长，地方军阀半割据的状态却延续了好几十年，到中华人民共和国成立才告一段落。为什么会出现这样的局面？背后深层次的原因值得深思。

自秦汉以来，中国历代的政治体制，只要时局稳定，战乱过去，历来是文武分职，文主武从。在科举与铨选制度上，历来是文优于武，武举不占重要地位，只有立国初年，将军才有显赫地位，接下来便是文官占据主流地位。明代的内阁都是文官，没有武官的地位。清代也是如此，议政王大臣会议在雍正时被军机处取代，康熙时的《大清会典·兵部·职方司·镇戍八》之"督抚道标"条明文规定："国家军旅之事，专任武臣，其在直省者，以文臣监督，曰总督，曰巡抚。"总督、巡抚都是监察系统演化而来，是文人的职务。清代这个情况的改变是太平军起义失败后，湘淮军的统帅政治地位提高，他们出任地方督抚，军人地位有显著提高。

然而他们出任地方督抚时，亦还是以文官的身份。但他们毕竟是带过兵的武官，在军队内部有深厚的人脉关系，实际也掌控着一部分兵权。兵将相习，实际上蕴含着兵将之间的特殊关系。晚清的练军，实际上还是想用湘淮兵勇的办法来改造原来绿营的军队，但并未根本改变原来的军事体制。到袁世凯小站练兵开始，新编陆军实际上替代了原有绿营的军制。清廷练兵处曾于1909年计划编练新军三十六镇，到辛亥革命前夜实际练成十四镇，又十八混成协，又四标。新编陆军亦还只是初具规模，新军的军官大都出自袁世凯主持的保定军官学校，也有一部分是当时各地派往日本学习的，回国以后在各地主持军队工作，绿营制度从此退出历史舞台了。地方督抚有不少人与新军保持着千丝万缕的关系，这样一支现代化的新军，清王朝已不能进行严密的控制了。辛亥革命前，已有新军军官起事的案例。武昌起义，便是由新军发动的。中下级军官思想的变化，逼着上级军官跟着转。辛亥革命不仅结束了帝制，也改变了原来军政分开的体制。在辛亥革命后各省市易帜的督抚大员，大都转任民国的地方都督，他们要维护自己在地方的统治，必须紧紧地抓住手中的兵权，军与政也就合一了。民国二年（1913年），袁世凯下令实行军民分治，黎元洪虽发电支持，但各省督抚几乎是一片反对之声。辛亥革命后关内十七省都督中，十二人为军人，其中有六人是日本士官学校的毕业生。袁世凯所以主张军政分开，在当时是为了扩张其北洋军阀在南方的势力范围，削弱孙中山革命党在南方的影响，受到南方都督们的抵制亦是势所必然。这时南北的对峙，扩大了军阀割据的局面。袁世凯死后，北方分裂为直、皖、奉三系，南方则有滇系和桂系，滇粤之间对立。总之，各省都各自为政，中央政府形同虚设，中央政权成了空架子，而各地军阀势力的背后，都或多或少有外国势力在插手，结果是军阀之间混战不断。外国侵略，特别是此后日本侵华的危机日益加深，为挽救民族危亡，势必提出"打倒列强除军阀"的口号。

十五、民国初年关于军阀问题的认知过程与国民党以党治军的实践

军阀这个概念，主要是从日本引进的。在中国明确提出军阀概念，是1916年左右，最早提出的是陈独秀、李大钊他们，说得比较明确的是谭平山。讨论这个问题的由头，是军队干政的问题。辛亥革命后，全国政权实际上掌握在袁世凯一系的北洋军阀手中，受革命党影响，最早响应武昌起义的都是南方的督军，他们与孙中山的革命党有着错综复杂的联系。事实上南方新军官兵在辛亥革命前后都或多或少地介入了革命运动，军人同政治的关系问题凸显出来。袁世凯及后来的北洋军阀如段祺瑞、冯国璋等，要削弱孙中山对南方各省的影响，在理论上自然提出反对军人干政，这样才能限制孙中山在南方活动的地盘，切断革命党与军队的联系。故1913年7月13日的大总统令称："至军人入党，前经下令施禁，尤宜服从。""如有军人受党证者，立即销毁，从严革究，以肃军纪，而维大局。"这条大总统令的目的，是为了对抗国民党二次革命的影响。把国民党与南方都督军的联系切断以后，国民党很难再作有效的反抗。对于这一命令，南方的督军也很难公

开反抗。因为在理论上,袁世凯占先,即使蔡锷这样的云南督军,也承认军队与政党之间一定要划清界限。他在致电袁世凯和孙中山时,亦表示:"集会结社自由,为文明国通例。惟军人入党,各国都有限制。鄙意同一集会,亦宜稍有区别。如现在南北军界统一会之类,系为维持大局起见,自为全国所赞同。至如政治集会,似不宜以统兵大员为之。诚恐以政见不同,遂至以武力盾其后,反足以劫持公论,而破坏和平。虽险象尚未昭著,而流弊似宜预防。"蔡锷的主张在当时属于中间派。

袁世凯去世以后,北洋军阀自身的派系分裂。北洋内部分裂成以段祺瑞为代表的皖系,以冯国璋为代表的直系,而东北则是张作霖的天下,即所谓奉系。在徐州一带则有张勋的辫子兵,在南方则有唐继尧控制的云贵,俗称滇系,有陆荣廷控制的广东和广西,对北洋政府处于半独立状态,并分别向四川和湖南发展自己的势力。在各种力量相持不下的情况下,哪一派也无法独自控制中央政权。军人干政的情况在北方也显现出来,围绕是否参加第一次世界大战问题的表决,府院之间,也就是以黎元洪为代表的总统府和以段祺瑞为代表的国务院的争论激化,于是有十一省的督军组成的督军团进京干预国会讨论参战的决议,一时成为闹剧。

到了20世纪20年代初,北洋军阀内部皖、直、奉三系之间的战争不断,南方桂系、滇系与北方也纷争频仍,南北分裂,国民党提出联省自治。在这个国家政局动荡不定的过程中,国人注意的焦点自然从军人干政的问题转向如何讨伐军阀的问题了。如陈独秀在1919年的文章中,强调如何限制军队干政的问题,认为"国家的海陆军,都是为对外的国防而设。至于对内,非因特别事变的发生,是不能时常使用的"。"督军制度,固然是辛亥革命以来的产生物,但是现在革命时代已过,此种临时组织,当然是宪法时代所断然不容存在的。"(《我的国内和平意见·裁兵问题》)而孙中山与革命党人则是军人政治化的倡导者。尽管孙中山在民初也曾经强调过军人不干政的原则,但由于革命屡遭挫折,孙中山不得不接受苏联的援助,在广东创办黄埔军校,培训军事人才,组建了中国历史上第一支党属的军队,并提出了军人参政,在军队中建立政治工作的理论主张。同时北方的军事实力派也不断地有人加入革命党,从事革命战争。如冯玉祥便是一个典型,他曾说过,他是一个军人,不懂政治,后来改变认识,决定全军加入国民党。

从20年代初起,以陈独秀、李大钊为代表的理论界,也不再议论什么军人该不该干政的问题,而是把矛头指向军阀,强调政党统率军队的重要意义:"革命的武力至少必须与民众合作,必须受民众和党的制裁,才能免除形成军事独裁走到反民众利益那边去的危险。"(《革命与武力》)比较系统论述军阀问题的则是谭平山,他在1920年初便发表了《军阀亡国论》的文章,他说:"我们的国家,变成军人专有的国家;我们的政治,变成军人独擅的政治了。所以军人在社会上，握了一种特殊的势力，成了一种特别的阶级，组织了一种特别的系统，这就叫作军阀。故所谓北洋系、西南系和东三省系、直隶系、安徽系、云贵系、广西系等就是南北军阀所专有的名词。"他还在文章中罗列了军阀的十二条罪状。

孙中山建军的思想，实际上是学习苏联红军的建军思想。1923年底，孙中山派出以蒋介石为团长的考察团访苏，根据蒋介石考察的建议，决定在黄埔创办军校，培训军事骨干，建立新式的革命军队。1924年6月16日，黄埔军校举行开校典礼，孙中山自任军校总理，主持办校练军，建立党代表制和政治机关，以黄埔学生为骨干，编成教导队，作为直属国民党中央的军队，称为党军，1925年改编为国民革命军第一军。黄埔军校由廖仲恺任党代表，戴传贤为政治部主任，在军校成立国民党的特别党部，蒋介石、严凤仪、金佛庄、陈复、李之龙五人为执行委员，蒋介石兼任监察委员。教导团成立之初，团、营、连都设有党代表，在军队内还制定了一套政治思想教育工作的制度，以黄埔军校为基础，把这一套制度推广于其所属之各路国民革命军，并逐渐完成南方各路旧军队的改造，在南方确立了国民党的党军体制。这是一种新的军政关系模式，蒋介石在《告全体将士书》中说："国民革命军乃党之所有，任何人不可得而私也。""政治工作为革命精神之所寄，其职责所在，必相与努力，促其完成，不得轻视。此为革命军真正命脉之一，慎勿等闲视之。"

在那个条件下，也只有以党治军，才能练成一支新军，逐步取代旧的军阀割据的局面。在军队内建立党的组织，那就必须把党的组织建在基层。那时周恩来是黄埔军校政治部主任，他在国民革命军第一师具体规定了各连队要建立党部，每星期必须依章开会，党代表及常务委员负全责，连队党部每周至少开两次会，每次一小时或一小时半。党代表须亲自参加会议，执行委员轮流参加，组长在小组会议报告工作。那时国民革命军的党建工作还是周恩来帮助蒋介石搞起来的，实际上这一段时间中共帮助国民党的建军工作，也为自己后来的建军工作奠定了基础。至于以后国民党军队的变化及新军阀之间的混战，则不在这里说了。真正把党军制，也就是党指挥枪原则贯彻到底的还是共产党，国民党在这方面并不彻底。从根本上彻底消灭大陆各地军阀势力的历史使命，只能由中国共产党来担当。

第四讲 地方行政制度

朱元璋不听叶伯巨的不同意见,而且指责他"间吾骨肉",甚至要亲手射死他,但他死了不久,靖难之役便证明了他的亲亲主义的祖训靠不住。事实上,他把诸子分封于全国各大城市,效果并不好,于国于民皆有害无益。明代处理朝廷与地方的关系,在制度设计的指导思想上,是为了防止尾大不掉的局面,处处着眼于加强控制,分割地方的权力,层层互相制衡,这样做的结果,削弱了地方自主的能力,牺牲了管理的效率。

一、中央与地方的关系

中国的地方行政制度，到了明清两代已处于基本定型的阶段，我国现行的行政区划也基本上沿袭明清两代遗留下来的格局。这里包含两个不同的概念。地方行政制度是指中央政府对地方实施行政管理的制度，其核心的问题是如何处理好中央与地方的关系。地方行政区划是指中央在地方如何量地制邑，度地以居民，是如何依照地貌及行政的需要划分行政区划。

由于中国幅员辽阔，中央政府对地方的行政管理，不得不分成若干层级来进行，每一层级有一定的管理幅度。从秦汉建立中央集权统一国家以来，这两千年时间，政区层级的变化大体上可以分成三个阶段。第一阶段是秦汉魏晋南北朝时期，行政层级是由郡县二级制向州、郡、县三级制演化；第二个阶段是隋唐五代宋辽金时期，则是由恢复行政两级制后再一次变成三级制的一个循环过程；第三阶段是元明清到民国时期，则是从多级制定型为三级制。这三个阶段，通过两次从二级制到三级制的循环往复，到明清最终在三级制上基本定型，是一个动态的不断变化的过程。

这一动态的变化过程，实际上是中央与地方之间权力分割的此消彼长的过程，也就是分久必合、合久必分的往复循环。从层级的角度讲，层级越多，上下之间阻隔越甚，中央的政令不易贯彻，下情也不易上达，中央政府越难进行有效的管理。从中央的角度讲，层级要少，则便于政令的下达。但是层级少了，中央直接管辖的政区在数量上势必增多，数量一多，中央也难以照顾得过来。同时中央对地方行政管理制度的设计，在指导思想上，则是千方百计地尽一切可能把权力集中于中央。《韩非子·扬权》所谓："事在四方，要在中央，圣人执要，四方来效。"中央是圣人，执四方之要，即执政方行政之要领。贾谊所谓："令海内之势如身之使臂，臂之使指，莫不制从。"（《汉书·贾谊传》）中央与地方的关系如身与臂、臂与指的关系。总之一切权力和决策集中于中央，地方只是贯彻和执行中央的指令而已。从全国范围讲，形成强干弱枝、内重外轻的局面，政治、经济、文化各个方面都是向中央倾斜。然而这个倾斜也有一个度，一旦地方或边境有事，为了应对各种突发的事态，势必要增强地方应变的能力，力量的比重往往会向地方倾斜。这样的话，随着中央权力由于种种原因而趋于弱化，势必出现地方坐大甚至尾大不掉的局面，诸如东汉末的州牧，中唐以后的方镇，以及五代十国的分裂割据局面。故中央与地方力量的消长是一个动态的过程。从地方行政制度上讲，从二级到三级的往复摆动恰恰反映了中央与地方力量此消彼长的过程。

地方行政区划，则是指行政工作在地理方位上的区划。地方行政层级间的关系是地方政府上下及平级之间的相互关系，而行政区划的要素则是指其幅员、边界、形状等地理要素。一定幅员与其所载之人口数量有相应的关系，行政单位的数量与区划幅员的大小也有一定的对应关系。政区幅员大，则行政单位的数量少；幅员小，行政单位的数量就多。无论行政区划幅员的大小与数量的多少，都直接影响着行政管理的效率。从历史上讲，县这个行政区划，大体上是管理百里方圆的地区。秦国县的数量大体上在一千个左右，西汉在一千三百五十个左右，明代全国县级机关有一千一百三十八个。我们现在县级行政机构在两千左右。县以上是郡这一级，俗称千里之郡，其幅员自秦至宋呈现出逐步缩小的趋势。西汉时郡有一百零三个，明代与郡相仿的是府，有一百七十九个。汉代一个郡管十五个县，而明代一个府平均管八个县。清代府一级的行政机构有二百七十六个，平均每个府管五到六个县。管县的郡或者府这一级的行政机构在数量上增多，幅员的规模则是在缩小。在郡县之上，西汉是州，汉武帝设十三州刺史。唐代设道，唐初贞观时有十道，开元时分为十五道。宋代设路，北宋末年最多时有二十六路。元代为省，元初把全国划分为七省，后来增至十一省。明代初年是两京加十三布政司，省的幅员比元代又小一些。清代是十八行省。从历史演化的过程看，县的幅员基本稳定，统县的郡或府幅员的变化则稍大一些,而行省的幅员变化最大,总的趋势是缩小。从政区的边界划分上讲,一般以山川形势为原则,然而有时为了加强对地方行政机构的控制,往往对局部地区亦采取犬牙相错的划分方法,故意打乱地貌上的自然边界。

二、分封制与郡县制

我们一般皆以郡县制作为中央集权制度下地方行政管理制度的代称,在郡县制之前是殷周的分封制,春秋到战国是郡县制逐步形成的阶段,而到了秦统一六国以后,便把全国划分为三十六个郡。故一般地讲,把郡县制的始点放在秦统一以后。在中国历史上,没有严格意义的方国联合起来的联邦制的传统,因为大一统国家是建立在战争征服基础上的,所以从概念上没有联邦制的思想传统。

中国历史上对于地方行政制度的讨论,基本上集中在分封制与郡县制的利弊得失上。秦始皇实施郡县制度以后,也曾出现过分封制的回潮,如汉初同姓诸王的分封,西晋的分封,明代朱元璋分封诸子为藩王的设计,其目的都是屏藩帝室。《明会要·帝系四·杂录》载:"洪武三年,帝惩宋元孤立,失古封建意;于是择名城大都,豫王诸子,待其壮而遣就藩服。外卫边陲,内资夹辅。"朱元璋想把分封制与郡县制结合起来以维护其王朝的统治,最终上述尝试事实上都以失败告终。历代士人的议论,也都是根据当时的形势和矛盾,讨论和比较郡县与分封二者的利弊得失。如柳宗元的《封建论》讲郡县制好,是针对中唐以后方镇林立,造成尾大不掉的局面而言的。顾炎武的《郡县论》则是讲地方被削弱以后,没有丝毫抵抗外侮的能力,农民军和入关的清兵进入许多地方如入无人之境,没有遇到任何抵抗。宋末文天祥也有类似的感慨。这些议论固然都是有感而发,当然从郡县制自身的制度设计上,亦还存在着不少缺陷。为了弄清楚这些问题,还必须从什么是分封制,什么是郡县制,从它们如何形成及其演化过程说起。

(一)关于分封制

分封制实际上是商周时期中央与地方的关系。在殷墟发现的卜辞中,有不少商与"四方""四土"关系的记载。所谓四方、四土是指商王的王畿之外的许多部族方国,其中有受商王朝控制的,是商的属国;有的对商王朝采取时服时叛的态度;也有一些对商采取敌对的态度。这种关系是不断变化的,如商与周的关系便是如此。因而"四方"与"四土"和商王朝的关系有两层含义:一层是从相互从属关系的角度讲,可以区分为内服与外服,这是以其与商王朝政治关系的亲疏来区分;另一层则是商的王畿与其周边的部族在地理位置上的相互关系。从一般意义上讲,内服大体上是王畿以内的方国,而外服则是王畿以外的方国,当然也有交错。《尚书·酒诰》是周公命令康叔在卫国宣布的诰词,卫国原是殷商的故土,周公的诰词中有这么两句话:"越在外服,侯、甸、男、卫、邦伯;越在内服,百僚、庶尹、惟亚、惟服、宗工,越百姓、里居(于百官族姓及卿大夫致仕居田里者),罔敢湎于酒。"意为在外服的侯、甸、男、卫等诸侯,在内服的各级官员,宗室贵族,以及退职后住在家里的官员,没有人敢沉湎于酒中。殷商末年,周侯便是商代外服的侯国。这个记录说明商代在王畿周围便有侯、甸、男、卫的诸侯国,这些诸侯国有的可能是由商王裂土分封而来,有的可能是周边方国的首领接受商王册封而来。此外在王畿之四周还有不少与商王相对立的方国。在卜辞中有土方、危方、鬼方、微方等,都有曾经与商朝发生冲突的记录。商人对西方的异族泛称羌,东方的异族泛称夷,都属于方国,即与商朝并立的部落国家。商朝与诸侯王之间的关系是控制与被控制的关系,这从周文王与商的关系也可以看得出来。商王可以在其臣属的诸侯国自由田猎,卜辞中便有商王在周的渭水流域进行田猎的记录。对外征战时可征发诸侯王的人丁,可以在诸侯国境内进行占卜和祭祀活动,并且诸侯国向商王朝贡献各种物品。商王与外服各诸侯之间的关系是一种臣属关系,不是一般国与国的关系,而是中央与地方的关系。

  周初的分封制度,大体上经过武王、成王、周公、康王才逐渐成形。分封诸侯王,是为了屏藩周室。《左传·昭公二十六年》曰:"昔武王克殷,成王靖四方,康王息民,并建母弟,以藩屏周。"

说的就是这个道理。至于分封诸侯王的具体情况,周王直接控制的中央地区,即王畿所在地,被称作周邦,它的范围大体上集中在两个地区:一是丰、镐为主的宗周地区,大体在今陕西西安及周边地区;二是以东都洛邑为中心的成周地区。当然畿内亦有诸侯的封地和中央政府官员的采邑。周邦以外的区域称作万邦,被分封在万邦的诸侯有公、侯、伯、子、男及采、甸、卫等名分和等级。《左传·昭公二十八年》载:"昔武王克商,光有天下,其兄弟之国者十有五人,姬姓之国者四十人。"《荀子·儒效》曰:"(周公)兼制天下,立七十一国,姬姓独居五十三人。"这个分封,说是封土授民,实际上主要是授民,因为地旷人稀,国与国之间的界线并不清晰。当时被封的有周族姬姓、姜姓的诸侯国君主,还有商人或殷民若干族及封国内的土著人口这三部分人。在封国采邑或都城内的是国人,在郊外的则是野人。这样一个邦国,上有统属,下有分支。

总之,西周亦即宗周的城邑处于顶点,以下依次为诸侯国的次一级邑,国以下有卿大夫的家邑,最下层是控制田野的。自天子至诸侯、卿、大夫作为所属邦邑的君主都是世袭的,诸侯在名义上臣属于周天子,要定期向周天子朝觐、纳贡及率军从征。诸侯王在受土受民建国之后,此土此民便不再与周天子发生直接的关系,诸侯的封域已不是天子直接管辖的区域,诸侯国在自己封国内可以依照自身的需要来设官分职。故诸侯王在自己封国内的行政事务与天子无涉，换一句话说，诸侯王在自己的疆域内有较大的自主权。在这一点上，分封制下的诸侯王与中央集权制下的郡县制有很大的不同。郡县制下，地方的长官只是中央政府的派出人员，与其管辖下的百姓没有臣属关系，中央政府随时都可以撤换其下属的地方行政长官，地方长官不能世袭。

（二）关于郡县制

郡与县的名称起源于春秋时期，先有县，后有郡。那时，诸侯城中的地区称国，城外的郊区称鄙，亦称县。《国语·楚语·灵王城陈、蔡、不羹》称："国有都鄙，古之制也。"韦昭注："国，郊以内也；鄙，郊以外也。"《左传·庄公二十八年》讲到晋献公"使大子居曲沃，重耳居蒲城，夷吾居屈。群公子皆鄙。唯二姬之子在绛"。这里，曲沃、蒲城、屈三地称鄙，即县，在都城之外。二姬之子，指骊姬与其妹之子，即奚齐与卓子，皆居绛，绛是晋的都城。说明鄙，亦即县是中央政权的下属行政机构，中央可以派人进驻这个地区。春秋时期各国置县的情况也不尽相同，如楚灵王八年（前533年）灭陈为县，使穿封戌为陈公，至十一年（前530年）楚灵王灭蔡，使其弟公子弃疾为蔡公，这里的陈公、蔡公都是县公。《左传·宣公十一年》称楚庄王灭陈，"因县陈"，就这件事申叔时没有去祝贺，故楚庄王责问说："诸侯、县公皆庆寡人，女独不庆寡人，何故？"这是楚以灭国置县，县公是行政长官，不是诸侯。《左传·宣公十二年》提到楚克郑，郑庄公对楚庄王表示，如果能"不泯其社稷，使改事君，夷于九县，君之惠也，孤之愿也"，意谓如果楚庄王同意保留郑国的社稷、宗庙，如楚国在其灭掉许多小国后所置的县那样以郑属楚，他愿意奉事楚君，这就是他的愿望。九县，表示许多县，说明那时楚国在边远地区把灭掉的小国改为县制，不再是独立的封国，只是楚国设置的由楚国王庭直接管辖的行政区域。晋国同样有以灭国为县的记载，周初诸侯国有一千多个，到春秋后期"其存者，无数十焉"（《左传·哀公七年》）。

灭国为县，作为国君直属的领地，实际上已是中央政府直属的行政区域了，县的行政长官不再是世袭的。这两点说明这些县已初具地方行政机构的雏形。再看秦国，据《史记·秦本纪》的记载：秦武公十年（前688年），"伐邽、冀戎，初县之"，"（武公）十一年，初县杜、郑"，"（厉共公）二十一年（前455年），初县频阳"。《史记·秦本纪》记录了秦孝公十二年（前350年），"并诸小乡聚，集为大县，县一令，四十一县"，也许是把过去的宰、尹、公、大夫等名称统一为县令的开始，以后秦国县的长官一般都称为县令，当然对幅员小一些的县的长官也有称县长、啬夫的。《史记·商君列传》则作三十一县，这实际上是秦国统一全国时地方行政组织的措施。县的行政长官称令，令之下还有丞，又统一了设县的标准。《汉书·百官公卿表》称："县大率方百里，其民稠则减，稀则旷，乡、亭亦如之，皆秦制也。"这是讲设县的面积与人口大体上有一个可以伸缩的比例关系。在战国时，一个县大体上是一万户左右。如《战国策·赵策·知伯帅赵、韩、魏而伐范、中行氏》记载赵有"万家之邑"和"万家之县"的说法，秦亦有"万户以上为令""减万户为长"（《汉书·百官公卿表》）的记载。杜佑的《通典》对县级机构的形成和演化，有一段很简明的概括，其云："《周官》有县正，各掌其县之政令而赏罚之。春秋时，列国相灭，多以其地为县，则县大而郡小。故《传》云：'上大夫受县，下大夫受郡。'县邑之长曰宰，曰尹，曰公，曰大夫（注云：晋谓之大夫，鲁、卫谓之宰，楚谓之公、尹），其职一也。"（《通典·州郡下》）在县的下属有乡、亭的机构，乡、亭之下有里甲的组织，那是依照地缘和人口的比例关系来编制地方行政组织机构，用以管理地方事务。这与以血缘为纽带的氏族和宗族的宗法组织又有着密切的联系。血缘关系从属于地缘关系，是从分封制度向官僚制度转化的一个根本性标志。县一级行政机构的演化大体上是如此。

县令的称呼一直延续到宋代，中唐以后才开始出现"知县"的名称。顾炎武在《日知录·知县》中称："知县者非县令，而使之知县中之事，杜氏《通典》所谓检校、试摄、判知之官是也。唐姚合为武功尉，作诗曰：'今朝知县印，梦里百忧生。'唐人亦谓之知印。其名始于贞元已后，其初尚带一权字，《白居易集》有《裴克谅权知华阴县令制》曰：'华阴令卒，非选补时。'……是权知者，不正之名也。至于普设知县，则起自宋初。"县的属官有县丞和县尉，汉代各县皆置丞一人，而尉则是大县二人，为左、右尉，小县一人。县丞署文书，并直管仓、狱，尉主盗贼，属于武事，因此更卒番上之事亦由尉主管。此外县的属吏还分曹置掾，其分曹大体上与郡的分曹对口。

郡的设置也有一个历史演变的过程。关于郡的设置，最早见于《左传·哀公二年》，卫灵公去世，卫立辄为君，卫国的太子蒯聩在晋国，晋国的赵简子带兵送卫太子回国，赵简子起兵时的誓言中讲道："克敌者，上大夫受县，下大夫受郡，士田十万，庶人、工、商遂，人臣隶圉免。"意思是在战争中可以克敌制胜的上大夫可以得县，下大夫可以得郡，士可以得土地十万，庶人工商可以做官，奴隶们可以得到自由。说明在春秋末已有郡的称谓，而且县的地域比郡大，战国时便有郡守的设置，守是郡的长官，守包含守土的意思。

郡守的设置自秦、晋始，以所得戎狄之地远，使人守之，为戎狄的君长，故命之谓郡守。战国时始设之郡都在边境，《史记·匈奴列传》："魏有河西、上郡，以与戎界边。""秦有陇西、北地、上郡。"赵"置云中、雁门、代郡"，"燕置上谷、渔阳、右北平、辽西、辽东郡以拒胡"。可见最早的郡都设在各国边境地区，是据守边地的军事和行政长官。战国时各国交界的边缘地区设郡，魏国设的河西、上郡是为了抵御秦国，魏失去河西郡以后，退而在河东设郡，也是为了抵御秦国。上党在韩、赵、魏三国之间，韩在此间设上党郡。楚在汉中设郡同样是为了抵御秦国。秦为防戎而在陇西、北地设郡，楚为加强对西南夷的控制设巫郡和黔中郡。故最初郡的设置大都出于军事上的需要。《韩非子·亡征篇》有："出军命将太重，边地任守太尊，专制擅命，径为而无所请者，可亡也。"在边地任守的这个"守"是军事长官，如严延年在汉宣帝时，西羌反，强弩将军许延寿请延年为长史，从军败西羌，还为涿郡太守。可见严延年所以能到边地任太守，是因为他能带兵打仗。那是一个治安很差的地方，严延年到涿郡任上，郡吏赵绣去见严延年时，《汉书·赵绣传》称"绣见延年新将"，颜师古注："新为郡将也，谓郡守为郡将者，以其兼领武事也"。由于原来设在边境的郡管辖的地域比较大，所以到战国后期便形成以郡统县的局面，如赵的代郡有三十六县，韩的上党郡有十七县，燕的上谷郡也有三十六县。这些记载都见于《战国策·秦策》。

秦统一六国以后，为了统一全国的地方行政组织，把全国区分为三十六郡，在郡下设县，在郡设守、尉、监。任郡守的官员，战国时见于记载的如李悝为上地守，吴起为西河守，冯亭为上党守，王稽为河东守，任鄙为河中守，李冰为蜀守，内史腾为南郡守。《宋书·百官志》："郡守，秦官。秦灭诸侯，随以其地为郡，置守、丞、尉各一人。"守是长官,丞佐之,尉典兵备盗贼,监是御史监军者。这里行政、军事和监察三者是分开的。郡守是一郡的最高长官,是中央与县之间的中间枢纽,上则执行中央的命令,下则监督所属诸县,职无不总。在秦汉时期,守、丞、尉、监是朝廷任命的,但郡守的幕僚属吏,则可以自行署置。郡守可以向中央荐举孝廉、贤良方正,在地方可以根据情况设置条教,或劝农桑,整齐风俗。郡守对于地方突发的群体性事件可以有生杀予夺之权,如《汉书·薛宣传》:"广汉郡盗贼群起,丞相御史遣掾史逐捕不能克。上乃拜河东都尉赵护为广汉太守,以军法从事"。即可以专杀肇事者。

《汉书·酷吏传》记录了不少这方面专杀的事例,遇有紧急的军情,太守可以权宜发兵,但事后必须上报朝廷。郡守在赋税上除了上缴国库以外,本郡的开支则由本郡的赋入中拨给,并按规定每年上计。郡守在自己辖境以内可以无所不管,如周勃免除相国后,回到封地绛,"每河东守尉行县至绛,绛侯(周)勃自畏恐诛,常被甲,令家人持兵以见"(《汉书·周勃传》)。在朝廷郡守要受丞相、御史的监督,郡守岁终要给朝廷上计簿,郡守的升迁黜陟则以上计考课的次第为准。此外郡守还要受中央派出的刺史的监督,刺史以六条问事,主要纠察的对象便是郡守。

从郡的数量上讲,秦始皇统一六国时,是三十六郡,后增至四十余郡。两汉虽说是郡国并行,西汉平帝时,凡郡国一百三,东汉顺帝时,郡国百五,其中郡七十九。从秦到两汉,郡的数量是增加了,但郡管辖的面积缩小了。

三、反反复复的分封制下的王国制度

（一）汉初的一次反复

秦末陈胜、吴广起兵时，群雄崛起，各自占地为王。项羽入咸阳以后，分天下立诸将为侯王，自称西楚霸王。项羽兵败以后，刘邦作为天子，是楚王韩信、淮南王英布、梁王彭越、故衡山王吴芮、赵王张敖、燕王臧荼一起上疏拥刘邦上皇帝号的。故汉初的异姓王实际上是楚汉相争时汉的同盟国，并非汉朝的封国。刘邦称帝以后，曾置酒洛阳南宫，与群臣议论："吾所以有天下者何？项氏之所以失天下者何？"高起与王陵起身回答说："陛下嫚而侮人，项羽仁而敬人，然陛下使人攻城略地，所降下者，因以与之，与天下同利也。项羽妒贤嫉能，有功者害之，贤者疑之，战胜而不与人功，得地而不与人利，此其所以失天下也。"（《汉书·高帝纪》）王陵这个话，说明汉初诸异姓王的地盘是他们自己打下来的，不是皇帝刘邦分封的，刘邦本来只是项羽分封的汉王，与他们的地位一样。后来贾谊在《陈政事疏》中追述汉初的情况，说：" 高皇帝以明圣威武即天子位，割膏腴之地以王诸公，多者百余城，少者乃三四十县，惠至渥也，然其后十年之间，反者九起。"（《汉书·贾谊传》）刘邦几乎用了他后半生大部分时间和精力，才次第将他们剪除。在消灭异姓王的同时，刘邦鉴于亡秦孤立之败，于是又大封同姓子弟九人为诸侯王。《汉书·诸侯王表》称："汉兴之初，海内新定，同姓寡少，惩戒亡秦孤立之败，于是剖裂疆土，立二等之爵。功臣侯者百有余邑，尊王子弟，大启九国。"这也就是刘邦晚年与功臣宿将之间白马盟誓中约定的："非刘氏而王者，若无功上所不置而侯者，天下共诛之。"（《史记·汉兴以来诸侯王年表序》）天下是刘氏家族与功臣宿将们一起打下来的，今后刘姓及其子孙世世代代可以封王，功臣宿将们则子子孙孙享受侯爵封邑。

刘邦大封同姓王，是在高帝六年（前201年）。那一年他先废了楚王韩信，改封为淮阴侯；接下来便封自己从父兄刘贾为荆王，辖故东阳郡、鄣郡、吴郡五十三县；封弟刘交为楚王，以取代韩信，辖砀郡、薛郡、郯郡三十六县；立兄刘喜为代王，辖云中、雁门、代郡五十三县；立子刘肥为齐王，辖胶东、胶西、临淄、济北、城阳诸郡共七十三县。当时还保留了几个异姓王，异姓王的全部消灭一直要到高祖末年。刘邦封同姓王的时候就有疑虑，封侄子刘濞为吴王时，"高祖召濞相之，曰：'若状有反相。'"就给他讲："天下同姓一家，慎无反！""濞顿首曰：'不敢。'"

（《汉书·吴王刘濞传》）到了汉文帝时，朝廷与诸侯王之间的关系就与刘邦在世时的情况不同了。所以贾谊在上疏陈时政时，讲："假设天下如曩时，淮阴侯尚王楚，黥布王淮南，彭越王梁，韩信王韩，张敖王赵，贯高为相，卢绾王燕，陈豨在代，令此六七公者皆亡恙，当是时而陛下即天子位，能自安乎？臣有以知陛下之不能也。天下淆乱，高皇帝与诸公并起……然其后十年之间，反者九起。陛下之与诸公，非亲角材而臣之也，又非身封王之也，自高皇帝不能以是一岁为安，故臣知陛下之不能也。"贾谊还进一步讲："臣请试言其亲者。假令悼惠王王齐，元王王楚，中子王赵，幽王王淮阳，共王王梁，灵王王燕，厉王王淮南，六七贵人皆亡恙，当是时陛下即位，能为治乎？臣又知陛下之不能也。若此诸王，虽名为臣，实皆有布衣昆弟之心，虑亡不帝制而天子自为者。"（《汉书·贾谊传》）因为文帝是以代王入立为天子者，与刘邦时所分封的诸王相互间当然以"布衣昆弟"相视，不可能自觉地明确君臣之名分。所以贾谊的结论，你文帝处于这样的相互关系"尚不能以安，后世将如之何！"贾谊把这种形势比作"方病大瘇"，"一胫之大几如要，一指之大几如股，平居不可屈信，一二指搐，身虑亡聊"。这哪里是身与臂、指之间的关系，他的结论是"失今不治，必为锢疾"（《汉书·贾谊传》）。贾谊的这些分析还是合情合理的，文帝与诸同姓王之间不可能有真正和谐相处的关系，当时只是还没有撕破脸争一个你死我活的条件，朝廷与诸侯王之间的关系只是相互克制，以取得一个短暂的平衡。到他儿子景帝执政时，这个矛盾便公然爆发了，即"七国之乱"，最终还是以暴力的办法进行解决。所以同姓诸侯王的分封制度，不仅没有达到借助他们作为朝廷屏藩，以惩戒亡秦孤立之败，结果适得其反，所以刘邦分封同姓诸王为其子孙留下的是无穷后患。到了景帝平定"七国之乱"以后，诸侯王等于被禁锢的囚犯一样。规定诸侯王不得用天子仪制，置吏需依汉制，没有虎符不得擅自发兵，在自己国境内不得私自煮盐冶铁，不得擅自爵人、赦免死罪，不得收纳亡人，必须定期入朝，不得与外戚私自交往，诸王之间不得私自会晤，不得私自出境，不得对朝廷大臣乱行赏赐。故景帝以后，汉代同姓诸侯王的地位便发生了根本性变化，实际上是被圈禁在领地内养起来，这实际上反而限制了他们子孙的健康成长。

总结汉代封同姓诸侯王的结果，《汉书·高五王传》的赞语称："（高祖）以海内初定，子弟少，激秦孤立亡藩辅，故大封同姓，以填天下。时诸侯得自除御史大夫群卿以下众官，如汉制，汉独为置丞相。自吴、楚诛后，稍夺诸侯权，左官附益阿党之法设，其后诸侯唯得衣食租税，贫者或乘牛车。"

（二）西晋的又一次反复

西晋司马炎立国时，《资治通鉴·晋纪一》称其："惩魏氏孤立之敝，故大封宗室，授以职任。又诏诸王皆得自选国中长吏。"具体地讲，晋自魏得国，认为魏之失是由于："魏武忘经国之宏规，行忌刻之小数，功臣无立锥之地，子弟君不使之人，徒分茅社，实传虚爵，本根无所庇荫，遂乃三叶而亡。"（《晋书·汝南王亮等传序》）晋武帝司马炎大封宗室为王，在他活着的时候，中央政权尚能有效地运转，外戚与宗室之间争夺权力的斗争还只是暗流，在表面上还能保持相对平稳的关系。他一去世，西晋的中央政权便处于半真空的状态。司马炎的太子司马衷实际上是一个白痴，他在九岁时便被立为太子，虽然"朝廷咸知不堪政事"，司马炎也知道这一点，由于太子废立之间牵动太大了，他把希望寄托在皇太孙司马遹身上，认为这个孙子聪敏灵秀，希望自己去世以后外戚和宗室能一起辅助惠帝执政。司马炎去世后，惠帝完全是一个傀儡，帝王的实际权力成为各方争夺的对象。

司马炎临终时，希望外戚杨骏与宗室汝南王司马亮共同执政，结果事与愿违。杨骏排斥司马亮，想独擅政柄，惠帝的皇后贾氏杀了杨骏，由司马亮和卫瓘共同辅政。司马炎的第五子楚王司马玮与贾后相勾结，贾后矫诏令楚王司马玮杀司马亮和卫瓘，贾后又以司马玮矫制害二公而杀之，那时楚王司马玮只有二十一岁。

贾后又与司马懿第九子赵王司马伦相联系，加害太子司马遹。太子遇害后，司马伦又借此矫命废贾后，中央政府的权力由赵王伦独擅，遂废惠帝自立为帝。这时齐王司马冏、河间王司马颙、成都王司马颖皆拥强兵于外，三王联合起兵讨赵王司马伦，伦兵败被杀。齐王司马冏入京，惠帝复位，权力集中在齐王司马冏手中。在长安的河间王司马颙又起兵讨伐司马冏，结果是武帝第六子长沙王司马乂起身响应，杀了齐王司马冏。以后河间王司马颙又与成都王司马颖起兵讨伐司马乂，乂兵败被杀。于是立成都王司马颖为皇太弟，河间王司马颙为太宰大都督，惠帝迁于邺，朝政皆由司马颖主持。平北将军王浚起兵讨司马颖，颖兵败，河间王司马颙遂拥惠帝还洛阳，复迁长安。东海王司马越后起兵入关迎惠帝还洛阳，惠帝崩，立怀帝司马炽，是为武帝第二十五子，怀帝委政于东海王司马越。由于宗室及外戚之间内乱不断，农民军遍地起义，匈奴、羯人相继起兵，时羯人石勒攻陷许昌，兵锋直指洛阳。东海王越率洛阳之众二十余万讨伐石勒，朝廷为之一空，"宫省无复守卫，荒馑日甚，殿内死人交横，府寺营署并掘堑自守，盗贼公行，枹鼓之音不绝"（《晋书·孝怀帝纪》）。洛阳成为无政府的状态。而东海王司马越带了洛阳之众二十万人，行军时死在途中，众推太尉王衍领兵，率众东下，被石勒的骑兵追及，晋军大溃，"勒分骑围而射之，相登如山，无一免者。于是执（王）衍及襄阳王范、任城王济、西河王喜、梁王禧、齐王超、吏部尚书刘望、豫州刺史刘乔、太傅长史庾颐等,坐之于幕下,问以晋故。衍、济等惧死,多自陈说……勒于是引诸王公卿士于外害之,死者甚众。勒重衍清辨,奇范神气,不能加之兵刃,夜使人排墙填杀之"。留在洛阳城内的一部分士众,"左卫何伦、右卫李恽闻越薨,奉越妃裴氏及越世子毗出自洛阳。勒逆毗于洧仓,军复大溃,执毗及诸王公卿士,皆害之,死者甚众"(《晋书·石勒载记》)。与东海王世子毗一起被石勒杀死的有晋宗室四十八王,留在洛阳的晋怀帝至是则"饥甚,人相食,百官流亡者十八九",怀帝想出洛阳,"步出西掖门,至铜驼街,为盗所掠,不得进而还"(《晋书·孝怀帝纪》)。想逃亡长安,结果为匈奴刘曜所俘。西晋王朝就是这样凄惨而又可悲地彻底崩溃了。更加可悲的是这个王朝崩溃时,作为士大夫的领袖人物王衍的表现实在太恶劣了,死到临头时,那么卑躬屈膝贪生怕死。《晋书·王衍传》称:"勒呼王公,与之相见,问衍以晋故。衍为陈祸败之由,云计不在己。勒甚悦之,与语移日。衍自说少不豫事,欲求自免,因劝勒称尊号。勒怒曰:'君名盖四海,身居重任,少壮登朝,至于白首,何得言不豫世事邪!破坏天下,正是君罪。'使左右扶出。谓其党孔苌曰:'吾行天下多矣,未尝见如此人,当可活不?'苌曰:'彼晋之三公,必不为我尽力,又何足贵乎!'勒曰:'要不可加以锋刃也。'使人夜排墙填杀之。衍将死,顾而言曰:'呜呼!吾曹虽不如古人,向若不祖尚浮虚,戮力以匡天下,犹可不至今日。'

时年五十六。"王衍是西晋士大夫清谈的领袖人物，他口未尝言钱，而其妻郭氏则聚敛无餍。郭使婢以钱绕床，使不得行，衍晨起，见钱，谓婢曰："举阿堵物却。"（《晋书·王衍传》）这样一个虚伪的士大夫领军人物，在整个王朝生死存亡的关键时刻，如此卑怯如此无耻如此贪生怕死，西晋的垮塌自是无法避免。

西晋王朝如此似山崩地裂般迅速瓦解垮塌，根子还是在分封制。大规模地分封宗室诸王，厚赏功臣大将，并互相结为姻亲，由于出了一个白痴的晋惠帝作为诱因，最高权力处于虚位的时候，外戚、宗室诸王之间不断自相残杀，使中央政府机构分崩离析、自我瓦解。中央与地方政府都处于瘫痪状态时，无法自存的下层群众自然起来反抗，建立自己的组织，结果必然是群雄逐鹿，天下大乱。

散居内地的匈奴部落，原来是游牧民族，还保留着部落组织的状态，鲜卑、匈奴、羯、氐、羌相继崛起，北方出现"五胡乱华"的局面。这一次分封制不仅没有达到国之屏藩的效果，相反祸乱由此而起，造成很长一段历史时期整个中国处于动荡不宁的局面，其祸害要远甚于汉初那次分封同姓王的失策。汉景帝时的那次"七国之乱"，毕竟被周亚夫平定下去，文景时期相对稳定繁荣的局面并没有打乱，为汉武帝崛起准备了历史条件。而晋武帝分封宗室诸王，只有在武帝统治的那二十年还算太平，但那个阶段却是极端腐败黑暗的历史时期。从晋惠帝即位起发生了"八王之乱"，接着便是五胡十六国的动荡不宁,中国历史上经历了漫长的南北分裂时期,战乱频仍,这个阶段称得上是中华民族最痛苦的时期。

四、明代分封宗藩之制度设计

（一）朱元璋在明初设计的分封制

《四库总目提要》称《皇明祖训》："其文辞悉太祖御撰也。其中多言亲藩体制，大抵惩前代之失，欲兼用封建郡县以相牵制。故亲王与方镇各掌兵，王不得与民事，官吏亦不得预王府事；尤谆谆以奸臣壅蔽离间为虑。"《皇明祖训》是洪武二年开始编，花了六年时间，朱元璋自己作序，处理亲亲之间的关系是其中重要的内容。洪武六年六月，颁《昭鉴录》戒诸王。这份《昭鉴录》是朱元璋命陶凯、张筹等采摭汉唐以来藩王善恶可劝诫者，后来又让文原吉、王僎续修，共二卷，颁赐诸王。而这个精神也反映在他的《皇明祖训》中，实际上是朱元璋为了处理好国与自己家的亲亲关系所定下的一些基本原则。

从历史上看，分封制与郡县制是两个历史阶段的产物。分封制是依照亲亲的原则来处理国事，郡县制是依照国事的原则来加强集中统一的国家管理。对一般士大夫而言，齐家和治国是完全不同的两回事，不能以亲情来搅和国事。对天子或者君王来说，要分清并且处理好这二者的关系，就有一定的难度了，因为他们往往把国事当作家事，或者把家事当作国事来处理，许许多多的悲剧也正是由此而来，结果往往是既害了国，又坑了家。秦始皇统一六国行郡县制以后，分封制的两次局部性的反复（西汉与西晋），都是在吸取了前代（秦与曹魏）迅速亡国的教训之后，从家事的角度来考虑局部恢复分封制的，但结果并不好。唐代吸取前朝的教训，对于宗藩则是采取集中养起来的办法，其效果也不见得好。虽然唐初也曾分封诸王于外郡，但自武则天废杀诸王以后，开元以来，唐玄宗就严格限制诸王的活动。表面上他"笃于昆季"（《旧唐书·睿宗诸子·让皇帝宪传》），兄弟五人分院同居，号五王宅，甚至同床共被，实际上是严格"禁约王公，不令与外人交结"（《旧唐书·睿宗诸子·惠文太子范传》）。玄宗执政以后，在宫侧有十王院、百孙院，借以安置诸王公主，而他们的婚嫁都在长安崇仁里之礼会院。开元以后，唐代对诸王的方针是集中在一起养起来。那么朱元璋怎么采撷汉唐以来藩王善恶可劝诫者来教训自己子孙呢？我没有找到《昭鉴录》这本书，但是从《皇明祖训》这本书也能多少看到朱元璋如何协调分封制与郡县制之间的关系，以希冀超越汉唐之失。

朱元璋把诸王藩封于边境重镇和名城大都，希望诸子习兵事，预军务，以屏藩朝廷，但并不希望他们干预地方行政事务。他希望皇子皇孙能协调好朝廷与诸王之间的关系,以期久远。这些要求可以从《皇明祖训》的条文中清晰地看到。朱元璋总结汉唐以来藩封的历史教训,实际上涉及几个方面的相互关系:如何保持中央朝廷政权的连续性,皇位继承如果出现空缺时怎么办?皇帝没有儿子,过早夭折时怎么办?朱元璋在祖训中规定了这样一条:"凡朝廷无皇子,必兄终弟及,须立嫡母所生者。庶母所生,虽长不得立。若奸臣弃嫡立庶,庶者必当守分勿动,遣信报嫡之当立者,务以嫡临君位。朝廷即斩奸臣。"这一条是为了在朝廷出现皇位空缺时,避免诸王之间因争夺皇位而引起内乱,贯穿的实际上还是《春秋公羊传》讲的"立嫡以长不以贤,立子以贵不以长"的嫡长子原则。这一条朱元璋的后继者是遵守的,如土木堡之变以后,明英宗被俘,皇位空缺,便依制立其弟郕王为景泰帝。明武宗正德皇帝没有儿子,因孝宗只有两个儿子,武宗及其弟厚炜,而厚炜三岁便夭折了,武宗去世时,只能上溯到宪宗诸孙中去物色皇位的继承人,依次只能立朱厚熜为帝,即明世宗,那时世宗只有十三岁。

对王侯,朱元璋也说了一条:"凡古王侯,妄窥大位者,无不自取灭亡,或连及朝廷俱废。……当各守祖宗成法,勿失亲亲之义。"(《皇明祖训·祖训首章》)这是要朝廷与王侯各守本分,发扬亲亲之义。朱元璋还说:"凡王所守者祖法。如朝廷之命合于道理,则惟命是听;不合道理,见法律篇十二条。"(《皇明祖训·祖训首章》)所谓朝廷的命令不合道理,是指朝廷出了奸人,法律篇十二条是这样说的:"如朝无正臣,内有奸恶,则亲王训兵待命,天子密诏诸王,统领镇兵讨平之。既平之后,收兵于营,王朝天子而还。如王不至,而遣将讨平,其将亦收兵于营,将带数人入朝天子。"(《皇明祖训·法律》)

这两条祖训的内容往往为朝廷与藩王各取所需,许多纷争也由此而起,朱元璋所设想的种种祖训和制度规则,最终尽成泡影。把国事与家事搅和在一起,其结果不可能善始善终,这不以朱元璋个人意志为转移。

朱元璋藩封诸王于名城大都,当初制度设计的目的有两条,其中一条就是让他们掌握一部分兵权,以防地方掌兵武臣独大的局面。所以他给藩王配置少量的护卫,由藩王直接控制,另一方面他又让年长的诸子习兵事。《明会要·帝系四》称:"太祖念边防甚,且欲诸子习兵事,诸王封并塞居者预军务。而晋、燕二王尤被重寄,数命将兵出塞及筑城屯田。大将如宋国公冯胜、颍国公傅友德皆受节制。又诏二王:'军中事,大者方以闻。'"洪武十多年,朱元璋还只是让年长诸王出边见习军事。诸王中晋王朱㭎、燕王朱棣都曾经随大军出征漠北,他们经历锻炼以后,就逐渐成为边防驻军的统帅了。到了洪武二十六年朱元璋兴蓝玉大案,把骄悍能战的将领都处置了,便放手让诸王带兵守边。也就在这一年他让宁王朱权就藩大宁,大宁在喜峰口外,东连辽左,西接宣府,为巨镇,所属朵颜三卫骑兵皆骁勇善战。

朱元璋在世，朝廷与坐拥兵权的诸王还能保持平衡的关系，儿子还不敢与老子相对抗。太子朱标如果活着，兄弟之间还有情分。而朱标又早于朱元璋去世，继承帝位的是朱元璋的孙子朱允炆，那么叔侄之间的猜忌之心自然就来了。所以朱允炆即位以后，心中想的是如何除其心腹之患，如何防止尾大不掉的局面，诸王所率在边防守御蒙古人的大军成了朱允炆背上的芒刺，非要除之方能安心。那么叶伯巨所说的"削其地而夺之权，则必生觖望"的矛盾自然凸显起来。

（二）"靖难之役"

建文元年（1399年），周、代、湘、齐、岷五王相继以罪废。诸王中最危险的是燕王朱棣，建文帝的策略是柿子拣软的吃，不是擒贼先擒王。于是燕王在是年七月便带兵而反，师名"靖难"，起兵的根据便是指名齐泰与黄子澄为朝廷之奸臣。《明史·齐泰传》载："事闻，泰请削燕属籍，声罪致讨。或难之，泰曰：'明其为贼，敌乃可克。'遂定议伐燕，布告天下。"齐泰这样建议朱允炆也有根据，《皇明祖训·祖训首章》上讲了，诸王"或因自不守分，或因奸人异谋，自家不和，外人窥觎，英雄乘此得志……"话虽是两面都说了，但双方都能各取所需而指责对方，而不是坐下来议论沟通如何以"各守祖宗成法，勿失亲亲之义"的办法来协调双方的关系，最终只能兵戎相见，以战场的胜负来决定成败了。
"靖难之役"以燕王打败朱允炆而结束。燕王军队进入应天以后，朝廷固然有一部分人出迎朱棣，但许多官员并不认可燕王朱棣的作为，这从《明史纪事本末·壬午殉难》中，方孝孺与朱棣之间的对话可以看出。根据《皇明祖训》，朱棣理亏，当时朱棣想找方孝孺来为自己起草即位的诏书，把方孝孺从狱中放出来，在殿陛相见：

> 文皇谕曰："我法周公辅成王耳！"孝孺曰："成王安在？"文皇曰："伊自焚死。"孝孺曰："何不立成王之子？"文皇曰："国赖长君。"孝孺曰："何不立成王之弟？"文皇降榻劳曰："此朕家事耳！先生毋过劳苦。"左右授笔札，又曰："诏天下，非先生不可。"孝孺大批数字，掷笔于地，且哭且骂曰："死即死耳，诏不可草。"文皇大声曰："汝安能遽死。即死，独不顾九族乎？"孝孺曰："便十族奈我何！"声愈厉。文皇大怒，令以刀抉其口两旁至两耳，复锢之狱，大收其朋友门生。每收一人，辄示孝孺，孝孺不一顾，乃尽杀之，然后出孝孺，磔之聚宝门外。孝孺慷慨就戮，为绝命词曰："天降乱离兮孰知其由，奸臣得计兮谋国用犹。忠臣发愤兮血泪交流，以此殉君兮抑又何求。呜呼哀哉，庶不我尤！"时年四十六。

从这一大段文字可以看到方孝孺的浩然正气，而理亏的是朱棣，因为祖训上并不允许诸王逆弑天子，在驱除朝中奸臣恶逆之后,仍应"收兵于营,王朝天子而还"。依照嫡长子继承制,怎么也轮不到他第四子即帝位,兄终弟及,秦王朱樉、晋王朱棡位序皆在其前。从朱棣与方孝孺的对话中可以看到,在道理上朱棣是句句理亏,而方孝孺则气贯长虹,朱棣只能以残酷的屠杀来压倒对方。方孝孺被灭十族,祸连朋友门生,则为前所未有。《明史纪事本末·燕王起兵》条,载燕王进宫时,"清宫三日,诸宫人、女官、内官多诛死,惟得罪于建文者乃得留"。此书作者谷应泰在《壬午殉难》的结尾,总结这次屠杀之酷烈,其云:"文皇甫入清宫,即加罗织,始而募悬赏格,继且穷治党与,一士秉贞,则祖免并及,一人厉操,则里落为墟,虽温舒之同时五族,张俭之祸及万家,不足比也。乃若受戮之最惨者,方孝孺之党,坐死者八百七十人;邹瑾之案,诛戮者四百四十人;练子宁之狱,弃市者一百五十人;陈迪之党,杖戍者一百八十人;司中之系,姻娅从死者八十余人;胡闰之狱,全家抄提者二百十七人;董镛之逮,姻族死戍者二百三十人;以及卓敬、黄观、齐泰、黄子澄、魏冕、王度、卢原质之徒,多者三族,少者一族也。又若赴义之最烈者,铁铉之尸还反背,景清之死犹犯驾。就义之最洁者,教授之明伦恸哭,樵夫之自投东湖,若此之俦,则又未易更仆数也。"今读此《壬午殉难》之全文,一方面可以见到当时士大夫之气节,另一方面也可以看到成祖为争夺帝位之暴虐无道,同时也可看到这场大屠杀之惨烈。胡广当时是与解缙一起在南京迎成祖朱棣的几个人之一,后来成为成祖身边的内阁大学士,永乐十四年(1416年),他奔母丧还朝,"帝问百姓安否。对曰:'安,但郡县穷治建文时奸党,株及支亲,为民厉。'帝纳其言"(《明史·胡广传》)。可见那时各地都还有因建文事被株连者在被追究,成为地方不安定的因素。所以把国事与家事搅和在一起,最终必然导致悲剧之反复不断。

(三)汉王、安化王、宁王的三次变乱

"靖难之役"既然开了先例,当然不能禁绝后来之仿效者。如朱棣的儿子汉王高煦当然也想仿照父亲的榜样,起兵以诛奸佞为借口,夺他侄子明宣宗的皇位。宣宗带兵亲征,朱高煦兵败被擒。这次与高煦同谋伏诛者六百四十余人,戍边者一千五百余人,迁口外者七百二十七人,实际上也是株连了一大片,规模比"靖难之役"小一些而已。

武宗正德时,还有宁夏安化王寘鐇之叛。这次安化王起兵也是以诛朝中奸臣刘瑾为借口,而宦官刘瑾也确是在武宗身边擅权的奸佞小人,做的坏事不少,故安化王起兵的檄文数刘瑾诸罪状。武宗正德皇帝朱厚照也确实是一个荒唐的少年皇帝。寘鐇起兵是在正德五年(1510年)的四月,至五月,武宗命泾阳伯神英充总兵官,太监张永总督军务,右都御史杨一清为提督,率京营兵讨

伐寘鐇。实际上没有真正动用京营的军队，张永与杨一清直接去宁夏安抚当地军民，寘鐇很快就垮了，被械送京师。这一次吸取前两次的教训，打击面便缩小了，没有在宁夏造成太大的祸害。张永回到京师，设法使武宗除了刘瑾。

到了武宗正德十四年（1519年）六月，江西宁王在南昌起兵作乱，其起兵的借口是"太后有密旨，令我起兵入朝监国"（《明史纪事本末·宸濠之叛》），这个理由当然不能成立。当时宁王宸濠带了军队沿江而攻安庆，希望东下南京。而王守仁带了军队自赣南趋南昌，抄了宁王的后路。宸濠只能解安庆围，还师江西，被王守仁所败。宸濠被擒，荒唐的是，武宗下诏亲征，要王守仁把宸濠放了，武宗自己与宸濠来决战，视战争若儿戏。王守仁没有听从，武宗抵南京时，王守仁把宸濠交给宦官张永，把宸濠押至南京。武宗在南京，穿军服，列俘于前，作凯旋回师的仪式。

纵观这几次藩王起兵，朱元璋的《皇明祖训》并没有达到使诸王藩服以"外卫边陲，内资夹辅"的期望，制度的设计只能顺应事物运行的客观规律，背道而驰只能让子孙后代自食苦果。

（四）明代分封制下宗藩对所在地方及自身的祸害

明代的藩王，在地方上不能干预地方长官的民事，有享受的俸禄，没有管理地方上日常政事的职责。依照《皇明祖训·法律》，王国所在只是城中很小的区域，王国的文官由"朝廷精选，赴王国任用，武官已有世袭定制"。就是说诸王即使在王国范围内也没有人事的任免权。《皇明祖训·法律》载："王国内，除额设诸职事外，并不许延揽交结奔兢佞巧知谋之士，亦不许接受上书陈言者。如有此等之人，王虽容之，朝廷必正之以法。"换句话说，就是封杀诸王，使其不能干预朝廷和地方的行政事务，不能招揽人才为自己服务。《皇明祖训·法律》还规定："凡风宪官，以王小过奏闻，离间亲亲者斩。风闻王有大故，而无实迹可验，辄以上闻者，其罪亦同。"就是地方官不能干预王国内部的事务。至于"庶民敢有讦王之细务，以逞奸顽者斩，徙其家属于边"。老百姓如受诸王欺压那更是投诉无门了。明代诸藩王便是生活在各大城市中心，脱离社会又享有特权的这样一个特殊的群体。对于王国内的文武官员，诸王却有自行处置的权力。《皇明祖训·法律》中规定："如或文武官员犯法，王能依律剖判者听，法司毋得吹毛求疵，改王决治。"这样规定造成了一些后果，如谷王朱橞，是朱元璋第十九子，史称："橞居国横甚，忠诚伯茹瑺过长沙不谒橞，橞白之帝，瑺得罪死。遂益骄肆，夺民田，侵公税，杀无罪人。长史虞廷纲数谏，诬廷纲诽谤，磔杀之。"（《明史·谷王橞传》）再说一个案例，伊王朱㰘是朱元璋第二十五个儿子，封在洛阳，永乐六年（1408年）之藩到洛阳，史称："王好武，不乐居宫中，时时挟弹露剑，驰逐郊外。奔避不及者，手击之。

髡裸男女以为笑乐。"(《明史·伊王橞传》)这个人尽干荒唐事，生活富裕了，又没有正经事可干，所以如此。

明代亲王的俸禄很高，洪武九年初定亲王岁五万石、钞二万五千贯、绢布盐茶马草各有支给。洪武二十八年虽略有减省，但为数仍不低，还有各种赏赐，藩王名下护卫军及仪卫司人役并乐户之数，其俸饷皆由官府支给。比如这个伊王，世代在洛阳，对那个地区造成很沉重的负担，为此地方欠诸王禄饷，嘉靖八年（1529年），户部言"河南一省缺禄者八十余万（石）"（《明史·伊王橞传》）。不仅洛阳一地如此，其他有藩王的地方也一样，结果是诸藩王支庶繁衍，皆仰给国家的赋税，又不让他们出仕及别营生理，最终是宗藩既困，国力亦不支。

另一方面，藩王以王府之尊，居于外郡，其势足以病当地百姓，地方官府也往往唯恐避之不及。也是在嘉靖时，伊王世子典楧在地方上为非作歹，几乎是无恶不作，不要说百姓，官员见了他也怕。史数称其："贪而愎，多持官吏短长。不如指，必构之去，既去复折辱之。御史行部过北邙山外，典楧要笞之。缙绅往来，率纡途取他境。经郭外者，府中人辄追挽其车，詈其不朝，入朝者复辱以非礼。"（《明史·伊王橞传》）为什么他能那样蛮横无理呢？因为朱元璋在《皇明祖训·法律》有这样一条规定："凡王所居国城，及境内市井乡村军民人等，敢有侮慢王者，王即拿赴京来，审问情由明白，然后治罪。"反过来是"王左右人，虚张声势，于王处诬陷善良者，罪坐本人"，藩王本人做了坏事，并不直接负责，故地方官员及途经洛阳的官员，只能绕道而行。再说这位朱典楧："府墙坏，请更筑，乃夺取民舍以广其宫。郎中陈大壮与邸邻，索其居不与，使数十人从大壮卧起，夺其饮食，竟至馁死。所为宫，崇台连城，拟帝阙。"（《明史·伊王橙传》）他还曾经"闭河南府城，大选民间子女七百余，留其姝丽者九十人。不中选者，令以金赎"（《明史·伊王橙传》）。

明王朝对藩封诸王经济上生活上的种种荒唐事并不太计较，但政治上的防范则非常严密。以明仁宗第五子襄王朱瞻墡与仁宗的第九子梁王朱瞻垍为例，两人是兄弟关系，都是明宣宗的弟弟，宣德四年（1429年）梁王就藩安陆，襄王则自长沙徙襄阳，途中经过安陆，兄弟二人相见，流连不忍去，"濒别，瞻垍恸曰：'兄弟不复更相见，奈何！'左右皆泣下"（《明史·仁宗诸子》）。为什么兄弟离别时会这么动情呢？因为依制二王不得私自相见，在这种情况下，亲亲之情又从何说起呢？再说土木堡之变，明英宗被俘后，诸王中瞻墡最长且贤，众望所属，成为继位的候选人，但最终没有被选中，选了英宗的兄弟，宣宗的次子郕王祁钰监国，从此瞻墡也成了犯忌的人物。事实上瞻墡并没有觊觎皇位的野心，他建议让郕王监国，立皇长子为君。英宗复辟以后，瞻墡也被怀疑曾谋取皇位，后来从档案中看到瞻墡的两次上书，英宗方才解除了疑窦，特许他岁时可以与诸子出城游猎。可见非特旨，藩王是不能出城游猎的，故实际上诸王在藩邸等于被囚禁的状态。明代的藩王在地方上，政治上不能有所作为，在经济和生活上则往往向骄奢淫逸的方向发展，那么藩封诸王必然演化为地方上难以处置的累赘。

到了明末崇祯时期，藩王的府邸往往成为农民军讨伐和报复的对象，不妨以福王常洵为例。福王常洵是明神宗第三个儿子，由于是神宗宠爱的郑贵妃所生，而王皇后无子，神宗一直想立常洵为太子，但常洵不是长子，神宗最终拗不过群臣以祖训相争，不得已立光宗为太子，立常洵为福王。万历四十二年（1614年）福王就藩洛阳，下诏赐庄田四万顷，中州不足，取山东、湖广田益之。这个常洵在藩邸，"日闭阁饮醇酒，所好惟妇女倡乐。秦中流贼起，河南大旱蝗，人相食，民间藉藉，谓先帝耗天下以肥王，洛阳富于大内。援兵过洛者，喧言：'王府金钱百万，而令吾辈枵腹死贼手。'""（崇祯）十三年（1640年）冬，李自成连陷永宁、宜阳。明年正月，参政王胤昌帅众警备，总兵官王绍禹，副将刘见义、罗泰各引兵至。"结果还是这个总兵官开了城门迎接李自成的军队进城，"常洵缒城出，匿迎恩寺。翌日，贼迹而执之，遂遇害"（《明史·神宗诸子》）。其被杀的过程，在计六奇《明季北略·卷十六》之"李自成陷河南府"条称："自成迹福王所在，执之。并执前兵部尚书吕维祺。维祺谓王曰：'名义甚重，毋自辱。'内官崔升，甫十三岁，劝王宁死勿屈，抱王不去。

贼杀王,并见害。王体肥,重三百余斤。贼置酒大会,以王为菹,杂鹿肉食之,号'福禄酒'。"看来福王临死是屈膝求饶的,结果福王府被烧,"自成发藩邸及巨室米数万石、金钱数十万赈饥民"。实际上还是福王无休止地聚敛财富害了自己,可见农民军对明代各地藩王的仇恨不是偶然的。故农民军所过之处,明代的藩王几乎无一幸免。

藩王如此,公主亦难。崇祯十七年,长平公主十六岁,本来准备行婚礼,结果以"寇警暂停。城陷,帝入寿宁宫,主牵帝衣哭。帝曰:'汝何故生我家!'以剑挥斫之,断左臂,又斫昭仁公主于昭仁殿"(《明史·公主传》)。朱元璋立《皇明祖训》希望自己的家族能世世繁荣昌盛,保持亲亲之情,结果与他主观愿望完全相反。既然把家事和国事搅和在一起了,把家事变成国事的一部分来处理,那么家人之间亲亲关系必然转化为支配者与被支配者的关系。在一切服从于王朝安全和稳定的前提下,还有什么亲亲之情可言呢?可悲的是,藩王连独立谋生的权利也被剥夺了,唯一留下的生活出路就是醉生梦死地等待末日的降临。

晚明最后一个崩溃的是桂王,桂王是明神宗第七子,藩邸原来在衡州,衡州陷,迁居梧州,去世后由其第三子由榔继位,在崇祯末被封为永明王,被广西巡抚瞿式耜推为监国,其时已是清顺治三年(1646年)。次年桂王建永历元年(1647年),在广西云贵地区苟延残喘了十三四年,最终从云南逃窜至缅甸,随行者水路有六百四十余人,陆行者岷王子以下有九百余人,期会于缅甸,结果陆行者被缅人悉掠为奴,多自杀,只有岷王子八十余人流入暹罗,桂王朱由榔父子被杀于云南。

如果朱元璋地下有灵,看到明王朝最终是这样一个结局,不知作何感想。当年朱元璋拥有无限的权力,他对未来王朝制度的设计抱有非常美好的憧憬,但制度要人去执行,人与人之间的相互关系是在不断变化的,不可能有十全十美的制度设计,关键还在人。朱元璋不可能万岁万万岁,朱元璋身后的事,只能让身后人自己去做主,他为身后子孙设计的制度,事实上反而成为他们难以获得正常人生活的牢笼和累赘。

五、汉唐地方行政机构两次由二级制转向三级制的缘由

（一）从两汉地方行政机构的演化看统一到分裂

秦灭六国以后，分天下为三十六郡，而郡的长官有守、尉、监，守是郡的行政长官，尉是地方上军事与分管社会治安的长官，监则是监御史。监御史隶属于御史大夫，位次在守、尉之下，他对郡属下的官吏具有"省察治状，黜陟能否"（《汉书·百官公卿表》注引《汉官典职仪》）的职能，除此之外，秦的监御史还可监军、将兵。到汉代，在郡一级便省了监，由丞相府遣史监察各郡。至惠帝三年（前192年），再次派遣御史监察三辅诸郡，监者任期是两年，十月在朝廷奏事，十二月还监。到汉武帝时，废除丞相史及御史监郡的制度，在全国设置十三部州，每州派刺史一人，十三州刺史上受中央御史中丞直接管辖，由十三州刺史分区监察全国一百零三个郡国。刺史秩六百石，而郡守秩二千石，这是以小制大。刺史以六条问事，这六条见《汉书·百官公卿表》注引《汉官典职仪》云："以六条问事，非条所问，即不省。一条，

强宗豪右田宅逾制,以强陵弱,以众暴寡。二条,二千石不奉诏书遵承典制,倍公向私,旁诏守利,侵渔百姓,聚敛为奸。三条,二千石不恤疑狱,风厉杀人,怒则任刑,喜则淫赏,烦扰刻暴,剥截黎元,为百姓所疾,山崩石裂,妖祥讹言。四条,二千石选署不平,苟阿所爱,蔽贤宠顽。五条,二千石子弟恃怙荣势,请托所监。六条,二千石违公下比,阿附豪强,通行货赂,割损正令也。"这六条中,第一条是针对地方豪强的,其余五条都是针对郡守二千石的,其中有一条还包括郡守二千石的子弟,换一句话说,干部子弟如借父母之势为非作歹,也在监察范围之内。

西汉为什么要设十三州部刺史呢?郡太守按规定是受朝廷丞相、御史的监督,丞相、御史考察郡守,主要是通过岁终的计簿,即上计制度。这个计簿也就是地方官报告一年政绩的状况,然后郡守的升徙黜陟,以上计考课的次第为准。郡守上计的内容是否正确,丞相与御史无法直接到地方上去核对。郡守、尉在地方上的权力很大,他们可以直接辟除自己的属吏,即有人事权,有选举权,有向朝廷推荐人才的权力,对地方上的刑事案件有生杀予夺的权力,有兵权,有财权。所以一旦哪个太守作风跋扈,他完全可以一手遮天,任意营私舞弊,贪赃纳贿。中央下达的政策,他完全可以采取各种应付的对策,朝廷的政策措施到了地方便走样了,这种情况直接促使汉武帝下决心派遣十三州刺史。还有一个原因是当时社会动荡不定,地方豪强欺压百姓,郡守暴虐,权贵们更是横行不法。武帝时有一个管理关卡的官员都尉宁成，百姓出关，都怕他，"号曰：'宁见乳虎，无直宁成之怒。'其暴如此"（《汉书·酷吏传》）。外有匈奴压境，加上灾害性事件频发，群体事件连续不断。面对这样的情况，那就不得不派遣刺史来巡行下属的郡县。西汉初置的这些刺史到地方以后，巡行郡国，并无固定治所。刺史对地方事务的举劾限于六条问事。

那么，以这六条问事为使命而派往各州的刺史真是这样行事的吗？汉成帝时，朱博任冀州刺史时，他行部，即巡行郡国时，在道路上有"吏民数百人遮道自言，官寺尽满"，"从事白请且留此县录见诸自言者，事毕乃发，欲以观试博。博心知之，告外趣驾。既白驾办，博出就车见自言者，使从事明敕告吏民：'欲言县丞尉者，刺史不察黄绶，各自诣郡。'"意谓县丞尉一级的问题，请到二千石郡守那儿去状告处理。"欲言二千石墨绶长吏者，使者行部还，诣治所"，意谓状告郡守二千石的，等行部到这里时再行状告，我这次是路过。"其民为吏所冤，及言盗贼词讼事，各使属其部从事。"如果是状告地方冤屈及社会治安的问题，则请到相关部门处理。结果是，"博驻车决遣，四五百人皆罢去，如神"（《汉书·朱博传》）。从这条记载可以看到，刺史行部就是巡视郡国，他只负责处理与郡守相关的问题，不直接干预地方的事务。朱博做冀州刺史有绩效，再徙并州刺史，然后迁琅邪太守。两汉有不少由刺史迁太守的案例。刺史的职务是对着郡守的，但地位比郡守低。唐人戴叔伦《抚州刺史庭壁记》称："汉置十三部刺史，以察举天下非法，通籍殿中，乘传奏事，居靡定处，权不牧人。"汉代的十三部刺史，岁末要亲诣京师奏事，汇报自己巡行诸郡的状况，这样朝廷可以把他们的报告与郡守上计的报告对比起来分析。由于刺史的品秩不高，权任却很重，有功的话，对他们的赏赐也很厚重，做了两任刺史以后，很快便提升为秩二千石的郡守，所以他们行部郡国时都很努力，如朱博、翟方进，都是如此晋升的。

汉代十三部刺史的情况在西汉中期是如此，但情况也往往因人而异。随着历史的发展，刺史不仅有了固定的治所，而且也有了自己的属官，并且也干涉起郡守在地方上的行政事务。成帝初薛宣任御史中丞，是负责管理十三州刺史的，他在奏疏中便讲到当时社会不稳定的原因："殆吏多苛政，政教烦碎，大率咎在部刺史，或不循守条职，举错各以其意，多与郡县事，至开私门，听谗佞，以求吏民过失，谴呵及细微，责义不量力。郡县相迫促，亦内相刻，流至众庶。"（《汉书·薛宣传》）可见在汉成帝时，已有刺史直接插手干预郡守的事务。这样刺史有了固定的治所，有了自己的幕僚组织，直接干预所属诸郡的行政事务，那么其行为方式已远远超出监察官的范围了，自然而然地成为郡县一级以上的地方行政官员。到了东汉后期，汉灵帝中平五年（188年）改刺史为州牧，刘焉等以朝廷重臣出任州牧，当时刘焉是太常卿，以监军使者领益州牧，太仆黄琬为豫州牧，宗正刘虞为幽州牧。

一旦中央政权出现裂缝，如董卓之乱以后，各地的州牧便成为各地的诸侯王了，其州牧的官职可以父子世袭。刘昭注《后汉书·百官志五》："焉牧益土，造帝服于岷、峨；袁绍取冀，下制书于燕、朔；刘表荆南，郊天祀地；魏祖据兖，遂构皇业。汉之殄灭，祸源乎此。"这就由尾大不掉而最终形成地方割据的局面。郡的地盘小，要称雄一方比较困难，而州的地盘大了，州牧的地位高了，州牧在地方上军权、政权、财权、民事裁判权全部掌握在手的时候，中央朝廷的政令自然置之脑后了。留下来的问题是群雄割据、逐鹿中原，看鹿死谁手，要经历许多年才能回归统一和稳定的局面。再一次缩小地方的行政机构，加强中央集权的政治模式，这几乎是中国两千年历史难以跳出的、反复不断循环的圈子。

（二）从唐代地方行政机构演化到藩镇割据与五代十国

东汉末确立州郡县三级地方行政机构以后，整个魏晋南北朝基本上仍都是处于州、郡、县三级。由于南北朝的对峙，北齐北周东西并立，各方的疆域都缩小了，人口也大幅度地减少，但南北各州郡合起来的数字却愈来愈多，出现了十羊九牧的局面，政府机构膨胀，人浮于事，百姓不胜负担。隋文帝开皇三年（583年），杨尚希任度支尚书，感觉到天下州郡的数目太多，表称："自秦并天下，罢侯置守，汉、魏及晋，邦邑屡改。窃见当今郡县，倍多于古,或地无百里,数县并置,或户不满千,二郡分领。具僚以众,资费日多,吏卒人倍,租调岁减。清干良才,百分无一,动须数万,如何可觅?所谓民少官多,十羊九牧。琴有更张之义,瑟无胶柱之理。今存要去闲,并小为大,国家则不亏粟帛,选举则易得贤才,敢陈管见,伏听裁处。"(《隋书·杨尚希传》)隋文帝杨坚接受了他的建议,把地方行政机构由三级制改为二级制,省掉郡这一级。这件事在《隋书·百官志下》系于开皇三年,"罢郡,以州统县"。省掉郡一级,被裁减的主要是原来北齐和北周的地方官,除少量留用的人员以外,大部分被削职为民。刺史、县令不能自行辟除僚属,所有品官都由朝廷调令使用,这样地方上不能自行设置机构、增加人员了。由此便并省了大量机构和官吏,这实际上是一次精兵简政的工作,精简人员,提高行政效率,节省财政开支,是减轻群众负担的大好事,从此行政机构的设置又从三级回到二级。然而郡县这一级机构的名称还有变化,炀帝即位以后,又多所改革。《隋书·百官志下》称其"罢州制郡,郡县太守",这样便由州县二级复变为郡县二级。南北统一以后,隋炀帝大业年间,全国置郡一百九十、县一千二百五十五、户八百九十万七千五百四十六、口四千六百零一万九千九百五十六。平均下来每个县七千多户,每个郡平均六七个县。经过隋末的大乱,唐兴,高祖李渊又改郡为州,太守为刺史。这两次变化,仅仅是地方行政机构名称的变化,而二级制度并没有变化。自隋至唐,经隋末大规模的农民起义，连年的战乱和灾荒使户口一度又大幅度下降。贞观十三年（639年），全国共有州、府三百五十八，县一千五百五十一。州这一级唐比隋增加了近一倍，县虽有增加，但数量不多，说明管辖县这一级的地方行政机构的规模小了。把州的区域划小，是为了防止地方上出现尾大不掉的局面，但从中央管理上讲，也增加了困难，如何直接面对那么多州府是一个问题。于是在贞观年间，又依照"山河形便，分为十道"，"一曰关内道，二曰河南道，三曰河东道，四曰河北道，五曰山南道，六曰陇右道，七曰淮南道，八曰江南道，九曰剑南道，十曰岭南道。"这个道的划分，要注意它是依照山河形状区划的，不是一级行政管理机构。至"开元二十一年（733年）分天下为十五道，每道置采访使，检察非法，如汉刺史之职"（《旧唐书·地理志一》），这样兜了一个大圈子又回到汉武帝当年设置十三部刺史以六条问事的格局了。

京师作为一级行政区域，秦称内史，是帝王所在，宗庙所在，故京师所在的郡县特别重要。与一般郡县不同，秦以内史掌治京师的郡县，汉承秦制，汉初亦置内史。至汉景帝时，把京师所在地区分为三辅，即京兆、左冯翊、右扶风，三辅相当于三个郡，这三个郡的长官地位高于其他郡守。汉时京兆官难当，久者不过二三年，短者只有一岁或数月，往往以罪过罢职。再说唐代的行政区域，除州、县这两级，还在京师所在的区域设府。长安是唐的首都,洛阳是唐代的东都,太原是李渊、李世民起家的地方,这三个地方的行政管理机构称府,故唐有三个府,即京兆、河南、太原三府。为了与一般地方行政机构区别,府的长官称牧、尹、少尹,品秩也高于州的刺史,属官的设置亦比较齐全。唐代京兆府的长官以亲王为之,李世民为秦王时,曾兼京兆牧。又有别驾一人,为牧之副职,后来改别驾为长史,日常事务则由长史负责。为什么要由亲王来领衔?因为京兆府所在,权贵多,达官豪门荟萃,谁也得罪不起。中央政府的机构多,方方面面在地方的事务要照顾好也不容易。然而唐代也出了几个有作为的京兆尹,究其原因,他们背后有最高统治者皇帝的支持,如开元时期的京兆尹李元纮、源干曜就能办一些公道事和公共事务,这离不开唐玄宗的直接支持。

贞观二十年(646年),"遣大理卿孙伏伽、黄门侍郎褚遂良等二十二人,以六条巡察四方,黜陟官吏"(《旧唐书·太宗纪下》)。明确以六条考察郡守的政绩。这次巡视的结果有明确的记载,《唐会要·卷七十七》之"巡察按察巡抚等使"条云:"二十年正月,遣大理卿孙伏伽等二十二人,以六条巡察四方,多所贬黜举奏。太宗命褚遂良一其类,具状以闻。及是亲自临决,牧宰以下,以能官进擢者二十人,罪死者七人,流罪以下及免黜者数百人。"这次唐太宗对地方官的考核,可以说是动真格的了。然而可以看到这二十二个人并没有固定的巡察的区域划分,他们在地域上如何分工也并没有明确的记载，他们的任务只限于对相关州郡官员在政绩考核的基础上进行升擢和黜免，而且最终的决定权掌握在唐太宗自己手上。

到了武则天的天授二年（691年），"发十道存抚使，以右肃政御史中丞知大夫事李嗣真等为之"（《唐会要·卷七十七》），那时是按道派使节了，后来叫巡察使，他们外出考察时，有规定的条目，也就是指定考察的内容。李峤的奏疏中称："窃见垂拱二年，诸道巡察使科目凡四十四件，至于别作格、敕令访察者，又有三十余条。而巡察使率是三月之后出都，十一月终奏事，时限迫促，簿书委积，昼夜奔逐，以赴限期。而每道所察文武官，多至二千余人，少尚一千已下。皆须品量才行，褒贬得失，欲令曲尽行能，皆所不暇。此非敢惰于职而慢于官也，实才有限而力不及耳。"（《唐会要·卷七十七》）这些话说明巡察使自京师派出，时间从三月到十一月，要完成一道两千官员的考核，只能根据当地的簿书公文来考察了，实际上做不到细致正确地考核地方官的政绩，结果当然只能变成等因奉此的例行公事了。再一点，各个巡察使一年内只在一个道蹲九个月时间，而道的地域相当大，大于我们现在一个省，跑也不一定都跑得过来。他没有固定的办公机构，到时间就必须回京师交差，下一次也不一定让他出来，更不可能让同一个人到同一地域。

武则天时期，有个著名的官员狄仁杰，早年任汴州判佐，那时工部尚书阎立本为河南道黜陟使，"仁杰为吏人诬告，立本见而谢曰：'仲尼云：观过知仁矣。足下可谓海曲之明珠，东南之遗宝。'荐授并州都督府法曹"（《旧唐书·狄仁杰传》）。可见当黜陟使也不易，要能明辨是非，慧眼识英雄。再说狄仁杰自己在垂拱元年（685年）四月六日以尚书左丞的身份曾经充江南安抚使，他在那里只做了一件事，"吴楚多淫祠，仁杰一切焚之，凡除一千七百所"，到了圣历元年（698年）十月，"纳言狄仁杰为河北、河朔安抚使"（《唐会要·卷七十七》）。此后历年派遣十道按察使的记载不断，如中宗神龙二年（706年）二月敕，"左右台内外五品已上官，识治道通明无屈挠者二十人，分为十道巡察使，二周年一替，以廉按州部"（《唐会要·卷七十七》）。这样从当年返京师述职，延长为两年，地域就在某一道，考察的内容集中在是否廉洁奉公这一点上。中宗景龙三年（709年）置十道按察使，分察天下，至玄宗开元八年（720年）五月，"复置十道按察使"（《唐会要·卷七十七》）。在开元三年（715年）三月，唐玄宗曾"敕巡察使出，宜察官人善恶，其有户口流散、籍帐隐没、赋役不均者，不务农桑、仓库减耗者，妖讹宿宵、奸猾盗贼、不事生业、为公私蠹害者，德行孝弟、茂才异等、藏器晦迹、堪应时用者，并访察闻奏"（《唐会要·卷七十七》）。从这一条敕令中，可知对于赴各道的巡察使，只授权巡察地方官的政绩，范围很明确，考察的结果只能上报于朝廷，一般讲，巡察使对地方官员没有直接处置的权力。唐之所以这样做，正为了吸取东汉的教训，防止诸道的按察使成为地方的一级机构，最终造成尾大不掉的局面。朝廷派往十道的按察使的职能始终停留在监察官这个范围之内，绝不给予行政的权力。所以唐代由二级行政机构转化为三级制，问题不出在派出的监察使节上，而是出在军政合一的节度使上。

　　唐代地方行政机构从二级逐渐向三级演变的过程，是随着节度使的出现开始的。自武则天以后，北方突厥以及奚、契丹相继崛起。武则天圣历年间，狄仁杰任河北河朔安抚使时，就遇到契丹部落的扩展壮大，当地汉人有迫于生计，被迫接受契丹的伪官的情况，加上这个地区军队调发纷争，因而百姓相继逃亡。在官曲侵渔、民不聊生的情况下，潜窜山泽为盗，故而山东群盗因缘而起。狄仁杰提出的方针是："臣闻持大国者，不可以小道治。事广大者，不可以苛细分。人主恢宏，不拘常法，罪之则众情恐惧，恕之则反侧自安。伏愿曲赦河北诸州，一无所问，自然人神通畅，率土欢心。"（《唐会要·卷七十七》）狄仁杰在河北、河朔安抚使任上提出的方针是正确的，执法的宽严是相对的，要根据情况而定，法不责众在一定条件下还是有道理的。这样可以维持稳定，不使社会矛盾激化，特别是民众迫于生活无奈而不得不铤而走险时，只能如此。以教育和宽恕为主，及时有力地解决民众的生计问题，才能使这个地区的社会秩序尽快稳定下来，否则只能使社会矛盾进一步激化。但奚与契丹崛起的形势已难以改变了，再加上西部吐蕃又步步进逼，唐在两面都处于防御状态。为了抵御外患，不得不更多地依靠地方军事力量，节度使之设，便是基于此种考虑。《唐会要·卷七十八》之"节度使"条载："景云二年（711年）四月，贺拔延嗣除凉州都督，充河西节度使。此始有节度之号，遂至于今不改焉。"

唐代边境及内地重镇有军队驻防的地方，称军、镇、守捉，都有使职负责军队的指挥和管理。据《新唐书·兵志》，那时，"道有大将一人，曰大总管，已而更曰大都督。至太宗时，行军征讨曰大总管，在其本道曰大都督。自高宗永徽以后，都督带使持节者，始谓之节度使，然犹未以名官。景云二年，以贺拔延嗣为凉州都督、河西节度使。自此而后，接乎开元，朔方、陇右、河东、河西诸镇，皆置节度使。"这里讲的朔方、陇右、河东、河西的诸镇节度使都有固定的地域。早期的节度使便是不带地域名的，因为不专一地。稍后因军事形势的需要，出现了以方镇为名的节度使，如《唐六典》的兵部郎中职掌所列的关内朔方、河东、河北、河西、陇右、剑南、碛西、岭南八节度使。这些节度使都有固定的辖区，各统若干个军、镇和守捉使，具有相当大的军事实力。他们属于兵部管辖，因为具有军事性质，主要管辖军队，但"若诸州在节度内地，皆受节度焉"，因而事实上节度使常常统掌辖区内军民诸政，已经不是单纯的军事机构首脑。为了统一事权，节度使又往往兼辖区内诸使职，如开元十四年（726 年）至二十九年（741 年）间，先后任朔方节度使的王峻、萧嵩、牛仙客、王忠嗣，都曾加授他使：王峻带关内支度、屯田等使，萧嵩加盐池使，牛仙客加押诸蕃部落使，王忠嗣加水运使。兼带使职的增加，就意味着权力范围的扩大。上述诸使所兼之职，似只限于辖区内的财政经济方面，以保障军需。后来出现了节度使兼所在地区的采访使，权力又进一步延伸到地方官员的监管。如开元二十一年，张守珪为范阳节度使兼河北道采访处置使；天宝四载（745 年），王忠嗣以朔方、河东节度使兼河东采访节度使。开元末期，采访处置使已逐渐由掌道内的监察转为兼道内行政，节度使例兼此职，职权亦由边境军事扩大到管内行政。后来采访使更名为观察使，成为凌驾于州之上的地方行政长官，节度使亦例兼不辍。这样节度使便能独擅一方之军权、财权、行政权，且能辟除幕僚，拥有人事权。天宝末年，全国有十个以方镇命名的节度使，即平卢、范阳、河东、朔方、陇右、河西、安西、北庭以及南方的剑南节度使和岭南五府经略使，共有镇兵四十九万、戎马八万余匹。其中以范阳、河东、平卢三镇最强，拥有镇兵十六万、戎马二万六千余匹。唐玄宗委此镇于安禄山、史思明，终于酿成了“安史之乱”，朝廷当时没有能与之相抗衡的力量，玄宗只能流亡蜀之成都，让肃宗李亨借回纥兵来抵挡安、史的军队。

“安史之乱”时，唐王朝已十分虚弱，再没有力量来整顿方镇节度使的飞扬跋扈，边境方镇制度随着"安史之乱"战局的蔓延扩大到内地，内地也实施方镇制度。《唐语林·补遗》称："其先也，欲以方镇御四夷，而其后也，则以方镇御方镇。"《新唐书·兵志》讲到"安史之乱"时，肃宗命李光弼等讨之，号"九节度之使"。中央政权衰弱无能，结果是方镇地方割据。据李吉甫《元和计簿》统计，当时全国有四十八方镇，其中有的是叛镇，如河北的魏博、饶冀、范阳、易定、沧景，河南的淮西、淄青。在西边有属于中央神策军遥控的凤翔、鄜坊、邠宁、振武、泾原、银夏诸镇，借以外和吐蕃、回纥的几个军事重镇，上面这十四个重镇辖七十一州，都不向朝廷申报户口，政治与经济保持某种独立性。只有浙东、浙西、宣歙、淮南、江西、鄂岳、福建、湖南八个方镇辖四十九州遥受朝廷节制，是中央政府财政的主要来源。其余二十五个方镇分布在陕西、四川、湖北、贵州及两广地区，对全国大局没有重大的影响。这些方镇的区划大体上与开元时十五道依山川形胜的区划相衔接。唐的行政建置，中唐以后，已从二级制演变到方镇、州、县三级，与唐初自上而下推行二级制不同，它是自下而上地完成的，对王朝的统治者来说是形势所迫而不得不实施的，李唐名下的疆域基本上处于半割据的状态。

唐代的方镇以节度使地位最高，节度使的属僚，无论文武官员，皆由节度使自行辟举，再申报朝廷请授某官，所谓"辟书既至，命书继下"（《鄜坊节度使推官大理评事唐君墓志铭》）。命书是指朝廷授官的敕书。唐朝后期方镇幕职成了地方实际政务的主持者，州府的别驾、司马之类已成士大夫养老的闲职。幕职在刺史、县令或阙时，亦可权摄理事。地方与中央的联系在唐代前期主要通过朝集使，也即各郡每年遣吏进京上报郡政及财经状况。"安史之乱"以后，朝集使便停遣了，取代诸州朝集使的是各方镇在京师设置进奏院。这是代宗大历十二年（777年）五月的敕令定下的，其敕云："诸道先置上都邸务，名留后使，宜令并改为上都进奏院官。"（《唐会要·卷七十八》）

柳宗元在《邠宁进奏院记》中说："凡诸侯述职之礼，必有栋宇建于京师，朝觐为修容之地，会计为交政之所。其在周典，则皆邑以具汤沐。其在汉制，则皆邸以奉朝请。唐兴因之，则皆院以备进奏。"这说明从西周起，地方诸侯便有在京师附近设置驻京师代表处的，那时叫汤沐邑。鲁国便有汤沐邑在洛阳成周，郑国要以在泰山的汤沐邑与之对换，还要贴上一些璧作补。汉代地方的驻京办事机构叫邸舍。唐代贞观时，便在京城闲坊为诸州朝集使造邸第三百余所，后来这些邸第在"安史之乱"以后废弛了。朝集使的废止，实际上中断了州一级政权与中央政府之间的直接联系。后来在京师设置诸道留后使，其建置状况已缺少具体记载了。柳宗元此文叙述的是进奏院建置的状况，它是方镇派驻中央的机构，其职能是代表方镇向朝廷报告本镇的情况，并向本镇传递中央的政令、文牒，或在京师搜集相关的信息和情报。逢本镇的赋税解送京师,由进奏院协同办理输纳交割的手续。此外各方镇进京办事的官员,亦可在进奏院寓居。这是地方对中央而言,至于唐代中叶中央对地方的监控和管理,则主要通过朝廷设置在地方的监军院或监军使院,以监军使为长,其下属有副使、判官、小使等若干僚属,皆以宦官为之。以宦官监军在开元天宝年间已有记载,"安史之乱"以后成为定制,其职为监视刑赏、奏察违谬,在中央政令所能达到的地方,监军院作为朝廷的代表,可以对方镇使府的权力起到一定的制衡作用。

唐朝末年,朱温、李克用以晋兵进犯京师,天子对他们也只能唯命是从,并为之杀大臣,罪己悔过。唐昭宗用崔胤招朱温带兵进京,下令"内官第五可范已下七百人并赐死于内侍省,其诸道监军及小使,仰本道节度使处斩"(《旧唐书·昭宗纪》),唐昭宗无奈之下,只能自为奠文祭之。监军被处置,宣告朝廷对地方完全失控,紧接而来的便是唐王朝的最终灭亡。导致唐王朝灭亡是地方行政机构的失控,失控的起点是对军队的失控。军政合一,军阀全面掌握了地方上的军政财权及人事大权,地方坐大以后便能造中央政府的反了,可以不听命于中央而自发号令。所以尾大不掉的结果是本末倒置、末大本小,朝廷无以自立,只能听命于方镇。方镇坐大以后,哪里还容得下朝廷的位置,互相兼并的结果是取中央政府而代之。《新唐书·兵志》总结唐亡的教训时称:"故兵之始重于外也,土地、民赋非天子有;既其盛也,号令、征伐非其有；又其甚也，至无尺土，而不能庇其妻子宗族，遂以亡灭。"故对地方军政机构的设置和管理，关系到一个王朝的生死存亡，关系到一个国家的统一和稳定。《新唐书·兵志》还说："夫恶危乱而欲安全者，庸君常主之能知，至于措置之失，则所谓困天下以养乱也。"唐措置之失始于唐玄宗开元天宝间，节度使之盛始于此，始于玄宗耽于荒淫腐败，表面上仍然轰轰烈烈，实际上内囊已经空了，却不知收敛，最终导致大厦倾塌。唐朝的败局在天宝年间已经注定，往后只是一个在斜坡上不断加速下滑的历史过程罢了。

六、宋元地方行政机构的演化

（一）宋代的路府州县

明代的地方行政机构是在宋元地方行政机构设置的基础上演化而来的。宋代地方行政机构设置的初衷，是力纠唐末五代方镇骄兵悍将分裂割据的局面，那就必须分割地方的人权、财权、兵权及民事裁判权，使各种权力分别集中于中央。宋初在杯酒释兵权以后取消方镇，使州一级政区成为中央直辖区。宋代在与辽、西夏接壤的边境地区驻军需要粮饷的供给，继承唐、五代设置转运使的机构，这一临时性的差使逐渐变成固定的官职。要转输粮饷，当然与交通运输的线路有关，于是有路一级行政系统的建立。道路与各地山川形势相关，故路慢慢成为州以上的新行政区域。路的转运使只负责粮饷的转运，它只是中央在地方调动财赋的一个运输机构。宋代的一些转运司有的是沿袭五代而来，宋太祖乾德元年（963年）设置京西和淮南转运司，因那时四川和江南都还没有平定，平定江南以后设江南转运司。宋在全国普遍设置各个路的转运司，也是一个逐渐成形的过程。开始设置路转运司这个机构时，它还负责处理与此相关的刑事案件。宋太宗淳化二年派董循等十人分充诸路转运司提点刑狱公事，同时也负责纠察和处理州县的一些积案，后来把提点刑狱司从转运司分离出来，独立处理一路的刑事重大案件，全国分置十八路提点刑狱司。宋神宗熙宁时，全国设转运司有二十三路，提点刑狱司也相应分为二十三路，这两个机构分别直属于中央，都是中央的派出机构。此外，神宗熙宁年间，在各个路还设置了提举常平司，负责督促州县储备粮食、平抑物价以及农田水利及盐茶等事务。

宋代地方统兵的制度，前期为与辽和西夏抗衡，在沿边地区依路设置帅司，其名称各异，有称兵马都监、兵马钤辖、提举兵甲司，以统辖一路兵权；此外还有安抚使，负责一方社会治安和边防的问题。在路一级，这些行政机构相互之间是并立的，它们之间没有隶属关系，不让有专制一方的地方官员出现。各个监司分设衙门，简称为漕、司、宪司、帅司、仓司。监是指对州县官具有监察的功能，而且各监司所辖路的政区并不一致，诸司的衙门也不在一地。故有宋一代地方行政机构设置的特点，不在州以上设置统一的高级地方行政机构和单一的行政首长，在路一级实行分权制，使各个监司机构互相并立。州一级行政机构仍可直接上书中央，而且知州的品秩要高于诸监司，这样在地方上的上下级间有一个互相制衡的关系。这样的相互关系和权力结构实际上是二级半，路一级是只有一半，权力不完整、不统一，便于对地方的监控，防止再次出现中唐以后那种方镇割据的局面。它的结果是地方权力分散，中央权力则高度集中，地方虽然无法形成与中央相抗衡的力量，但地方也缺乏独立应对和抵御外侮的力量，这是两宋对外积弱的一个重要原因。南宋末年文天祥曾感叹："宋惩五季之乱，削藩镇，建郡邑，一时虽足以矫尾大之弊，然国亦以浸弱，故敌至一州则破一州，至一县则破一县。"（《宋史·文天祥传》）这话不无道理，辽、金、元之铁骑，对宋之区域如入无人之境，宋很少有回手余地。即使有一些武装力量在抗金斗争中崛起，南宋统治者也如芒刺在背，必欲除之而后快。

（二）元代地方的多层复式行政机构

由于地域辽阔，辽、宋、金、西夏各个地区情况不一，蒙古人在这些地区确立统治的时间不一，蒙古人继承了这些地区行政机构原有的隶属关系，故其在各地的地方行政机构也繁复不一。例如辽代南京新津府（今北京），作为中央政府所在地的地方行政机构，既自己直辖一个县，又另统六个州，而州之下又另辖若干县。这是一种复式的层级式的行政机构，二级制与三级制并存于一个府。又如金代在淮河以北、阴山以南原宋代统治的区域设行台省，由中央政府派遣官员去负责处理这个地区的日常行政事务。行台省是中央政府临时性的派出机构，在这个地区仍然保持北宋路、州、县这三级行政机构，由于路是虚的，是半级，往往不足以应对边远地区的突发事件，故在双方交界的边区，也派出行尚书省去处理各项事务，这也是中央临时派遣的机构。元代采取金朝的办法，在新征服的地区设置行中书省，作为中央政府在这一地域的代表，以后逐渐稳定下来，成为一级地方行政机构。行省这个名称便是由行中书省转化而来，故元代的行省是加置于原宋、金行政区域之上的地方性的中央行政机构，是层上架层，形成多层次的行政区划体系。

在元代，各级行政机构的长官照例是由蒙古人和色目人担任。《元史·地理志一》称："唐以前以郡领县而已，元则有路、府、州、县四等。大率以路领州、领县，而腹里或有以路领府、府领州、州领县者，其府与州又有不隶路而直隶省者，具载于篇。"以中书省直接管辖的腹里为例，其管辖的区域包括太行山东西两侧、黄河以北之地，相当于今天河北、山东、山西这一广阔的地区，下属有二十九路，直辖州八、府三，全地区有州九十一、县三百四十六。再以大都路为例，由其直接统领的右巡警院、左巡警院二院，负责地方治安，直辖县六、州十，而为州所领的县有十六。这完全是一个复式的多层次的结构，从层次上讲有路、府、州、县，其隶属关系则是复式的，有直属于路的州、县，有归州所统的县，而有三个州则与县同级，不统县。这种状况都是

277

历史遗留下来的复式结构。大都便是今天的北京,其下所统的六县,有大兴、宛平、良乡、永清、宝坻,这些县的设置一直保留到明清两代甚至民国年间。路的行政机构称总管府,地方的行政长官叫达鲁花赤,另设总管一员,秩皆为正三品,府、州、县的长官都设达鲁花赤一员,其他官员的名称皆沿原来的称谓,若知府、知州、知县等。元代仍沿历代旧制,按户口的多少来分等级,如路以十万户之上者为上路,十万户以下者为下路。州则以一万五千户以上为上州,六千户以上为中州,六千户以下为下州。县则以六千户以上者为上县,二千户以上者为中县,二千户以下者为下县。元朝行省的建置,在忽必烈至元十七年(1280年)是七个行省,即中书省、江淮行省、福建行省、湖广行省、江西行省、陕西四川行省、云南行省。在元顺帝至顺元年(1330年)增加为十一行中书省,原中书省的腹里分为三行省,即辽阳行省,辖东北以北至北冰洋;岭北行省,辖内外蒙及以北地区;中书省,辖北京、河北、山东、山西。陕西四川行省亦一分为三,为陕西行省,辖陕西及甘肃东部;四川行省,辖四川大部;甘肃行省,辖甘肃、宁夏及内蒙古西部。改名者,若江淮行省改为河南江北行省,辖江苏、安徽北部及河南、湖北大部;福建行省改为江浙行省,辖苏南、浙江、福建地区。没有变化的三个省,即湖广行省,辖湖南、广西、海南及黔东鄂南一隅;江西行省,辖江西及广东;云南行省,辖云南及贵州西部、缅泰北部地区。行省的范围比今天省一级的辖区要大得多。总的说来，历代行政区域都是由大趋小，因为比较容易控制和管理，既可防止尾大不掉，也有利于提高管理效率。而层级结构上，则必然是由少到多，由单一到复式，这既是事物本身发展的必然，又是中央集权制度下必然的产物。

从成吉思汗的蒙古帝国到忽必烈的元帝国，国家管理机构有一个发展过程。从一个漠北的游牧族王国到一个地跨欧亚大陆的蒙古大帝国，到以中国本土为主的元帝国，从疆域上有一个大跨度的变化，其行政管理系统势必随之不断演化。我们要讲的只是元帝国的中央行政管理系统及其与地方主要是各行中书省的关系。元朝中央一级的行政机构主持政务的主要是中书省，它的形成也有一个演化过程。据《元史·太宗纪》，中书省的机构始建于窝阔台三年（1231年），原来主持政务的只是大汗身边的侍从官，即大断事官。既立中书省，以耶律楚材为中书令，下面有粘合为左丞相，镇海为右丞相。耶律楚材是契丹人，他只主持汉人地区的事务。镇海的衙门是大断事官府署，实际上相当于金时尚书省，它只是行政机构，不是决策机构。

忽必烈即位以后，在中统元年（1260年）的四月立中书省，立六部，以兵、刑、工为右三部，吏、户、礼为左三部，分别设左右丞相。七月间，在燕京设立行中书省。不久又把行中书省合并于中书省，以太子为行中书令，设左右丞相各一员、平章政事四员、左右丞各一员、参知政事二员。蒙古俗以右为上，自中书令至参知政事皆称宰执。中书省下领六部，各设尚书三员、侍郎二员。这是行政系统。军事的管理机构为枢密院。忽必烈在中统元年末，下令军民分职，诏"诸路管民官理民事，管军官掌兵戎，各有所司，不相统摄"（《元史·世祖纪二》）。次年五月，便在中央设立枢密院，以统兵事。除了天子四怯薛由天子亲任大臣节制外，其他军事兵甲方面的事务皆统于枢密院，"凡宫禁宿卫，边庭军翼，征讨戍守，简阅差遣，举功转官，节制调度，无不由之"（《元史·百官志二》）。监察机构则是御史台，它始建于至元五年（1268年），其长官为御史大夫二员，其下有御史中丞、侍御史、治书御史各二员，下属的机构有殿中司、察院、八道肃政廉访司。殿中司设有殿中侍御史二员，其职掌为朝仪的监督和纠察。察院设监察御史三十二员，是天子的耳目官，任刺举之事。肃政廉访司，分道管辖各地的吏治状况。在元初亦称为提刑按察司，依道巡视所属区域百官非违、政治得失，照刷案牍文卷，并负责复查各路的案件。而道的划分往往跨路、跨行省，故元代整个中央行政系统，把行政、军事、监察三权分立。叶子奇的《草木子》曾引忽必烈的话说："中书朕左手，枢密朕右手，御史台是朕医两手的。"（《草木子》卷三下《杂制篇》）

中国封建王朝官僚机构的设置，决策权只能是天子独断，然后才是行政过程中权力的分立，使各个机构互相牵制，保证帝王大权独揽的局面，历代都是如此。只有在皇帝无法行使大权独揽的情况下,如年龄太小还不能行使权力,左右丞相才能参与决策的实际过程。中央行政机构的结构是如此,地方的行中书省也是如此。行省置丞相一员,例不常设;置平章政事二员,左、右丞及参知政事等。这些行省实际上只是中央政府的派出机构,代表中央管理区域内各项事务,还不算一级相对独立的行政机构。至于军事系统,元朝政府也在地方设行枢密院,有西川行枢密院、江南行枢密院、甘肃行枢密院、河南行枢密院、岭北行枢密院,在远离行省中心城市的地区则分道设立宣慰司,就便处理军民之务。它有点像是介于省、路之间的一级行政机构,这些机构一般都参用当地的土官。

(三)秦汉至宋元地方行政机构设置问题的小结

从秦汉到宋元,地方行政机构的设置都是在武力征伐过程中形成的,战国时郡、县最早的设置,到元代行中书省的设置,几乎都是如此。它产生的过程不是自下而上的,而是自上而下的,不是代表地方利益,而是为了中央政府对新征服地区加强管理和控制设置的。中央对地方行政机构设置的过程中,为了防止地方上尾大不掉,都采取行政、财赋、军事、监察诸权并立的办法,尽量避免在地方上出现个人独擅一切权力的现象。一旦军政与民政合一,就会出现方镇割据、方镇之间互相兼并争夺、战争连绵不断，甚至外部势力入侵的局面。统一和集权，反而成了社会稳定的保障。在人事管理上，历来不是自下而上，而是自上而下的委任制，中央通过地方荐举和科举考试吸纳管理人才，然后由中央人事部门委任其到地方任职，而且往往回避本地人在本地做官，防止地方自行形成利益集团。对各级行政系统的监察，也是自上而下派出相关人员，从巡视员开始，逐步划定地域，然后设置机构，最后演化为新的一级地方行政机构，这种情况反复出现。为了防止地方的权力过度集中，往往采取复式的监察机构的设置，宋元都是如此，有跨州、跨路、跨行省的监察机构。中国地域广大，一个统一国家要管理那么广大的区域，在地方行政机构的设置上，不得不采取宝塔式的层级结构。从管理效率上讲，层级少、二级式的由中央直接管理的结构最理想，但那么多行政区域中央管不过来，不得不演变成多级的甚至是复式的层级管理体制，加上地方行政权力机构的分立和互相牵制，都不断地削弱管理的效率，加强控制的代价是失去效率。老百姓流行的话是天高皇帝远，不怕县官，只怕现管。官僚主义是这套行政官僚系统不可避免的伴生物，有了这个基本认识，我们再来观察明代中央和地方行政机构建置及其演化和最终崩溃的缘由，可以有一个更加深切的理解。

七、明代地方行政机构——由行省到三司到三堂

朱元璋过江到了集庆以后，仿元制建江南行中书省，自总省事，在形式上是继承元制。此后他每略定一个地区，便置行中书省，所设置的官员，自平章以下，大体上与中书省的设置相似。明初，在中央设置的中书省，以李善长为丞相，徐达和常遇春亦兼中书省丞相或平章政事，故那时的中书省还参与军事方面的事务。朱元璋不希望中书省权力过重，一旦战事告一段落，他便开始分解中书省的职权，最终废除丞相，天子直接面对六部。设五军都督府，分大都督府的兵权，从而与御史台三权并立。朱元璋平衡权力结构的办法是分而治之，从而使权力最终集中于天子一人手上。朱元璋对地方行政行省一级权力结构的设计，也是分解行中书省，使布政司、都司、按察司三个机构并立，在三个机构上不再设置行省统一的行政长官，由三司分理民政财政、军权、司法监察，这样地方的职责只是秉承和贯彻中央的政策方针。朱元璋曾经解释承宣布政司这个名称，他说："所以承者，朕命也。宣者，代言之也。布者，张陈之也。所以政者，军民休戚，国之利病。所

以使者，必去民之恶而导民之善，使知有畏从，于斯之职可不重乎！"（《洪武御制文集》卷四《承宣布政使论》）洪武九年朱元璋改行省为布政司时，全国除直隶外，设浙江、江西、福建、北平、广西、四川、山东、河南、陕西、湖广、山西十二布政司。洪武十五年增置云南布政司。至永乐元年以北平为北京，与南京为南北两京。永乐五年置交趾布政司。此后明代省一级地方行政机构的布局基本上是南北两直隶和十三布政司。作为行省的区划越来越小，从元代的七个行省、十一个行省，到明代的十三个省一级区划，省的区划缩小了，数目增加了。对中央来讲，更易控制了。

在各布政司的区域内都是都司、布政司、按察司三大机构并立，分别对应中央的大都督府（后来是五军都督府）、户部和都察院。明代从行省到三司并立，由原来军政合一分割为三足鼎立，各负其责，避免在省一级出现一人独擅军政大权的局面。但实际上这三方面还有许多无法分割的事务。都司名义上负责一省之军权，然而布政与按察仍有清军、监军的责任，军队的工作，离不开地方的支持。布、按一负责全省之政令，一负责纠劾官吏、整顿吏治，二者之间也有许多难以分割的地方，弄不好往往互相掣肘。至于三司与中央的对应，也不仅仅是一个机关。都司对应的除了五军都督府之外，还有兵部。再说布政司与中央对应的机关也不仅是户部，因为户部管的只是赋税与户籍土地，而官员的任命要听命于吏部，土木工程上的问题则听命于工部。按察司除了听命于都察院之外，还涉及刑部和大理寺。洪武十七年十月，朱元璋诏："天下布政、按察使所上刑名，其间人命重狱具奏者，由刑部、都察院详议，大理寺覆谳后奏决，著为令。"（《明通鉴·洪武十七年》）可见按察使办案，同级与布政使有关，上级则与三法司有关，左右之间无法协调，要听命于中央。而中央废丞相后，六部亦分权并立，也是各个部门各司其事，中央又没有一个部门统一归口应对地方的问题。结果条块之间事权不一，运转不灵，效率低下，这是中央与地方分权必然带来的后果。这样的状况，一旦面临突发性群体事件，或者自然灾害，地方政府就无法应对自如了，非得中央直接出面重新组织力量来应对。分化权力结构，使之互相制衡的好处是防止滥用权力，缺陷是互相扯皮，效率不高，出了问题部门之间互相推诿，错过处理事务的最佳时机。集权与分权是一个动态平衡的问题，该集中时集中，该分散以求互相制衡时，就该分散。这二者之间的关系，反映在中国地方行政机构设置的历史上，是一个往复循环的问题。它不是静态的，而是动态的过程，它的设置往往因时因事而异。分权与集中统一不能绝对化地倒向哪一面，但整个国家统一稳定的要求是不可动摇的，没有这一点，什么都是空谈。

明代省一级行政机构，其内在和与外部各方面的关系，从洪武中叶开始到正德、嘉靖年间都在不断演变。"靖难之役"以后，在一部分地区出现不稳的局面,一部分官员和士大夫并不接受朱棣用这样的方式上台,认为这实际上是一次武装政变。在方孝孺与朱棣的对话中可以看到正义在方孝孺一边,他表现了中国士大夫的气节。当时在南京与朱棣相对抗的士大夫不少,而且也表现得非常英勇慷慨,朱棣则血腥而残暴地加以镇压。如建文帝的兵部尚书铁铉被俘押至殿上,令其朝见朱棣,《明史纪事本末·壬午殉难》称铉"背立廷中,正言不屈,令一顾不可得","割其耳鼻,竟不肯顾。爇其肉,纳铉口中,令啖之,问曰:'甘否?'铉厉声曰:'忠臣孝子肉有何不甘!'遂寸磔之,至死,犹喃喃骂不绝。文皇乃令舁大镬至,纳油数斛熬之,投铉尸,顷刻成煤炭。"从这一段记载可见朱棣之残酷暴虐。当时不屈被杀的如户部侍郎卓敬,被杀时"神色自若","诛三族,没其家,图书数卷而已"。礼部尚书陈迪,当庭抗声指斥,于是"并收其子凤山、丹山等六人,同磔于市"。"刑部尚书暴昭被执,抗骂不屈,文皇大怒,先去其齿,次断手足,骂声犹不绝,至断颈乃死。"那时朝廷因此而被诛杀的大员,还有左佥都御史景清、右副都御史练子宁、兵部尚书齐泰、吏部尚书张紞、礼部侍郎黄观,在临刑时都表现得非常壮烈。朱棣进入宫殿时首先清宫,宫中男女几乎被杀戮一空,只留下早时投诚他的少数人。外地也有不少官员闻讯而殉难的,也有起兵勤王的,如苏州知府姚善合镇、常、嘉、松四郡守练兵勤王,各地与朱棣对抗并殉难的官员数量不少。

朱棣控制住南京以后，便设法加强对全国军队的控制。朱棣是在建文四年（1402年）六月末进入南京城的，在八月间就急匆匆地向外地派遣御史巡察天下利弊，实际上是想稳定他在各地的统治地位，有问题的地区，他就派总兵官去弹压。先是因边警派何福去宁夏任总兵官节制山、陕、河南诸军。何福曾在淮北与燕军作战不利而奔还，在南京投诚朱棣。朱棣聘其甥女徐氏为赵王妃，结了姻亲关系，然后外派重镇，以稳定西北边陲。接着又派都督韩观练兵江西，节制广东、福建。韩观当初也是在苏北抵御燕军的将领，兵败而降燕王朱棣。朱棣启用这两个投诚的将领，是为了稳定建文属下诸武官，派他们以总兵官身份去镇守一方，位居当地都指挥使之上。镇守总兵本来是临时性的派遣，事毕即返，但永乐以后，总兵官逐渐成了常设机构。成祖即位后不到两年的时间，即从中央派遣多位总兵官镇守各地，山东、云南、浙江、辽东、宁夏、广西、贵州、甘肃、大同、江西、广东、陕西这十二省都派遣了总兵官。这实际上是以内制外，从中央派遣地方官直接控制地方，以防地方作乱。但是武官在地方独大，有时一个总兵官可以节制左右邻省的都指挥使，这毕竟不是长远之计，于是自永乐元年从内廷派遣宦官去监守，实际上这是恢复唐代以宦官监军的体制。据《明会典·兵部九·镇戍一》之"将领上"条载："镇守内臣，自永乐初出镇辽东、开原及山西等处。自后各边，以次添设，而镇守之下，又有分守、守备、监枪。"这些加强各地军事力量控制的措施实际上主要是为了应对"靖难之役"以后在统治集团内部可能出现的对抗力量。由于建文帝自焚没有找到尸首，故他的下落一直是一个谜，在民间便有各种猜测。所以朱棣千方百计地在地方上加强搜索和镇压的措施，镇守中官可以直接给皇帝通报消息。郑和七次下西洋的一个诱因，便是寻找有关建文帝下落的具体信息。

朱棣向地方派了总兵官、镇守内官以后，只是加强中央对地方军事重镇和地方官的控制，督促地方官加紧处置"建文奸党"，以稳固其统治。但地方上三司之间互相扯皮，行政管理效率不高的问题依然存在，地方上的许多具体问题还得中央直接派文官下去具体解决，这就显示了派遣文官到地方上巡视的必要。地方上的群体性事件，除了依靠武力镇压外，其内在的体制性问题，也得靠文官去梳理处置。于是宣德五年（1430年），朝廷决议派一批朝廷的官员去地方督正，首先是解决各地粮税征收的问题。《明宣宗实录·宣德五年九月》记载了这件事，那就是派吏部右侍郎赵新去江西，兵部郎中赵伦去浙江，礼部员外郎吴政去湖广，兵部右侍郎于谦去河南、山西，刑部右侍郎曹弘去北直隶及山东府、州，工部右侍郎周忱去南直隶苏松等府县，命为总督。其任务是："总督税粮，务区画得宜，使人不劳困，输不后期，尤须抚恤人民，扶植良善，遇有诉讼，重则付布政司、按察司及巡案监察御史究治，轻则量情责罚，或付郡县治之。"说明这次派遣还只是临时性的任务，重点是征收税粮。实际上这些官员到了地方，任期一般至少在五年以上，赵新巡抚江西长达九年，他们成了布政司使之上的地方长官了。这样在省一级形成新一轮文官、武官、中官三种机构并存互相制衡的局面，这三者之间又有一个如何排列位次的问题。《明宪宗实录·成化十四年春正月》载，有兵部尚书余子俊等人申明三者之间的座次，其云："在外总兵、巡抚，恒以位次相争，合令左右都督与左右都御史并，都督同知与副都御使并，都督佥事与佥都御史并，俱文东武西，独伯爵以上则坐于东，而内臣居中，则争端自息。"这三者，总兵之责在领兵，巡抚之责在安抚，中官之责在协调，各有一定的职掌。成化七年（1471年）兵科给事中章鉴的一份奏疏中亦讲道："国家之制，边方以文臣巡抚，以武臣总兵，而内臣纲维之。事体相须，职位相等，胜则同其功，败则同其罪。"（《明宪宗实录·成化七年四月》）这在明永乐、宣德以来已经成为传统，有重大事件时，总是这三种力量合在一起去处置。如土木堡之变以后，明王朝经过京城保卫战的胜利，决定在京师立京团营操法，以兵部尚书于谦为总督，这是文官，以石亨、杨洪、柳溥为总兵，以太监曹吉祥、刘永诚为监军，也是三者结合在一起，这是针对团营这一件事。在地方上，日常事务主要是民事和刑事，巡抚处于主要的地位。宣德初设巡抚时，往往是在本省往来巡抚与布政司合署办公，以后各地巡抚陆续自行，在地方上建立独立的巡抚衙门。

巡抚的设置可以是与省区相对应,专门针对某一事项。如昆曲《十五贯》中讲了一个周忱,在《明史》上确有其人,他是由刑部主事进员外郎,在郎署浮沉二十年,宣德五年与赵新、于谦等一起被派往地方任巡抚。这次是因大学士杨荣的推荐,以工部右侍郎身份,巡抚江南诸府。这是一次因事派遣,事因是"帝以天下财赋多不理,而江南为甚,苏州一郡,积逋至八百万石"《明史·周忱传》。所以在巡抚的头衔上,还加上总督税粮。那时苏州的知府是况钟,他与况钟二人比较实际地解决了苏松地区积逋税粮的问题,办法是整顿收粮方法,均平加耗的负担,实际上还是抑制地方豪强转移负担给百姓的问题。从这件事可以看到许多地方上的老大难问题,还得中央派员来具体解决。地方官员或多或少与地方势力有着千丝万缕的利益关系,只有中央另派大员,才有可能切断这条利益链,那么累积的问题也能顺势解决了。

除了周忱以外,江南地区还有一个值得人们注意的巡抚,那就是在隆庆三年(1569年)以右佥都御史巡抚应天十府的海瑞。海瑞这个人以耿直闻名于世,故这个任命下达以后,《明史·海瑞传》称:"属吏惮其威,墨者多自免去。有势家朱丹其门,闻瑞至,黝之。中人监织造者,为减舆从。瑞锐意兴革,请浚吴淞、白茆,通流入海,民赖其利。素疾大户兼并,力摧豪强,抚穷弱。贫民田入于富室者,率夺还之。"有一件事值得注意,那就是对致仕在乡的徐阶的态度。在海瑞去应天巡抚之前,朝廷有人弹劾徐阶，他曾力保徐阶，称其"自执政以来，忧勤国事，休休有容，有足多者"（《明史·海瑞传》）。到了应天巡抚任上，对退居家乡的宰相，他却并不宽容，反"按问其家无少贷"（《明史·海瑞传》），令其归还民间投献其门下的土地，从而均平赋役的负担。当然这仅仅是地主阶级内部利益再分配的问题。

从这两个案例可以看到地方上积累的老大难问题，背后往往与当地豪强和官府的利益相关，也只有中央另派大员，才能割断这种利益关系，妥帖地处理好中央与地方之间的矛盾，处理好乡绅与农民之间的矛盾。当然如海瑞这样的人，为应天巡抚，确实得罪了当地的乡绅和官僚。徐阶虽然退居乡里，不能公然与之对抗，但他还是可以通过原来的关系，让人在朝廷上弹劾海瑞。如给事中戴凤翔弹劾海瑞包庇奸民，就是受徐阶所托。《万历野获编·督抚》讲到此事："说者谓徐实嗾戴为此疏，后戴遂归女于徐氏，则理或有之。"故沈德符称："忠介在江南，一意澄清，而不识时务，好为不近人情之事……盖矫枉过正，亦贤者之一蔽云。"海瑞因戴凤翔的弹劾，改督南京粮储，为应天巡抚不过半年的时间，就被迫离任了。史载："小民闻当去，号泣载道，家绘像祀之。"（《明史·海瑞传》）有时候，有些问题的解决，难免矫枉过正，临终时作尸谏，"举太祖法剥皮囊草及洪武三十年定律枉法八十贯论绞，谓今当用此惩贪"（《明史·海瑞传》）。这当然也是过激之词，然而刑轻也确实止不了贪。他去世时，"佥都御史王用汲入视，葛帏敝籝,有寒士所不堪者。因泣下,醵金为敛。小民罢市。丧出江上,白衣冠送者夹岸,酹而哭者百里不绝"(《明史·海瑞传》)。从这些记载,可以看到官僚乡绅与市民百姓二者爱憎不同。当然,仅仅依靠海瑞那样的清官当巡抚,不可能从根本上解决什么大的问题,他只做了半年应天巡抚,就干不下去了,士绅们容不下他。从根本意义上讲,他只是一种点缀,同时从一个侧面说明地方上的老大难只能由中央派员去查一下,这也只是使矛盾暂时缓和一些而已,不可能得到根本上的解决。

为了应对地区性事件,亦可跨区域设置巡抚。如赣州巡抚便地跨数省,因为那个地区治安不稳定,又是几省交界之处,郡县有司鞭长莫及,或互相推诿,结果是盗贼"四出剽掠,劫富家,燔民居,掠帑藏,杀官军,哄然为东南郡县患。有司始驳而图之,备其东则发于西,剿于南则窜于北。……以政令不一,而邻境有司不肯协力故也。宜设巡抚宪臣,置司要地以节制之,而割附近郡县以隶之,则盗易平也"(《明经世文编·新建巡抚院记》)。于是以广东布政使金泽为巡抚,升右副都御史,置司于赣州,割江西之南安、赣州二府,福建之汀州府,广东之韶州、惠州、南雄三府,湖广之郴州以隶之,在闽、粤、湘、赣四省之边境建立了一个特别行政区。建立一个特别行政区就便于调动各方力量,齐心协力地处置社会问题。还有郧阳地区,情况也是如此,那里是流民集结的地区,是川、湖、陕交界的三不管地区,成化十五年（1479年）升湖广巡抚按御史吴道庆为大理寺少卿抚治郧阳，建立起准巡抚机构。巡抚设置从中央派出的临时机构到地方的常设机构，是一个逐渐演化的过程，使巡抚成为地方的最高权力机构，统地方上的军政大权。从王朝统治者的视角讲，他们是被动地不自觉地实现这一过程，是被形势牵着鼻子走的。这个过程中地方的权力又由分散走向集中，因为三司并立，分化地方权力机构是制度设计的本意，但是最终却走向其反面，是形势的变化和发展推动他们不得不如此。

洪武初年，明政府的处境是大乱以后地旷人稀，朱元璋时期地方政府主要的努力放在开垦荒地，使百姓重新落在土地上，维护和发展个体的自然经济。发展的结果一方面是人口增长，土地垦殖；另一方面是土地兼并，贫富分化加剧，地方豪强势力兴起。故在宣德、正统以后，流民问题逐渐严重，各地农民的反抗斗争时有发生，政府的赋税收入也发生问题，各地巡抚的设置，正是反映了加强对地方治安管理的需要。明朝政府本希望从中央派大臣前去处理完毕后能迅速撤退，但事与愿违，因巡抚可以借朝廷重臣的身份开仓赈民、招抚流亡，以解燃眉之急，但又无法从根本上解决激化的矛盾。自景泰、天顺以后，尤其是成化以后，农民流亡和闹事的问题此起彼伏，变成普遍性的带有全局性的问题，巡抚们不仅不能"事毕复命"，而且不得不加强在军事方面的职能。正德时，王守仁在郧阳提督军务，就反映了这方面的需要。给令旗令牌，使内地的巡抚兼任提督军务之事，这个过程实际上与汉唐从刺史到州牧、采访使到节度使，从宋之制置转运使到元的行省丞相一样，是一次循环和反复。巡抚从临时派遣到地方，到成为常设，所反映的也是这个过程。然而明代没有发生汉唐那样严重的后果，是因为巡抚还没有在完全意义上掌握地区的财政和军事控制权，这两大权力还是在中央牢牢控制之下。同时又出现了新的监察力量，就是由都察院派出的巡按御史。巡按御史在地方履行职责时，巡抚不得干预，因为巡按不是对巡抚负责，而是对中央都察院负责，巡抚所行之责，巡按也可查核纠劾。《明会典·都察院三·抚按通例》记载嘉靖十一年（1532年）的条例，重申："地方之事，俱听巡抚处置，都、布、按三司将处置缘由，备呈巡按知会。巡按御史出巡，据其已行之事，查考得失，纠正奸弊。"如果巡抚与总兵、中官及三司、郡县官发生纠纷互讦时，皆由巡按御史勘劾上闻。即巡抚、总兵、中官成为地方常设性机构以后，都察院仍另行派遣监察官员巡按御史作为临时性监察成员巡按地方官员执政的状况，同时地方的岁入和支出仍归中央户部管辖，地方没有自主权。从这里可以看到明代省一级的地方机构与中央的关系，从地方分权到进一步强化中央集权，以及在社会矛盾激化的情况下，地方分权与中央监察的加强。这两种倾向在动态的过程中，随着形势的变化而谋求自身的平衡关系，只要中央政权不发生分裂或倒塌，那么中央与地方之间的关系无非权力的收与放，一切根据形势的发展而变化。放太宽了会出现乱局，收太紧了，会出现行政效率低下，死气沉沉，即所谓一放即乱，一收即死。也就是在乱与死之间，随着形势的变化而寻求一个动态的平衡，社会才能在比较平稳的状态下谋求发展。乱了要出事，恢复过来要花很大的代价，如出现南北分裂、外敌入侵那样长期动荡的局面。管死了整个社会死气沉沉，停滞不前，腐败同样也能使它走向灭亡。

八、明代省与府县之间道的设置

随着巡抚、总兵、镇守中官的常设化制度化，原来布政司、按察司、都指挥司这三个机构的地位也随之下降，作为布政司首脑的承宣布政使逐渐成为闲职。布政使具有实际意义的事务是分道去处理府县的日常事务，或者专管行省内的某一专门事务。这个道有两种，一种如督粮运道、督册道，督粮道是专门负责行省税粮的征集和运输，或者是督运漕粮；另一种分区负责部分府县的守土安民，那就叫作分守道，其职责是负责该地区的粮储、屯田、清军、驿传、水利和其他民事问题。提刑按察使与其属员副使、佥事的具体职责与布政使及其属员一样，也是分巡各道，如主管学校和科举考试的叫提学道，还有清军道、邮传道，都是专管某一项专门业务的。分区的则叫分巡道，具体管辖某一区域的刑事诉讼。布政司的各分守道与按察司的各分巡道，都是行省的派出机构，如果巡守的官员长驻一地，不断加强其职的军事和行政功能，客观上就在行省与府县之间形成新的一级行政机构。这个道并非只是某司独领，而是由三司的佐贰之官员共同组成，它分别包括布政司的右参政、右参议，按察司的副使、佥事，都指挥使的同知、佥事。在体制上，仍然是三司派出的单位。

明代设置分巡道从洪武十年二月就开始了，到洪武二十五年九月，命令铸各按察分司印，把各行省划分为四十八道，至洪武二十九年则减为四十一道。以南直隶为例，它分为六个道：淮西道，治凤阳、庐州二府，徐、滁、和三州及中都留守司；淮东道，治淮安、扬州二府及六合县，两淮都转运使司；苏松道，治苏州、松江二府，那时上海县便属松江府管辖；建安徽宁道，治池州、安庆、徽州三府；常德道，治镇江、常州二府；京畿道，治太平、宁国二府，广德州及句容、溧水、溧阳三县。可见当时的南直隶地跨江苏、安徽二省。再说如浙江行省，便只有两个道。浙东道，治绍兴、宁波、温州、台州、虔州、金华、衢州七府；浙西道，治嘉兴、湖州、杭州、严州四府。这时的分道还是比较粗放，只是为了分道巡察的方便，随着行政和军事职能的加强，道的划分更加细密，道的数量也略有增长，到了万历十五年（1587年）便增至五十八道。京官的分省巡视取代了行省三司的职权，它也推动了行省三司的分区巡视，使事务性的巡视演化为分区性的分守和分巡，布政司的正副官员逐渐成了道一级的行政官员。如浙江的分守道由两个分化为四个，有了固定的驻所，这四道是：杭嘉湖道，辖杭州、嘉兴、湖州三府；宁绍台道，辖宁波、绍兴、台州三府；金衢严道，辖金华、衢州、严州三府；温处道，辖温州、处州二府。

分道巡察、分道巡守固定化以后，还有一个军事督察方面的问题。由于地方治安的问题，某些道一级的机构在地区治安不宁的情况下，不得不设立兵备副使，它的使命是"整饬兵备"。这个机构的设置始于明孝宗弘治十二年（1499年），因马文升的建议而设置。沈德符的《万历野获编·司道》之"整饬兵备之始"条讲道："兵备官之设，始于弘治十二年，其时马端肃（文升）为本兵，建议创立此官，而刘文靖（健）在内阁，则力阻以为不可。马执奏愈坚，本年八月始设江西九江兵备官一员。盖以九江既管江防，又总辖鄱阳湖防，故特以专敕令按察司官领之。继则湖广之九永、广西之府江、广东之琼州、四川之威茂，皆添设兵备，盖皆边方，多属夷地也。其时事寄本不轻，此后以渐添设。在正德间，流寇刘六等起，中原皆设立矣。至嘉靖末年，东南倭事日棘，于是江、浙、闽、广之间，凡为分巡者无不带整饬兵备之衔。"从这一段记载可见设置"整饬兵备"副使佥事之类都是出于当地时局不稳而进行军事镇压的需要。明代道一级机构也有一个演化的过程，在成化以前主要是按察司的分巡道和布政司的分守道，它们同时担负着地方治安、边境防御及征田赋税粮的任务。随着社会矛盾的尖锐化，其军事职能逐渐加强。到了成化嘉靖年间，由于内地的骚乱动荡不定，北部蒙古人的内侵，沿海倭寇的入侵，于是兵备道逐步多起来了，其主要职能最初是整饬兵备，统率地区军事力量，镇压内乱，抵御外侮。到了万历后期及天启、崇祯年间，社会动荡不宁，兵备道也就遍布全国各地，成为巡抚之下道一级的地方军政机关。它既管理所属府县，也统领这一地区的军事活动。兵备道通过兼分巡、分守道，演化出了行政和监察功能。万历十五年重修的《明会典》记载兵备道有九十二处，分巡道兼兵备十一处，分守道兼兵备七处。因而边区的军政机关系统是总督——巡抚——兵备道——府县，内地则是巡抚——兵备道——府县。卫所如江南这个地区属应天巡抚管辖，它的全称是总理粮储提督军务兼巡抚应天等府地方，它统辖两个兵备道，一个是徽宁池太安庆广德兵备道，驻地在池州，管辖徽州、宁国、池州、太平、安庆五府，广德州、句容等六县，及新安、建阳、宣州、安庆各卫所，提防江贼矿徒；另一个是苏松常德兵备道，治所在太仓州，整饬苏州、松江、常州、镇江四府兵备道，而苏松常镇兵备道不同于其他兵备道，不理民事，因为这个地区是国家财赋的重地，漕粮征集和转输的核心地区，社会秩序又相对稳定，所以不让军事机构来干预地方的行政事务。清代在这个地区的行政机构基本沿袭明代。上海在明代属于松江府，下辖上海、华亭二县。到嘉靖时，增设青浦县。清顺治年间，在苏州、松江二府设苏松兵备道，道台驻于太仓。康熙二年（1663年），常州府并入，改设分守苏松常道，道署移驻苏州。那时的上海县是松江府的下属县级机关。雍正三年（1725年），海禁解除以后，上海成了重要的通商口岸，委派分巡苏松道兼理江海关，上海开始直接与苏松兵备道发生联系。雍正八年（1730年），由于海禁大开，为维持沿海口岸的安全，分巡苏松道加兵备衔，移驻上海，成为上海道。至乾隆元年（1736年），太仓划归上海道，道的名称又改为苏松太兵备道。鸦片战争以前，上海道台的职责是监督苏州、松江两府及太仓州，而上海县仍属于松江府，上海县的公事需松江府再逐级上报于道台，道台则监管二府一州的民事、治安及海关事务，监收海关税收。鸦片战争以后，上海道出现租界，有了外交事务，于是由两江督抚同上海道台具体办理地区的外交事务，实际上是由上海道具体负责，照会各国驻沪领事。

明清两代，在松江任知府的，在苏松常道及上海道任道台的，在上海县任知县的，没有一个是上海的本地人，本地人做本地官是民国以后才出现的，特别是1949年以后的事。为什么这样呢？明清两代在地方官人事任免的问题上有一个回避制度，朝廷派遣地方官的时候，朱元璋有一个非常奇怪的规定。《明通鉴·洪武十三年》有这样一条记载："始定南北更调用人之法。凡北平、山西、陕西、河南、四川人，于浙江、江西、湖广、直隶用之；浙江、江西、湖广、直隶人，于北平、山东、山西、陕西、河南、四川、广东、广西、福建用之；广东、广西、福建人，亦于山东、山西、陕西、河南、四川用之。考核不称职及以事降谪者，不分南北，悉于广东、广西、福建汀漳、江西龙南、安远、湖广郴州之地选用。"其实南北吏调的用人之法在唐宋已然出现，宋徽宗政和元年（1111年）曾下令知县注选，虽甚远，无过三十驿，三十驿者九百里也。明代则动辄相隔数千里，问题就更突出一些。南北吏调用人的办法是因为本地人在本地任官容易形成地方势力抱团而与中央相对抗，这也是保障中央集权对地方控制的一项重要措施。明代在任官回避的问题上除了籍贯上的限制外，还有许多其他方面的限制：有亲属回避的问题，自己的亲属若儿女不能在自己职权范围内任职；有职务回避，因江浙税重，故江浙人不能担任户部的官员；有司法上的回避制度，如果诉讼涉及主审官员之亲属，官员必须回避。其中许多人事上的回避制度还是应该执行的，唯其如此，才能保障执法的公正。上层领导集团不能为自己亲属谋私利，此风一开，腐败的风气便很难刹住了。洪武十三年的规定，只是任职区域上回避本籍，防止官员之间因地缘关系而结成帮派。也有一些官职不受本贯回避的影响，如学官便是。其他如驿递、闸坝这类管理人员，还有吏胥这类事务性人员，便很难受地域上的限制。

任何制度上的设计，总还是有利有弊，就以南北吏调用人这一点讲，若顾炎武在《日知录·选补》讲道："自南北互选之后，赴任之人，动数千里，必须举债，方得到官，而土风不谙，语言难晓，政权所寄，都在滑胥。"从制度上讲，回避制度有它的必要性。但是治理的根本还不在于制度上的种种规定，因为制度再严密也不可能没有漏洞，而且情况千变万化，制度是死的，人是活的，所以根本上还在于人的道德伦理修养，在于良好的社会风尚。如果这方面冲破了做人最基本的底线，那么社会的腐烂是任何司法制度都无法阻拦的，因为法不责众。海瑞发出那些狠话，有他的道理，到了万历后期，明代的社会风气之坏及官场腐败之普遍已到了极致。顾炎武的《日知录·人材》讲道："自万历以上，法令繁而辅之以教化，故其治犹为小康。万历以后，法令存而教化亡，于是机变日增，而材能日减。其君子工于绝缨而不能获敌之首，其小人善于盗马而不肯救君之患。诚有如《墨子》所云：'使治官府则盗窃，守城则倍畔，使断狱则不中，分财则不均。'《吕氏春秋》所云：'处官则荒乱，临财则贪得，列近则持谀，将众则罢怯。'又如刘贲所云'谋不足以剪除奸凶，而诈足以抑扬威福。勇不足以镇卫社稷，而暴足以侵害闾里'者。呜呼，吾有以见徒法之无用矣。"尽管海瑞那样竭力呼唤，他也还是非常孤立的。明王朝的最后崩溃有其自身无法克服的原因，开门迎接闯王进城、投诚清朝的都是崇祯贴身的宦官和朝廷大臣。故只单方面强调制度建设，强调依法治国是不够的，不关心、不鞭挞那些错误的思想，不痛斥那种腐蚀人们灵魂的社会风气，不挞伐那些丢失灵魂的丑恶社会现象，不使之变成人人喊打的过街老鼠，仅仅依靠正面教育是起不到什么实际效果的。明朝亡国的教训是值得人们深思的。

九、明代府州县一级官员的组织结构与施政方式

（一）府州县一级地方政府的组织结构

府这一称谓，即汉代的郡，唐代的州。在唐代，只有建都的地方才称府，唐初只京兆、河南二府。武则天时以并州为太原府；玄宗时，以蒲州为河中府，益州为成都府；肃宗以岐州为凤翔府，荆州为江陵府；德宗以梁州为兴元府。大体上称府的都是建都或君王行幸之地。至宋代大郡都升格为府。元代成为路、府、州、县四级。明代则简化为府、县二级，而州有的直隶于省，视府，有的直隶于府，视县，形成省、府、县三级地方行政系统。明代府的等级按纳税粮的多少分上、中、下三等，税粮二十万石以上为上府，十万到二十万石者为中府，十万石以下者为下府。全国共有一百五十九个府。府设知府一人（正四品），同知、推官（为知府的副职，无定员）一人。其下属的办事机构设有经历司，经历一人，知事一人；照磨所，置照磨一人；司狱司，置司狱一人。知府掌一府之政，凡府内民政、财政、文教、司法、吏治及上传

下达等都归其掌管；同知、通判则分掌清军、巡捕、管粮、农垦、水利、屯田、牧马等事项；推官管刑名；经历、照磨负责检校文书，磨勘六房卷宗。

州在明代不作为一级行政机构，地位视州的隶属关系而定。直辖行布政司的州，其地位相当于府，直属于府的则相当于县，均设知州一人（从五品），同知、判官的设置视情况而定。全国共有州凡二百三十有四。

县为明代最基层的行政机关，县亦按税粮分为三等。粮十万石以下为上县，知县为从六品；六万石以下为中县，知县为正七品；三万石以下为下县，知县从七品。知县掌一县之政；其下设县丞一人、主簿一人，分掌粮马、巡捕之事；典史一人，掌文牍出纳。全国有县凡一千一百七十有一。

据《明史·职官志》，明代的州县大都设有巡检司，设有巡检、副巡检，其职掌主缉捕盗贼，盘诘奸伪，皆设在各府州县关津要害之处。驿，设有驿丞，主邮传迎送之事。税课司，置大使一人，典税事，凡商贾、伶屠、杂市皆有常征，输税于府县。民间田宅买卖，必操契券请印，乃得收，征税百分之三。仓，置大使一人，副使一人，库大使一人。织染杂造局，置大使一人，副使一人。河伯所，掌收渔税。闸官、坝官，掌启闭蓄泄。洪武十五年全国共有河伯所二百五十三。批验所，大使一人，副大使一人，掌验盐茶引。递运所，大使一人，副大使一人，掌运递粮物。铁冶所，大使一人，副大使一人，全国有十三所。这些机构的设置往往因地而异。

这些是明代府州县政府行政机构设置的状况，关键是这些机构行政官员的铨选和机构职能如何行使。

（二）明代的亲民官

明代的知府，在汉代是郡守，唐代是州的刺史，都属于亲民官。州郡长官的好坏，他们的政绩，关系到整个王朝统治的基础是否巩固。故历代帝王都不能不关注郡守的人选。汉代时，"宣帝以为太守，吏民之本，数变易则下不安，民知其将久不可欺罔！乃服从其教化。每拜刺史守相，辄亲见问，观其所繇，退而考察，以质其言。尝称曰：'与我共理者，唯良二千石乎！'是以汉世良吏，于是为盛"（《通典·州郡下》）。唐太宗也有过类似的说法，贞观三年，他曾对侍臣说："朕每夜恒思百姓，阅事或至夜半不寐，唯思都督、刺史堪养百姓，所以前代帝王称共治者，惟良二千石耳。虽文武百僚，各有所司，然治人之本，莫如刺史最重也。朕故屏风上录其姓名，坐卧常看，在官如有善恶事迹，俱列于名下，拟凭黜陟。"（《唐会要·卷六十八》）贞观十一年（637年），马周上疏称："今朝廷独重内官，刺史县令，颇轻其选，刺史多是武夫勋人，或京官不称职，方始外出；边远之处，用人更轻，所以百姓未安，殆由于此。"（《唐会要·卷六十八》）这是从反面来论证郡守刺史的重要性。明代的帝王亦有过类似的言论。朱元璋在洪武七年（1374年）六月谕吏部曰："古称'任官唯贤才'，凡郡得一贤守，县得一贤令，足以致治。如颍川有黄霸、中牟有鲁恭，何忧不治！"（《明太祖实录·洪武七年六月》）黄霸与鲁恭都是汉代著名的地方官，二十四史为循吏列传，也就是为了表彰贤良的地方官。永乐帝朱棣即位不久，便谓吏部都察院曰："为国牧民，莫切于守令。守令贤，则一郡一邑之民有所恃，而不得其所者寡矣。如其不贤，当速去之。盖吏部选拔之时，出一时仓猝，未能悉其才。……其令巡按监察御史及按察司，凡府州县官到任半载之上者，察其能廉贪之时，具奏。"（《明太宗实录·永乐元年十二月》）

为了加强对地方官员的配置，唐时，张九龄曾对唐玄宗建议，称："古者刺史入为三公，郎官出宰百里。致理之本，莫若重守令。凡不历都督、刺史，虽有高第，不得任侍郎、列卿。不历县令，虽有善政，不得任台郎、给舍。都督、守令，虽远者使无十年任外。"（《日知录·京官必用守令》）京官必须先历外任，有成绩者才能入京为官，借以提高地方官的地位，以扭转人们重内官轻外任的倾向。这就是所谓郡守入相。明代为了提高外任的地位，还特意选京官廉能者放外任。史书载："宣德五年，帝以知府多循资格不称职，会推地剧九郡缺守，命大臣举京官廉能者用之。乃擢郎中况钟知苏州，赵豫知松江，莫愚知常州，罗以礼知西安，员外郎陈本深知吉安，邵旻知武昌，马仪知杭州，御史何文渊知温州，陈鼎知建昌。皆赐敕，俾驰驿之任……诸人俱有治绩，居官至一二十年者。吏称其职，民安其业。"（《明会要·职官·府》）这些特派去地方的京官，都有皇帝赐敕，"得便宜行事"。沈德符的《万历野获编·府县》之"知府赐敕"条讲到况钟在苏州知府任上处一些当地官僚，虽然还是有争论的，然则"吴人以其异途健吏，能抑豪强，一时誉之过情，流传至今不衰耳"。沈德符的观念多少代表当地士绅的思想，这有点像对海瑞的评价，平民与士绅之间会有不同的评论，它说明不同的人其价值取向不可能相同，从理论上讲很难有什么普遍认同的价值取向。即使如此，这些人物在民间的戏曲里，如况钟与周忱在昆曲《十五贯》中还是留下了深远的影响。这是历史沉淀在民众心理上的一种结晶。况钟去苏州任知府便是"郎官出宰"的一个具体案例。

古人这些用人选人的办法，有它的道理，不仅明代这样做。顾炎武在《日知录·京官必用守令》中讲到唐宣宗大中改元（847年）时的制文，其云："古者郎官出宰，郡守入相，所以重亲人之官，急为政之本。自浇风久扇，此道浸消，颉颃清涂，便臻显贵。治人之术未尝经心，欲使究百姓艰危，通天下利病，不可得也。轩墀近臣，盖备顾问，如不知人疾苦，何以膺朕眷求？今后谏议大夫、给事中、中书舍人，未曾任刺史、县令者，宰臣不得拟议。"宣宗处于唐晚期，吏治已经非常腐败，这是痛定思痛后的一番肺腑之言。顾炎武还讲道："宋孝宗时，臣僚言：'吏事必历而后知，人才必试而后见。为县令者，必为丞、簿；为郡守者，必为通判；为监司者，必为郡守，皆有差等。未历亲民，不宜骤擢。'因定知县以三年为任，非经两任，不除监察御史。此开元、乾道之吏治所以独高于近代也。"实际上这些话是总结北宋败亡的教训而来，"宋神宗尝谓宰臣曰：'朕思祖宗以百战得天下，今以州郡付之庸人，常切痛心。'后之人君，其以斯言书之坐右乎？"其实这些用人的办法，至今我们仍在沿用，也不能说完全无效，如果把它作为走过场的形式，为权贵子弟进入仕途打开一条通道，那就完全是另一回事了。即使如明代那样有几次认认真真地执行，其收效也有限，因为它无法改变中央特别是吏部在铨选上的无能。用现在的话讲，就是组织人事管理工作上的无能。庸人为官毕竟还是历史的常态，吏治的败坏，似乎总是无法避免的恶果。

（三）明代郡守县令的铨选

明代外官的选授，文归吏部，武归兵部，铨选有京官与外官之别。明代铨选大体上有三条途径，进士为一途，举贡为一途，吏员为一途。在外官中知州、推官、知县由进士选，外官中推官、知县及学官由举人、贡生选，州县的佐贰、都、布、按三司的首领官由监生选，外府、外卫、盐运司、首领官、中外杂职、入流、未入流官由吏员承差等选。一年六考、六选，逢双月大选。除了选官之外,还有三年考满升迁的初授叫听选,升任的叫升迁。全国那么多府州县,即使以三年考满为计,每年选授官与吏也有好几千,吏部那几个官员怎么管得过来呢?另一方面,从供给讲,人越来越多,进士固然有限,但举人、贡员、监生则是日积月累,总是越来越多。明宪宗成化三年(1467年)大学士商辂疏:"臣见吏员考满,冠带听选,有经十二三年未得除授者。中间多有衣食不给,借贷于人,将来授之以官,何以责其廉介弗至侵渔于下哉?又况累积愈多,听选愈久,数年之后,冗滥之弊有不可言。当道虑其冗滥也,于是多方裁损。授职之后,曾未几时,有以罢软而去者,有以老病而去者,混及他途,概加屏黜,彼贪酷不才声迹显著者,固无足怪矣。若乃中人以下之资,民情必久而始熟,政务必久而始谙,虽欲假以岁月,勉图后效,不可得矣。"(《明会要·选举二·铨选》)商辂这些话讲得还比较平直,实际情况可能还要糟得多,职位的供给小于需求,势必各种弊端丛生。到了万历时,孙丕阳任吏部尚书,他为了避免权贵和中官们的请谒,诠选采取抽签的办法,大选与急选由候选人自己去抽签。这样做的结果,其积极方面是"请寄无所容,铨政自是一变。一时相传以为至公"(《明会要·选举二·铨选》)。实际上这样于吏治无补,所以也有人批评这种表面上的公平,认为此种做法以丢失吏治的效率和清廉为代价,故"而于慎行议其于人材不分高下,地方不论繁简,而一凭签注,无异于掩镜索照。其后有造签之弊……

遂停抽签之法"(《明会要·选举二·铨选》)。在这种情况下，希望通过地方官的铨选改善吏治，那不成了缘木求鱼吗？顾炎武在《日知录·选补》讲："掣签之法未行，选司犹得意为注阙，虽多有为人择地，亦尚能为地择人。自新法既行，并以听之不可知之数，而繁剧之区，有累任不得贤令，相继褫斥者。夫君子之道，在乎至公，存一避嫌之心，遂至以人牧为尝试。"他还说道："万历末，常熟顾大韶作《竹签传》，其文仿《毛颖传》为之，谓签对主上言，上而庶吉士科道之选，下而乡会试取士，壹皆用臣，臣乃得展其材。此愤世滑稽之言，然以之晓人，可谓罕譬而喻矣。"事实上掣签之法，"终明世不复更也"(《明史·选举志三》)。

除了掣签这种万不得已的铨选办法，还有一律以年资来铨选的办法，叫作"停年格"。这一做法看起来公平，实际上罔顾了用人的基本要求，选人不以贤愚，专以停解日月为断，结果是"虽复官须此人，停日后者终于不得，庸才下品，年月久者则先擢用，沉滞者皆称其能"(《日知录·停年格》)。孝宗弘治元年（1488年），左都御史马文升在奏疏中讲到知县的选授问题，他称："往年知州、知县未尽得人。近年以来，各处知州知县，有一年不曾除授，甚至有二年除授不到。"这是有官缺，没有人选补。到了弘治十五年（1502年），还是这个马文升，在奏疏中称："今之守令，由进士举人出身者，往往多得其人；由监生除授者，鲜有能称其职。揆其所自，其监生坐监，并在吏部听选，二十余年方得出身。比至除授之时，年已五十以上，须发皓然，神志昏倦。其意以为在任不久，又将黜退，升用之例，谅不我及，所以惟务贪赃之计，罔有治民之心，虽有吏部考察黜退之例……后来之除授者，又有老耄阘茸之甚于前所退者，盖以国子监所养人材不过如此，若止仍旧考察数数黜退，而不知所以更张遴选之，则小民送旧迎新，徒为劳费。……伏望皇上敕吏部，今后各处知州知县有缺，照依已故大学士李贤奏准事例，每选将在部听选举人，不分到部年月日远近及监生中年未老耄资质英俊者，通行考选。"（《明臣奏议·巡抚事宜疏》）停年格的结果，官员队伍都被老朽无能者充斥，从制度上看似乎是公平的，但是从效率上讲吏治是不可能因此有起色的。从个案上讲，或许能一时为一地选到个别贤能之才。从整体上讲，如此集中铨选权力于中央，很难做到人尽其才，官尽其能。

（四）关于吏胥的问题

宋元以来，官与吏分为两途，官为国家权力层面的决策者和主持者，吏是各行政部门具体的办事人员，吏虽是官的属员，但具体事务得依靠吏员去承办。官、吏二途在铨选上有明确的区分。从地方官讲，知州、知县、推官，由进士和举人、贡生选，州县的佐贰和首领官可以由监生选；外府、外卫、盐运司首领官，中外杂职，入流未入流官，由吏员承差选。在这里可以看到官与吏是两个不同的选举途径。朱元璋曾明令规定："凡选举，毋录吏卒之徒。"（《日知录·通经为史》）朱棣也说过："刀笔之吏，不可使任风纪。"（《续文献通考·选举考·吏道》）永乐七年（1409年）六月，朱棣召御史张循理等二十八人，询问他们的出身，其中有四个人出身于吏，于是下诏"御史勿复用吏"，故官与吏二者的界限还是非常分明的，不是说没有吏升任为官，也有吏员出身任尚书、侍郎的，但都是特例，不是常规。

那么在地方行政衙门中有哪些职务属于吏员的职务呢？根据弘治年间的《明会典》，在省一级布政司衙门中，若通吏、令史、典吏、司吏等都属吏的职务，在府衙门，如司吏、典吏、承发属于吏员，这些吏员都是向上面对主管的官员，为官员办事，向下直接面对民众，是一切具体事务直接的操作者。明代吏员的来源有两种，是佥充与罚充，把佥发作为吏的来源，这本身是对吏的一种歧视，罚吏是贬谪的行为，明代参加乡试的生员、会试的举人，如果被发现有舞弊的行为，皆罚充为吏。如唐伯虎在科举考试时，被怀疑有买题的嫌疑，因而黜充吏役，唐因受此打击，表现出玩世不恭而又放荡不羁的状态。明代生员、贡生、监生因考试不中而充吏的不少，官员因办事上出现差错的，亦罚充吏员，然而贪赃者不在此例。故吏员从来源上就与官为两途，在社会地位上要低于为官者一等。从吏员所从事的工作来看，大部分是文书卷宗档案方面的工作，如布政司的首领官有经历司的经历、都事，照磨所的照磨、检校，理问所的理问、副理问，其职务都属于文书档案方面的吏员。经历司是掌管往来公文的，照磨所是掌管卷宗档案的，理问所是管理诉讼文档的。这里还是有两类，管理和起草文书的地位要略高于管更具体事务的。如司狱是管理监狱的，库大使、副大使是管理钱物的，仓大使掌管粮储，税课使征收商税和财产过户税。此外还有管理寺庙的，管理医生的，这些吏员都是属于事务性的。此外还有巡检司负责治安，驿站的驿丞掌管邮传和迎送的日常事务。府、州、县这些地方行政机关离不开这些吏员，离开了他们，整个官僚机器便无法运转了，而且各个衙门吏员的名目也不全相同，弘治年间的《明会典·吏部六·吏员》总括这些吏员的名目说：

> 国初令有司设司吏。许各保贴书二名，其后定设掾史、令史、书吏、司吏、典吏。后又设提控、都吏、人吏、胥吏、狱典、攒典，各以政事繁简为额。

吏与官不同，官有任期，三年考满要流转，而吏则没有这个限制，故吏是久任，有的还是世袭，因为他们熟悉这方面的业务，所以世代相承。顾炎武在《日知录·吏胥》条讲到"国朝立法太严，如户部官，不许苏松浙江人为之，以其地多赋税，恐飞诡为奸也"。户部的官员不许苏松浙人干，但吏胥不受这个限制，"然弊孔蠹窦，皆由吏胥，堂司官迁转不常，何知之有。今户部十三司，胥算皆绍兴人，可谓目察秋毫而不见其睫者矣"。为什么在官府衙门之内离不开那些吏胥呢？顾炎武还引谢肇淛的话说："从来仕宦法网之密，无如今日者，上自宰辅，下至驿递仓巡，莫不以虚文相酬应。而京官犹可，外吏则愈甚矣。大抵官不留意政事，一切付之胥曹；而胥曹之奉行者，不过往之旧牍，历年之成规，不敢分毫逾越。而上之人既以是责下，则下之人亦不得不以故事虚文应之，一有不应，则上之胥曹又乘隙而绳以法矣。故郡县之吏宵旦竭蹶，惟日不足，而吏治卒以不振者，职此之由也。"（《日知录·吏胥》）这就是对官僚主义、文牍主义具体生动的描述。顾炎武在《菰中随笔》有一段话，说得比较透彻，他说："一邑之中，食利于官者，亡虑数千人，恃讼繁刑苛，则得以吓射人钱，故一役而恒六七人共之，若不生事端，何以自活，宜每役止留一正副供驱使，余并罢遣，令自便营业，而大要又在省事，省事则无所售其吓射，即勒之应役，将有不愿而逃去者，尤安民之急务也。"顾炎武提出的办法，无非是精兵简政，机构精简了，图章少盖了，老百姓办事也方便了，官僚主义、文牍主义也就减少了。但这两千多年的积弊，要改也难，即使改也只能收一时之效，不需要很长的时间，又会旧病重犯。

（五）明代府县官权责的履行问题

关于明代知府的职掌，《明史·职官志四》称："知府掌一府之政，宣风化，平狱讼，均赋役，以教养百姓。每三岁，察属吏之贤否，上下其考，以达于省，上吏部。""凡诏敕、例令、勘札至，谨受之，下所属奉行。所属之政，皆受约束于府，剂量轻重而令之，大者白于抚、按、布、按，议乃允行。""若籍帐、军匠、驿递、马牧、盗贼、仓库、河渠、沟防、道路之事，虽有专官，皆总领而稽核之。"此外，"知州掌一州之政"，"知县掌一县之政"。州县之政，一是赋役，"岁会实征，十年造黄册，以丁产为差"；二是社会治安，就是"稽保甲、严缉捕、听狱讼，皆躬亲厥职而勤慎焉"。从文献上看，知府、知县在地方上的机构是完整的，实际上的权力则是残缺的。对于属吏，他们只有考核的权力，每三年对属吏进行一次考核，没有征辟用人之权；在政策法令上，他们没有自身的立法和决策权，只有奉行朝廷和上级下达的诏敕政令，督促下属奉行，遇有重大的问题，必须请示上级，而上级又很多，若巡抚、巡按、布政诸司；他们要负责本地区的治安，而军队则是都司与相应的卫所管辖，他们还要参与卫所清军的工作；赋役，地方只有征收的义务，使用则由朝廷与上级安排。无论人事权、财权、兵权，还是重大政事的决策权，地方都缺乏，没有独立行政的权力。府县积弱的局面，自宋元以来，迄明清两代，始终没有根本改变，而这些问题的严重性在宋代已暴露无遗了。

为什么出现府县积弱的局面？宋代继唐末五代，北宋的王禹偁曾上书言："自五季乱离，各据城垒，豆分瓜剖七十余年。太祖、大宗削平僭伪，天下一家。当时议者，乃令江淮诸郡，毁城隍，收兵甲，撤武备，书生领州。大郡给二十人，小郡十五人，以充常从。号曰长吏，实同旅人；名为郡城，荡若平地。虽则尊京师而抑郡县，为强干弱枝之计，亦匪得其中道也。盖太祖削诸侯跋扈之势，太宗杜僭伪觊望之心，不得不尔。其如设法救世，久则弊生。"（《日知录·藩镇》）为了防止尾大不掉，不再出现藩镇割据的局面，中央政府后来采取了一系列措施，但其结果往往是一种倾向掩盖了另一种倾向，顾炎武为此感慨地说："呜呼！人徒见艺祖罢节度，为宋百年之利，而不知夺州县之兵与财，其害至于数百年而未已也。陆士衡所谓'一夫纵横，而城池自夷'，岂非崇祯末年之事乎！"此事正如其引文天祥之言："本朝惩五季之乱，削除藩镇，一时虽足以矫尾大之弊，然国以浸弱，故敌至一州则一州破，至一县则一县残。"（《日知录·藩镇》）地方上没有任何足以抵御外侮的力量，不仅宋人感到这方面的问题，元人也谈当时郡守积弱的弊端，往往以汉唐相比。汉之郡守，唐之大藩，亦多自辟幕府僚属，他们有人事权，地方便有自立的权力，《日知录·守令》中记载，元吴渊颖《欧阳氏急就章解·后序》云：

> 今之世，每以三岁为守令满秩，曾未足以一新郡县之耳目而已去。又况用人不得专辟，临事不得专议，钱粮悉拘于官而不得专用，军卒弗出于民而不得与闻。盖古之治郡者，自辟令丞，唐世之大藩，亦多自辟幕府僚属。是故守主一郡

之事……今自一命而上，皆出于吏部，遇一事，公堂完署，甲是乙否。吏或因以为奸，勾稽文墨，补苴罅漏，涂擦岁月，填塞辞款，而益不能以尽民之情状。至于唐世之赋，上供、送使、留州，自有定额；兵则郡有都试，而惟守之所调遣。宋之盛时，岁有常贡，官府所在，用度赢余，过客往来，廪赐丰厚，故士皆乐于其职而疾于赴功。兵虽不及于唐，义勇民丁，团结什伍，衣装弓弩，坐作击刺，各保乡里，敌至即发，而郡县固自兼领者也。今则官以钱粮为重，不留赢余，常俸至不能自给，故多赃吏；兵则自近戍远，既为客军，尺籍伍符各有统帅，但知坐食郡县之租税，然已不复系守令事矣。夫辟官、莅政、理财、治军，郡县之四权也，而今皆不得以专之，是故上下之体统虽若相维而令不一，法令虽若可守而议不一。为守令者，既不得其职，将欲议其法外之意，必且玩常习故，辟嫌碍例，而皆不足以有为。

其言固然是为守令叹为其政之苦，亦符合明清两代之实际，由于事权不一，很难责其在地方有效之治理。故若只注意防止地方独擅权力，而不注意地方削弱后的不良影响，就有可能造成国家积弱的局面。顾炎武有鉴于明之亡，州县没有任何可以独立抗击外侮之能力，所反映的是问题的另一种倾向，其云："今之州县，官无定守，民无定奉，是以常有盗贼戎翟之祸，至一州则一州破，至一县则一县残。不此之图，而虑令长之擅，此之谓不知类也。"

(《亭林诗文集·郡县论四》)那也就是抓一种错误倾向时,不懂得被它所掩盖的另一种倾向的危害更加严重,不懂得如何依照形势,不断地调整自己政策的重点和方向。宋明之亡,地方没有任何抵御外侮的力量,就说明了这一点。

(六)明代乡里的基层组织

从全国范围讲,县是基层行政单位,朝廷对官吏的任命到县为止,而真正的基层组织则是乡、亭、里等组织。乡里的基层官员,虽不是由朝廷正式任命,但其在地方上也代表政府行使某种权力,或者对政府承担着某些义务。在老百姓心目中,在古代举凡赋税的征收、徭役的摊派、地方的治安,甚至狱讼的调解,都离不开乡里这一级组织,因此他们还是官,称之为乡官里吏。他们与百姓的关系,不是代表百姓去应对官府,而是代表官府来管理百姓的,所以建立这些乡里的基层组织,是为了加强对民众的控制。

中国古代乡里的组织起源很早,先秦的典籍便有这方面的记载,其名称各国并不一致,然亦大同小异。若《管子·小匡》称:

五家为轨,轨有长;十轨为里,里有司;四里为连,连有长;十连为乡,乡有良人;三乡一帅。

《鹖冠子·王鈇》:

其制邑……五家为伍,伍为之长,十伍为里,里置有司,

> 四里为扁，扁为之长；十扁为乡，乡置师，五乡为县，县有啬夫治焉。十县为郡，有大夫守焉。

《周礼·地官司徒·大司徒》：

> 令五家为比，使之相保；五比为闾，使之相受；五闾为族，使之相葬；五族为党，使之相救；五党为州，使之相赒；五州为乡，使之相宾。

这一类编户管理，都是带有理想化的主观设计，实际情况不可能如此整齐划一。大体上的邻里乡村的组织是存在的，以五家为邻，二十五家为里，里以上为乡，邻里的组织在古代实际上是互相担保、互相监督的性质，哪一家出了问题，还有连坐的关系。里以上是乡一级组织，并所引《周礼》的记载，乡以下有党、有族，如果确是如此的话，一个乡便有一万二千五百家。而《管子》的记载，一个乡有二千家或者三千家。《汉书·百官公卿表》记述乡官时称：

> 大率十里一亭，亭有长。十亭一乡，乡有三老、有秩、啬夫、游徼。三老掌教化。啬夫职听讼，收赋税。游徼徼循禁贼盗。

秦汉时期，县以下的基层组织是里、亭、乡这三级，这还得看地区人口多少、稠密程度，也有以乡直接统里。《日知录·乡里》："以县统乡，以乡统里，备书之者《史记》：'老子，楚苦县厉乡曲仁里人'，'樗里子室，在昭王庙西，渭南阴乡樗里'是也。"这是关于战国时期的记载，由于那时人口还比较稀少，在乡与里之间，还设有亭这一级。

在历史上有名有姓曾为亭长的，就是刘邦，《汉书·高帝纪》称其"不事家人生产作业。及壮，试吏，为泗上亭长"。作为亭长，他曾经带了农民到咸阳服徭役，"高祖为亭长，素易诸吏"，就是与县衙门的吏员关系比较亲密，如萧何便是沛县的吏掾，《汉书·萧何传》称"高祖为布衣时，数以吏事护高祖。高祖为亭长，常佑之。高祖以吏繇咸阳，吏皆送奉钱三，何独以五"。亭长相当于过去农村公社时大队一级的村长，而里长则相当于过去公社时期的小队长。另一方面，亭，在交通要道上，往往作为旅客歇脚的地方。应劭的《风俗通》云："汉家因秦，大率十里一亭，亭，留也。今语有亭留、亭待，盖行旅宿食之所馆也。"故亭长与县衙门的官吏关系比较亲密。再如曹参，也是沛人，"秦时为狱掾，而萧何为主吏，居县为豪吏矣"（《汉书·曹参传》）。狱掾，即沛县监狱长官，他的上级是萧何，高祖起兵于沛县以后，当地基层的吏员便随从而起，成为刘邦的心腹。又如王陵，也是沛人，"始为县豪，高祖微时兄事陵"（《汉书·王陵传》），当初是刘邦在沛县的小兄弟。周勃，也是沛人，"以织薄曲为生，常以吹箫给丧事，材官引强"（《汉书·周勃传》），是沛县人家办丧事时吹喇叭的。又如樊哙，也是沛人，"以屠狗为事。后与高祖俱隐于芒砀山泽间"（《汉书·樊哙传》）。若灌婴，"睢阳贩缯者也"。这些追随刘邦起事，后来在汉初成为功臣宿将的，都为沛县附近的人，论其出身或者是基层官吏，或者是游民、商贩，没有一个真正从事农业生产劳动的。县以下基层官吏与游民之间的相互关系，便为以后建立汉王朝提供了最原始的人际关系。

乡一级的三老，亦属社会上有影响的人物，《史记·陈涉世家》讲到陈涉起兵以后，"号令召三老、豪杰与皆来会计事"。三老属地方上乡一级有影响的人物，《汉书·文帝纪》云"三老，众民之师也"。不仅乡有三老，县也有三老，《汉书·高帝纪》载："举民年五十以上，有修行，能帅众为善，置以为三老，乡一人。择乡三老一人为县三老，与县令、丞、尉以事相教，复勿繇戍。以十月赐酒肉。"三老在西汉时政治地位与社会地位较高，虽然不是正式的官员，但他们是社会舆论的代表，他们可以直接上书朝廷言事，表彰或者批评地方官。如汉武帝时，有壶关三老上书汉武帝，为戾太子鸣冤。汉成帝时，有三老上书京兆尹王尊治水有功效，王尊因而受到皇帝的嘉奖。三老不是正式的官吏，没有俸秩，但其影响与吏员相同。故《史记·平准书》说："非吏比者三老"，注引《集解》如淳曰"非吏而得与吏比者，官谓三老"。汉末农民起义时，赤眉军的首领樊崇即自号三老。

正式的乡官是以啬夫为首，啬夫，即农夫的意思，啬是稼穑之意。春秋战国时期对于基层官吏都称为啬夫，《管子·君臣》说"吏啬夫任事，人啬夫任教"，一个是约束官吏的事，一个是管百姓的事，而乡啬夫则管理一乡民众的事务。故乡啬夫有秩，《汉书·百官公卿表》称"有秩啬夫",即有俸禄。秦时,县令有时也称啬夫,如秦简中《南郡守腾文书》其首句即"南郡守腾谓县道啬夫",这是对县一级发的文书,县的长官亦称啬夫。乡一级的有秩啬夫的职务是"主知民善恶,为役先后,知民贫富,知赋多少,平其差品"(《后汉书·百官志五》)。而其俸秩是百石,是朝廷的命官,而小乡的啬夫不一定有秩。无论乡之大小,啬夫是一个乡主要的官吏。汉代人物为啬夫见于记载的,西汉有朱邑,"少时为舒桐乡啬夫,廉平不苛,以爱利为行,未尝笞辱人"(《汉书·徇吏·朱邑传》);在东汉有第五伦"为乡啬夫,平徭赋,理怨结,得人欢心"(《后汉书·第五伦传》)。游徼,是在乡或县分管治安的,如黄霸,《汉书·黄霸传》称其"少为阳夏游徼"。臧宫,《后汉书·臧宫传》云"少为县亭长、游徼",其职掌是巡行于乡里以禁盗贼,在县里属功曹管辖。

汉代农村的基层组织,三老是民众的代表;啬夫是主管民事的官员,负责征收赋役和处理民事纠纷;游徼是负责治安的吏员。

汉代在城市内的基层组织与农村相仿,城市在县以下,有亭和里二级,大体上是十里一亭。西汉时的长安,据《三辅黄图》有一百六十里,分属于十六个亭,那么亭相当于现在的街道办事处这一级机构,而里则相当于城市的居民委员会。《三辅黄图》称"长安城中八街九陌",那就有十七个街道,每街一亭,也就是十七亭。那时的长安只相当于现在上海一个区,其人口还没有一个区多，但已经是全国最大的城市。

在亭或乡一级以下的组织是里，里置里正。《汉书·韩廷寿传》称："置正、五长，相率以孝弟，不得舍奸人。闾里仟佰有非常，吏辄闻知，奸人莫敢入界。"里之下有什伍，什伍不过是左邻右舍，如果发现有可疑的迹象，要报告官吏。这里讲的是农村的情况，在城市也是如此。《汉书·尹赏传》讲到尹赏为长安令，其上任后，"乃部户曹掾吏，与乡吏、亭长、里正、父老、伍人，杂举长安中轻薄少年恶子，无市籍商贩作务，而鲜衣凶服被铠扞持刀兵者，悉籍记之，得数百人"，这等于是在长安城中进行一次大规模的户口清查运动。可见里长或里正以及伍人，都是基层政权的眼线人物。这是中国传统行政组织的特点，它是自上而下的，是官府为加强监控而建立起来的管理系统，不是民众自治的组织。这一类组织的特点是，它不是对居住区的民众负责，而是对上级政府负责。一切权力来自上级，来自官府，不是来自民众，不是来自百姓的委托。这是中国传统的各级行政组织最基本特征，它有向上级报告和上书的传统，没有对下级报告工作并听取意见、由民众选举产生的传统。

明代的里甲保甲制度，继承的也是这个传统。明代县级政权以下，城内设坊，有坊长；近城为厢，有厢长；乡村为里，有里长；里之下有甲，有甲首。故明代最基层的政治组织为里甲，城内为坊甲，城郊为厢甲。在县城与农村里甲之间，还有乡一级组织。

明朝的里甲制度定于洪武十四年，它是与编制赋役黄册同时进行的，目的是征收赋税和征发徭役。《明史·食货一》记载：

> 洪武十四年诏天下编赋役黄册，以一百十户为一里，推丁粮多者十户为长，余百户为十甲，甲凡十人。岁役里长一人，甲首一人，董一里一甲之事。先后以丁粮多寡为序，凡十年一周，曰排年。在城曰坊，近城曰厢，乡都曰里。里编为册，册首总为一图。鳏寡孤独不任役者，附十甲后为畸零。僧道给度牒，有田者编册如民科，无田者亦为畸零。每十年有司更定其册，以丁粮增减而升降之。册凡四：一上户部，其三则布政司、府、县各存一焉。上户部者，册面黄纸，故谓之黄册。年终进呈……其后黄册只具文，有司征税、编徭，则自为一册，曰白册云。
>
> 凡户三等：曰民，曰军，曰匠。民有儒，有医，有阴阳。军有校尉，有力士，弓、铺兵。匠有厨役、裁缝、马船之类。濒海有盐灶。寺有僧，观有道士。毕以其业著籍，人户以籍为断，禁数姓合户附籍。漏口、脱户，许自实。里设老人，选年高为众所服者，导民善，平乡里争讼。

从这一段文字可以知道，明代里甲的基层组织是为征收赋役服务的，里甲长的基本任务是征收和摊派赋役，协助管理地方的治安。里设老人，即汉之三老，平抑乡里之间的民事争讼。里还设有书写的人，叫里胥。里长、甲首、里胥就其本身的事务讲是徭役，没有俸禄的；对本里甲内的民户讲，他们是代表国家的管理人员。但他们在摊派赋役的任务上则可以上下其手，从中得到某些好处。十年编一次户口册，目的是加强赋税的征收和摊派。百姓为了逃避赋役的负担，在籍的人口除老死以外，自然也有逃亡徙移的。《大明律》规定本里田地荒芜人口减少的要惩处里长与甲首。尽管有处罚，户口的损耗还是无法避免。据《宛署杂记》，明代首都北京的宛平县，在永乐初有七十五里，到万历二十年（1592年）只剩下五十里，从编制上看，便少了三分之一。明代在正德、嘉靖以后，赋役的征收逐步由民收民解变成官收官解，由征收实物逐渐变成征收银两，而徭役变成政府出银雇役，如此一来里甲的功能由管理户口和钱粮转变为管理社会治安。

在孝宗弘治初，兵部便提出推行保甲法。明代努力推行保甲法的第一人是王守仁。他在赣南推行保甲法，叫作"十家牌法"，大体上以十家为一牌，设牌长，五至十牌为一保，设保长。这个数字并不固定，或多于十户，或少于十户，皆可，取守望之使，随居民聚居村落的状况而定。在赣南多以姓氏相聚的村落，一族有千户以上，则组成若干保，设保长三五人，这样保甲组织便与宗法组织相结合，血缘与地缘关系纽合在一起了。保甲组织主要的使命是教化与维护社会治安，防备盗贼，带有一点地方自卫的性质。另一个值得注意的是里老，与汉代的三老相似，里老在明代是由政府指定的，称作耆宿，他们在所在的区域负有听讼和剖决事务的使命。这些角色时间久了，也会发生变化，《明太祖实录·洪武二十一年八月》讲道："（朱元璋）初令天下郡县选民间年高有德行者，里置一人，谓之耆宿，俾质正里中是非，岁久更代，至是，户部郎中刘九皋言耆宿颇非其人，因而蠹蚀乡里，民反被其害。遂命罢之。"结果大量民间案子又上诉到朝廷，到了洪武二十七年（1394年）四月，他又下令恢复里老制度，"命民间高年老人理其乡之词讼，先是州郡小民多因小忿辄兴狱讼，越诉于京。及逮问，多不实。上于是严越诉之禁，命有司择民间耆民公正可任事者，俾听其乡诉讼。若户婚、田宅、斗殴者，则会里胥决之，事涉重者，始白于官"（《明太祖实录·洪武二十八年四月》）。

"若不由里老处分，而径诉县官，此之谓越诉也。"（《日知录·乡亭之职》）当时邑里皆置申明、旌善二亭，民有善恶则书之，以示劝惩。凡是民间有涉及户婚田土斗殴常事，里老在这二亭中公开裁决。还有一种情况，是里中有偷盗行为者，经过问断，不作改正者，在他家门口写"盗贼之家"四个大字；改过为正的，则由里老及亲邻人家具保，方与除之。这些都反映了里老在农村成为国家在基层的执法者，各地为此奉旨发布榜文，告谕百姓，还特别规定："若顽民不遵榜谕，不听老人告诫，辄赴官府告状，或径赴京越诉，许老人擒拿问罪"（《皇明制书》卷九《教民榜文》）。通过里老来处理一些乡里的事务，有它合理的一面，本地的长老熟悉本地的情况，关键是里老能否保持公正平允的态度处理具体的纷争。里老往往与当地的强宗豪族结合在一起，成为他们利益的代言人，又如何对其监督，不使其滥用职权、鱼肉乡民？官府但求息讼，但细民百姓往往只能忍气吞声了。

（七）乡绅与宗族组织

中国农村的基层组织除了乡里保甲这一类由府县延伸下来的行政组织之外，还有以血缘关系为纽带的宗族组织。明清时期，广大的农村普遍存在宗族组织，它由分居异财而又认同同一个祖先的亲族家庭组成，有严格的管理系统，按照谱牒划分辈分。朱元璋在《皇明祖训·礼仪》中便规定："凡东宫亲王位下，各拟名二十字。日后生子及孙，即以上闻，付宗人府。所立双名，每一世取一字，以为上字；其下一字，临时随意选择，以为双名，编入玉牒。至二十世后，照例续添，永为定式。"帝王之家是修玉牒，一般官宦人家则是修谱牒，在双名的上一字，以定辈分，以明世系。这是以血缘关系作为纽带来凝结家族的宗法组织。宗族都有祠堂，作为祭祀的场所。祠堂有相应的产业，如有学田，用于办一些学校，教育同族的子弟；有祠田，作为祭奠祖先的费用，及周济一些生活拮据的宗族成员。宗族组织中设有族长，往往由当地同族年长有威望和辈分高的乡绅来担承。

明清的乡绅一般包括这样几类人：一类是致仕回籍的官员。

一类是州县的生员、监生,以及中乡试后的举人、会试后的进士。这两类人与现任官员不同,但都同现任官员有某种联系,或者得到现任官员的某种支持,所以在处理地方相关事务时,有着深远的社会影响。另外一类是现任官员在乡下的子弟和亲戚,他们对官府也能施加某种影响。官府的行政机构,从布政司经道到府、县,是建立在地缘关系之上的,而乡绅则是行政地缘与宗法血缘这二者之间连接的纽带,使整个王朝在农村这块大地上,建立起非常牢固而又稳定的统治。由于乡绅族人上达官府、下达乡里,可以较好地融合官府与宗族的关系,又能借助于官府,在宗族内部凌驾于一般祠族成员之上,在管理祠堂的田地、学田,处理族内婚姻、土地买卖、立嗣、盗窃、斗殴等纠纷上,拥有较大的话语权,并且建立起乡规家约,约束地方和祠族内部,以求不劳官府而达到自治的目的。

如果从负面影响看,乡绅在地方上有了这一层特殊的地位,往往倚势恃强,欺压当地百姓,视细民为鱼肉,结果是上下相护,百姓再没有任何申诉的地方。《明史·杨士奇传》讲到宣宗时内阁首辅杨士奇子稷居乡,尝侵暴杀人,为言官所劾,"朝议不即加法,封其状示士奇。复有人发稷横虐数十事,遂下之理"。武宗正德时,内阁大学士梁储子次摅"居家与富人杨端争民田","端杀田主,次摅遂灭端家二百余人"(《明史·梁储传》)。《朝野异闻录》又载次摅最好束人臂、股或阴茎,使急迫而以针刺之,血缕高数尺，则大叫称快。这一类案例，《廿二史札记·明史》之"明乡官虐民之害"还举了好几条，都是现任官员子弟在乡作恶的案例。致仕官员在乡作恶的案例也不少，若徐阶便是致仕还乡以后被海瑞治罪的。徐阶是松江华亭县人，曾长期任内阁大学士，嘉靖时曾任内阁首辅，有兄弟四人，阶排行第二，徐阶与兄弟徐陟这二房势力最盛，他们的子弟在家乡鱼肉百姓，一方病之，民众如入水火。结果徐阶不仅被迫退出了一部分土地，他的三个儿子也被发配戍边，其家人坐戍者有十余人。这当然不是仅靠海瑞这半年巡抚的作用，也是徐阶的对头高拱在发挥作用。实在也是徐阶家人作恶太多，否则不会有如此结果。海瑞所以要徐阶退田，因为"投献"侵犯了官府赋役的来源；高拱所以要那样制裁徐阶，背后是争夺内阁首辅权力的继续。乡绅们在地方的横行不法，还得靠官府内部的矛盾去制衡他们。

如果从正面看，乡绅与宗族组织，在地方上还是多少起了缓和社会矛盾的调节器的作用，在建立一些慈善机构、调解民事纠纷、兴建道路桥梁、支持地方文化教育事业方面也多少起了积极作用。总之，关于乡绅，还是因人而异，甚至同一个人，在不同时期不同场合不同的问题上，亦还需要作具体的分析。

十、明代地方监察制度的历史线索

如何加强地方行政机构的监督，如何对地方郡县这二级行政机构实施有效监察？看一下中国历史上在这方面的成败得失，或许对理解明代加强监察制度建设方面的经验教训有益。

关于汉代刺史监察郡守的制度，是叙述明代地方行政制度并上溯其沿革时必然要涉及的一个问题。中国历史上对地方行政的监督，在监督的思想、监督制度的设计、监督机构的演化、监督的实际效率各方面都有非常深刻的变化，其中有经验，亦有教训，历朝历代都有许多反复，就以监督人员职位高低来说，亦各有利弊。

中国古代的行政体制是中央集权的官僚政治体制，国家的行政机构是宝塔式的层级结构，地方行政机构郡、县二级都是中央在地方的派出机构，不是地方自行产生的自治机构，中国没有西方联邦制的传统。

中国是一个大国，一个统一的中央集权的国家机构如何管理数量众多的地方行政机构，始终是一个难题。在帝王制度下，如何使一个如此庞大的官僚机器能有效地运行，从春秋战国起，便成为中国思想家必须面对的问题,故中国监察制度的背景和起源便是战国时期中央集权官僚制成形以后,如何调控这个庞大的官僚机器。中国的传统文化,儒家是偏重于伦理观念,强调以礼治国,通过礼仪制度来确定人与人之间从家庭到国家及整个社会的等级秩序,但这一套庞大的官僚机器自上而下如何运转,专靠礼仪制度就显得不足了,它需要法令来统一国家各级官僚机构执行相应的政策。如何保证各级机构的官吏真正履行中央的政策和法令?那就把监察提到议事日程上来了。故监察的对象是官吏,不是民众。

中国传统的政治结构是三个层次:君、臣、民。其中的君,代表决策系统;臣,作为官僚机构的运行者,代表行政系统;民,是代表广大受统治管理的民众。这三者的关系,是君王通过官吏来管理民众,以使整个社会生活得以有效运行,故其行政管理结构是君管臣,臣管民。而君如何管臣,臣的人数那么多,分布的面那么广,仅靠君王一个人是无法明察一切的,那就需要在官僚机构内部建立互相制衡的系统,而这个系统要自上而下地建立一套完整的监控体系,以便有效地调节行政官僚系统的运行,这就是监察系统。

社会生活客观上提出了这样的需要,便有人来思考和回答这方面的问题。儒家讲的伦理靠的是人的自律,有许多问题和情况不是靠自律能解决的,人有趋利的本能,于是便需要有法制和相应的组织机构来限制和监控官僚们行政过程中的行为,从正面回答这些问题的是法家。儒法两家在社会治理上的视角不同，服务的对象是相同的，它们在观念上有差异，侧重点不同，但殊途同归。司马谈在《六家要旨》中引《易大传》曰："天下一致而百虑，同归而殊途。"从结果上是相辅相成，从统治者的角度讲，不同时期有所侧重而已。治乱的时候，要有重典，偏重于法家的思想和法术；在治世，则偏重于儒家，比较强调人的道德修养。这一切都因时因地而异，走极端只是一时的需要，过了又会返正。我这样说，有没有根据呢？有的，我不妨举一些古人的话来说明中国古代监察思想的来源。

《韩非子·外储说·右下》有这么一段话：

> 人主者，守法责成以立功者也。闻有吏虽乱而有独善之民，不闻有乱民而有独治之吏，故明主治吏不治民。说在摇木之本与引网之纲。故失火之啬夫不可不论也。救火者，吏操壶走火，则一人之用也；操鞭使人，则役万夫。

这里人主是指君王，君王的职责是治吏，也就是治官，不是治民。民是由官吏去管理的，百姓哪儿出了乱子，责任在官吏，官吏有贪渎腐败的行为，不能去责怪百姓。韩非子这里讲的是在啬夫管辖的区域内有失火的事件，要追究啬夫失责的行为。失火以后，官吏自己去救火，那是一个人的个人行为，说明你做官还没有到位，为官的责任是组织民众一起去救火，他应该"操鞭使人役万夫"，是调动所有的组织资源去扑灭火灾，那才算尽职。

这一段话的主旨是讲，君王的职责是管理官吏，官吏的职责是管理百姓，官吏有问题，不能责难百姓，要向官吏问责。百姓那儿有什么事，诸如失火这一类意外，是官吏失职的行为，要问责，而意外失火时官吏的职责是充分利用自己的组织资源去扑灭火灾，那样的话国家的管理便能纲举而目张。故明主的职责是治吏而不是治民，把官治好了，社会方方面面的秩序自然也理顺了。许多问题是出在官不尽其职，那么如何监控官吏的行为就摆在统治者、国家管理者的面前。当官不是为了做老爷，而是尽职尽责，是为百姓谋利，不是为自己谋利，更不是为自己逞能摆威风、做老爷，把衙门修那么豪华，那还像任官应有的样子吗？为官的应该放下架子，甘为孺子牛，对辖区内的一切事务尽职负责。

商鞅的《商君书·禁使》有这么一段话，其云："上与吏也，事合而利异者也。今夫驺虞以相监，不可，事合而利同者也。若使马焉能言，则驺虞无所逃其恶矣，利异也。利合而恶同者，父不能以问子，君不能以问臣。吏之与吏，利合而恶同也。夫事合而利异者，先王之所以为保也。"这段话讲的道理，一是讲在国家管理上，君臣二者谁也离不开谁，这是指"事合"；然而从利益关系上是相异的，吏谋私利，势必侵害国家公共利益。驺虞是养马与赶马的马夫，如果马也能视、能言，那么驺虞的一切劣行恶迹便不能有任何隐瞒，两者之间的关系是相反的，这就是所谓"合而利异者"。他是以这个来比喻官民的关系。官员是统治和管理民众的，官民这二者是国家行政机构必备的要素，这是讲合；然而在利益关系上，如果官员谋取个人的私利，那必然与民众的利益相对立，那么官员的任何私恶皆会被揭发出来，官员便无所逃其恶。马是不会说话的，而百姓的眼睛是雪亮的，当然看得清，百姓的嘴也能把看到的恶事说清楚，如果放开百姓的言论，那么官吏便无所逃其恶了。官吏与官吏之间，利益关系是相通的，好恶也是相同的，故要出问题时，往往是串案、窝案。诸如在一个单位内搞的小金库，如果单位内分配是均衡的，大家都受益，尽管那小金库的收入是非法的，在小金库内部相关人员之间，由于有共同的利益，谁也不会出头告发这件事。因此在地方的一些事业单位，如果一把手作案，往往带出来班子内一批人都参与其事利益共享，这就是串案窝案连绵不绝的原因。因此在官僚机构系统内，要建立监察机构，必须使两者之间的利益和管辖上的隶属关系相异而不是相合，这是我们建立监察制度，组织监察机构在思想认识上最基本的前提。

《商君书·禁使》还讲到当时官僚机构的状况，其云：

> 今恃多官众吏，官立丞监。夫置丞立监者，且以禁人之为利也，而丞监亦欲为利，则何以相禁。故恃丞监而治者，仅存之治也。

这里丞与监是地方行政机构的两个系统，丞是行政系统，监是监察系统，在秦代中央政府也是两个系统，一是丞相的行政系统,丞者承也,相者助也,是协助皇帝处理日常事务的百官之长,也就是朝廷负责日常政务的长官,郡县的地方行政长官在隶属关系上属于丞相管辖,而丞相任免的权力则在皇帝。另一个系统是御史大夫,是与丞相这个行政系统并立的监察系统,在地位上贰于丞相。御史本来是皇帝左右记言记事的官员,作为皇帝亲信发展起来的,是皇帝的耳目,办理秘书事务的成员,原始的地位不高,但是与皇帝的关系比以丞相为代表的外朝更亲密一些。丞相位高权重,不便差遣时,便让身边的御史去办一些事务。御史台的长官便是御史大夫,副职是御史中丞,在地方上的监属于御史台管辖。故"置丞立监"是地方上两个平行的机构,丞是行政机构,监是监察机构。

秦代地方行政系统是郡县二级制,郡的行政长官有守、监、尉,守是郡的行政长官,他的佐贰便是丞;监,负责地方的监察;尉是负责军兵和地方的治安。而县一级在秦的时候,设令和丞,县令是一县之长,有时亦称县长;丞是县令的佐贰。县丞还负责县内的仓储和刑狱,大的县还有尉,县尉负责地方的治安。县一级没有监,郡的监负责属下诸县,故"置丞立监"反映了地方行政系统的两个平行的子系统,一个是行政,一个是监察,分别上属于丞相府和御史台。所以设置两个平行的系统,"夫置丞立监者,且以禁人之为利也",是为了防止地方官员借助权力谋私利。由于是平行的两个系统,可以起到互相制衡的作用。地方分权这个办法,古已有之,而这个办法是否有效呢?由于为丞与为监者都有自己的利益范围,那就很难起到互相牵制的作用,所以讲"恃丞监而治者,仅存之治也",它的影响和作用有限,不可能实现长期而有效的管理,故还需要中央政府对地方行政系统自上而下更有效的管理,保障中央对地方的管理如臂之使指,运行自如。

中央对地方行政机构政绩的考察,亦有两套平行的体系,一是自下而上的上计制度,二是自上而下地派遣御史到地方上去巡视或巡行,由巡视的御史向中央报告地方官吏执政的状况,这样通过自下而上与自上而下两条渠道的考察,才能确认地方行政的状态,前者是行政系统的考核,后者是监察系统的考核。

秦始皇统一六国以后,"分天下以为三十六郡,郡置守、尉、监"(《史记·秦始皇本纪》)。监即监郡御史,秦时御史监郡对郡县二级进行就地监督,而地方行政长官则每年要向朝廷上计簿,《商君书·禁使》讲到"十二月而计书以定,事以一岁别计,而主以一听"。也就是报告一年地方上的政绩,包括户口的损益、垦田数字、赋税的收支、徭役的征派、地方的灾变及治安状况,类似于现在的年终总结。这一套上计的制度战国时便已有了,如西门豹为邺令,第一次上计考核不及格,魏国的君主收缴其邺令之印玺,他要求再治一年,次年上计及格,魏文侯亲自迎拜之。晏子治东阿三年,齐景公召而数之,于是晏子"请改道易行,而治东阿,三年不治,臣请死之","景公许之。于是明年上计,景公迎而贺之"（《说苑·政理篇》）。可见计簿是朝廷对地方郡守考核的根据，考课的结果，决定地方官的升徙黜陟与赏罚，如晏子与西门豹第一次考课没有及格，第二次考课成绩优异，便受到国君的欢迎。秦时有柱下御史，张苍为御史，主柱下方书，这方书便是四方之文书，计书也。刘邦进咸阳时，萧何先入咸阳秦宫，"收秦丞相御史律令图书藏之……汉王所以具知天下扼塞，户口多少，强弱之处，民所疾苦者，以何具得秦图书也"（《史记·萧相国世家》）。这个图书也就是各地的计簿汇总的档案。在朝廷由丞相府来负责考核各地上计的计簿，从而对郡国政绩进行考核，如匡衡是丞相，《汉书·匡衡传》载其"领计簿，知郡实，正国界"。又，《汉书·丙吉传》载丞相丙吉对郡国"课其殿最，奏行赏罚"。可见中央政府通过计簿来考核地方政府的政绩进奏分别给予赏罚，这是自下而上，由中央政府通过每年的政绩来考核官员优劣而实施赏罚。在秦汉之前是地方长官亲自到朝廷上计簿，从西汉开始，郡国守相不再自行上计了，而是派遣丞或长史代替自己上计。汉代地方郡县的行政机构专门设上计掾，汉代郡的数目比秦多了，有一百零三个郡，每年秋冬之交，上计掾到京师上计簿。各郡都在京师设有邸舍，类似于今天各地驻京办事处，供上计之郡吏食宿。《汉书·朱买臣传》便讲到在京师有会稽郡邸，郡邸有专门的管理人员，叫守邸。这些上计的地方官员在京师还是很神气的，他们"多盛饰车马帷幕"（《后汉书·赵壹传》）。郡守的升徙黜陟，皆以上计考课的次第为准，那么郡守上计的内容是否正确，丞相府无法对这一百零三个郡一一核实，而郡守与尉在地方上的权力很大，如果与监勾结一起，完全可以一手遮天，任意营私舞弊、贪赃纳贿。中央下达的政策措施到了地方便走样了，叫作"上有政策，下有对策"。《墨子·尚同下》讲道："古者有语焉，曰：'一目之视也，不若二目之视也。一耳之听也，不若二耳之听也。一手之操也，不若二手之强也。'"换一句话讲，就是兼听则明。

除了以计簿作为对地方官考核的根据之外，还得皇帝巡行，如秦始皇五次巡行各地，也是一种考察。更简便的办法则是由朝廷派员到地方上去实地考察地方官在地方上行政的状况。秦国在地方上设监，汉初取消了郡监，"惠帝三年（前192年）相国（曹参）奏遣御史监三辅郡，察辞治凡九条，监二岁更，常以中月奏事"（《北堂书钞·设官部十四·侍御史》）。这是复置的监御史，只在三府，即冯翊、扶风、弘农三郡，非常设，满二年更换他人。监察的范围有九条，指九个方面，即："词讼、盗贼、铸伪钱、狱不直、徭赋不平、吏不廉、吏苛刻、逾侈，及弩力十石以上，作非所当服，凡九条。"（《玉海》卷六十五《律令上·汉九条》）从这九条的内容看，监察御史在监察三辅之郡县时，其监察的对象是郡县的官吏，不是代替郡县行政，这些监郡的御史是定期到指定的地方考察，然后回朝廷述职，一般是三月还监，十一月至朝廷奏事。御史不是长期固定在一个地方，两年便要更换，这样避免御史在地方久任与地方郡守建立共同的利益关系。制度的设计与施行的效率往往是两回事，即使如此，仍能出现监御史与郡守互相勾结，包庇地方贪吏的事。卫宏的《汉旧仪》卷上载：

> 及吏不奉法，乘公就私，凌暴百姓，行权相放，治不平正，处官不良，细民不通，下失其职，俗不孝悌，不务于本，衣服无度，出入无时，众强胜寡，盗贼滋彰，丞相以闻。于是乃命刺史出刺，并察监御史。

这是由丞相府派丞相史到地方监察地方行政，包括由御史台派出的监御史也成为被监察的对象。《通典·职官·州郡上》之"州牧刺史"条载：

> 文帝十三年，以御史不奉法，下失其职，乃遣丞相史出刺并督监察御史。

汉文帝时，尽管"丞相遣史分刺州，不常置"（《汉书·百官公卿表》），但这样做的结果是监察系统在地方上的监察成员屋上架屋，机构重叠，职员重叠，临时性派遣可以收一时的效果，但不能从根本上解决吏治上贪腐之风。到汉武帝时，"天下郡守多为奸吏"，为了加强监督，才有元封五年（前106年）设立十三部刺史，驻地专司监察地方的措施，刺史这个名称便是由文帝时丞相府派遣丞相史出刺诸郡县，并督监察御史而来。丞相府分东西两曹，东曹有九人，出督州为刺史，《汉旧仪》称："丞相刺史常以秋分行部"。

汉武帝废除丞相史及御史监郡的制度，在全国设十三部刺史，那就是在地方上设一相对稳定的与郡县区划不完全一致的监察机构。《汉书·百官公卿表》：

> 武帝元封五年初置部刺史，掌奉诏条察州，秩六百石，员十三人。

所谓十三部刺史，即除京畿诸郡外，把全国划分为十三州部，每州为一监察区，设一刺史负责所在州部郡国，这十三州的区划与中国古代九州的区划相近，十三部刺史属御史府管辖，由御史中丞具体督察，这样便由十三州刺史分区监察全国一百零三个郡国，刺史秩六百石，而郡守秩二千石，这是以小制大。武帝所以设十三部刺史的另一个原因是当时社会动荡不定，地方豪强欺压百姓，郡守暴虐，权贵们更是横行不法；外有匈奴压境，加上自然的灾害性事件频发，社会的群体事件连续不断，面对这样的情况，那就不得不派遣刺史来巡行下属的郡县。西汉初置这些刺史到地方以后，巡行郡国，并无固定治所。刺史对地方事务的举劾限于六条问事。

顾亭林在《日知录·部刺史》讲刺史："秩卑而命之尊，官小而权之重，此大小相制，内外相维之意也。"其注曰："秩卑则其人激昂，权重则能行志。"历代统治者皆深谙此道，官大了，权重了，往往指挥不动了，其自成体系，而且可以一手遮天，在上者情况不明，何以制之？君王一个人无法对付，那就支持小人物起来造反，让小人物作撬棒，以观大人物的动向，如果大人物收敛听话了，便到此为止，如果不听话，那就放手让小人物去作梗，打压大人物的威风。而小人物有君王的支持，也有恃无恐，自能领悟君王的意图，尽心尽力，君王则能利用这种关系，谋求权力结构的平衡。如果小人物出了问题，或者局面难以收拾时，那对小人物可以弃之若敝屣，或作为替罪羊，无碍大局。为君者所以使用小人物亦出于无奈，只因大人物不听号令和指挥而已，而小人物则宁可肝脑涂地，为君主所用，则也为以小制大提供了可能。白居易担任门下省拾遗以后，他上疏的言论充分反映了小人物的心态，那么感激涕零、心甘情愿地为君王肝脑涂地。

随着历史的发展，刺史不仅有了固定的治所，而且也有了自己的属官，并且也干涉起郡守在地方上的行政事务。一旦出现这样的局面，原来设置刺史作为监察机构的功能便逐渐消失了，它成为郡县以上的行政管理机构，刺史与郡守成为利益共同体了。而且州部刺史控制的区域比郡县大得多，中央权力机构由于内部的分裂和矛盾而控制力减弱时，州部与朝廷势必形成尾大不掉的局面。明代巡抚的职能和地位的演化，实际上也是从监察系统逐渐演化成新的行政系统，最终仍是尾大不掉。

弄清两汉刺史制度的来龙去脉是了解中国历史上中央对地方监督监察制度的一个切入口，对维护国家的统一、政令的通畅、吏治的整顿是有益的，同时它也告诉我们，制度在执行过程中，自然随着利益关系而异化，制度设计的目的与效果出现反向的运行，故制定法律和制度固然重要，但如何执行则更加重要，随着形势的变化，还必须不断修订制度。除了制度，根本还是人的问题，人的价值观念异变以后，他对待制度的态度，不是如何遵循完善制度的设计，而是如何钻制度的空子，即所谓上有政策，下有对策。任何制度都有它的变异，形式与实质可以反向而行，走形式往往变成违反制度的贪渎行为，所以监察才成为制度执行必不可少的条件。因为制度是死的，人是活的，在有些人心目中，制度是挂在墙上给人看的，办事自有潜规则。所以单靠制度治人有它的局限性，最根本要管好官员，要摆正社会风气，要正能压邪。再就监察制度本身说说，这个问题如果要从纵向展开，可以成为一部专史；如果从横向展开，那还涉及中央的监察系统，整个御史台的职能的分析。从地方的角度展开，便涉及整个地方行政制度上的沿革。再说，监督毕竟是事后的问题，还有一个防患于未然的事，那就牵涉制度设计，如在人事制度的设计上如何防患于未然。古代对地方行政官员的任命有地籍回避的制度，朱元璋在这方面便有许多规定，不仅有地籍方面的回避制度，还有官商之间的回避制度。而早在唐代便有官商回避制度的规定了。更重要的是，为官者的价值观念不能变异，用现在的话讲是要"不忘初心"。

监察机构权力扩大化的现象值得注意，其本质是监察机构的职能行政化。一旦监察机构行政化，最终是监察机构职能的消失。

这个问题在中国历史上教训很多，汉代刺史转化为州牧，其本质便是地方监察制度行政化，州牧成为郡县以上的一级行政机构，刺史的功能也就消失了，一旦朝廷内讧，对地方失控时，这些州牧便成为割据一方的霸主。这个案例说明制度和机构实施过程中自身也在不断递变，这个变化往往不声不响地进行，监察官员也有追逐利益的本能，自然地侵蚀行政权力，纪监委在职能上取代了人事组织部门，本质上是监察权力的扩大化和行政化，它追逐的是监察官员个人的权力，追逐权力和利益最终的结果，必然是自身的腐败。如以明代地方监察制度演变的案例分析一下这个现象，或许会对我们有一点启发。

汉唐宋元的监察机构叫御史台，明建国时也叫御史台，是明初三大府之一，中书令掌行政、大都督府掌兵权、御史台掌监察，这三大府的地位是平行的。洪武十五年改御史台为都察院，设左右都御史各一人，正三品，它的功能仍是监察百官。都察院的下属分成两个部门，一是六科给事中，监察弹劾中央六部各级官员，例如吏科给事中可以监察吏部在官员任免上的问题，但官员任免的权力仍在吏部，也就是仍在吏部尚书手上。一是十三道监察御史分别监察全国十三布政使下属的各级官员，对地方的监察机构不在地方而在朝廷。明代地方行政机构最初是仿元代的行中书省。元代行省的行中书令权重，集地方权力于一身，是一元化的领导，洪武九年，朱元璋便分割地方行政权力，把它一分为三：行中书省改称为布政司，负责地方日常行政和财政税收；一为都司，负责地方的军权；另一为按察司，负责地方的监察司法和一般的治安。这样地方行政是三司并立，三司分别听命于中央的有关部门，如都司听命于中央五军都督府和刑部；布政司按事务分别听命于中央的户部、刑部二部；按察司听命于中央的都察院和刑部，所以在地方上没有一个一把手定音。

三司并立的结果有利有弊，利是相互牵制，没有一个机构可以独断，中央的政令可以直达地方；弊是互相推诿，效率低下，因为毕竟有一些事务往往牵涉到好几个机构，结果是无人负责。于是开始有巡抚的设置，如宣德时，于谦便是由御史超拜兵部右侍郎巡抚河南、山西，巡抚的任用，一般都有佥都御史的头衔，巡抚的人选可由各个机构挑选，但巡抚必带有副都御史或佥都御史的头衔，与都察院有相应的隶属关系，中央派往地方的监察机构就开始向行政化转变了。而巡抚不仅有监察的职能，还有安抚地方的职能，而这个安抚就有行政的职能，时间一久，巡抚衙门便成为三司之上省一级的最高权力机构，巡抚实际上成了地方上的一把手。这个结构的设置，本身就走向洪武年间三司并立的反面了，那么巡抚监督的职能势必逐渐削弱而趋于消亡了，明代是中国历史上贪污贿赂之风最为盛行的一个朝代。

地方上的总督巡抚莅任之前照例贿赂权要，如周忱，应该说是一个清官了，昆曲《十五贯》中有两个明代在江南的清官，一个是周忱,另一个是况钟。周忱到江南,主要的任务是总督税粮,可算是一个肥缺,因为有钱财过其手。他在税粮的体制上要做一些调整,总要得到朝廷的支持,《明史·周忱传》称其"赠遗中朝官,资饷过客,无稍吝惜。胥吏渔蠹其中,亦不甚訾省。以故屡召人言"。一是对上贿赂,一是对下属贪赃行为也不计较,只要大局稳定便行;反之,如果要过问一下他"赠遗中朝官,资饷过客"的钱从哪儿来,恐怕他手脚也不太干净。地方上便有人检举周忱"多征耗米",即收税时多征一点损耗。收的税粮有鼠雀耗,老鼠麻雀吃掉的要老百姓负担,这中间就有相当的伸缩了。至于对"胥吏渔蠹",他也睁一只眼闭一只眼,可见他监察的功能并没有彻底履行,他还不如海瑞那样的清官,但是他如果真如海瑞那样苛细的话,也许也会被挤下台的。

我讲这个案例是为了说明监察权力行政化了,监察官员转化为地方一把手了,那么监察这个功能也在消亡过程中;但它也不可能全消亡,还会一次复一次地重建。周忱应该说是一个好官,海瑞这样的清官只是个别。到了明代中后期,是政以赂成,那么离王朝覆亡的日子也就不远了。

十一、结束语：天下者天下人之天下

朱元璋在《皇明祖训》中讲到天子与亲王之间的礼仪，在朝廷必讲君臣之礼，在内殿则行家人之礼，说明国与家还是两种不同的社会关系。国是建立在政治基础上的相互关系，家人长幼辈分是建立在血缘基础上的相互关系。国家政治是处理公共职能，家族内部是处理亲族之间的相互关系。中国传统文化中，国与家这两个概念是紧紧联系在一起的，都是私有制产生以后的产物。中国历史上从夏商周三代起，每一个王朝，都是在逐鹿战争中诞生的，所以打天下者坐天下，成为自然的道理，但这个道理又是有悖于常理的。明人黄宗羲便说过，天下者天下人之天下，非一姓一氏之天下。天下指国家，国家的职能是处理好社会的公共事务，但在执政者心目中，往往把这一公共职能私有化了，成为一家一族谋取私利的工具。那么，国家的功能就畸变了，最终必然会导致这个王朝的覆灭。在地方行政制度的演变上，我们也可以看到这个矛盾的变化反复出现，比如郡县制和分封制的反复出现。为什么要搞分封制？那就是把国家的公共职能变成家族的私产，并借以谋取私利，结果适得其反，不仅起不到分封初始借以屏藩宗室的作用，而且成为乱阶的原因。西汉的"七国之乱"是如此，西晋的"八王之乱"也是如此，特别是西晋的这次乱局导致了南北长期分裂，北方乱局难以收拾的局面。混淆国与家两者不同的功能，把公共事务家族化，有害无益，不仅有害于公共事务，对家族也是一场灾难。

朱元璋不听叶伯巨的不同意见，而且指责他"间吾骨肉"，甚至要亲手射死他。但朱元璋死了不久，"靖难之役"便证明了他的亲亲主义的祖训靠不住。事实上，他把诸子分封于全国各大城市，效果并不好，于国于民皆有害无益。朱元璋对地方行政制度——省、府、县这三级的设计，为清代所沿袭，迄今我们行政区划的设计尚是在沿袭其原有区划基础上做某些微调而已。明代处理朝廷与地方的关系，在制度设计的指导思想上，是为了防止尾大不掉的局面，处处着眼于加强控制，分割地方的权力，层层互相制衡，这样做的结果，削弱了地方自主的能力，牺牲了管理的效率，其结果是地方丝毫没有独立防卫外侮之能力。另一方面，朝廷上的达官贵人在处理家国之间的关系上假公济私，弄不好也是祸害无穷，他们的家人利用其权势在家乡和地方上横行不法，祸害一方。明代那些达官贵人在乡间的名声好的不多，就以上海而论，徐阶的名声极坏，还有董其昌，也是名声很坏的恶霸地主。物极必反，晚明时江南发生的奴变，对这班地主豪绅便是最直接的报复。故修身、齐家、治国平天下这三者不可分割，自己不修身、不齐家，何以治国平天下？其结果只能是既败坏自己子孙，又坑害国家，糟蹋百姓。这样的教训永远值得吸取。

第五讲

司法制度

朱元璋从严治官,主要针对两类现象,一类是各级政府官员中贪渎腐败的,另一类是功臣宿将飞扬跋扈欺压百姓的。在君、臣、民这三者之间,历代王朝都是君臣结合以治民,君王通过官僚建立各种官府机构来统治老百姓。而朱元璋则企图整治官员以稳定王朝的统治,甚至一度想君民结合来整治官僚队伍,这也是历代统治者中少有的现象,大概与朱元璋早年的经历和他的布衣情结有关。

一、立法、变法与依法治国

法制实际上是国家通过刑罚来维持社会公共秩序的手段之一。什么叫法,在中国古代早就有人解释了。若《管子·任法》讲:"夫法者,上之所以一民使下也。"战国时,《韩非子》在《定法》篇曾说:"法者,宪令著于官府,刑罚必于民心,赏存乎慎法,而罚加乎奸令者也。"可见法是王朝自上而下由官府发布的命令,让百姓都懂得必须遵守的社会秩序,慎重对待法令的可以得到赏赐,违背法令的则要受到刑罚,让官吏根据法令来对违背政令的人实行刑罚。《难三》篇还说:"法者,编著之图籍,设之于官府,而布之于百姓者也。"意思是说,法,要编成条文,也就是我们日常看到的律令文书,由专门的司法机构来执行刑罚,同时必须布告于百姓,让百姓知道法令是怎么规定的,什么是守法,什么是违法,如果违法将会受到什么样的刑罚。这是中国古代对法最原始的解释,实现法治是为了维持相应的社会秩序。

中文的"法"字,古体写作"灋"。根据东汉许慎《说文解字》的解释:"灋,刑也。平之如水,从水;廌所以触不直者去之,从去。"这个"灋",所以从水偏旁,是表示执法时必须如水平仪中的水那样公平。廌是古代传说中的一种神兽,《史记·司马相如列传》作"解豸",《汉书·司马相如传》作"解廌",传说中这种神兽头上只生一只角,它能辨人间曲直,见人斗,即以角触不直者,闻人争,即以口咬不直者。古代法官戴的帽子,头上便有一只角。进行裁判时,能反对一切不公平的事并去除之,所以在廌下加一个去字。故古体的"灋"字是表示要如水平那样公正执法。从字义上讲,法的执行象征着它能给予人们以公平和公正。而公平和公正,实际上是为了保证整个国家和社会秩序的相对稳定。而稳定这个社会秩序的手段则不仅仅是法律,还有体现人们相互关系的伦理观念的各种礼仪活动。所以无论法还是礼,都是一定时期内人们为了稳定社会秩序必须遵循的规则,有时可以通过礼仪活动使人们自觉遵守相应的行为规范,有时则要通过法律的手段,也就是刑罚的办法,逼使人们去遵循。故道德伦理和礼仪活动的自觉遵循与法律法令的强制性执行是相辅相成的。

(一)

无论是伦理观念、礼仪规则还是法律秩序,都是建立在一定的社会经济和生产活动的基础上。如果社会生活发生急剧变化,建立在原来基础上的伦理观念和法律秩序也必然会随之发生剧烈的变化,许多旧的伦理观念都会崩溃,社会秩序则会出现无序的状况,那么原来的法律条文也自然随之发生相应的变化。这就是所谓的变法。故《管子·任法》说:"法者不可恒也。"就是说法律和法规不可能恒定而不发生变化。随着社会生活的变化,必须不断修正原来的法令和条文,所以历史上的法律文书,有好几种。中国古代的法律文书,以唐代为例,叫作律、令、格、式,各自有其适用的范围。令是对制度设施的正面规范,如果违令,那就要被认为犯罪,于是要进入律的范畴。律是司法机构进行量罪定刑的根据,古代的所谓律,基本上相当于我们今天的刑法,当然也包括一部分民法。过去我们在法制教育中经常讲的那句话,即以事实为依据,以法律为准绳,是否违法犯罪,首先要看行为者所作所为的事实,然后根据法律的相关规定定罪量刑。格是皇帝将在一段时间内先后发布的旨在调整现有制度的诏令制敕集中起来,整理汇编成册,再重新以诏令的形式颁布天下,以便于大家遵守。这一部分相当于我们今天人大通过的某方面的立法和条令,以及它的修正案和最高法院的一些司法解释。所以格的内容往往是综合性的,是对原有法律文书的一种补充和修正。当然这些补充和修正只是属于微调的性质,只有量上的变化,没有根本性质的变化。式是官府执行各类公务的实施细则或有关程序、权限的规定。

如果社会的经济生活发生根本性的变化,如从以小农为主的农耕社会转变为以工商业为主的商品经济占主导的社会,那么原来的社会秩序就会逐渐瓦解，而新的社会秩序有一个逐步建立的过程，整个社会由有序走向无序，再由无序转向有序。这个过渡阶段是激烈变化的时期，原来规范社会秩序的伦理道德观念往往逐渐瓦解和崩溃，而新的秩序重新建立也需要一个过程。有人把建立在小农基础上的社会关系比作熟人社会，因为人们都生活在熟人之间，大家相互之间比较了解，互相信任，有一个共同的秩序制约着人们的相互关系。而工商社会是一个以市场为主体的陌生人社会，人们的相互关系是通过市场的商品交换关系来建立的，商品的生产者与消费者之间并不相知，人与人之间的关系更多地要通过契约和信用来建立。在这两种相互关系之间，有一个过渡时期，或者说有一个激烈变化的时期，在这个时期社会往往更多地显示出无序的状态。旧的观念失落，新的观念尚未建立，所以腐败、缺德的情况很普遍，而新的观念和新的法律体系也需要一个建立的过程。这个过程中，旧的熟人关系往往还起着作用，而新的法制还留下各种孔隙，凭熟人好办事的情况还大量存在，许多事公事公办反而很难办，要有熟人的交情才好办。熟人之间的交情如果完全转化为货币，贪污腐败就有滋生的土壤。在政府机构内部，成员之间除了公务关系以外还有熟人关系，而这个熟人关系，如果与社会上由熟人关系形成的团伙结合且干坏事的话，就会出现黑白相结合的黑社会组织。这种情况如果长久得不到适当的治理，政府的性质也会发生变化，这就是两种规则转折和过渡时期所呈现的比较复杂的社会关系。事实上，熟人关系也是我们每个人在生活中都无法排除的，说到底是如何处理公私关系的问题，那得靠人的觉悟。所以它也是我们需要认真去思考和应对的社会现象。每当变法的历史时期，社会生活中腐败现象会更普遍一些，如宋代王安石变法的时期及其以后的一段时期，便是北宋政治经济比较腐败的时期。

（二）

中国近代在鸦片战争以后，社会发生数千年未有之剧变，而这一个阶段，也是社会生活中道德堕落、生活腐化极其泛滥的时期。如果读一下《官场现形记》和《二十年来目睹之怪现状》两部小说，就可以感到社会生活激烈变化的时期，往往也是道德和法制失落尊严的时期。要重建法律和道德的尊严，往往需要采取强力的手段，恢复清教徒般的生活。一个新社会真正地确立，不是一次从无序到有序的过程，也许要反复好几次，才能稳定下来。所以法制的建立、动荡、再建的历史过程，也是我们社会生活从有序经过无序重新走向有序的过程。目前我们正处于一个新的转型时期，从原来有序经历无序转向转型以后新的有序，在这个程中，必然有一部分人会为此付出沉重的代价，无论弱势群体还是强势群体都面临危机。所以单纯从原有的伦理层面去谴责各种腐败现象并不能从根本上解决问题，还得先回答为什么会有这样的问题。不仅要从个别事例看，而且要宏观地从整个社会结构的演化过程来观察产生这些问题的所以然，从历史的走向去思考怎样才能解决和处理好这类问题。如果处理不好，社会生活也会因无序而转向崩溃。明末的崇祯皇帝是励精图治的，他不想当亡国之主，但改变不了明王朝的颓势，历史注定了他只能当亡国之主，因为整个社会已经积疾难返，病入膏肓。中国历史上的许多王朝也正是这样走向灭亡的。

那么，我们从外部移植一个司法制度行不行呢？恐怕也难。清末的"钦定宪法"便是派大臣出国考察以后，从外国借了不少概念生造出来的，结果枉然。辛亥革命后我们也从西方借了不少概念，看来也难，如同橘子，在南方是橘，到了淮河以北变成枳。任何移植的东西，都有一个水土不服的问题。它只能是一个参照的体系，由此而知己之不足，但它不可能是评定是非的唯一标准。一切还得从自己土壤和气候的实际情况出发，培育自己的优良品种。在这个问题上，中国特色之路虽然难走，但也要摸索着走。

在我们日常生活中，在商品交换或者服务性贸易中，发生在熟人之间与在陌生人之间的交易，往往可以看到许多不等价的状况。由此可知，在市场经济下，即使如公平交易、等价交换这样一件最简单的事，也不是一蹴而就的。势必有两种不同的规则同时掺和在一起，如果这种情况出现在处理公共事务的机构上，就谈不上什么公平公正执法。这个时期，由此而形成的种种矛盾，往往是引发人们不满情绪极度泛滥的导火索。目前，已有的案例，在农村有土地征收的补偿问题，在城市则有拆迁的补偿问题。有人想拆迁，有人怕拆迁，在想和怕的背后，实际上有利益的矛盾和冲突。执政者如果不能平衡各方的利益关系，而是与利益的某一方捆绑在一起，往往便成为利益被损害者群体性事件爆发的突破口，被推向风口浪尖。因此我们现在这个时期，也是思想上纷争最多的时期。这种不满并不是坏事，它能推动人们从不同的视角去探索新的发展途径，而照抄照搬西方的程序往往是一种懒人的思维方式，总难免以失败告终。每当群众中这种不满情绪趋向极端，而司法机构又处于无能并半瘫痪状态时，往往会有人呼唤采取极端的办法，当这种呼唤成为群体性的要求时，也许就是革命爆发的前兆。革命在本质上也是一种试图通过群体性的、大范围的暴力行为解决社会不公问题的努力。所以只有总结历史上各种沉痛教训，社会才能以更新的步伐向前进，才能建立新的社会生活中生产、交换、消费的公共秩序。这是一个很难避免的非常痛苦的历史过程，正如一个新生的婴儿诞生时总会伴随着许多血污一起坠落，这也是需要人们努力为新生儿清洗及不断打扫环境的过程，只有这样才能保障新生儿健康成长。历史上曾经有过的革命，不管你要不要，喜欢不喜欢，它们是无法排除的客观存在，后人的责任只是正确地认识它们，知其所以然，从而吸取有益于己的东西。正因为如此，如何变法、用法，如何打破旧秩序建立新秩序，这便有一个如何用势的问题，只有因势利导才能用新的秩序顺利取代旧的秩序，自然地完成整个社会进程的转型。这是我们观察社会生活必须密切注意的一个视角。

（三）

通过立法和执法来达到整治社会秩序的目的，亦需要因势而为。这个势，包括两个方面，一是自然之势，一是人为之势。

《韩非子·难势》中称："'势治者则不可乱，而势乱者则不可治也。'此自然之势也，非人之所得设也。"这是指社会自然形势的趋向，往往不是人力可以挽回的。兵败如山倒，到了那个境地，已经形成的颓势是谁也无法挽回的。中国历史上历代王朝到了崩溃的前夜，都会出现这样的局面。1949年在大陆的国民党的处境也是如此。当然，这也不是一朝一夕形成的，而是各种矛盾和问题积累的结果。反之大势趋于稳定时，任何人想制造一些事端来动摇这个稳定的局面，那也很难得逞。故这个势，有双重的性格，正如韩非子所言："夫势者，便治而利乱者也。"（《韩非子·难势》）它具有既便于稳定又利于继续动乱不定的双重性格。所以人只能顺势而为，不能逆势而动，违逆时势的潮流，那只能是自取灭亡。

至于人为之势，韩非子说："贤人而诎于不肖者，则权轻位卑也；不肖而能服于贤者，则权重位尊也。尧为匹夫不能治三人，而桀为天子能乱天下。吾以此知势位之足恃。"（《韩非子·难势》）这个权位便是人为之势。而法还必须与势结合在一起，只有势没有法不行，只有法没有势也不行。韩非子说："夫弃隐栝之法，去度量之数，使奚仲为车，不能成一轮；无庆赏之劝，刑罚之威，释势委法，尧、舜户说而人辩之，不能治三家。夫势之足用亦明矣。"（《韩非子·难势》）奚仲是古代制车的工匠；隐栝，是以绳墨量曲直；度量，指木料长短大小的计量，以代指法。庆赏刑罚指以其造势，没有势，则法无以为用，故韩非子的结论是"抱法处势则治，背法去势则乱"（《韩非子·难势》）。意思是以权尊位高和赏罚之势来推行法治，才能奏效，没有相应的位势，没有一定的法制条令，便不可能有稳定的社会秩序，结果便是天下大乱。

故无论自然之势，还是人为之势，皆是法之推行不可或缺的条件。换一句话说，法令的制定和推行，刑罚轻重的变化，都必须随着社会形势的变化而变化。

在中国古代，即使同一个朝代，对于同一种犯罪行为，在不同时期处罚的轻重也不相同，轻重状况都要服从那个时期斗争的需要。汉初，高祖刘邦刚进关中入咸阳时，为取得当地民众的支持，对当地的民众说："父老苦秦苛法久矣，诽谤者族，耦语者弃市。"

是指秦国的法令过于严苛和暴虐，他刘邦则是："与父老约法三章耳：杀人者死，伤人及盗抵罪，余悉除去秦法。吏民皆按堵如故。"（《汉书·高帝纪》）这约法三章，即杀人者偿命，打伤人及偷盗者以罚相抵，此外其他苛刻的法令一概取消，结果是"秦民大喜，争持牛羊酒食献享军士"（《汉书·高帝纪》）。这个就是因势利导。在楚、汉即将逐鹿之际，刘邦懂得在法制上以宽简争取民众对自己的支持。《汉书·刑法志》讲："昔周之法，建三典以刑邦国，诘四方：一曰，刑新邦用轻典；二曰，刑平邦用中典；三曰，刑乱邦用重典。"刘邦的约法三章，就属于刑新邦用轻典，只有这样才能赢得新占领区人民的支持。项羽不懂这个道理，他进咸阳以后，便乱烧乱杀，"屠咸阳，杀秦降王子婴，烧其宫室，火三月不灭；收其宝货，略妇女而东。秦民失望"（《汉书·项籍传》）。古代，兵刑为一，项羽那样用兵，关中便没有百姓会支持他，这注定了他在楚汉逐鹿战争中的败局，其中简单的道理就是得民心者得天下。刘邦取得楚汉战争胜利以后，周边尚未臣服，关中的局势已经稳定，《汉书·刑法志》称："其后四夷未附，兵革未息，三章之法不足以御奸，于是相国萧何捃摭秦法，取其宜于时者，作律九章。"这就是所谓平邦用中典，整理秦国的律法，为汉之九章律。到了汉武帝时，武帝"外事四夷之功，内盛耳目之好，征发烦数，百姓贫耗，穷民犯法，酷吏击断，奸轨不胜"，即由于横征暴敛，社会矛盾进一步激化，出现乱世的迹象，那么"刑乱邦"便须"重典"了,于是"禁罔浸密,律令凡三百五十九章,大辟四百九条,千八百八十二事,死罪决事比万三千四百七十二事"(《汉书·刑法志》)。所谓决事比,即可以应用某项法令之案例,可以判死罪的有四百零九条之多,可以比对的案例多达一万三千四百七十二,可见刑罚之滥而重。由此可见刑法的轻重会因时因势而变。

在古人的心目中,法令条文是经。至于刑罚的轻重,随时而变。《韩非子·心度》篇称:"法与时转则治,治与世宜则有功。"讲的也是这个道理。故执法与立法的公平也是相对的,没有什么绝对的公平,它是动态的,要因时势的需要而灵活掌握。这也叫作执经以达权,经是原来的法令条文,权是灵活变通的办法。宜,是时势的需要,对刑罚的轻重缓急要调整到恰到好处,也就是要以维持社会生活的有序为其目的,而刑罚只是达到这一目的的手段。但这也有一个度,过头了,那就失其宜。民不畏死,奈何以死惧之,杀多了,反而添乱。

(四)

法治要有一套严密的法律条令,要做到法随时转,治与世宜,达到通过法治以稳定社会生活秩序的目的。这一切要有人去做才行,要知贤任能才行。《韩非子·难势》说:"今以国位为车,以势为马,以号令为辔,以刑罚为鞭策,使尧、舜御之则天下治,桀、纣御之则天下乱,则贤不肖相去远矣。"然而要找到尧、舜,又谈何容易。如果以驾为喻,古代驾车的能手叫王良,如果必待古之王良,以驭今之马,机遇难得,"夫良马固车,五十里而一置,使中手御之,追速致远,可以及也,而千里可日致也,何必待古之王良乎!"车代表着国家的权力,马代表着趋势,良马固车,即好的形势,稳定而巩固的国家结构,即使由中人驾驭这辆车子,安置这样的驿马,每五十里换一匹驿马,那么行驶千里,也能指日而到目的地。故即使没有王良那种善于驭马者,以中人做王者,对群臣和下属只要善于"因任而授官,循名而责实,操杀生之柄,课群臣之能者也,此人主之所执也"(《韩非子·定法》),同样也能达到推行法制以稳定社会秩序的目的。故乱世,需要强势的在西方被马克斯·韦伯称作克里斯玛型的领袖人物,才能扭转局势。明代的朱元璋就是这样的领袖人物,布衣出身,经历过苦难,深悉世情,有深厚的布衣情结;疾恶如仇,又能团结一大批文臣武将;还是一个铁腕人物,有非常严格的组织纪律,过着非常简朴的生活。正是他的这些性格,把他放在农民领袖的地位上,是他的努力结束了元末的动荡乱局,开创了一个新局面。朱元璋不是没有错误和缺点,他杀过那么多人,办过那么大的案子,当然有错,然而我们必须懂得无论是功还是过,都是那个时代的需要。我们不能片面地抓住他的过失,把他描绘成暴君,那就违背了历史的真实。但在社会相对稳定的时期,并不非得需要什么伟大英明的领袖人物,所谓中人,也就是法理型传统型的领袖,同样也可以驾驭庞大的国家机器。然则这也是有条件的,人贵有自知之明,不作非分之想,循规蹈矩,一切都会正常运转。我们当然要有危机感,要有忧患意识,但海外一些人别有用心地夸大我们的社会矛盾、夸大各种问题,是为了制造恐慌心理,搅乱人们的思想,使人们失去信心。我们可不要上当,对形势的基本面应有一个恰当的估计,对前途要有信心。这是一个问题的两面,哪一个侧面都不能缺少。所以还是毛泽东说过的老话:道路是曲折的,前途是光明的。即使在明代中叶,那些帝王实在不太高明,大都属于平庸之主,但是明王朝的国家机器依旧能正常运转。尽管出现过危机,凭借它自稳的性能,还是能渡过不太严重的危机。当然这也有度,超出了限度便会自行垮掉。我们这个国家如一条特大型的船,它航行在大海上,自稳的性能特好,不是随便什么风浪就能撼动和掀翻的。只要我们指挥系统不发生问题,内部不发生大的冲突,它是沉不了的。

(五)

有了法律条文,正确掌握了形势的要求,还需要有一套完整的执法机构,才能有组织地去实施法治,也就是要有一支庞大的官僚队伍，现在叫作公务员队伍，在相应的官僚机构及其体制下去执行依法治国的具体工作。中国古代司法机构，一般包括两个部分，一个是司法行政机构，一个是审判机构。司法行政机构在《周礼》中称秋官。汉成帝时置三公曹，主断狱事。东汉则以二千石曹主中都官之盗贼、词讼、罪法事。南朝宋、齐、梁、陈及后魏、北齐都以都官尚书兼掌刑狱之事。至隋开皇以后设刑部尚书，尚书六部中的刑部从此成为司法行政机构。中国古代的司法审判官，春秋战国时称大理，秦汉时最高的司法审判官称廷尉或大理，北齐及隋称大理寺，唐沿用，直到明清，国家最高的审判机构都叫大理寺，它相当于我们现在的最高法院。以唐代为例，刑部设尚书与侍郎各一人，其职掌是负责刑法及徒隶勾覆，关禁之政令。而大理寺的长官则有卿一人、少卿二人，他们的职掌是负责邦国析狱详刑之事，也就是具体负责刑事审判。明清两代在中央有刑部这个司法行政机构，有大理寺这个全国最高的审判机构，在地方则是政法合一。若以汉代为例，郡一级行政机构的长官是郡守，有实施赏罚之权，他有司法权，并设置决曹，主治狱及罪法事；县一级的地方长官称县令，《后汉书·百官志五》记载县令的职掌是"皆掌治民，显善劝义，禁奸罚恶，理讼平贼"，包括司法与审判两方面的职责；其下属列曹中，主管司法治安方面的，有贼曹主盗贼之事，狱掾吏负责具体管理监狱。地方上的政法合一体制，一直延续到明清两代。

（六）

总而言之，一套司法制度的实施，要有一套完整的法律条令，有一套完整的执法机构，包括司法行政机构和审判机关，要有一支庞大的执法队伍，而且法律的实施还必须因时势而恰当地或重或轻，以达到稳定社会秩序这个根本目的。这是我们考察司法制度时必须注意的几个方面。每个现存的民族乃至个人，身后都连着一条长长的脐带，通向我们所从由来的远方，你无法也没有必要去挣脱它，却绝对有必要去理解它。对于依法治国这样一个重大问题，同样是如此。司法制度的产生、发展和演化，是由一定社会生活秩序的需要所决定的。制度的产生、形成和确立，都是在时间流逝中逐渐完成的。事物的发展有其自身的规则和因果关系，它不是由理念诸如普世价值的推演而能凭空制造的。民主、自由、平等这类概念，都是相对的。各个时期提出这些口号，去争取的目的都是具体的。无论是谁在反对谁，如果只是抽象地叫嚷这些口号，不表明自己具体的目的，那只能是一种欺骗。问题不在于口号，而在于口号背后所要达到的目的，是符合什么人的利益，还是为了适应谁的要求。要具体情况具体分析，不是要不要的问题，而是你要说清楚你究竟要什么，它可能的结果是什么。有关法制的一些理念只是为了帮助人们加深对事物的认识，而不可能依照理念的逻辑去改变事物自身前进的轨迹。社会的发展只能从无数人前赴后继的历史活动中形成，是人类活动自然演化的产物。当然它势必也会被打上各种观念的烙印。一种制度，即使在当时生产生活条件下看是有益的、有用的，但也不可能是完善的。它总是既有优点，给一部分人带来益处，同时也存在缺点和不足之处，会损害另一部分人的利益。故从价值取向上讲，它不可能是普适的，如水平仪那样公正。所谓公平和公正只能是相对的，只要它对大多数人有益，便是公平公正的了。

社会某一方面的行政制度，如司法制度，不可能孤立地存在，总需要一套互相补充和制约的制度，如某种司法制度总与一定行政制度、礼仪制度和伦理观念，以及社会的经济制度联系在一起。故司法制度不仅表现在成文的法律条文上，更与社会生活中不断形成的惯例、习惯、道德观念和社会风俗以及社会生活中实际存在的某些潜规则等非正式的制度息息相关。而且我们还必须注意，制度随着社会生活的变化也在动态地不断演化，甚至发生革命性激变。革命并不因为一些人讨厌就不存在，这是历史自身发展的结果，对历史的认识只能从知其然而到知其所以然，它不能依照某些理念的意愿进行重构，重构历史只能是痴人的妄想。记得黑格尔有一句名言，那就是一切存在都是合理的，一切合理的都会存在。这个"理"字，是指存在自身发展的逻辑结构。这个将要存在的理，只是对过往历史的逻辑推演而得到的对未来的预测，不是用理念的逻辑去演绎社会生活。说到底，无论对历史还是对现实的司法制度及其实践，只能依照当时形势，实事求是地作出评判，决不能依照某种已被凝固化的所谓普世价值的理念去评判。

二、明代刑法制度的立法——《大明律》《大明令》《大诰》和条例及榜文

（一）《大明律》

现在我们先简略说一下明代司法制度的概况。

明代有一套比较系统的法律条文，一是有一部比较完整的《大明律》，这部法律是朱元璋先后让李善长等人制定的，前后长达二十年方才完成。从这个长期的过程可以看到朱元璋极为谨慎，力求完美，希望它能传之久远。朱元璋在吴元年（1367年）十月，命李善长等人制定律令。洪武元年正月颁行《大明律》，分六部分，共二百八十五条，吏律十八条，户律六十三条，礼律十四条，兵律三十二条，刑律一百五十条，工律八条。这部《大明律》现已散佚。朱元璋在该书基础上两次修订。第一次是洪武六年十一月，由刑部尚书刘谦祥奉命详订《大明律》，至次年成书。这一本《大明律》的篇目与《唐律》相同，采用唐律二百八十八条，续律一百二十八条，旧令改律三十六条，因事制律三十一条，掇《唐律》以补遗一百二十三条，共计六百零六条，分为三十卷。第二次修订的《大

明律》现在也已散佚。洪武二十二年朱元璋再次修订《大明律》，又恢复使用按六部次序编次，据《明史·刑法志一》：

  （《大明律》）为卷凡三十，为条四百有六十。《名例》一卷，四十七条。《吏律》二卷，曰职制十五条，曰公式十八条。《户律》七卷，曰户役十五条，曰田宅十一条，曰婚姻十八条，曰仓库二十四条，曰课程十九条，曰钱债三条，曰市廛五条。《礼律》二卷，曰祭祀六条，曰仪制二十条。《兵律》五卷，曰宫卫十九条，曰军政二十条，曰关津七条，曰厩牧十一条，曰邮驿十八条。《刑律》十一卷，曰盗贼二十八条，曰人命二十条，曰斗殴二十二条，曰骂詈八条，曰诉讼十二条，曰受赃十一条，曰诈伪十二条，曰犯奸十条，曰杂犯十一条，曰捕亡八条，曰断狱二十九条。《工律》二卷，曰营造九条，曰河防四条。

《大明律》到此基本定型，但是直到洪武三十年才在午门正式"刊布中外，令天下知所遵守"（《明史·刑法志一》）。故在有明一代，这一部律文，历代相承，无敢轻改。

（二）《大明令》

《大明律》之外，还有《大明令》，它也是始订于吴元年，洪武元年正式颁布。全书为一卷，共一百四十五条，分吏令二十条，户令二十四条，礼令十七条，兵令十一条，刑令七十一条，工令二条。其内容与《大明律》相辅相成。

（三）《大诰》

除了律令之外，明代作为法律条文的还有《大诰》，一共四篇，这是把当时处置的案例，汇总以《大诰》的形式公布于全国。第一篇发布于洪武十八年（1385年）十月，朱元璋在御制的序文中说："今将害民事理昭示天下诸司，敢有不务公而务私，在外赃贪，酷虐吾民者，穷其原而搜罪之，斯令一出，世世守行之。"从序文的口气可以知道，这篇诰文是针对当时各级官吏的贪赃枉法行为的，全篇共七十四条，有的是朱元璋口谕的诏令，有的是当时处置的案例。次年春三月，朱元璋又颁布了续编共八十七条，这里有少量民事的案例，大都还是针对当时吏胥的。三编颁布于是年冬十二月，共四十三条。前后一年多时间，朱元璋连续颁布《大诰》三篇，借助这许多条案例在全国进行普法教育。第四编《大诰武臣》，是针对军队管理上的案例，共三十二条。上述四篇都是针对当时形势，借助于一批案例的宣传来整顿吏治，并借以维持和稳定社会秩序。从全部的内容看，《大诰》中的案例在刑罚上比明律要重，因此可以说是当时《大明律》之外的特别法，同时也是对《大明律》的补充。有许多条目则是朱元璋对臣民的训诫，表述其"治乱世用重典"的理念，目的是劝谕臣民懂得趋吉避凶，既是对臣民的"明刑弼教"，也是对奸顽的惩戒和警告。

（四）条例

明代洪武年间，除《大明律》与《大诰》之外，还颁布过不少条例，都属于重典的性质。如洪武二十六年颁布的《充军条例》有二十二条，《真犯、杂犯、死罪条例》七十八条，其处刑大都比律文要重。洪武三十年颁布了《三十年条例》一百条、《钦定律诰条例》一百四十七条，处刑也大都比律文重。

（五）榜文

朱元璋在位三十一年间，还曾多次根据治安形势发布榜文，以圣旨的形式公布于世，属于临时因事立法的性质。洪武三年二月，发布《教民榜》，共四十一款。据谈迁《国榷》称："庚午，召江南富民赴阙，上口谕数千言刻布之，曰：《教民榜》。初，元富室多武断凌民，故上召谕之。"这实际上是对地方富豪的一种告诫。他还曾令户部修订这份《教民榜》供基层里老处理民间讼事时使用，并将之刊布于天下。内容包括里老制的组织设置、人员选任、理讼的范围、刑罚种类、办事程序和原则、里老职责及其法律保障，以及对违背榜文者如何处罚的规定，大都属于民事的范畴。朱元璋在颁行《教民榜》时曾强调："今出令昭示天下，民间户婚、田土、斗殴相争一切小事，须要经由本里老人里甲断决。若系奸盗、诈伪、人命重事，方许赴官陈告。是令出后，官吏敢有紊乱者，处以极刑，民人敢有紊乱者，家迁化外。"这实际上是把一般的民事纠纷交由民间自行调解处分，官府处理的主要是刑事纠纷。其中有关刑罚的规定，是为了保障里老理讼制度本身不受破坏。这个《教民榜》在建文、永乐时还有补充，嘉靖时南京刑部悬挂的榜文共有六十九榜，其中洪武时颁布的榜文有四十五榜，永乐时有二十四榜。除了《教民榜》以外，其他的榜文都与刑法有关，处刑比明律要重，是对明律的具体补充和细化。《大诰》以治官为主，治民的比例不高，而榜文六十九榜中，治民的条款增加了。虽然朱元璋在洪武三十年颁布《大明律》与《大诰》时，明确宣告"凡榜文禁例悉除之"，实际上榜文仍然作为法律条令在实施。据《南京刑部志》记载，永乐帝朱棣曾宣布："某（建文帝）不守祖法，多有更改，致使诸司将洪武年间榜文不行张挂遵守。凭各衙门查将出来，但是申明教化，禁革奸弊，劝善惩恶，兴利除害，有益军民的，都依太祖皇帝圣旨，申明出去，教天下官吏军民人等遵守，保全身命，共享太平。敢有故违，依着太祖皇帝圣旨罪他。"可见洪武以后，这些榜文实际上作为法律文书仍在发挥着作用。

三、三法司（刑部、都察院、大理寺）——明代司法机构审案的程序

（一）三法司

明代的司法机关，以三法司——刑部、都察院、大理寺为主，绝大多数案件由三法司会同审理。除三法司外，还有其他机构参与司法审判。三法司会审的制度创始于唐代，唐代有"三司受事"的规定，即刑部、大理寺、御史台三个衙门会同接受官民呈控案件，如果有重大案件，诏令三法司共同审理。宋代以后三法司推事成为常态，明代则制度化为三法司会审，作为最高审判裁定。《明史·刑法志二》："刑部受天下刑名，都察院纠察，大理寺驳正。"这个职掌分工的原则在洪武年间便已确定了。洪武十七年闰十月，朱元璋"命天下诸司刑狱皆属刑部，都察院详议平允，又送大理寺审覆，然后决之。其直隶诸府州刑狱，自今亦准此令，庶几民无冤抑"（《明太祖实录·洪武十七年十月》）。各地的刑事案件，按规定要移文刑部和都察院详议是否平允，刑部详议平允后，送大理寺复审。刑部和都察院是中央的初审机关，大理寺则是中

央的复审机关。军队系统的案子,则由五军断事官审断。明代刑部设尚书、侍郎各一人,"尚书掌天下刑名及徒隶、勾覆、关禁之政令"(《明史·职官志一》)。刑名是指直隶及各省徒隶以上案件之复审;徒隶是指徒刑、流刑、充军等刑罚之执行及监督;勾覆是指死罪重囚之处决;关禁是指监狱之管理及监督。两直隶与各府县处徒流以上的案件,再由刑部与都察院详议转大理寺复审后,由刑部具本奏闻皇帝裁决。刑部与都察院之间的分工是:刑部负责复核直隶及各省徒以上的案件、京师笞以上的案件,复核直隶斩、绞监候的案件,负责京师的朝审,即在京师待决的人犯由三法司会同诸卿逐一审核,也就是再一次复核;都察院的职掌是复核直隶及各省职官犯罪案件,都察院初审后由大理寺复审,再由都察院奏闻皇帝裁决。大理寺复核时,"凡罪有出入者,依律照驳。事有冤枉者,推情辨明。务必刑归有罪,不陷无辜"(《诸司职掌》),审核刑部与都察院送达的相关案件,复审完毕以后分别由刑部和都察院上报皇帝裁决。

(二)会审

刑部与都察院上报于皇帝的奏本,称作"刑名本"。在洪武时,朱元璋往往亲自召集三法司会审裁决,在《大诰》四篇中,我们还能看到一些会审时朱元璋与囚犯之间的问答对话。从永乐时起,变成内阁根据三法司题奏本的拟罪意见加票拟，一并呈送皇帝裁决。由于各部院及各直省题本数量庞大，宣德以后，除少数题本为皇帝亲笔御批外，多数题本则由皇帝授权司礼监的秉笔太监代为朱批。朱批一般是依议，或驳回重拟，或径行增减其刑罚。少数关系重大和情节严重的案例，须由皇帝亲自裁决的，司礼太监也可向皇帝建议如何处理，对皇帝的裁决仍有重大影响。这样做的结果是内阁与司礼监也能通过票拟及朱批这两道手续，直接影响案件的审结。明代皇帝的裁决，事实上只有朱元璋是比较多地直接干预案子审结，其他皇帝很少直接参与案子审结。除此以外，内阁有时还会参加会审，会决京师的重囚。如明仁宗曾召大学士杨士奇、杨荣、金幼孜至榻前，称："自今审重囚，卿三人必往同谳，有冤抑者虽细故，必以闻。"（《明史·刑法志二》）自此以后，仁宗、宣宗、英宗、景帝四朝四十余年间，内阁大学士均依例奉旨会审京师死罪的案件，至明宪宗成化时始暂告一段落。到了隆庆以后，神宗、熹宗、崇祯五朝七十八年间，内阁学士又继续参加朝审（会审）。除了内阁参加会审以外，内廷司礼监有时也奉命参加会审，并最终裁定相关的案件。如明孝宗弘治五年（1492年），南京守备太监蒋琮与兵部郎中娄性、指挥石文通互相告讦，相连数百人。派官审理，不服，于是派大理寺右少卿马中锡与司礼太监赵忠前往审理，得实，性除名，琮下狱。此案因涉及宦官与官府之间的矛盾，故派司礼太监代表君王前往审结此案。

（三）大审

明朝还有每隔五年会审京师积囚的大审制度，此制起于英宗正统六年。《明史·刑法志三》："内官同法司录囚，始于正统六年命（刑部侍郎）何文渊、（大理寺卿）王文审行在（北京）疑狱，敕同内官兴安。"这就是内官参加正统六年大审的案例。又如正统十四年（1449年），"命（金）英理刑部、都察院狱囚，筑坛大理寺。英张黄盖中坐，尚书以下左右列坐。自是六年一审录，制皆如此"（《明史·宦官一·金英传》），实际上是五年大审。景帝景泰六年（1455年），"命太监王诚会三法司审录在京刑狱"（《明史·刑法志三》）。《明史·刑法志二》载："成化十七年命司礼太监一员会同三法司堂上官，于大理寺审录，谓之大审。南京则命内守备行之。自此定例，每五年辄大审。"每满五年，由刑部题请敕司礼监官，会同三法司审录，正式形成由内官主持五年大审的制度。

大审一般在夏天举行，如武宗正德六年（1511年）命司礼监张永同三法司堂上官录罪囚，为此皇帝有敕谕称："特命尔同三法司堂上官，从公审录，死罪情真者，候决。其情可矜疑，事无佐证，并应枷号者详具以闻。流徒以下，减等发落，笞者并释之。"（《明武宗实录·正德七年四月》）结果，前后得可矜疑者六十一人俱减死充军，其情重者仍杖百而遣（充军）之，免枷号者十五人，以不告而息讼者七人，自首并笃疾免放者八人。大审一般是一次对囚犯放宽处置和减刑的机会。

四、锦衣卫与东厂、西厂、内行厂——明代的特种刑讯(承办诏狱的机构)

(一)锦衣卫机构之沿革

锦衣卫是朱元璋亲自掌握办理诏狱的机构。《明史·刑法志三》称:"锦衣卫狱者,世所称诏狱也。古者狱讼掌于司寇而已。汉武帝始置诏狱二十六所,历代因革不常。五代唐明宗设侍卫亲军马步军都指挥使,乃天子自将之名。至汉有侍卫司狱,凡大事皆决焉。明锦衣卫狱近之,幽系惨酷,害无甚于此者。"换一句话说,锦衣卫是由皇帝自己亲近的卫军掌握办理皇帝钦定的大案要案的机构。明代军事的组织是卫所制,京城是京师所在,设置的卫所最多。护卫皇帝的叫亲军卫,称作上二十二卫,后来增至二十六卫,分掌宫廷和君王的宿卫。锦衣卫是其中一卫,职掌是"侍卫、缉捕、刑狱之事,恒以勋戚都督领之,恩荫寄禄无常员"(《明史·锦衣卫》)。

本来锦衣卫应是以侍卫为主,皇帝朝会巡幸时,具卤簿仪仗,侍从扈行,怎么会变成一个审讯案子的机构呢?《明史·刑法志三》

称："祖制，凡朝会，厂卫率属及校尉五百名，列侍奉天门下纠仪。凡失仪者，即褫衣冠，执下镇抚司狱，杖之乃免。"这样便由侍卫纠察的功能附加上刑罚的职责，它缉捕与刑狱的功能都是由侍卫时的纠察功能转化而来，实际上是君王身边的鹰犬。其设置历史沿革有曲折。明初始置拱卫司，洪武三年时改亲军都尉府，次年改为仪鸾司，至洪武十五年改置为锦衣卫，下设镇抚司，掌本卫的刑名，兼理军匠。至洪武二十年（1387年）罢锦衣狱。《明史·职官志五》："二十年以治锦衣卫者多非法凌虐，乃焚刑具，出系囚，送刑部审录，诏内外狱咸归三法司，罢锦衣狱。成祖时复置。"锦衣卫恢复置狱大体上是在明成祖初年，到崇祯末年锦衣卫及锦衣卫狱一直存在着。它之所以一度被废，《明史·刑法志三》称："太祖时，天下重罪逮至京者，收系狱中，数更大狱，多使断治，所诛杀为多。后悉焚卫刑具，以囚送刑部审理。二十六年申明其禁，诏内外狱毋得上锦衣卫，大小咸经法司。"锦衣卫具体处理刑狱的机构，最早是南镇抚司，后增设北司，而以军匠诸职掌属之南镇抚司，于是北司专理诏狱。所谓锦衣卫狱，实际上就是北镇抚司狱。此外，锦衣卫与诸卫皆同，都设有经历司，负责文移出入。

根据万历年间的《大明会典》记载，锦衣卫下属共有十四个千户所。《明史·职官志》讲它有十七个千户所，可见万历以后又增加了三个千户所。锦衣卫的人员并不固定，因为它的成员都是世官子弟以恩荫寄禄于此。这十七所下属的官员有千户、百户、总旗、小旗，此外还有校尉、力士。他们日常的职掌除了值驾、侍卫之外，专司侦缉，也就是告密，名为缇骑，故锦衣卫的军士，平日都是鲜衣怒马，总人数在数万以上。孙承泽的《春明梦余录·锦衣卫》称："自正统后，贵妃、尚主公侯、中贵子弟多寄禄卫中，递进用事。至正德间，奄宦擅权，贵倖子弟以奏带冒衔锦衣者尤多。"锦衣卫之下还设有东司房与西司房，《明史·刑法志三》称："外廷有扞格者，卫则东西两司房访缉之，北司拷问之，锻炼周内，始送法司。"最终还是要刑部判其罪名。

锦衣卫本来是一个军事机关，由于靠近皇帝身边，使其职掌扩大到司法侦缉和审判，它的功能包括侦缉、逮捕、审判这几个方面。

（二）锦衣卫侦缉功能——朱元璋如何利用它侦缉臣僚的动态

先说侦缉，锦衣卫侦缉四方，百姓畏之如虎。《明史·职官志五》关于锦衣卫的职掌中规定，有"盗贼奸宄，街途沟洫，密缉而时省之"，也就是侦缉社会上一切有碍社会秩序之事务，这个面就非常宽了。《明史·夏煜传》讲到洪武初，夏煜"与高见贤、杨宪、凌说四人以伺察搏击为事，后俱以不良死"。这几个人都是以侦缉起家,杨宪官至宰相。朱元璋讲过"这几个人,譬如家养了恶犬,则人怕"(《朱元璋传》),他们得势时,连李善长也惧其三分。洪武时,掌锦衣卫的有毛骧,为毛骐之子,由千户长"积功擢亲军指挥佥事。……见亲任,尝掌锦衣卫事,典诏狱。后坐胡惟庸党死"(《明史·毛骧传》)。干这类事的人,一般都没有好下场,因为邀功思想会促使他们坑人,最终出了问题自己垮台。由于锦衣卫的成员是恩荫寄禄者,所以他们能提供官僚日常生活状况的信息,便于朱元璋掌握臣下的动向。《明史·宋濂传》称宋濂"尝与客饮,帝密使人侦视。翼日,问濂昨饮酒否,坐客为谁,馔何物。濂具以实对。笑曰:'诚然,卿不欺朕。'"宋濂是朱元璋身边非常亲近的人,皇帝尚且派人侦察他的一举一动,好在宋濂是一个老实人。又如国子监祭酒宋讷,《明史·宋讷传》载朱元璋"使画工瞷讷图其像,危坐有怒色。明日入对,帝问昨何怒。讷惊对曰:'诸生有趋跄者,碎茶器。臣愧失教,故自讼耳。且陛下何自知之?'帝出图。讷顿首谢"。有了这样无微不至的监督,在朱元璋手下做官,怎敢不诚惶诚恐?时有名吴琳者,"洪武六年,自兵部尚书改吏部,尝与(詹)同迭主部事。逾年,乞归。帝尝遣使察之。使者潜至旁舍,一农人坐小杌,起拔稻苗布田,貌甚端谨。使者前曰:'此有吴尚书者,在否?'农人敛手对曰:'琳是也。'使者以状闻。帝为嘉叹"(《明史·陈修传附吴琳传》)。在这样严密的监控下,即使致仕退休回家了,也不敢胡作非为。

有时朱元璋还自己外出私访，如罗复仁与刘基同位，他任弘文馆学士，"在帝前率意陈得失，尝操南音。帝顾喜其质直，呼为'老实罗'而不名。间幸其舍，贫郭穷巷，复仁方垩壁，急呼其妻抱机以坐帝。帝曰：'贤士岂宜居此。'遂赐第城中"（《明史·罗复仁传》）。这样控驭臣下，不仅有重罚还有重赏，那些官僚只能老老实实并忠心耿耿。叶盛《水东日记·卷六·洪武大臣赐第》讲到为大臣赐第之事，其云："太祖皇帝尝计大臣所居，曰：'大官人必得大宅第。'即与刑部尚书开济创为之，制甚宏丽，令有司以此为式，俗因呼为'样房'。予前年过金陵，燕今刑部尚书前左都御史萧公所及此，相与感叹祖宗之礼臣下如是其厚也。"官员执法如果秉公，那还是可以用的，这几个案例都是属于犒赏的例子，有的口头表扬，有的物质奖励。

（三）锦衣卫的刑讯逼供

《大诰三编》讲到洪武二十年正月，焚锦衣卫刑具："时有富民系卫狱，用事者非法凌虐。帝闻之，怒曰：'讯鞫，法司事也，或令锦衣卫审之，欲先得其情耳。岂令其锻炼耶？'执用事者治之。悉焚其刑具。"讯鞫就是审讯，那是要逼死人的。从朱元璋的这句话，可以看到锦衣卫北镇抚司的性质只是一个侦查讯问机构，不是审判的机构。朱元璋察觉到这个机构的问题，所以要焚其刑具，罢其狱，因其用刑酷虐超乎寻常人的想象。然而锦衣卫还在起作用，如蓝玉案便是在洪武二十六年锦衣卫指挥蒋瓛状告的，此后诏内外狱毋得上锦衣卫，大小咸经法司。这时朱元璋下决心撤销锦衣卫在诏狱方面的职能，但机构还在，所以在明成祖即位后便立即恢复了锦衣卫办理诏狱的职能。故《明史·刑法志三》称："成祖幸纪纲，令治锦衣亲兵，复典诏狱。纲遂用其党庄敬、袁江、王谦、李春等，缘借作奸数百千端。久之，族纲，而锦衣典诏狱如故。"

明宪宗成化十四年，"增铸北（镇抚）司印信，一切刑狱毋关白本卫。即卫所行下者，亦径自上请可否，卫使毋得与闻。故镇抚职卑而其权日重"（《明史·刑法志三》）。由于可以直通皇上，北镇抚司虽隶属于锦衣卫，实际上成为一个独立的管理诏狱的单位。如果帝王并不亲政，那么生杀大权都掌握在司礼监秉笔批朱的太监手上。其实在英宗时便已如此。沈德符的《万历野获编·禁卫》之"马顺范广"条讲到"侍讲刘球之死于狱也，锦衣指挥马顺承王振旨，令小校手刃之。球大呼太祖、太宗而受刃，其尸僵立不仆，顺蹴倒之，且詈之，解其支体，埋卫后"。王振是英宗时的司礼太监，可见其用刑杀人之残忍。世宗嘉靖末，海瑞因上疏被下锦衣卫拷问，刑部拟绞，但这个题本留中未发，保全了海瑞的性命。那时又有户部司户何以尚上疏请宽宥海瑞，嘉靖又发怒了，将他下锦衣卫镇抚司狱，命昼夜用刑，恰逢穆宗登极，赦出，又为宦二十余年。沈德符为此讯问为何昼夜用刑还能活下来,有人告诉他:"此刑以木笼四面攒钉内向,令囚处其中,少一转侧,钉入其肤,囚之膺此刑者,十二时中但危坐如偶人。"(《万历野获编·禁卫》)受此刑者,人不堪其苦。锦衣卫北镇抚司用刑拷问,"寻常止云'打着问',重者加'好生'二字,其最重大者,则云'好生着实打着问'。必用刑一套,凡为具十八种,无不试之"(《万历野获编·禁卫》)。实际上这十八种刑具,只用一二种即可致人死命,何待十八种尽用哉!终明一朝,锦衣卫起的作用还是很坏的,崇祯帝加强锦衣卫特务统治,反而加速埋葬了明王朝。《明史·刑法志三》:"镇抚梁清宏、乔可用朋比为恶。凡缙绅之门,必有数人往来踪迹。故常晏起早阖,毋敢偶语。旗校过门如被大盗,官为橐橐,均分其利。京城中奸细(农民军派入的成员)潜入,佣夫贩子阴为流贼所遣,无一举发,而高门富豪踧踖无宁居。其徒黠者恣行请托,稍拂其意,飞诬立构,摘竿牍片字,株连至十数人。"

(四)锦衣卫拘捕人犯

锦衣卫北镇抚司拘捕人犯,原来也有具体规定。《明会典·锦衣卫》云:"凡奉旨提取罪犯,本卫从刑科给驾帖,都察院给批,差官前去。"如果都察院的刑科给事中遏止,君王亦无法直接下旨逮人。即使英宗时王振、宪宗时汪直掌司礼监,锦衣卫缇骑遍天下，按理他们也不能随意逮人，但是实际上他们往往跳过给驾帖这一程序，直接去抓人。故大学士商辂奏言："近日伺察太繁，法令太急，刑网太密，官校拘执职官，事皆出于风闻，暮夜搜捡家财，不见有无驾帖，人心汹汹，各怀疑畏。"（《明宪宗实录·成化十三年五月》）逮捕需驾帖，但锦衣卫的人可以跳过这一手续，伪称有驾帖。

孝宗弘治十八年（1505年），"南京御史李熙等奏：'迩者小人徐俊、程真，妄造谣言帖子，特给驾帖，密差锦衣官校，至南京缉拿所指王升，远近震惊。然兵部无此官，亦无此事，官校轰然而来，寂然而返，后日奸人效尤，又不但如所指而已。刑部覆奏，驾帖之出，殊骇听闻。奸人伪造，为害尤大。上命锦衣卫，查累朝有无驾帖出外提人事例以闻。然则此帖不但刑科不曾与闻，即上于祖宗故事，亦偶未记忆，甫逾月而上升遐，其事遂不穷究"（《万历野获编·禁卫》）。这件事看来是锦衣卫跳过刑科，用特给驾帖的办法，到南京抓人，结果引起官僚们的公愤，最终这件事不了了之。然而此事亦证明，北镇抚司如果奉旨逮人，必须通过刑科给驾帖及都察院的批文才行，从刑拘到逮捕都还必须经过正规的手续。按规定来说，即使皇帝也不能一个御旨便为所欲为。万历初年还曾发生过一件事，那时司礼监秉笔太监冯保"密差数校至新郑，声云钦差拿人，胁高文襄令自裁，家人皆恸哭，高独呼校面诘，索驾帖观之，诸校词窘，谓厂卫遣来奉慰耳，非高谙故典，几浪死矣"（《万历野获编·禁卫》）。

（五）拘押囚犯的锦衣卫北镇抚司监狱及其如何移送司法机关审判

锦衣卫既然拘捕人犯，当然要有关押犯人的监狱。《明史·刑法志三》称："初，卫狱附卫治，至门达掌问刑，又于城西设狱舍，拘系狼籍。达败，用御史吕洪言，毁之。"可见那个监狱的设施是很糟的。沈德符在《万历野获编·禁卫》之"镇抚司刑具"条曾介绍镇抚司狱的状况，其云："镇抚司狱，亦不比法司，其室卑入地，其墙厚数仞，即隔壁嗥呼，悄不闻声。每市一物入内，必经数处验查，饮食之属十不能得一，又不得自举火，虽严寒不过啖冷炙披冷衲而已。家人辈不但不得随入，亦不许相面。惟拷问之期，得于堂下遥相望见。"这样监禁犯人，真是非常残酷没有人性。案子长期得不到审结的话，被锦衣卫囚禁的犯人往往被监禁数年，甚至数十年之久。如嘉靖年间御史杨爵先后在狱七年，兵部员外郎杨继盛系狱三年。万历年间，御史曹学程系狱十年，临江知府钱若庚系狱达三十七年之久。

锦衣卫审讯结束后，应移送法司拟罪。嘉靖时的刑部尚书林俊，曾因锦衣卫索要刑部未决犯的事，上疏称："祖宗以刑狱付法司，以缉获奸盗付镇抚。讯鞫既得，犹必付法司拟罪。未有夺取未定之囚，反付推问者。"（《明史·林俊传》）可见明代审讯与审判的单位是有分工的，正如当代公安、检察与法院之间各有分工，公安只有侦缉的权限，检察是提起公诉，而法院则是审判单位。明代在宪宗成化元年（1465年）以前，锦衣卫把囚犯移送法司时，原本只是移送人犯及其口供，并不能附加拟罪的参考意见，即所谓参语。从那年之后，锦衣卫移送犯人至法司时，可以附送拟罪的参考意见，这样就变相侵夺了三法司拟罪的权力。《明史·刑法志三》讲镇抚职司狱以后，囚犯"大狱经讯，即送法司拟罪，未尝具狱词。成化元年始令覆奏用参语，法司益（被）掣肘"。那么刑部便没有办法更易北镇抚司所加的参语了，即使有冤情，亦难以为其平反，同时也未实现把审讯与审判分开的目的。照理对囚犯拟罪是刑部独有的权力，然而在一些重大案件上，锦衣卫往往请内旨以拟罪。嘉靖初的刑科给事中刘济曾上疏称："国家置三法司，专理刑狱，或主质成，或主平反。权臣不得以恩怨为出入，天子不得以喜怒为重轻。自锦衣镇抚之官专理诏狱，而法司几成虚设。如（刘）最等小过耳，罗织于告密之门，锻炼于诏狱之手，旨从内降，大臣初不与知，为圣政累非浅。"（《明史·刘济传》）所谓旨从内降，就是有的犯罪案件，在三法司拟罪之前，已由锦衣卫拟罪请旨，或直接由君王授意如何拟罪。那么三法司的审判就只是走形式而已，这样的话生杀予夺在于一人。所以崇祯帝会说："法司锦衣皆刑官，何公何私？"（《明史·刘宗周传》）在君王心目中，根本没有司法独立审判的概念，案子的审理以天子的喜怒为转移，天子不问政事时，则以天子亲信的宦寺之喜怒为转移。这样的审判就说不上什么公正与公平了。

（六）案例之———东林大案杨涟等被刑讯的状况

现以天启年间魏忠贤当道时审判东林党人杨涟的案子为例，说明其刑讯审判的全过程。杨涟在天启时任左副都御史，他在天启四年（1624年）上疏参劾魏忠贤二十四大罪状，于是一大批人跟着上疏弹劾魏忠贤。当时是许显纯掌北镇抚司理刑，先是锦衣卫有汪文言之狱，诏杖汪文言，革为民。这个案子已了结，是年十二月，复逮汪文言，目的是让他攀诬杨涟、左光斗等受熊廷弼贿，由汪文言证其词。于是由许显纯勘问汪文言，词连杨涟、左光斗、魏大中等数十人。《明史·杨涟传》言其事云："许显纯严鞫文言，使引涟纳熊廷弼贿。文言仰天大呼曰：'世岂有贪赃杨大洪哉！'至死不承。大洪者，涟别字也。显纯乃自为狱词，坐涟赃二万，遂逮涟。士民数万人拥道攀号，所历村市，悉焚香建醮，祈佑涟生还。比下诏狱，显纯酷法拷讯，体无完肤。其年七月遂于夜中毙之，年五十四。涟素贫，产入官不及千金。母妻止宿谯楼，二子至乞食以养。"《碧血录》载有杨涟留下之《绝笔》，称："枉死北镇抚司杨涟绝笔书于监神之前，涟以痴心报主，不惜身家，久托七尺于不问矣。日前赴逮……不意身一入都,侦逻满目。即发一揭,亦不可得。打问之日,汪文言死案密定,固不容辩。血肉淋漓,生死顷刻。乃就本司不时追赃,限限狠打。此岂皇上如天之仁,国家慎刑之典,祖宗待大臣之礼?不过仇我者立迫我性命耳!借封疆为题,追赃为由,徒使枉杀臣子之名归之皇上。因而我累死之冤,及于同类。然则涟今日尚何爱此余生哉!"这份绝笔是从被囚押之犯人的视角来审视北镇抚司狱之黑暗,真是写得淋漓尽致,反映了锦衣卫北镇抚司秉魏忠贤旨意,残忍锻炼成狱的过程。

与杨涟同时入狱的还有左光斗,在狱中同样受到严刑拷打,清人方苞曾在《左忠毅公逸事》中记载史可法至狱中探望左光斗的情形。其云:

及左公下厂狱,史朝夕狱门外。逆阉防伺甚严,虽家仆不得近。久之,闻左公被炮烙,旦夕且死,持五十金,涕泣谋于禁卒,卒感焉。一日,使史更敝衣,草屦,背筐,手长镵,为除不洁者,引入,微指左公处。则席地倚墙而坐,面额焦烂不可辨,左膝以下,筋骨尽脱矣。史前跪,抱公膝而呜咽。公辨其声,而目不可开,乃奋臂以指眦,目光如炬,怒曰:"庸奴!此何地也?而汝来前!国家之事,糜烂至此。老夫已矣,汝复轻身而昧大义,天下事谁可支拄者!不速去,无俟奸人构陷,吾今即扑杀汝!"因摸地上刑械,作投击势。史噤不敢发声，趋而出。后常流涕述其事以语人，曰："吾师肺肝，皆铁石所铸造也！"

狱中之残酷黑暗于此可见一斑。前述《碧血录》还收有《狱中杂记五条》，亦叙述镇抚司审讯过程，其云："一入诏狱，声息俱遥闻，不能见面，是即死也。何天玉云：'在诏狱写单，索饮食于外，比如祖宗之显灵，家人送食，传单而进，比如子孙之祭享。'非久困于狱者，乌能描画至此乎？予入诏狱百日，而奉旨暂发部者十日，有此十日之生，并前之百日皆生矣。何者？与家人相见，前之遥闻者皆亲证也。予既叨此一百十日之生，视彼先逝者已幸甚矣！复何忧哉？复何恋哉？"又云："诏狱所苦者五：拶也，夹也，棍也，钮也，镣也。所耻者五，囚首不冠也，膏药贴示伤也，跣一足亦示伤也，彼高坐谩骂叱咤也，我蒲服擎跪也。有此十者，即无追赃之苦，有幸生之路，丈夫犹不再辱，况兼此二患乎？予以五十死，犹胜死耆寿而无子者；予以不祥死，犹胜死牖下而无闻者。"杨涟与左光斗在北镇抚司狱被锻炼成狱时，还加受追赃之苦，可见其所受苦难之甚。那北镇抚司的监狱不正是活生生的地狱吗？

（七）东厂、西厂和内行厂

明代以厂卫并称的机构都是君王特设的办理诏狱的刑讯机关，

锦衣卫是由亲军演化而来的，东厂、西厂则是由内寺宦官直接掌握的刑讯机构。《明史·刑法志三》称："东厂之设，始于成祖。"但没有说明始于何年，沈德符的《万历野获编·内监》之"东厂"条记载："东厂之始，不见史传，王弇州考据，以为始于永乐之十八年。引万文康疏为证，意者不谬。其始侦伺非常，盖尚虑义师靖难，未厌人心耳，而中官之横始此矣。"看来所谓"靖难"之役，始终是明成祖朱棣一块心病，抢了侄儿的皇位，采取那么残酷的杀戮以压制不愿追随他的士大夫，即位十多年，仍忧心忡忡，所以设置东厂，以侦缉不利于他统治的言论。人不能做亏心事，即使侥幸得逞，内心也永远不得安宁，只能借助于特务手段，以压制一切不利的言论。

明宪宗时，有内阁大学士万安曰："太宗文皇帝……初令锦衣卫官校暗行缉访谋逆，妖言大奸大恶等事，犹恐外官徇情，随设东厂，令内臣提督控制之，彼此并行，内外相制。"（《明宪宗实录·成化十八年三月》）从此可以知道厂、卫两个办理诏狱的机构领班，一内一外，互相制约。关于东厂的组织，《明史·职官志三》称："提督东厂：掌印太监一员，掌班、领班、司房无定员。贴刑二员，掌刺缉刑狱之事。旧选各监中一人提督，后专用司礼、秉笔第二人或第三人为之。其贴刑官，则用锦衣卫千百户为之。"《明史·刑法志三》曰："凡中官掌司礼监印者，其属称之曰宗主，而督东厂者曰督主。东厂之属无专官，掌刑千户一，理刑百户一，亦谓之贴刑，皆卫官。其隶役悉取给于卫，最轻黠狷巧者乃拨充之"。从组织结构上看，厂与卫密不可分，卫不过是由内侍宦官管辖的一支特别的侦缉队伍，直接受命于皇帝。沈德符在《万历野获编·内监》的"内臣兼掌印厂"条，亦曾讲道："司礼掌印，首珰最尊，其权视首揆。东厂次之，最雄紧，但不得兼掌印。每奏事，即首珰亦退避，以俟奏毕，盖机密不使他人得闻也。历朝皆遵守之。至嘉靖戊申己酉间，始命司礼掌印太监麦福，兼理东厂。至癸丑而黄锦又继之。自此内廷事体一变矣。"从这里可以看到明代很注意各机构之间互相制衡，厂与卫既互相制约，又互相依附，司礼掌印与东厂掌印，即使同在司礼监内，亦有一个互相保持工作机密的关系，所以东厂掌印太监向皇帝报告事项时，司礼太监要回避。这样即使在内廷，也能保证君王凌驾于近身太监之上，二者合一的话，时间一久，皇帝就会被一人之下、万人之上者架空了。内外制约与内部的互相制约，其目的都是保障皇权至高无上的地位。总之，从史料看，东厂设置的时间几乎与明代同始终，前后长达二百二十四年。

西厂和内行厂都是临时性权宜的设置，旋设旋废。《明史·职官志三》称："提督西厂：不常设，惟汪直、谷大用置之。刘瑾又设西内厂。寻俱罢革。"第一次设置西厂前后只有五年时间，自成化十三年（1477年）至成化十八年（1482年）。西厂设置以后，即遭到朝廷群臣的反对，《明史·商辂传》载："中官汪直之督西厂也，数兴大狱。辂率同官条直十一罪，言：'陛下委听断于直，直又寄耳目于群小如韦瑛辈。皆自言承密旨，得颛刑杀，擅作威福，贼虐善良。陛下若谓摘奸禁乱，法不得已，则前此数年，何以帖然无事。……自直用事，士大夫不安其职，商贾不安于途，庶民不安于业，若不亟去，天下安危未可知也。'"宪宗为此不高兴，追问是什么人主持此奏疏，商辂回答说："朝臣无大小，有罪皆请旨逮问，直擅抄没三品以上京官。大同、宣府、边城要害，守备俄顷不可缺，直一日械数人。南京，祖宗根本地，留守大臣，直擅收捕。诸近侍在帝左右，直辄易置。直不去，天下安得无危？"（《明史·商辂传》）最终明宪宗不得不撤销西厂，但不久又复置西厂。在明武宗正德时，《明史·刑法志三》称："正德元年（1506年）杀东厂太监王岳，命丘聚代之，又设西厂以命谷大用，皆刘瑾党也。两厂争用事，遣逻卒刺事四方。"当时以刘瑾掌司礼监，马永成掌东厂，谷大用掌西厂。《明史·谷大用传》称其掌西厂时，"江西南康民吴登显等，五月五日为竞渡，诬以擅造龙舟，籍其家，天下皆重足屏息"。后来刘瑾被诛，谷大用辞去西厂的职务，西厂才销声匿迹了。武宗正德年间，可以看到西厂活动也只有四年多。内行厂是武宗正德时刘瑾主持设置的。《明史·刑法志三》讲到刘瑾"改惜薪司外薪厂为办事厂，荣府旧仓地为内办事厂，自领之。京师谓之内行厂，虽东西厂皆在伺察中，加酷烈焉。且创例，罪无轻重皆决杖，永远戍边，或枷项发遣。枷重至百五十斤，不数日辄死"，"官吏军民非法死者数千"。这是一个以酷刑为能事的机构，刘瑾因事被诛后，"西厂、内行厂俱革，独东厂如故"（《明史·刑法志三》）。关于西厂与内行厂设置的前后历程大体如此，可以说，多行不义必自毙，这话还是有道理的。东厂、西厂和内行厂的活动状况，主要应该注意东厂，因为其历时最久，影响最大。

东厂、西厂、内行厂作为诏狱性质是相同的，都与锦衣卫相似，都是君王直接掌握的刑事侦缉机构，它们的职能便是缉访官民中有无谋逆、妖言、奸恶之事，以及奸宄盗贼等重大刑狱案件。俗称东厂为缉事衙门，缉事，亦称缉访，过去上海租界的巡捕房中有包打听，即相当于东厂的档头。据《明史·刑法志三》称："档头，帽上锐，衣青素褶，系小绦，白皮靴，专主伺察。其下番子数人为干事。京师亡命，诓财挟仇，视干事者为窟穴。得一阴事，由之以密白于档头，档头视其事大小，先予之金。事曰起数，金曰买起数。既得事，帅番子至所犯家，左右坐曰打桩。番子即突入执讯之，无有左证符牒，贿如数，径去。少不如意，榜治之，名曰干醡酒，亦曰搬罾儿，痛楚十倍官刑。且授意使牵有力者，有力者予多金，即无事。或靳不予，予不足，立闻上，下镇抚司狱，立死矣。"东厂在侦缉外事时，更有甚者，崇祯十五年（1642年）有御史杨仁愿言："臣待罪南城，所阅词讼，多以假番故诉冤。夫假称东厂，害犹如此，况其真乎？此由积重之势然也。所谓积重之势者，功令比较事件，番役每悬价以买事件，受买者至诱人为奸盗而卖之，番役不问其从来，诱者分利去矣。挟忿首告，诬以重法，挟者志无不逞矣。"（《明史·刑法志三》）这种侦缉的办法，实际上即今之放倒钩，即所谓的钓鱼执法，可见此事古已有之。上述是对付民间一般刑案的侦缉活动的状况。

东厂监视官府的情况，《明史·刑法志三》称："每月旦，厂役数百人，掣签庭中，分瞰官府。其视中府诸处会审大狱、北镇抚司考讯重犯者曰听记。他官府及各城门访缉曰坐记。某官行某事，某城门得某奸，胥吏疏白坐记者上之厂曰打事件。至东华门，虽禽夜，投隙中以入，即屏人达至尊。以故事无大小，天子皆得闻之。"正式上告的话，在厂内有值房，盖上御赐的牙章，便能直达君王御前，而且无分昼夜。故人们见到这类人物，无不畏而避之。得旨后，派人拘捕、用刑讯问，刑罚极其酷虐，甚至能直接剥人皮。穆宗隆庆初年，刑科给事中舒化曾上言："厂卫徼巡辇下，惟诘奸宄、禁盗贼耳。驾驭百官，乃天子权，而纠察非法，则责在台谏，岂厂卫所得干。今命之刺访，将必开罗织之门，逞机阱之术，祸贻善类，使人人重足累息，何以为治。且厂卫非能自廉察，必属之番校。陛下不信大臣，反信若属耶？"（《明史·舒化传》）如此由厂卫直接负责侦缉事务，反而打乱了政府各部门正常的职能履行。

厂卫除了主动侦缉外，还可以接受告发。由东厂所经手告发的案例极具效力，因其能方便地打通上送的渠道。经东厂告发后，可奉旨将被告下东厂狱或下锦衣卫狱，亦有下刑部狱的，而以奉旨下锦衣卫狱的为多数。东厂在缉拿人犯时，按规定需持原奏到都察院刑科签发驾帖，才能外出拘捕人犯，然而实际上厂卫往往并不按制度去取驾帖，而是直接拘捕人犯。人犯在东厂审讯完毕，《明史·刑法志三》讲道："即东厂所获，亦必移镇抚再鞫，而后刑部得拟其罪。"到锦衣卫再审时，东厂可以派人听记，所以锦衣卫也只能依从东厂的意志。天启年间，魏忠贤掌东厂，许显纯掌锦衣卫，锦衣卫审讯杨涟与左光斗时，"每谳鞫，忠贤必遣人坐其后，谓之听记，其人偶不至，即袖手不敢问"（《明史·阉党传》）。许显纯是魏忠贤义子，他"拷杨涟、左光斗辈，坐赃比较，立限严督之。两日为一限，输金不中程者，受全刑。全刑者曰械，曰镣，曰棍，曰拶，曰夹棍。五毒备具，呼謈声沸然，血肉溃烂，宛转求死不得。显纯叱咤自若，然必伺忠贤旨，忠贤所遣听记者未至，不敢讯也。一夕，令诸囚分舍宿。于是狱卒曰：'今夕有当壁挺者。'壁挺，狱中言死也。明日，涟死，光斗等次第皆锁头拉死。每一人死，停数日，苇席裹尸出牢户，虫蛆腐体。狱中事秘，其家人或不知死日"（《明史·刑法志三》）。由此可见厂卫鞫狱之惨状。

　　朱元璋在晚年曾焚锦衣卫的刑具，以囚送刑部审理，又下令内外狱毋得上锦衣卫，大小案咸经法司。洪武十七年朱元璋铸铁牌文曰"内臣不得干预政事，犯者斩"置宫门中。成祖即位以后，先恢复锦衣卫狱，接着起用宦官，设置东厂，厂、卫相结合，结果使宦侍垄断朝政。故黄宗羲《明夷待访录·奄宦》言："阉宦之祸，历汉、唐、宋而相寻无已，然未有若有明之为烈也。汉、唐、宋有干与朝政之阉宦，无奉行阉宦之朝政。今夫宰相六部，朝政所自出也。而本章之批答，先有口传，后有票拟。天下之财赋，先内库而后太仓。天下之刑狱，先东厂而后法司。其它无不皆然。则是宰相六部，为阉宦奉行之员而已。"

五、明代地方司法诉讼制度

明代在地方上的民刑事司法诉讼的审判制度,也有一套自下而上的程序,视案件的状况从乡、县、州、府,直到布政司。它限制越级诉讼,各级司法审判都有一套程序上的规定,尽可能把一般的民事纠纷放在基层处理。

(一)乡里基层的司法裁定

明代乡村的基层组织是里甲,大体上一百余户为一里,设里长一人、甲首一人,那是一种劳役,不是官府在册的官员。另外推年长有德者为里老,管理乡里的日常事务。朱元璋在洪武五年(1372年)二月,令各省、府、州县建申明亭,这是申明教化劝善惩恶的场所。洪武三十年颁布《教民榜》,在榜文中对乡里民间的诉讼作了明确的规定,申明亭便成了乡间审理民间诉讼的场所。审讯案件的主持人是里长、甲首和本里甲的老人,审理诉讼的范围是本里甲内有关户婚、田土、斗殴、争夺、失火、盗窃、詈骂、钱债、赌博、私宰耕牛、损毁稼穑、畜产咬人、水利等一般民间纠纷。审讯时，由老人、里长、甲长以年齿就座，传讯相关的当事人，问明事由以后，由老人、里长、甲长合议剖断。为了讯问事由，也可以用竹篦荆条，量情决打。由合议宣读判决词，判决的根据除了法律上明文规定的之外，还要依当地的民情风俗。

现在我们没有像申明亭这样的处理民间纠纷的场所，地方的基层组织实际上还担任大量民间纠纷和一般案件的调查处理。媒体曾报道的黑龙江省宁安县镜泊乡东京镇的女法官金桂兰，她的级别是正科级审判员，东京镇法庭辖区内有十七万人口，法庭年审理案件五百余件。她是妇女主任出身，把法庭的审理工作向下延伸到村，在乡间地头上审结一般性纷争，而且以调解为主。她审理的案件中，最终以调解结案的比例高达百分之九十，她所在的法庭的调解率也在百分之八十以上。如果把农村大量的家长里短、一般的借贷关系、田头纠纷全部拿到县法院来解决，实际上是不可能的。金桂兰就地就近处理好一个地区的民间纠纷，于2005年被授予"全国人民法庭优秀法官"的称号，这不是偶然的，它反映和适应了农村对司法的需要。由此反观朱元璋出示《教民榜》并在里甲范围内设置基层的民事法庭，有其客观的需要。在农村的宗族组织实际上也起着类似的作用。乡里如果没有一套符合其实际需要又经济适用的司法机构和审判调解机制，基层便不可能有相对稳定的社会秩序。明代乡里的案件，经当地民间调解审判后，双方当事人如果不服的话，可以上诉至州县的衙门。为了保障乡里司法审判机构的权威，严格限制越级上告。《明史·刑法志二》称："洪武末年，小民多越诉京师，及按其事，往往不实，乃严越诉之禁。"故《大明律》第三百五十五条明文规定"越本管官司称诉者，笞五十"，以严越诉之禁，宣德以后更进一步加重处罚。越诉得实者免罪，如果审理不实，越诉者要发边卫充军。景泰中不问虚实，皆发口外充军。可见对民间越诉的惩处越往后越重。

（二）州县衙门的诉讼制度

州县的衙门受理诉讼的程序，首先是当事人的陈告。但不得匿名投状，未写明姓名者，官府不受理。《大明律》第三百六十五条规定匿名投书者绞，见此投书要立即焚毁，将之送入官府者杖八十，官府受理者杖一百，被告者则无罪。州县衙门对证据进行检验，分为命案、盗案、斗殴之类，分别进行检验，负责检验的是正印官及相关首领官和吏典。《明史·刑法志二》称，检验尸伤，"府则通判、推官，州县则长官亲验，毋得委下僚"。官府接受诉状以后，可以传讯被告，如被告拒不到庭，官府可以拘拿。州县衙门拘拿被告时，应有拘票行使，亦称信牌、牌票，由差役人等持票拘拿被告。如果案情重大，被拘的人犯可以收监关押。如果案犯逃亡，则出告示称为海捕文书或广捕文书，如同今之通缉令。对被监禁的犯人，则依照案情轻重，加桎梏，有枷、锁、杻三种，只有死罪应加枷，妇女不枷。有病的也可以保释，保释要有保人出具保状，由保人负责看管人犯。轻微的案件，可以通过调解处理，人命和公事案件不得调解。重大案件的审讯，可以依法刑讯，但只有问死罪及盗窃、抢劫重罪者可以严刑拷打。如果违法刑讯致人死命，相关官员要受处罚。决人不如法者笞四十，因刑致死者杖一百，并征埋葬银十两。民事案例，州县官判决后，一般即行结案，徒罪以上的案件，要送上司衙门复审。

州县衙门断罪须依刑律，同时还规定断案不得听从上司主使。《大明律》规定：若刑部及大小各衙门官吏不执法律，听从上司主使，出入人罪，罪亦如之。判决书上定罪要引律令作为根据，如与律出入者，则以故失罪之，州县之狱判徒以上的具狱要送行省复审，死罪的案件要送京师复审，在明洪武十七年以后，直隶及各省复审的案件以及布政司所拟死刑案件，应转刑部详议再送大理寺审复。按察司所拟死罪案件，则转都察院详议，再送大理寺复。大理寺驳回复审的案子，如果由原审判机构重审的话，往往法外用刑锻炼成狱，犯人害怕驳回重审而不敢再言冤情。成化时，刑科给事中白昂曾建议"在外参审所属申详囚犯，中间如有问招不明，拟罪不当，及有词称冤者，俱听改调别衙门问理，不许仍行原问官问理"（《明会要·刑二·详谳》）。这实际上是易地或易衙门重审，可以客观一些。对于死刑的囚犯，朝廷要差遣三法司官员会同地方官员审录后，才能处决。洪武十七年还曾令在外死罪重囚悉赴京师审录。宣德三年（1428年），曾令多官复审各地送京死囚，诉枉者五十六人，重命法司审勘。天顺三年（1459年），令每年霜后，三法司会审重囚，叫作朝审。宪宗成化十七年（1481年）命司礼太监一员，会同三法司堂上官，在大理寺审录，称大审，每五年对重囚大审一次。复审、会审、朝审这些制度的提出，说明重囚中间确实存在着不少错案和冤案。如果不涉及统治者的根本利益，这些错案和冤案，有一小部分或许还能得到纠正。传统戏曲中，如《窦娥冤》《十五贯》这些案子，都是讲冤案的，有的冤死了，有的避免了。此外从永乐年间起尚有热审，明末崇祯时还有寒审，则都是属于赦宥轻刑罪犯的机会。同时处决死刑囚犯在时间上亦有限制，如立春以后到春分以前是停刑之月；在一个月内有十天不得行刑，这是停刑之日：初一、初八、十四、十五、十八、二十三、二十四、二十八、二十九、三十这十日。三法司以死罪请旨时，刑科三复奏，方能得旨行刑。在外地的，奏决单于冬至前，会审决之。还规定临决囚犯有诉冤者，由值登闻鼓的给事中取状封进，仍批校尉手，驰赴市曹，暂停刑。明初，南京登闻鼓设在午门外，迁都北京后，设在长安右门外，由六科锦衣卫轮收以闻。重囚有冤，其家属亦可于临决前一日挝登闻鼓，翌日过午前下，过午行刑，不复奏。

在押的囚犯，衣粮由家属供给，贫不能自给者，人给米日一升，有病的，设惠民药局，疗治囚人。

明代地方官中亦还有比较好的，昆曲《十五贯》中讲的周忱与况钟这两个人还是可以的。宣德时，周忱为江南巡抚，况钟为苏州知府，他们在江南待了二十多年，为上海还做了一点好事。十五贯那个案子，不一定真有其事，但他们在民间的口碑也确实不错。在周忱之前，大理卿胡概为江南巡抚，用法严。周忱治理江南，一切治以简易，曾引起一部分士绅不满，"忱笑曰：'胡卿敕旨，在袪除民害。朝廷命我，但云安抚军民。委寄正不同耳。'"（《明史·周忱传》）这反映了当时的形势与洪武、永乐年间不同，宽严各有所尚。忱"既久任江南，与吏民相习若家人父子。每行村落，屏去驺从，与农夫饷妇相对，从容问所疾苦，为之商略处置。其驭下也，虽卑官冗吏，悉开心访纳。遇长吏有能，如况钟及松江知府赵豫、常州知府莫愚、同知赵泰辈，则推心与咨画，务尽其长，故事无不举。常诣松江相视水利，见嘉定、上海间，沿江生茂草，多淤流，乃浚其上流，使昆山、顾浦诸所水，迅流驶下，壅遂尽涤。暇时以匹马往来江上，见者不知其为巡抚也。历宣德、正统二十年间，朝廷委任益专"（《明史·周忱传》）。在地方上要做清官也不容易，势必得罪地方乡绅的势力。周忱、况钟在地方上是你好、我好、大家好，所以能待二十年。如海瑞那样的清官，在江南巡抚任上，只待了半年，就走人了。穆宗隆庆时，海瑞以右佥都御史抚应天十府，《明史·海瑞传》称："属吏惮其威，墨者多自免去。……下令飚发凌厉，所司悚悚奉行，豪有力者至窜他郡以避。而奸民多乘机告讦，故家大姓时有被诬负屈者。又裁节邮传冗费。士大夫出其境率不得供顿，由是怨颇兴。"结果被弹劾去职。万历初复召为左佥都御史，又改为南京吏部右侍郎，是一个闲职。那时他上疏讲到"太祖法剥皮囊草及洪武三十年定律枉法八十贯论绞，谓今当用此惩贪"，这个话讲狠了。一方面那时腐败比较严重，用这个办法已非其时，朱元璋可以下这个狠心，到了张居正执政时已没有这个可能了。反观小说《红楼梦》讲清代乾隆年间的事，小说中讲的"护官符"确是当时官场实际生活的反映。一个人的力量是难以改变官场和社会日趋腐败这个大形势的。

明王朝关于地方审判制度上的种种规定，在实践上要大打折扣。从乡里的审判机构到州县及布政司、按察司以及巡抚，实际上还是为维护既得利益集团利益，从而千方百计稳定社会秩序。其差异在于，清官们看重的是长远的整体利益，贪官们看重的是个人眼前利益而已，其性质不会有根本性的变化。

六、朱元璋的布衣情结

朱元璋做了皇帝以后,始终不忘自己是淮西的布衣出身,当代人喜欢把他这个布衣情结描绘成草根文化与帝王文化两者复杂的结合。到了他子孙为帝时,属于草根情结这一部分便自然消退了。我们可以先考察一下,朱元璋在洪武初年,如何表述自己这一布衣情结的。

朱元璋在洪武元年即位的诏书中,强调"朕本淮右布衣",他在洪武六年颁布《皇明祖训》时,叙述自己的经历:"幼而孤贫,长值兵乱,年二十四委身行伍,为人调用者三年,继而收揽英俊,习练兵之方,谋与群雄并驱,劳心焦思,虑患防微,近二十载,乃能剪除强敌,统一海宇。人之情伪,亦颇知之,故以所见所行,与群臣定为国法,革元朝姑息之政,治旧俗污染之徒。"(《皇明祖训·序》)这一段话表示他的早年经历使他深悉元朝末年"人之情伪",即元末官僚机构腐败的状况,他在那几年游方僧的生活中,对这方面更有切肤之痛。元末明初的叶子奇在《草木子》卷四下《杂俎篇》讲道:"官贪吏污,始因蒙古色目人罔然不知廉耻之为何物。其问人讨钱，各有名目：所属始参曰拜见钱，无事白要曰撒花钱，逢节曰追节钱，生辰曰生日钱，管事而索曰常例钱，送迎曰人情钱，句追曰赍发钱，论诉曰公事钱，觅得钱多曰得手，除得州美曰好地分，补得职近曰好窠窟。""上下贿赂，公行如市，荡然无复纪纲矣。肃政廉访司官，所至州县，各带库子检钞秤银，殆同市道矣。春秋传曰，国家之败，由官邪也。官之失德，宠赂彰也。岂不信夫。"这里所说元末吏治腐败的状况，当是朱元璋曾亲身体验到的，有的称呼迄今仍流传在民间，如"人情钱"如今仍是农村家庭一笔很大的"得手""好地分"等词也在特定人群中流行。故朱元璋还强调"俗儒多是古非今，奸吏常舞文弄法，自非博采众长，即与果断，则被其眩惑莫能有所成也"。根据他过去的经历，他对儒生（知识分子）、对官吏都抱着一种怀疑的态度，惩治贪官污吏的锋芒是对着官吏以及儒生，而他需要建立一个新王朝，确立新王朝稳固的统治又离不开那些官吏和儒生。

从建国开始，他便急于建立一套法律制度。这一套制度，不仅是对着民众，更主要是对着官员，只有治官才能稳定社会秩序，百姓才能安居乐业。朱元璋是提心吊胆地登上帝位的，据谈迁的《国榷》记载，在洪武元年大宴群臣时，朱元璋说："朕赖诸将有今日，然忧天下之广，生民之繁，忧悬于心，夜不得安枕。"刘基劝他说："今事定，宜少纾其忧。"朱元璋回答说："尧舜处治，尚有忧之，况海内人民脱创残犹新也。"可见他忧虑的焦点是人民生产生活的恢复和稳定。朱元璋早在前一年让李善长制定律令时便说："立法贵在简，当使言直理明，人人易晓。若条绪繁多，或一事而两端，可轻可重，使奸贪之吏得以夤缘为奸，则所以禁残暴者，反以贼良善，非良法也。务去适中，以去烦弊。夫网密则水无大鱼，法密则国无全民。"（《明太祖宝训·恤刑》）治新邦用轻典，这个观念他很明确，这个轻是对民众而言，立法强调简明是为了防止官吏因缘为奸。这个理念，他在至正十八年（1358年）说得更加明确："用法如用药，药本以济人，不以弊人，服之或误，必致戕生。法本以卫人，不以杀人。用之太过，则必致伤物。百姓自兵乱以来，初离创残，今归于我，正当抚绥之，况其间有一时误犯者，宁可尽法乎！大抵治狱以宽厚为本，少失宽厚，则流入苛刻矣。所谓治新国用轻典，刑得其当，则民无冤抑。若执而不通，非合时宜也。"（《明太祖宝训·恤刑》）朱元璋过江在江宁站住脚以后，以宽简驭民这个思想是一贯的。

洪武元年，朱元璋与刘基有过一段对话："一日，问基以生息之道，基曰：'在于宽仁。'上曰：'不施实惠而概言宽仁，亦无益耳。以朕观之，宽民必先阜民之财，息民之力。不节用则民财竭，不省役则民力困，不明教化则民不知礼义，不禁贪暴则民无以遂其生。'基顿首曰：'此所谓以仁心行仁政也。'"（《明通鉴·洪武元年》）朱元璋这个话包括两个方面，一是对人民行宽简之政，以息民力，以阜民财；另一方面对贪暴则讲"禁"字，尤其是官吏及地方富豪对民众的贪暴,要严加禁止。故朱元璋在刑法上的宽简是对民众而言,严禁是对官吏而言。历代封建统治结构,都是君主通过臣子治理民众以保持社会秩序的稳定,而官僚机构的管理是否有效,取决于官僚队伍行为的状况。故在朱元璋看来治民的关键是治官,把官僚队伍治好了,国家机器才能有效地运转,民众才能有安定富裕的生活。

朱元璋在洪武四年(1371年)与刘基之间,对于如何治理国家的问题,也曾进行过讨论。朱元璋手书与刘基:"近西蜀悉平,称名者尽俘京师,我之疆宇亦日博广,前元以宽失天下,今朕救之以猛,然小人但喜宽,遂恣谤骂国家,扇惑是非,莫能治,即今天象叠见。"(《国榷·洪武四年》)于是问刘基该怎么办?那时刘基已退居在乡下,他给朱元璋回了一封信,据《明通鉴·洪武四年》,其信之大要言:"霜雪之后,必有阳春。今国威已立,宜少济以宽大。"这个对话,说明当时的官僚士大夫对朱元璋严厉整顿吏治的措施已显出不满了。到了洪武九年叶伯巨的上书中便已讲得非常明朗。他说:"古之为士者,以登仕为荣,以罢职为辱。今之为士者,以潆迹无闻为福,以受玷不录为幸,以屯田工役为必获之罪,以鞭笞棰楚为寻常之辱。其始也,朝廷取天下之士,网罗捃摭,务无余逸,有司敦迫上道,如捕重囚。比到京师,而除官多以貌选,所学或非其所用,所用或非其所学。泊乎居官,一有差跌,苟免诛戮,则必在屯田工役之科。率是为常,不少顾惜,此岂陛下所乐为哉？诚欲人之惧而不敢犯也。窃见数年以来，诛杀亦可谓不少矣，而犯者相踵。"(《明史·叶伯巨传》)屯田工作都发往中都凤阳，故叶伯巨云："今凤阳皇陵所在，龙兴之地，而率以罪人居之，怨嗟愁苦之声充斥园邑，殆非所以恭承宗庙意也。"(《明史·叶伯巨传》)他还讲："开国以来，选举秀才不为不多，所任名位不为不重，自今数之，在者有几？"(《明史·叶伯巨传》)可见这个时期儒生们或者叫作知识分子的人们，在朱元璋手下为官的日子实在也难过得很。

实际上朱元璋也不是一味主张重刑的人。洪武四年，御史中丞陈宁讨论刑罚的问题时，陈宁说："法重则人不轻犯，吏察则下无遁情。"朱元璋便表示不赞成，"上曰：'不然。法重则刑滥，吏察则政苛。钳制下民而犯者必众，钩索下情而巧伪必滋。夫垒石之冈，势非不峻，而草木不茂；金铁之溪，水非不清，而鱼鳖不生。'"还说："法正则民悫，罪当则民从。今施重刑而又委之察吏，则民无所措手足矣。"(《明通鉴·洪武四年》)问题是陈宁强调的是对民要重刑法，这一点朱元璋不赞成，希望求其宜，对官吏与儒生则是另一回事了。事实上朱元璋也表彰过不少为官正直清廉者。如端复初，朱元璋把他提拔为刑部尚书，"时为刑部磨勘官，案牍填委，钩稽无遗，上尝廷誉之。性严峭，人不敢干以私。一时僚属多以贪败，复初独守清白得免，至是遂超拜尚书。会杭州飞粮事觉，逮系百余人，复初用法平允，治其尤者，人皆服之"（《明通鉴·洪武四年》）。如宁江知府陈灌，他长期在这个地区执政，"访问疾苦，禁豪右兼并，创户帖以便稽民，上取其式颁天下。至是以治最召至京师"。又如方孝孺的父亲方克勤是济宁知府，在济宁三年，当时中原初定，"诏民垦荒，阅三岁乃税。吏征率不俟期……克勤与民约税如期，区田为九等，以差等征发，吏不得为奸……盛夏，守将督民夫筑城……（克勤）请之中书省，得罢役……济宁人歌之曰：'孰罢我役？使君之力。孰活我黍？使君之雨。使君勿去，我民父母。'"（《明通鉴·洪武四年》）他自奉简素，一布袍十年不易，日不再肉食。朱元璋在从严惩治贪官污吏的背景下，对官员中能廉洁奉公的人还是优待的。

朱元璋从严治官，主要针对两类现象，一类是各级政府官员中贪渎腐败的，另一类是功臣宿将飞扬跋扈欺压百姓的。明初的四大案，可以分为两类：空印案与郭桓案，是针对官吏队伍中的贪渎腐败现象；胡惟庸案与蓝玉案，则是针对功臣宿将中的违法犯罪现象，而且朱元璋先有警告。朱元璋对自己队伍的管束历来是非常严格的，早在攻取金华时，胡大海之子触酿酒之法，"太祖怒，欲行法。时大海方征越，都事王恺请勿诛，以安大海心。太祖曰：'宁可使大海叛我，不可使我法不行。'竟手刃之"（《明史·胡大海传》）。可见朱元璋治下之严，若有犯纪者，即使是高干子女，他也丝毫不留情面，不管有多大的功绩，该处理的他就严格依法处理。洪武六年五月，朱元璋以功臣多倚功犯法，放纵奴仆杀人，并且隐匿不报，于是命令工部铸铁榜，申诫公侯。从《明太祖实录》中可见，这些条令列举了：凡公侯之家强占官民山场、湖泊、茶园、芦荡及金银铜场铁冶者；凡功臣之家管庄人等，倚势在家欺殴人民者；凡功臣之家屯田佃户，管庄干办、火者、奴仆及其他亲属人等，倚势凌民，夺侵田产财物者；凡公侯之家除赐定仪仗户及佃田人户，已有名额报籍在官，敢有私托门下影蔽差徭者；凡公侯之家，倚恃权豪，欺压良善，虚钱实契，侵夺人田地、房屋、孳畜者；凡功臣之家，受诸人田土及朦胧投献物业者等。这些铸在铁榜上的条文都明确规定了处罚和处刑的条令，而且非常严厉，有的要处斩。

其实，当时这些铸铁的榜文，对功臣宿将还只是一个警告，没有真正下手。他对文臣的处置比武臣将领要更凶一些，正由于屡禁不止，他才兴大案的。当然，这也与上层集团内部互相倾轧有关。现在分为两类进行叙述，首先是他对官僚士大夫集团的惩处，如空印案和郭桓案，以及与郭桓案直接相关的《大诰》《大诰续编》《大诰三编》及《大诰武臣》的颁布，然后再叙述胡惟庸案和蓝玉案的处置。这四大案的处置，有一个共同的特点，都是针对明帝国建立以后新兴的贵族官僚统治集团，而不是对着民众的。在君、臣、民这三者之间，历代王朝都是君臣结合以治民，君王通过官僚建立各种官府机构来统治老百姓。而朱元璋则企图整治官员以稳定王朝的统治,甚至一度想君民结合来整治官僚队伍,这也是历代统治者中少有的现象,大概与朱元璋早年的经历和他的布衣情结有关。当然,这四大案中,错杀、冤杀的成分很大,但从宏观上看,整顿吏治没有那样的声势,也难以取得成效。看问题,也许得把二者结合起来,才能取得比较客观公允的评价。

七、空印案

空印案这件事发生在洪武九年间,《明史·郑士利传》记载此案较详,郑士利系因其兄郑士元而被牵涉进此案。郑士元当时是湖广按察使佥事,引起这个案子的缘由是:"考校钱谷册书,空印事觉,凡主印者论死,佐贰以下榜一百,戍远方。士元亦坐是系狱。"郑士元不是主印者,待其杖后出狱,郑士利才敢上书言空印之冤。因朱元璋说过假公言私者罪,故只有等其兄案子结后才敢说。他认为皇上不知空印是惯例,不能因空印而杀无罪者。他解释所以有空印文书的缘由说:"文移必完印乃可。今考较书策,乃合两缝印,非一印一纸比。纵得之,亦不能行,况不可得乎?钱谷之数,府必合省,省必合部,数难悬决,至部乃定。省府去部远者六七千里,近亦三四千里,册成而后用印,往返非期年不可。以故先印而后书。此权宜之务,所从来久,何足深罪?且国家立法,必先明示天下而后罪犯法者,以其故犯也。自立国至今,未尝有空印之律。有司相承,不知其罪。今一旦诛之,何以使受诛者无词?朝廷求贤士,置庶位,得之甚难。位至郡守,皆数十年所成就。

通达廉明之士，非如草菅然，可刈而复生也。陛下奈何以不足罪之罪，而坏足用之材乎？臣窃为陛下惜之。"（《明史·郑士利传》）

郑士利这一番话讲得有理有据，错在朱元璋这一边，他滥杀了无罪之人。郑士利与方克勤是同乡，都是宁海人，方克勤是在洪武八年春入觐，朱元璋亲自宴劳遣还，过了五月间，因属吏程贡不职被笞，查问此事的御史为了包庇程贡，反摘方克勤私用仓中炭苇事，坐谪江浦。次年，空印事起，方克勤再次被逮，九月死于狱中。因空印案而冤死的有好几百人。郑士利这份奏疏到了朱元璋那里，史载："帝览书，大怒，下丞相御史杂问，究使者。士利笑曰：'顾吾书足用否耳。吾业为国家言事，自分必死，谁为我谋？'狱具，与士元皆输作江浦，而空印者竟多不免。"（《明史·郑士利传》）看来皇帝犯了错误，要他认错也难，但是非后人自能评定。凡钦定案子大多有错，朱元璋不让别人说话，他死后自有人论其是非。前代是如此，后朝何尝能够例外，是非自有客观标准，说清楚它不过是一个时间问题。尽管如此，空印案还是对当时社会的贪污腐败行为产生了警示作用，说明朱元璋在吏治问题上是非常严厉的，对吏治中的各种弊端仍有一定的震慑作用。叶伯巨与郑士利是同乡，他们两个人的上书都在同一时期，也许都与空印案有关，尽管他们讲得都有理，但撼动不了朱元璋借此整顿吏治的决心。

八、郭桓案

郭桓案发生在洪武十八年。郭桓当时是户部侍郎，这件案子的动因是朱元璋怀疑北平二司的官吏李彧与赵全德二人和郭桓一起作弊，盗官粮七百余万石，下令法司拷讯。案子牵涉直省官吏拟罪的多达数万人，自六部的左右侍郎及诸司皆不能幸免，核赃所寄借遍天下，结果是中人之家以上大抵皆破产，看来这个案子造成的后果非常严重。为什么会株连那么多人呢？朱元璋的《大诰》第二十七条《问赃缘由》中讲：

> 如六部有犯赃罪，必究赃自何而至，若布政司贿于部，则拘布政司至，问斯赃尔自何得？必指于府，府亦拘至问赃何来。必指于州，州亦拘至，必指于县，县亦拘至，必指于民。至此之际，害民之奸，岂可隐乎？其令斯出，诸法司必如朕命，奸臣何逃之有哉？呜呼！君子见而其政尤勤，小人见而非心必省。

这一段话实际上是朱元璋口谕的记录，如果真要如此认真执行起来，一件赃案要逐级往下追的话，株连的人就多了。这样做有一个好处,行贿者与受贿者同样处理,在改变社会风气上有好处。关于郭桓案的起因,《大诰》也有记载,见第二十三条,题为《卖放浙西秋粮》:

> 户部官郭桓等收受浙西秋粮,合上仓肆佰伍拾万石,其郭桓等止收陆拾万石上仓,钞捌拾万锭入库,以当时折算,可抵贰佰万石,余有壹佰玖拾万未曾上仓。其桓等受要浙西等府钞伍拾万贯,致使府县官黄文等,通同刁顽人吏沈原等作弊,各分入己。

另有第四十九条,题为《郭桓造罪》:

> 造天下之罪,其造罪患愚者无如郭桓甚焉。其所盗仓粮,以军卫言之,三年所积卖空,前者榜上若欲尽写,恐民不信,但略写七百万耳。若将其余仓分,并十二布政司通同盗卖见在仓粮,及接受浙西四府钞五十万张,卖米一百九十万不上仓,通算诸色课程鱼盐等项,及通同承运库官范朝宗偷盗金银,广惠库官张裕妄支钞六百万张,除盗库见在宝钞、金、银不算外,其卖在仓税粮及未上仓该收税粮,及鱼盐诸色等项课程,共折米算所废者,二千四百余万精粮。呜呼!古今贪有若是乎!其郭桓不才,乃敢如是,其中所分入己者几何,罪及同谋愚顽者生死,纪必枚焉,空仓廪,乏府库,皆郭桓为之。

《大诰》的两条记载,如果心平气和地进行分析,断定财税系统有弊端这一点当然没有疑问。明代的农业税分夏税和秋粮,有实物部分，也有交纳钱钞的。洪武时的税额，官田亩税五升三合五勺，民田减二升，重租田八升五合五勺，没官田一斗。而浙西的官民田，因是籍没张士诚及富民田以为官田，以私租簿为税额，一亩有税收二三石的。洪武时，苏州一府秋粮便有二百七十四万六千余石，其中民粮只占十五万石，其余都是官田的税粮。而浙西也是重税的地区，杨宪为司农卿时，以浙西地膏腴，增其赋，亩加二倍，所以苏松浙西这个地区历来是重税区，但是实际上收不到那么多，所以账面上的税额与实际上仓的税额中间有很大的差额。仓库的管理上当然有弊端，自然有盗卖公粮的，因为征收时又有鼠雀耗之类超额的部分，又有因灾减免的部分。所以到了户部那儿只能是一笔糊涂账，而朱元璋一认真，把账面的记录与实有的核对起来，几年积累下来当然有一个巨大的空额。他把这个空额都看作郭桓以下户部官员们的贪污，而且自上而下一律追赃，所以才会出现中人之家以上大抵皆破产的局面，因为经手税粮的粮长都是当地富裕人家。朱元璋那样刨根究底追赃，而且在刑讯逼供之下受牵涉的人自然就多了。如果仔细追究事件端倪，其中错案、冤案相当多，然而从整体上看，财税系统在如此狠狠的整顿下，吏治情况会有所改善，因为这个系统本来便是一笔糊涂账，这方面的弊端自宋元以来便是如此。朱元璋在《大诰》的第三条《胡元制治》中便讲到另一个户部侍郎张易，朱元璋讲到元代的达鲁花赤们，作为地方官在地方上胡作非为：

人事不通，文墨不解，凡诸事务，以吏为源，文书到案，以刊印代押，于诸事务忽略而已，此胡元初治焉。三十年后，风俗虽异，语言文墨且通，为官任事者，略不究心，施行事务，仍由吏谋，比前历代贤臣，视吏卒如奴仆，待首领官若参谋，远矣哉！朕今所任之人，不才者众，往往蹈袭胡元之弊，临政之时，袖手高坐，谋由吏出，并不周知，纵是文章之士，不异胡人。如户部侍郎张易，进以儒业，授掌钱谷，凡诸行移，谋出吏已，于公廨袖手若尸，入奏钱粮，概知矣。朕询明白，茫然无知，惟四顾而已。吁！

对于这种情况，他虽极端不满，但也无可奈何，"虽朕竭语言，尽心力，终岁不能化矣，呜呼！艰哉！"（《大诰·胡元制治》）

从这一段讲话可以知道朱元璋对明代财税系统的官僚机构及其队伍的不满由来已久，他为什么如此关心这个系统实际操作的状况呢？因为这是王朝赖以生存的生命线，王朝庞大的支出是靠它来维系的，他容不得这条性命攸关的补给线有丝毫差失，一旦有丝毫可疑的地方，他便要小题大做。正是因为如此，他才抓住空印案和郭桓案这类案子，狠狠整顿与税粮有关的各级官吏。他这样做不能说完全没有效果，但效果究竟如何，他自己也知道，这种做法不可能根除积弊，因为这实在是积重难返。不仅税粮系统的官僚机构是如此，地方上的行政机构同样如此，实际处理日常事务的是吏胥，不是官员。所以他从洪武十八年冬天起编《大诰》

的目的，就是下狠心整顿吏治。郭桓案也许是他编《大诰》告诫全国官吏队伍的一个直接动因，编《大诰》的目的则是拿即时的案件布告天下，通过案例对官吏与百姓进行一次广泛的普法教育。他是拿血淋淋的杀戮来教育人的，即使如此，也不可能如他希望的"斯令一出，世世守行之"（《大诰·序》）。到了明成祖以后，各种问题又重新出现，仁宣之后，在宪宗、孝宗到武宗时，各种危机又露头了。积弊难改，故嘉靖万历年间，海瑞在任上时，呼唤采取当年朱元璋把贪官剥皮实草的极端残暴的措施，处置当时的腐败和贪污状况。这个呼唤的背后，实际上反映了那时他对这已非常严重的贪腐局面和贪腐的官僚之间互相包庇的网络关系的无可奈何。那时不可能有第二个朱元璋了，尽管明王朝还能苟延残喘一段时期，但王朝的最终崩溃已无法避免。崇祯十七年明王朝的崩溃，固然有它外部因素，而内部的腐败则是根本性的原因。不管结果如何，朱元璋亲自参与编著的《大诰》四篇还是值得一读的，不能只看到他血淋淋残暴的一面，还应该了解他出于布衣情结而苦心孤诣的另一面。

九、《大诰》四篇

（一）四篇《大诰》颁行的时间表及概貌

关于《大诰》颁行的时间，初编应该是在洪武十八年十一月，虽然朱元璋御制序是在十月初一，刘三吾的后序是在十月十五，实际操作结束应该在十一月间。续编颁行的时间应是次年年中，三编颁行的时间应在洪武二十年的二月，《大诰武臣》是在洪武二十年的十二月。这四篇《大诰》共计有二百三十六个条目，其中初编七十四条，续编八十七条，三编四十三条，《大诰武臣》三十二条。从《大诰》四篇的文体看，有三类，一是案例，二是朱元璋的训诫，三是峻令。朱元璋颁行《大诰》四篇的目的是整顿吏治，通过大量严厉治贪的案例展示以期达到"警省愚顽"的宣教作用。大部分条目都不仅仅是具体案例，前后都有不少极其口语化的教谕。可以看得出，颁行《大诰》四篇历时两年多，是朱元璋亲自参与，在全国范围内开展的一次反贪污运动。如果认真通读《大诰》四篇，可以发现有许多案子是朱元璋亲自审定的，其中有不少他与案犯的直接对话。从这一点上，也可以看到朱元璋这个皇帝做得很辛苦，对自己看重的事，他都处在第一线。这四篇《大诰》都有他御制的序文，从序文的行文可以看出这都是他口授、由翰林学士笔录，经过简单的文字润饰而成的。这二十多万字的《大诰》四篇，尽管淋漓尽致地表现了他的残暴，但他对贪官处分的严厉并未全部在《大诰》中披露。如他对贪官剥皮囊草的命令，并在其治地留贮其皮，以示继至之官的做法，《大诰》四篇中都没有提到。此令可能是在洪武十八年十月以前宣布的，此事在沈德符的《万历野获编》卷十八有具体记载，其中讲到州县治所有贪官被剥皮的场所，设有皮场庙以示警诫，而且贪官的人皮还长期保留下来。生在万历晚年的沈德符还讲到"今郡县库中尚有之"（《刑部·法外用刑》）。明武宗时，尚有剥皮的案例。这种极端残酷的刑罚实际上保留了很久。对于《大诰》四篇，我们可以分几个问题来讲。一是朱元璋对他属下官僚队伍的基本估计。二是他如何处置贪官污吏。当然我们不能用今天人性化的标准来看待朱元璋时代的严刑峻法，一个时代有它自己认知和行事的方式。三是他当时的心态，他是怎么思考吏治腐败问题的。四是他怎样大张旗鼓地进行这场反贪污运动。五是这场运动的实际作用及其身后的演化。

（二）朱元璋对他属下官僚队伍的基本估计

我们先讲一下，在《大诰》四篇中，朱元璋对自己这套层级式的官僚队伍状况的基本估计。《大诰》的起因，与郭桓案有关，而郭桓这个案件，从纵向讲涉及整个财税的征收管理系统；从横向讲，户曹的侍郎会有问题，其他各曹，分管刑法的刑曹、分管工程的工曹、分管人事的吏曹、分管军兵的兵曹，实际上都有问题。问题出在基层，根子在中央的六曹。刘三吾写的《〈大诰〉后序》便讲道："大肆贪墨原弊所由起于六曹，为罪之魁，莫甚郭桓，六曹端本澄源之地，而乃赃贪不法，交通所属，重为民害，甚或根株蔓延。"可见贪腐势力盘根错节，根深叶茂，实际上整个官僚队伍中相当大的一部分都被卷入了朱元璋发动的这场反贪污的大风暴中。而且朱元璋这个人有一股不依不饶的劲头，非把事情刨根究底问个究竟不可。他对官吏队伍的基本估计，在《大诰》的第一条《君臣同游》中有所表露，他说："今之人臣不然，蔽君之明，张君之恶，邪谋党比，机无暇时，凡所作为，尽皆杀身之计，趋火赴渊之筹。"总之，是一片墨黑又墨黑。他在《大诰》第十六条《吏殴官长》条讲："各处有司，惟务奸贪，不问民瘼，政声丑陋，愚民所耻。"在《大诰续编》第三十六条《追赃科敛》条讲："洪武十八年，为郭桓不法，通同诸司，将天下钱粮尽行废坏。事觉，诸司官赃有所在，于是遣人诣所在追取，所在见任有司，皆系不才之徒。""各处有司，惟务奸贪""见任有司，皆系不才之徒"，这些话的分量是很重很重了。他在《大诰续编》的第五十条《朝臣蹈恶》中，对六部的六曹和都察院的六科给事中们讲：你们"日逐随朝，朕之所言，目击耳闻。弃人于市，有同僚，有异司、异府、异场、异科，各各不等衙门，此非一二人耳，各人身亲见之，其尸未移，各人继踵而为非。今将各人名题于首，犯注于足，智人观之"。这是对朝臣告诫，把这次处置的中央六十二名朝臣都公之于众。朱元璋在此事最后的感慨是："呜呼！此辈皆系洪武十八年新诛奸恶贪婪之后，人人不畏其法，仍继踵而为非。吁！可谓之难教者欤！"这几件朝廷各科各部门的案子，都是洪武十八年十月以后到十九年中发生的，难怪朱元璋感慨之深。在《大诰续编》第五十四条《江西解课》条末，朱元璋感慨地说："吁，尝闻世不绝圣，国不绝贤，今朕驭宇，所用之人咸若是，奈何于心，岂不愁焉！忧矣乎无已！"可见其面对吏治实际状况的忧心忡忡。他那样严刑峻法处置贪渎的官员，当然会引起人们的议论，不仅朝堂上有人议论，民间亦有不同的声音。在《大诰续编》第七十四条《罪除滥设》中，他说："呜呼！此等之徒，上假官府之威，下虐吾在野之民。野民无知，将谓朕法之苛，野民只知如此。不知此等之徒上假朝廷，下假官府，朕朝治而暮犯，暮治而晨亦如之，尸未移而人为继踵，治愈重而犯愈多，宵昼不遑宁处，无可奈何。设若放宽，此等之徒，愈加昌炽，在野之民，岂得而安生。

呜呼！艰哉，刑此等之徒，人以为君暴；宽此等之徒，法坏而网弛，人以为君昏。具在方册，掌中可见，其为君者，不亦艰哉！朕除此无籍之徒，诸处不良之徒，见朕是诰，当戒之哉！勿蹈前非。"

从上面这些引文，可见朱元璋对贪腐形势的判断，以及其不得已以严刑峻法从重从快治理贪官污吏的决心和无奈。

（三）痛治税粮系统的贪渎之风

从朱元璋治吏治贪的重点看，在《大诰》四篇中，他把治理的重点放在财税系统，抓住税粮征收解纳的各个环节，以保障国家税课的安全。只要这个系统里发现问题，他就刨根究底，一律严惩不贷。朱元璋在《大诰三编》第十六条《逃囚》讲到对郭桓案相关人员的处理，其云："自郭桓掌户部之时，天下钱粮金银匹帛不半年余，其桓弊盈寰宇，其贪婪之徒，闻桓之奸，如水之趋下。半年间，弊若蜂起，杀身亡家者，人不计其数。出五刑以治之，挑筋、剁指、刖足、髡发、文身罪之甚者欤！君子厌闻，贤人恶听，智者格非。"说明郭桓掌户部只有半年时间，税收上的问题，实际上是积弊，不是郭桓掌户部半年中才发生，不过是借郭桓案集中爆发出来。对于这个案件使用的刑罚有不少是《大明律》规定的五刑以外的肉刑，这一类肉刑汉唐以来早就废除了，朱元璋又重新启用。由于郭桓案属于财税系统，所以朱元璋在《大诰》初、续、三编集中反映的案例，以税收上的问题最多，被处置的都属于死刑的范畴。税粮征收的第一个环节是通过粮长来征收，《明史·食货志二》称：

> 粮长者，太祖时，令田多者为之，督其乡赋税。岁七月，州县委官偕诣京，领勘合以行。粮万石，长、副各一人，输以时至，得召见，语合，辄蒙擢用。末年更定，每区正、副二名轮充。

由于粮长具体经手粮税的征纳，在征纳过程，当然也能上下其手。《大诰续编》第四十七条，讲了《粮长邗阿仍害民》的案例：一共四个粮长，他们在征收税粮时，"起立名色，科扰粮户，其扰民之计，立名曰：舡水脚米，斛面米，装粮饭米，车脚钱，脱夫米，造册钱，粮局知房钱，看米样中米，灯油钱，运黄粮脱夫米，均需钱，棕软篾钱，一十二色，通计敛米三万七千石，钞一万一千一百贯，正米止该一万，便做加五收受，尚余二万二千石，钞一万一千一百贯。民无可纳者，以房屋准之者有之，揭屋瓦准者有之，变卖牲口准者有之，衣服缎匹布帛之类准者亦有之。其锅灶水车农具尽皆准折。呜呼！似此奸顽，贪婪无厌，虐民之心，甚如蝎蛇，其仁心莫知所在，直至身亡家破而后已。呜呼！愚哉！临期悔者晚矣……直至临刑不免顽矣哉！"

这几名粮长实际上是土豪劣绅。现在"土豪"成了时髦的名词，风水轮流转，有的时候时代的风尚会倒退。后来这几名粮长是被处死的,从加征的数量看,五倍于正赋,加征的名目实在繁多,只要需动手之处,都要加征。同时可以看到上级征纳的部门也一样黑暗。粮长在科敛税粮时加派的情况还有好几起案例。如《大诰续编》第二十一条《粮长金仲芳等敛》,这次查了三个粮长,加派的名目有十八项:若定舡钱,包纳运头米,临运钱,造册钱,车脚钱,使用钱,络麻钱,铁炭钱,申明旗舶钱,修理仓廒钱,点舡钱,馆驿房舍钱,供状户口钱,认役钱,黄粮钱,修墩钱,盐粟钱,出由子钱。从这十八种名目可以知道当地乡里所有的行政开支,都加在国家的二税之上。明代的粮长利用代缴税粮的机会坑害农民的案例在《大诰》中还有不少。如《大诰续编》第二十二条,便是《粮长瞿仲良害民》,这是上海县的事,纳户宋官二连名状告粮长科敛太重,因此粮长被处死刑。

粮长对下是加征,对上则是拖欠,《大诰三编》第四十一条,有题为《拖欠秋粮》者,其云:

> 设置粮长,惟在催征本区内一万石税粮,其税粮俱系各户自行办纳,本非难办之事,自合依期纳足。其粮长人等,却将各各人户税粮,征收入己,故意抵顽,迁延不纳,直至下年秋熟,方才将下年秋粮补纳上年欠数。盖是奸臣胡、陈并郭桓等在时,仓廒不明,粮数不清,粮长人等惯于虚买实收,妄称足备,自以为得计。不知自洪武十八年以来,朕知其弊,特命户部将各衙门岁用粮米,逐月分派,一月置仓一廒,一

年置仓一十二厫，仓粮数目精明，难以仍前作弊。因此显出奸顽不纳粮，粮长张时杰等一百六十名身亡家破。今后粮长务要依期纳足，如是仍蹈前非者，一体治罪不赦。

这件案子，反映粮长拖延纳粮时间，用下一年秋粮来补纳上一年的粮税，这样就有一年粮税入己私囊。这引起朱元璋震怒，被处死的粮长多达一百六十人，可见在朱元璋当政时，粮长也难当，加派有罪，拖延亦有罪。此外，亦有府州县官调整粮区以谋利者。无论用哪一种办法来对粮长加强管理，还是会滋生弊端，如对粮长征税粮区域的再划分也有产生问题者，《大诰三编》第一条《臣民倚法为奸》，讲的是常熟的案例。朱元璋认为这是"故意乱政坏法"，"故意妄生枝节扰乱，使上不能清其事，官吏人民易为作弊"。其具体案例如下：

常熟县秋粮四十万石有零，教粮长三十余名掌之。临催粮时，省会三十余名，人粮办已。本以大户为粮长，掌管本都乡村人民秋夏税粮，其官吏见法正且清，难为作弊，却乃设计乱法。其乱法之计，将粮长不许管领本都乡村纳粮人户，调离本处，或八九十里、一百里，指与地方，使为粮长者，人户不识，乡村不知，其本都本保及邻家钱粮，却又指他处七八十里、百十里人来管办，务要钱粮不清，田地不真，易为作弊，如此扰害细民。朕将原设三十余名粮长革去，从本县并各处有司，设法自办。其常熟官吏用六百有零里长催办，其为首者既多奸民，乘此，其弊纷然。常熟县官莫能谁何，加以自取肥己，一旦发露，官吏杀身，奸民又罪若干。皆乱政坏法自取也。

因此案，当时也处理了一大批府州县的官吏。地方官在接纳税粮时，还可以少上仓以入己，如《大诰》第十三条《武进县夏税》讲："常州府武进等县官吏邓尚文等，将民人夏税，十分以九分上仓，一分入己，声言民人科敛未足，巧于富户处借纳。如此害民，既征不足，借于富户，果后以何赔还？"第十四条《庐州府夏税》讲："知府韩克佐等，不忧民艰，言十八年夏税小麦，秕细不堪为粮，欲令民抵斗米折。"这是要用米来代麦。朱元璋说："此际时当六月，旧收稻粮已绝，小民盯望新麦已成，若不征麦而征米，是故虐其民。其庐州府官之罪、户部之罪可得而逃乎！"从这个案例看，朱元璋不愧为农家出身，深知官吏害民玩弄的花招。此外，还有征收不时者，《大诰》第六十六条《征收不时》云："呜呼！有司官吏不才害民，有若是耶。专以二季征税为奸计。麦方吊旗，而催夏税。谷秧方节，早催秋税。窘民于青黄不接之时，逼民于结实未坚之际，频于棰楚，得赃缓矣。及其粮成期至，可以上仓，其官吏人等故行迁延，刁登留难，不得便于上仓，直待有益于己而后已。呜呼！天灾人祸不至，其徒自死，必有日矣。"这里朱元璋用的是威胁的口吻，说的也是实际情况，地方官玩花样骗不了他。如果是生于深宫，长于妇人之手，不知稼穑的帝王，就不会知道农民的甘苦了。

（四）粮税解送上的弊端

税粮收集以后，在解送过程内，同样是弊端丛生。《大诰续编》第五十二条《解物封记》，具体讲到当时地方解物到京纳库时的弊端。其云：

> 呜呼！艰矣哉！且如洪武初，天下诸司差人解物赴京，照该仓库送纳，一至中书下部，照数收受，一起解绢者，数具千匹，其该部点掣二百，以为不堪，着令解物人再进，堪中换去，其解物者收买依数兑换，备数送库，交纳了当。赴部欲取原绢，部官吏已入已矣，并无有还者。解者以状来闻，朕知此弊非起于洪武之初，其来久矣。所以知者为何？为拿住贪官污吏，问出前情，已将各官吏弃市矣。

从这条案例，可知朱元璋这个人还是很精明的，他要拿到把柄，处理一批贪官污吏，然后再设计解物时如何封记，以杜弊端。他还规定了各府州县解纳应合入官诸色物件，要有一名正官或佐贰官或首领官亲自负责起解，不能随便差遣无职役无籍顽民解送。除了无籍顽民解送外，亦有差富户起解的，在《大诰续编》第五十五条《民拿经该不解物》中，他说：

> 诸处有司解纳诸物，差官吏亲自解赴京纳，连年通同户部、

兵部、刑部、工部、户科、兵科、刑科、工科给事中，阴谋结党，虚出实收，每常事觉，诛谬者甚多。余人复任是职，不数月，仍蹈前非，如安庆府、苏州府、江西布政司等处临解物之际，多不差经该人员，每每着令富户起解，故意虐吾良民。此诰一出，凡在官之物起解之际，须差监临主守者，若是布政司、府州县不差监临主守，故差市乡良民起解诸物，因而卖富差贫。许市乡年高耆宿非耆宿老人及英壮豪杰之士，将首领官并该吏绑缚赴京。

这是允许百姓举告及绑缚相关吏员赴京状告。为此处决了八个地方违犯此法的地方官，有的还是族诛。为什么要这样做？朱元璋在《大诰续编》第五十三条《经该解物》中解释说：

自开国以来，朝廷小人在位者多，动止互相朋党，所以天下有司，数差无籍之徒解纳诸色物件，及至京也，有周年不纳，虚买实收而归者有之，有使讫一半而妄言原本不足而来者有之，及其稽也，原来本足。由此杀身，岁非一二人，犹不能止其奸，岂不罪在有司。今后敢有如此者，倍追之后，官吏杀之，妄承行者亦杀之。

这里虚买实收，是指通过贿赂来取得实收的收据。从这一段话可以知道，朱元璋在禁止解纳诸色物品的弊端上是下了决心的，为此杀了不少官吏。在《大诰》中属于户部系统的案例还有很多，有《籍没揽纳户》的，揽纳到人户诸色物件粮米等项，不行赴各该仓库纳足，隐匿入己，虚买实收者。有《诡寄田粮》者，即将自己田地移丘换段，诡寄他人，及洒派等项，事发到官，全家抄没。有借《折粮科敛》的，有《纳粮入水》的，有《纳豆入水》的，还有《造册科敛》的，利用造黄册时科敛害民。有《克减赈济》的，有《水灾不及赈济》的，有《粮长妄奏水灾》的，有《查踏水灾》而受贿的涉案人数一百四十一名，其中进士二十八人、行人二十三名。这方面的内容就不一一列举了。这一类案件，多少都与税粮有关。

（五）刑部大狱的管理

除了户部系统与税粮征收的相关案例以外，在《大诰》四篇记录的案件中还有属于刑部监狱管理的案例，比如逃犯的追捕，以及逃军的追捕。有关这方面的案件，朱元璋在处置上也非常严峻。因为清军中追查逃军关系到军队的稳定，监狱管理和刑事逃犯的追捕关系到司法的严肃和社会的安宁。有关刑狱管理的问题在《大诰续编》连续有四条，第四十条《刑狱》讲的司狱、狱典、狱卒给囚犯乱用刑具。其云：

> 今之主典者不然，内外情通，教囚番异，刑具颠倒临人，所以颠倒临人者，应柙而枷，应枷而锁，应杻而脱去，应锁而不锁，非柙而柙，非枷而枷，非锁而锁，非杻而杻，为何？

为欲财也。呜呼！……是致囚买生而离死，其主典者见利忘害，径受财而趋死焉。所以趋死者，教囚番异，接受赃私，纵囚自在，走泄狱情，纵囚在逃，令服毒药，狱杀囚徒。所以今之狱囚，轻重颠倒，犯者相继，囹圄不得而虚也！呜呼！囚畏死而贪生，罄家资以贿赂，主典贪财，致身亡而覆姓。吁！是诰一出，不奉朕命，仍复为之，世将焉治。

朱元璋这一番话，把监狱中的黑暗都翻了出来，看来他对世态还是很明白的。监狱的犯人失去自由，当然是一件痛苦的事。然而对监狱内部的情况也还要具体分析，不会是一片黑。以我自身的经历讲，在管理人员与犯人之间，在犯人与犯人之间，都多少还有一点善良和光明的东西。而《大诰》是讲问题的。在《大诰续编》第四十一条《再诰刑狱》中，朱元璋又就狱典狱卒在监狱管理上应该如何关心囚犯，而实际又如何虐待囚犯的情况，说得淋漓尽致。朱元璋讲话的锋芒对着监狱的管理层而同情犯人。其云：

贤人君子之典狱也，不分囚之轻重，常以善言以妥之，苦寒则置温之，炎暑则置凉之，饮食则节之，病则医之。所以主囚之道，古人必此而为之理焉。……自乱世定以来，知理者亡，无籍者进，所在刑狱，非罪而死者多矣，有罪而非法死者亦多矣。所以无罪而死者多，由苦寒而逼，炎暑而蒸，饮食不节，病无医药，盖谓主典欲财而无与；或受他人之财，代其报仇，无罪而死者由是。有罪而非法死者，亦因寒暑饮食医药并欲财而无与，不待律法定而人已亡矣。所以非法死者，为此也。

这里讲的是监狱中发生的无罪而死亡、有罪而非法死亡的事故。监狱的管理历来是一个大问题。监狱本来是依法惩治犯人的地方，但由于管理上的漏洞，往往成为罪犯交流和积累犯案经验的场所，还有管理人员与犯人协同作弊犯罪的事例。《大诰续编》第四十二条《相验囚尸不实》，讲的便是在监狱中发生的犯罪行为，为此朱元璋亲自处理并刑罚了相关人员。其云：

洪武十八年、十九年，一样奸谋朝弃市数人，当日同谋死罪者又数人。此数人不鉴朝杀者，奸与己奸同。呜呼！前诛血未干，尸未移，本人已造杀身之计在身矣。且如洪武十九年春三月十四日，刑部子部总部、司门二部郎中、员外郎、主事、都吏等官吏胡宁、童伯俊等，恣肆受财，纵囚代办公务，书写文案，被司狱王中以状来闻，觉奸顽之情态。于是朕亲诣太平门，将各官吏棰楚无数，刖其足发于本部，昭示无罪者。呜呼！以此法此刑，朕自观之，毫发为之悚然，想必无再犯者。岂期未终半月，其都官员外郎李燧、司务杨敬将在禁死囚邵吉一尸停于狱内，通同医人、狱典、狱卒等作三尸相验，以出有罪者张受甫等二人，受财四百八十贯。呜呼！人心之危，有若是耶！吁！以此观之，世将安治，智人观之。

朱元璋亲自处置了官员让监狱中犯人代办公务书写文案的事，这一类案子已不是偶发的个案了。《大诰续编》第二十八条，题为《用囚书办文案》，讲五军都督府掾吏陈仔等凡有书写都令典吏囚人起草立意，然后押字施行。等到朱元璋询问他所书之事项时，他只能"皇皇瞠目四视"，其所奏之事只能知其大意，细问则不知究竟。他们滥用公权，终遭杀身之祸。这次是刑部的官员犯此类事，故朱元璋亲自在太平门棰楚刖足诸案犯，其惨状连朱元璋自己都毛发悚然。然而那时，"一切书写文案，尽皆囚成。各官心在出入人罪，贪婪无厌"（《大诰续编·故更囚名》）。不到半个月，在同一所监狱又发生了利用验尸的机会买放了两个囚犯。这当然让朱元璋感到震惊，所以才有"前诛血未干，尸未移，本人已造杀身之计在身矣"的感叹，这是指与借验尸私放囚犯相关的刑部官员及相关的医人、狱典、狱卒。这一次又杀了好几个人。

（六）关于"逃囚""逃军"的问题

明初刑狱之酷，一方面是由于元代以来积习难返，另一方面亦由于朱元璋的认真劲儿，没有这样一股劲儿，贪渎之风又如何能够制止呢？与此类案件相关的就是如何处置在逃囚犯的问题。除了监狱设法让犯人逃跑外，还有在押解犯人的过程中，故意让犯人逃跑的问题。《大诰》初编第四十条《冒解罪人》讲："所在有司官吏,上司着令勾解罪人,往往卖放正身,将同姓名良善解发。今后若此,该吏处以重刑。"一旦发现所押犯人并非正身,那就有追捕逃犯的问题。《大诰三编》第十六条《逃囚》,也是讲有关官吏受贿故意让囚犯脱逃的问题。这种情况,在当时还是相当普遍,所以专列一条来讲这个问题。其云:

> 如黥刺者,发充军退荒,往往带黥刺而中途在逃。有等押解者,亲睹罪囚黥刺形状,又不以为寒心,接此囚钱物,特意纵放,中途在逃。

为此,朱元璋作了一些政策上的规定,自首的发原地安置,隐匿者则重加惩处。其云:

> 为《大诰》一出,邻里亲戚有所畏惧,其苏、松、嘉、湖、浙东、江东、江西,有父母亲送子至官者,有妻舅、母舅、伯、叔、兄、弟送至京者多矣。朕见亲戚不忍罪囚再犯逃罪遭刑,亲送出官,凡此等类,不加刑责,送着原发地所。其有亲戚影射四邻擒获到官者,本人枭令田产入官,人口发往化外,如此者多矣。有等邻里亦行隐藏不拿到官,同其罪者亦多矣。所在巡检弓兵受财纵放越境而逃者,同其罪者不少。呜呼!不才无籍,有如此耶!……何幸得此累恶不悛,初则本身犯罪,往往中途在逃,二次三次者有之,终不自省,直至家破,人口流移化外,本身受杀而后已。

从这条《逃囚》可以见到,朱元璋对在逃囚犯的处理还是非常严格的，与此相关的还有逃军的问题。军队是国家支柱，必须保证兵员的来源，历代都关注这个问题。明代在卫所制下，军民各籍。兵役毕竟是最重的负担，由于军籍在卫所，军兵不断逃亡，所以会有清军的问题。清军要补足军籍名额，这就又会带来不少复杂的社会问题。从军队内部讲，《明史·兵志四》称："起吴元年十月，至洪武三年十一月，军士逃亡者四万七千九百余。于是下追捕之令，立法惩戒。小旗逃所隶三人，降为军。上至总旗、百户、千户，皆视逃军多寡，夺俸降革。其从征在外者，罚尤严。"而《续文献通考》讲："洪武十六年九月，命给事中及国子生、各卫所人分行天下，清理军籍。"这就涉及在全社会范围内清理军籍的问题，因为逃军隐匿在社会上。次年，"兵部尚书俞纶言，京卫军户绝者，毋冒取同姓及同姓之亲，令有司核实发补，府卫毋特遣人"（《明史·兵志四》）。就是说，军户绝者不能到社会上以清军的办法冒取同姓名及同姓之亲人。可见清军的过程引起非常广泛的社会影响。因为逃军所以能在社会上生存，他们不仅被亲属隐匿，还受到官府与邻里的庇护，否则很难在社会上长期生存。在《大诰续编》第七十一条《逃军》中，朱元璋用自己的口吻讲了清理逃军的相关政策。其云：

诰到之日，所在有司官吏，往日曾受逃军财物买嘱，不行起发，今《大诰》遍满天下，两邻里甲，不许影射。若不早为晓谕，有司官吏必是两邻里甲，照依《大诰》事内拘送赴京，那是有司官吏其罪难逃。诰到肯听朕言，将境内逃军省令里甲亲戚人等，或百或千或十，各各令里长送赴京来，一里长十名者送十名，五名者送五名。当该有司差佐贰官该吏，用前路关文，一程程关给食米。不致逃军失所，送赴京来。若逃军改名换姓，影在境内，闻诰到日，三五人自行赴官首告，赴京着役。如在京卫，分赴在京卫分。各都司卫分，赴各都司卫分。虽是在逃十年、十五年、十七八年，三五年亦行尽皆出首，与免本罪，仍前着役。如不出首，两邻里甲见了《大诰》，毋得隐藏逃军，虽是至亲，必须首告，免致乡村良民被捉拿逃军，连累受苦。

从这一段朱元璋的讲话，可以知道逃军在外的数量很多。这次颁行《大诰续编》是发动逃军自首的运动，如果自首或被送还京师及卫所，则免于追究责任，否则的话会株连亲属和邻里。下面是讲不许勾军官吏到农村生事。其云：

敢有违朕之言，仍有勾逃军官吏生事，搅扰良民，其良民中豪杰之士耆宿老人会议捉拿赴京，见一名赏钞五锭。

如果继续庇护逃军，庇护之家庭邻里都要强制充军役。其云：

如是仍前影射，被人告发或挨勾得出两邻并影射之家，尽行拿充军役。众百姓我说的言语听着，你若不听，便三家两家埭一丁为军，比及如此。你众人只休隐逃军在乡，却不免改动了你每户下人丁，看了我的言语，你每众百姓，将附近逃军家下影射的逃军众人，好生抚绥送出来，各卫军亦不缺役，你每众百姓安乐便是。你百姓受了逃军财物，隐藏十年之上，如今送出来，也不问你每要罪。

朱元璋这一番口谕，可谓苦口婆心。如果劝说亲人和邻里送逃军出来，可以免除罪责；如果不听这番劝告，继续隐匿逃军，那便要受到全家充军的惩罚。朱元璋继续劝说，其云：

呜呼！因无籍不良之家，心生奸诈，屡次故违号令，影射逃军，致令贪官污吏卖遍同名同姓，异姓者亦皆受害。呜呼！朕居京九重，知天下拿逃军，扰害吾良民，民怨已满朕耳，你影射逃军之家如何不将仁心发见，改革前非，坐视群民受害，一家父母妻子兄弟并无一个为善者，皆是同恶相济之人。此诰出后，仍前故违，许令邻里耆宿并豪杰之士，会议将隐藏逃军之家全家拿赴京来，迁居化外，家私就赏捉拿之人，免致捉拿同名同姓，逼抑异姓良民。朕言至此，耆民豪杰之士，必从朕命，方乃是安。此患不除，终无宁息，智人见之毋视寻常。

朱元璋这大段反反复复的告诫，反衬了当时清勾逃军的过程，确实把许多同名同姓的人错作逃军处置，造成社会的动荡不宁，否则朱元璋怎么会讲"民怨已满朕耳"。军伍所以要逃的根本原因，在于军队的士兵苦于繁重的劳役和艰苦的生活，否则为什么要逃亡呢？

朱元璋这一大番议论的目的是既要勾补逃军，又要避免因为勾军引起社会上的不安。如果把这篇特长的朱元璋口谕同前面针对官吏的口谕比较一下，在口气上二者截然不同，一是对百姓说话，一是对贪官污吏说话。对百姓说话他是耐心地、反复地、苦口婆心地说，为百姓着想地说，对清军扰民的民怨抱着倾听和谦和的态度。对贪官污吏讲话，则是声色俱厉地怒斥威吓，严厉而又残忍地加以刑罚。这二者的差异，亦反映了朱元璋的布衣情结。这在其他帝王身上是看不到的，也正是他最难能可贵的地方。

《大诰》初编第七三条《冒解军役》，讲的是两个县的官员受贿以他人假冒顶替军户的案例。有八个县官员被处刑，除了案情与刑罚以外，他没有一句说教的话，这反映了他对犯案官员与百姓不同的态度。其云：

> 凤阳临淮县知县张泰、县丞林渊、主簿陈日新、典史吴学文为勾捕逃军事，受要逃军陈保仔钱钞，逼令民人管伍、管歪儿兄弟二人，充当异姓军役。兄顶陈保仔军，弟顶王虎子军，各各着役，以致告发。又河南嵩县知县牛承、县丞毋亨、主簿李显名、典史赵谷安，亦受要逃军赵成钱钞，逼令征进云南有功、留守乌萨军人赵成子铁驴代充逃军赵成军役，以致告发。此两县官员尽行典刑。

官员受贿以后，以子代父服军役也是有罪，从这里也可以看到在处置官员的问题上，朱元璋发现一个处理一个，毫不手软。

（七）禁止官员下乡扰民

在禁止官员下乡的问题上，亦多少反映出朱元璋的布衣情结。其所以要禁止官员下乡，是为了防止各级官员下乡扰民。官民之间的事务必须通过信牌传唤，如果官员继续下乡扰民，则鼓励民众拿下乡官，押赴京城。而百姓不听信牌传唤，则被称作顽民，亦要受到惩处。这件事前前后后共有四条诏令，《大诰续编》第十五条《遣牌唤民》，讲了官府如何传唤民众。其云：

> 十二布政司府州县，凡有临民公务，遣牌下乡，指乡村坐地名下姓氏，遣牌呼唤，民至抚绥发落，有司不如命者，民赴京诉。若牌至民所，三呼而民不至，方遣皂隶诣所在勾拿。民至，必询不至之由，所以询者为何。恐民单夫只妻为生理而远出，或近处急事有妨。果如是，非民得罪也！若加以罪，实有司故虐吾民，设若有辞，有司之罪，臣微不赦，戒之哉！

这一段诰文规定了官府传唤民众的制度，需三呼不至才能抓捕，如有各种原因，仍然不能采取强制性措施。既要保证必要的传唤，也要注重民众的权利和客观困难。这是考虑了双方面的具体情况，实际上是对官府随意拘押民众的一种约束。对于官府任意下乡扰动乡民，朱元璋另有《大诰续编》第十七条，题目为《官吏下乡》，讲的是对下乡扰民官吏的处置。其云：

> 十二布政司并府州县，往常官吏不时亲自下乡扰吾良民，

非止一端，数禁不许，每每故违不止。洪武十七年，将福建布政司右布政陈泰拿赴京师，斩首于市，敕法司行下诸司毋得再犯，此行诸司承受禁文，非止一纸，动经五七次，诸司明有卷宗。其无籍杀身之徒，终不循教，仍前下乡扰吾良民。且如洪武十八年、十九年，无为州同知李汝中下乡扰民，罪已不赦。湖州府官吏乌程县官吏易子仁、张彦祥，不将被水灾人户赴京赈济，通同豪滑当告水灾之时，以熟作荒，以荒作熟，以多作少，以少作多。以多作少者，为其善人被灾本多，当报之际，减灾报数。以少作多者，为与富豪交结，将少作多。以荒作熟亦如之，以熟作荒亦如之。致令乌程县民傍湖者缺食，朕终不能明其数，所以赈不及之，至今慊慊无可奈何！

这里朱元璋是借福建右布政司陈泰的头来祭禁止官吏下乡的禁令。陈泰的位置相当于现在副省级的地位，此案所处置的官员之地位不算不高，结果下面还是再犯。禁止官吏下乡扰民的另一个原因，是防止官吏与地方豪绅相勾结，担心这样会导致下情不能上达。乌程县的灾情之所以搞不清楚，便是因为县吏与豪绅勾结，以少报多，以熟作荒，真正受灾的百姓反而得不到赈济。上级官吏下乡，基层为了接待花费颇多，古今皆然。乾隆皇帝下江南，当时有人形容他的过境，相当于来了一次蝗灾。其实问题不完全在于官员下不下乡，而在于下乡干什么，以及怎么下乡。

（八）民拿下乡官吏

朱元璋用来对付屡禁不绝的官吏下乡扰民问题的一个杀手锏，便是《大诰续编》第十八条《民拿下乡官吏》，君民结合起来制官。其云：

> 十二布政司及府州县，朕尝禁止官吏皂隶，不许下乡扰民。其禁已有年矣，有等贪婪之徒，往往不畏死罪，违旨下乡，动扰于民。今后敢有如此，许民间高年有德耆民，率精壮拿赴京来。

虽然朱元璋如是说，究竟有多大效果，也很难说。因为二者之间力量对比太悬殊，老百姓怎敢又怎能拿下下乡扰民的现管他们的老爷呢？这条命令不过显示了朱元璋的布衣情结而已。当然，这条法令还是有缺陷的，因为政令推行、下情上达还是少不了官员下乡去颁行政令和调查实情。问题出在官员执行过程中的以权谋私，至于依靠百姓捉拿下乡扰民的官吏，还需要配套的相关法令才行。朱元璋在《大诰》第五十九条中便有《乡民除患》的命令，其云：

> 今后布政司、府、州、县在役之吏、在闲之吏，城市乡村老奸巨猾顽民，专一起灭词讼，教唆陷人，通同官吏害及州里之间者，许城市乡村贤良、方正豪杰之士、有能为民除患者，会议城市乡村，将老奸巨猾及在役之吏、在闲之吏，

绑缚赴京，罪除民患，以安良民。敢有邀截阻当者，枭令，拿赴京之时，关津渡口，毋得阻当。

朱元璋在《大诰三编》第三十四条《民拿害民该吏》中进一步重申这条命令，其云：

朕设府州县官，从古至今，本为牧民。囊者所任之官，皆是不才无籍之徒，一到任后，即与吏员皂隶不才耆宿及一切顽恶泼皮，夤缘作弊，害吾良民多矣。似此无籍之徒，其贪何厌，其恶何已，若不禁止，民何以堪！此诰一出，尔高年有德耆民，及年壮豪杰者，助朕安尔良民。若靠有司辩民曲直，十九年来未见其人。今后所在有司官吏，若将刑名，以是为非，以非为是，被冤枉者告及四邻，旁入公门，将刑房该吏拿赴京来。若私下和买诸物，不还价钱，将礼房该吏拿来。若赋役不均，差贫卖富，将户房该吏拿来。若举保人材，扰害于民，将吏房该吏拿来。若勾捕逃军力士，卖放正身，拿解同姓名者，邻里众证明白，助被害之家将兵房该吏拿来。若造作科敛，若起解轮班人匠卖放，将工房该吏拿来。若民从朕命，着实为之，不一年之间，贪官污吏尽化为贤矣。为何？以其良民自辩是非，奸邪难以横作，由是逼成有司以为美官。其正官首领官及一切人等，敢有阻当者，其家族诛。

这是一条很有趣味的诰令，放手让民众从各个侧面来监督官府的各项行政措施，比前面放手让民众拿下乡扰民官吏要广泛得多。它包括吏、民、刑、户、工、兵各科的各项事务，允许民众监督官府，允许民众捉拿贪官污吏押解赴京处理，不管什么人阻挡，"其家族诛"，是最严厉的处置。阻挡耆民赴京首告本县官吏而被处置的案例亦有具体记载，若《大诰续编》第六十七条《阻当耆民赴京》条讲道：

  洪武十九年三月二十九日，嘉定县民郭玄二等二名，手执《大诰》赴京首告本县首领弓兵杨凤春等害民，经过淳化镇，其巡检何添观刁蹬留难，致使弓兵马德旺索要钞贯，声言差人送赴京来，如此沮坏。除将各人押赴本处，弓兵马德旺依前《大诰》刑诛，枭令示众，巡检何添观刖足枷令。今后敢有如此者，罪亦如之。

如朱元璋这样用严厉的刑罚自下而上大张旗鼓地发动民众来处置贪官污吏，也是历朝历代前所未有的举措。至于此后不知有谁能与朱元璋相比者，难以言说矣！

（九）朱元璋对颁《大诰》初编、续编效果的评估

  对于这些诰令下达的效果，在当时看朱元璋本人还是满意的。当然，阻力重重这一点他也是清楚的，在《大诰三编》的御制序文中把当时斗争双方的形势说得非常清晰明白。其云：

  洪武十八年冬十一月，首出《大诰》前篇，以示臣民。

> 其诰一出，良民君子欣然遵奉，恶人以为不然，仍蹈前非者叠叠，不旋踵而发觉。发觉速者为何？为良民君子知前诰之精微，一心钦遵，有所怙恃，乃与奸恶辨，所以强凌人者，众暴人者，以计量致赚人者，设诸不正邪谋之徒，专以此为良善之害者，一施即为良善之所擒，所以发觉之疾也，所以良善之志伸矣，含冤者渐少。

这是讲前二诰在全国范围发布以后，激发了良民君子起来与贪官污吏作斗争的勇气，善恶双方的争辩还是非常激烈的，由于有政策的支持，良民君子才敢于起来同奸恶争辩。下面朱元璋继续说：

> 然无籍奸顽尚不知善良秉《大诰》以除奸顽。设心无知，轻生易死，犹若寻常，上累朝廷用刑之惨，下灭身家，若此者又非一二人。朕虑不忍以续篇再出，警省愚顽，使毋仍蹈。诰出，良民一见，钦敬之心，如流之趋下。巨恶之徒尚以为不然，中恶之徒将欲迁善而不能。云何？以其恶已及人，盈于胸怀，着于耳目矣，终被善良所擒。朕观若是斯二诰于民间，良民君子坦然无忧，伸于诸恶之上，其奸顽之徒，屈于善良之下，虽不死者，终是囚徒。

这是朱元璋描述《大诰》与续编颁布两年期间，他心目中的良民君子与贪官污吏这善恶两种势力，在诰令的指挥下反复决斗的过程，以善良战胜邪恶告终。当然，这个斗争未有尽期，斗争还在继续，因为总有一些至死不愿改悔的凶顽之徒，那就按诰令治他们的罪吧。他接着说明自己所以颁布《大诰三编》的理由，其云：

> 以前二诰，良民君子钦遵有益，人各获安。迩来凶顽之人，不善之心犹未向化，朕复出诰以三示之，奸顽敢有不钦遵者，凡有所犯，比诰所禁者治之。呜呼！良民君子之心，言不在多，其心善矣。凶顽之徒，虽数千万言，终不警省，是其自取也。此诰三颁，良民君子家传人诵，以为福寿之宝，不亦美乎！

朱元璋把《大诰》初编、续编、三编作为良民君子与奸顽之徒斗争的武器，要求把斗争继续下去。当然这只是他的主观愿望罢了，到了成祖以后，那就完全是另一回事了。他搞的那些严刑峻法被继承下来，其锋芒所指则完全改变了。

（十）怎样看待《大诰》四篇中的刑罚

《大诰》中刑罚的施行也有那个时代的特征，显示了朱元璋的重刑主义的思想倾向。本来自《唐律》以来，在律法上规定的刑罚只有五刑，即笞、杖、徒、流、死（绞、斩）五刑，而《大诰》中提到的刑罚远比唐律要多，计有族诛、凌迟、极刑、枭令、斩、剥皮囊草、死罪、墨面、文身、挑筋、去指、去膝盖、剁指、断手、刖足、阉割为奴、斩指、枷令、常枷号令、枷项游历、重刑、免死发广西拿象、家迁化外、迁、充军、徒、全家抄没等三十多种。刑罚的种类繁多在中国历史上也是创了纪录。然而也不是一概重刑，他对不同的人也有所区别，对待初犯和屡犯便有区别。在《大诰三编》第二条《进士监生不悛》中，提到处理了犯案的进士监生出身的三百六十四人，其中三犯、四犯而至杀身者三人，二犯而诽谤杀身者三人，一共杀了六个进士，姑容戴罪在职者三十人，一犯戴罪者三百二十八人。其中初犯死刑的进士四十二人、监生四十六人，其他有犯徒流罪、杖罪的，在《大诰三编》中详列他们的名单、职务及其所犯罪行，其刑罚则暂缓执行，仍让他们继续担任旧职，以观后效。如进士出身的王本道，"任刑部主事，一次淹禁无招粮长身死（犯人非正常死亡事件），戴徒罪还职；一次受赃一百贯，戴绞罪还职；一次水灾受钞五十贯；一次受赃六十贯，禁死原告。处决"。这是屡犯，两次致人死命，故处斩决。又如二犯死罪仍允许其戴罪还职的进士出身的陈宗礼，称其"任监察御史，一次为紊乱朝政，戴斩罪还职；一次为朦胧奏旧监生作新监生疏放，戴斩罪还职"。初犯的案例若进士出身的徐敏，"任万宁县丞，为解课受钞一百一十贯，戴绞罪还职"。又如监生出身的张友瑞，"任宿松县知县，为受钞一百贯，圆领二件，戴绞罪还职"。这样大张旗鼓地公布这些人的罪行，是为了借以警示在职的官员。不是一味重刑杀人，还给犯罪的人还职，观察其是否改正，在刑事处罚方法上也是一个创造，此前尚未有这类事例

的记载。如果戴罪在职者继续贪渎,那一旦被发现,便会被从重处置。《大诰三编》第三十八条便是《戴刑肆贪》,其云:

> 古人制刑,所以禁奸止暴,使人视之而不敢犯。今有等奸贪顽恶之徒,视国法如寻常,受刑宪如饮食,虽身被重刑,残及肢体,心迷赃私,恬不自畏,愈造杀身之计。如丹徒县丞李荣中,并应天府吏任毅等六名,先为受赃五百七十五贯,卖放均工人夫一千二百六十五名,法司鞠问,情罪昭然,死不可逃。朕念此徒惟知贪赃,勇不畏死,所以特命法司止将此徒各断十指,押回本处,将所卖人夫着勾赴工,使其流血呻吟,备尝苦楚,若果起到原卖人夫,岂不余生可存。何期此辈不体朕之至意,却谓先时已受各人财物,虽匿其名,反将应免夫役铺兵弓兵生员军户周善等数百余家,一概遍乡勾拿动扰,意在搪塞于内,又复受财作弊,以致被扰之家至京告出前情。呜呼!见利忘生,怙终不改,有如此耶!使其因受刑责,翻然改图,将前所卖人夫,一名名从实勾解赴工,岂不复延余喘于人世,顾乃恃刑肆贪,自速其死,枭令之刑,宜其然乎!

这一条诰令,朱元璋是要告诉人们,戴罪在职者,如果继续肆贪,那就决不姑贷,必定处以极刑。看来如今之死缓和缓刑古已有之。朱元璋所以对一部分初犯及罪行不重的官僚采取戴罪在职继续工作的处置,一方面是为了以观后效,另一方面大规模处置贪官污吏以后,出现大量职位空缺,不得不如此,以保持官僚机构的正常运转。

(十一)朱元璋对儒生的一条特殊政策——寰中士大夫不为君用者诛

在叶伯巨的上书中,曾讲到"今之为士者,以溷迹无闻为福,以受玷不录为幸",可见官吏在朱元璋严刑峻法之下,许多人不愿做官。故他在《大诰三编》中还专门讲"寰中士大夫不为君用"这一问题,事见第十三条《苏州人材》,其云:

> 苏州人材姚叔闻、王谔二生,皆儒学,有人以儒者举于朝廷,吏部行下苏州府取赴京师,朕欲擢用,分理庶务,共造民福。二生交结本府官吏张亨等暗作主文老先生,因循破调,不行赴京以就官位而食禄,匿于本郡作害民之源。事觉枭令,籍没其家。呜呼!古者士君子其学既成,必君之用,将老乡无举者以为耻焉。今二生名已在朝,举者诉以实学,其二生以禄为薄,以酷取民财为厚,故重主文贵老先生而为得计,以致杀身亡家。呜呼!寰中士大夫不为君用,是外其教者,诛其身而没其家,不为之过。

这一条是讲姚叔闻、王谔这两个士大夫,不愿被朝廷征用,托官人修改文告,以蒙骗朝廷,朱元璋干脆把他们抓来杀了,而且没其家产。这件事反映了官员缺额太多，不得不采取断然措施逼他们出来做官，"有司敦迫上道，如捕重囚"，"而除官多以貌选"，上任以后，一有差错，就从严处置，"苟免诛戮"，"以屯田工役为必获之罪，以鞭笞棰楚为寻常之辱"。所以那个时候知识分子日子很不好过。这一条大概是最让一些知识分子伤心痛恨入骨的条文了。反之，如果知识分子能为所用的话，他也是表彰有加，如李善长便是一个知识分子，再如宋濂，朱元璋曾廷誉之曰："宋景濂事朕十九年，未尝有一言之伪，诮一人之短，始终无二，非止君子，抑可谓贤矣。"（《明史·宋濂传》）给予他极高的礼遇。另一方面朱元璋让一部分士子戴罪在职，也是当时万不得已的事，实在是因为人才短缺，同时这种做法也给人悔过自新的机会。尽管朱元璋如此苛刻士大夫，在"靖难之役"后壬午年间仍有那么多知识分子殉节，他们视死如归，表现得那么壮烈。明亡时，为国殉难的士大夫也创历史纪录，这显示了中国士大夫应有的气节。

（十二）《大诰武臣》反映了朱元璋对那些飞扬跋扈的军官们又恨又爱

《大诰武臣》是针对军官制定的，御制序文发表于洪武二十年十二月。朱元璋在这篇序文中苦口婆心地劝说卫所的各级军官，一定要爱护卫所的士兵。他指责军官们"上坏朝廷的法度，下苦小军，略不有些哀念"，许多话说得非常恳切。《大诰武臣》共列举了三十二条案例，这些案例都是军官酷害士兵的事，若《冒支军粮》《饿死军人》《科敛害军》《打死军人》《私役军人》《奸宿军妇》《监工卖囚》《克落粮盐》等事例，大都是军官虐待士兵的案例。故其序文集中显示了这些案例所反映的军队管理问题的严重性。他话说得那么痛心，而又很恳切，非常口语化。这也许是这四篇《大诰》中最具鲜明特色的一篇文诰了。其云：

将那小军每苦楚也不如猪狗，且如人家养个鸡狗及猪羊，也等长成然后再用，未长成者怎么说道不喂食不放，必要喂食看放有条理，这等禽兽畜生方可用。如今军官全家老小吃着穿着的，这是受的职事，都是军身上来，这军便似他家里做饭的锅子一般，便似仓里米一般，又似庄家种的田一般，这军官每如今害军呵，他那心也那里是个人心也，赶不上人禽兽的心。若比草木也，不如草木知春秋，当春便生，当秋便死。似他这般害军呵，却便如自家打破锅子要要饭吃么。

如今做总兵贪财杀降，科敛出征头目，守卫管军指挥千百户镇抚旗首人等如此害军呵。却不似打破锅子烂了米，荒了田、卖了田似。这等为总兵的望有功封公、封王、封侯。这等名爵里，想着要呵得也，不得那内外卫分指军千百户镇抚旗首，害得军十分苦楚，望长远受用如何能够。这等害人的人，这个不有天灾必有人祸，以这等灾祸应呵，应则有迟有疾。且如在京的管军的官员人等，我每日早朝晚朝，说了无限的劝诫言语，若文若武，于中听从者少，怒目不然者多，其心专一害众成家，及其犯法到官，多有怀恨，说朝廷不肯容，又加诽谤之言，为这般凌迟了这诽谤的人若干，及自有一等不诽谤，甘心受贬做军三、二年，五、七年，十数年，才可怜他召回复职，到任都无二月，其害军尤甚前日，更加奸骗军妇，似此等愚下之徒，我这般年纪大了，说得口干了，气不相接也，说他不醒，我将这备细缘故，做成一本书，各官家都与一本，这话直直地说。

军官有父母的，父母每教诫，有兄弟妻子的，便教生些仁义之心，则把那小军身上穿的衣服，口里吃的饭，下的那个小房子儿，都看了自家心里，寻思把做自家做军，似这等过活受得将去也受不将去，若是将心比心，情思度量到跟前，果实过不去呵。那做父母妻子兄弟，怎么可怜小军，发些仁慈心，教那为官的，休害小军。我许大年纪，见了多，摆布发落了多，从小受了苦多，军马中我曾做军来，与军同受苦来，这等艰难，备细知道。这般比并着说，这愚顽贪财不怕死的，说了干无事。似这等难教难化，将了怎地好。

这文书各家见了呵，父母妻子兄弟朋友怎么劝诫，教休做这等恶人，合着天理人心行。却不好有一等官人家父母妻子兄弟一同害人，满家儿无一个发仁心的。似这等全家儿坏了的,也好些个,文书里说得明白,一件件开得分晓,若还再如此害军,便是自己犯了又犯。一般难说你不曾见文书。

我这般直直地说,大的小的都要知道,贤的愚的都要省得这书,与管军的人都是造福,不是害他的文书,不听不信呵,将来将家下儿男都问过你记得这文书里几件,若还说不省得,那其间长幼都治以罪。

这里简直是在向那些带兵的将军们苦苦哀求了。《大诰武臣》的序文特长,远远超过《大诰》三篇的序,说得也最亲切,反映了朱元璋与管理军队的将领有着特殊的感情,所以会苦口婆心、唠唠叨叨反复地说,因为这大明王朝的天下是朱元璋与他们一起拼杀下来的,此其一。《大诰武臣》中所讲的军官虐待和盘剥士兵的情况也确实触目惊心。军队管理上的黑暗是逃军问题严重的重要原因之一。朱元璋要稳定军队,就必须调整好军官与士兵之间的关系,才能保持有战斗力的武装力量,保证源源不断的兵源。这篇序文作于洪武二十年末,离建国已经二十年了,朱元璋讲自己"我这般年纪大了,说得口干了,气不相接也",那时,朱元璋也是六十左右的人了,当是真情。序文从行文上看完全是朱元璋口语的记录,不是文人笔下那种之乎者也的作品。他给军官们套近乎,希望缩小彼此之间的距离,以达到整顿军队管理工作的目的,实际上这时具体在管理军队的军官们已不是当年追随他从淮西一起起家的老军头们,而是他们的子侄一代了。故《大诰武臣》

这三十二条案例中，值得注意的是第二条《常茂不才》，常茂是开平王常遇春的儿子，常遇春是最早在淮西参加朱元璋队伍的老伙计，以作战勇敢著称，他的地位与徐达并肩，还年长徐达两岁，史称其"沉鸷果敢，善抚士卒，摧锋陷阵，未尝败北"。在朱元璋一生重大的战役中都有常遇春的身影，他曾"自言能将十万众，横行天下，军中又称'常十万'云"（《明史·常遇春传》）。而《常茂不才》这一条便是列举郑国公常茂罪状的案例，可见朱元璋对功臣子女也不依不饶，在《大诰武臣》列上这一条也算是对功臣宿将子女的一番警告。其云：

> 郑国公常茂，他是开平王庶出的孩儿，年纪小时为他是功臣的儿子，又是亲上头抚恤他，着与诸王同处读书，同处饮食，则望他成人了出来承袭。及至他长成着承袭做郑国公，他却交结胡惟庸，讨他母亲封夫人的诰命，又奸宿军妇，及奸父妾，多般不才。今年发他去征北，他又去抢马、抢妇人，将来降人砍伤，几年误事。他的罪过，说起来是人容他不得，眷恋开平王上头，且饶他性命，则去发广西地面里安置。这等人你怕他长久不得。

常遇春在洪武二年便去世了，终年只有四十，故朱元璋将其子抚作己子，诰令所言当是事实。冯胜是常茂的丈人，洪武二十年冯胜率军北征纳哈出，纳哈出降，常茂拔刃伤纳哈出右臂，纳哈出部惊溃。冯胜将其械系至京，而常茂反告其丈人冯胜"不法事",使朱元璋收冯胜印,由蓝玉摄军事,以蓝玉为征虏大将军。常茂被安置在龙州,死于洪武二十四年。从这件事看,朱元璋待常茂不薄,这次整肃亦事出有因。从这一点上可以看到朱元璋治军确实很严。最先处死胡大海之子,也是因其犯禁酒令。

又如朱亮祖,早年曾与朱元璋为敌,打伤过常遇春,是朱元璋督战才抓住他,朱元璋问他:"尔将何如?"对曰:"生则尽力,死则死尔。"(《明史·朱亮祖传》)朱元璋很佩服他这一点,将其收降。此后他屡立战功,洪武十二年出镇广东,史称"亮祖勇悍善战而不知学,所为多不法"(《明史·朱亮祖传》)。《明史·道同传》称:"土豪数十辈抑买市中珍货,稍不快意,辄巧诋以罪。同(番禺知县)械其魁通衢,诸豪家争贿亮祖求免。亮祖置酒召同,从容言之。同厉声曰:'公大臣,奈何受小人役使!'亮祖不能屈也。他日,亮祖破械脱之,借他事笞同。富民罗氏者,纳女于亮祖,其兄弟因怙势为奸。同复按治,亮祖又夺之去。同积不平,条其事奏之。未至,亮祖先劾同讪傲无礼状。帝不知其由,遂使使诛同。会同奏亦至,帝悟,以为同职甚卑,而敢斥言大臣不法事,其人骨鲠可用,复使使宥之。两使者同日抵番禺,后使者甫到,则同已死矣。"次年,朱元璋召朱亮祖至京师,与其子朱暹俱鞭死。朱元璋处理朱亮祖是严了,但为了管束功臣宿将们遵纪守法,还是必要的。

从处置常茂、朱亮祖这两件案子看,军纪的整治,官吏纪律的整治，对稳定社会秩序、维护平民百姓的利益不可或缺。故朱元璋兴胡惟庸与蓝玉两大案不是偶然的，而是有其客观的需要。

十、胡惟庸案

胡惟庸，定远人，早年在和州投奔朱元璋，除宁国主簿，进知县，因李善长的推荐擢为太常少卿。洪武三年拜中书省参知政事，成为李善长的助手。次年李善长以疾致仕，由胡惟庸与汪广洋共主中书省事。洪武六年汪广洋左迁广东行省参政，胡惟庸独专中书省事，久之进左丞相。胡惟庸属淮西集团，与李善长相结甚深，与以刘基等出身于浙东的士子集团矛盾很深。当初，朱元璋曾问过刘基，胡惟庸可否置相位，刘基说："譬之驾，惧其偾辕也。"（《明史·刘基传》）意谓胡惟庸若为相，可能不受约束。为此胡惟庸中伤刘基，称"谈洋地有王气，基图为墓"（《明史·刘基传》），夺其禄。刘基留京，不敢回乡，忧愤而病。洪武八年，朱元璋遣使送刘基回乡，史称："基在京病时，惟庸以医来，饮其药，有物积腹中如拳石。"（《明史·刘基传》）因此有人称胡惟庸毒死刘基，朱元璋还查过这件事。朱元璋与胡惟庸最终闹翻是因为几件事。一件是洪武十二年九月，占城使来贡，惟庸不以闻，引起朱元璋不满，胡惟庸与礼部之间又互相推诿，"帝益怒，尽囚诸臣，穷诘主者。未几，赐广洋死，广洋妾陈氏从死。帝询之，乃入官陈知县女也。大怒曰：'没官妇女，止给功臣家。文臣何以得给？'乃敕法司取勘。于是惟庸及六部堂属咸当坐罪"。在这个当口，"会惟庸子驰马于市，坠死车下，惟庸杀挽车者。帝怒，命偿其死。惟庸请以金帛给其家，不许"（《明史·胡惟庸传》）。连续发生的这些事，胡惟庸都无法摆脱干系。胡惟庸害怕了，于是与御史大夫陈宁、中丞涂节一起商量应对之策，这又是犯忌的事。事后，涂节害怕了，于是在次年告发胡惟庸，中书吏商暠亦告胡惟庸阴事，朱元璋下决心剪除胡惟庸及其党羽，于是杀胡惟庸、陈宁及涂节三人。胡惟庸案的深层次原因是王权与相权的矛盾，胡惟庸居相位六七年，大权独揽，这本身就是犯忌的，加上在洪武十二年九月以后接连发生的几件事，特别是为儿子死车下而杀挽车者，朱元璋要胡惟庸偿命，这使胡没有退路了，才与陈宁、涂节等心腹商量应对之策，更激怒了朱元璋，使朱元璋下决心除胡，并废除丞相制度，而且在《皇明祖训·祖训首章》中明确规定：

> 我朝罢丞相，设五府、六部、都察院、通政司、大理寺等衙门，分理天下庶务，彼此颉颃，不敢相压，事皆朝廷总之，所以稳当。

朱元璋希望在根本上铲除皇权与相权的矛盾，利用各衙门之间互相制衡的关系，保证权力高度集中在君主手中。

胡惟庸案株连多达三万余人，是洪武十八年以后的事，在洪武十九年冬十月《大诰三编》的目录中，才提出胡党的问题。如第七条《李茂实胡党案》，认定李茂实是胡党的事实根据是，"洪武九年见胡惟庸，于惟庸家饮酒，西厅宿歇，明日胡惟庸令李茂实领大银一百三十个，用车推赴船所，装运至本家，遂作大商，支盐二十万引"。看来李茂实是个大商人，投靠胡惟庸，做盐商。第八条《陆仲和胡党》，由于全文太长，故简单摘要案子的经过。陆仲和是苏州吴县的粮长，洪武十八年苏州地区有水灾，让无籍之民首报，而粮长不进行勘查，于是以一报十，以熟作荒。中央政府派进士、监生下乡踏查，结果粮长与膏滑之民贿赂进士、监生，朦胧作灾来报，以求赈灾免税。政府所以不敢赈灾，因为报十分，灾只一分，故灾民反无赈济，无可申诉。另案是苏州府吏杨复有罪，搜查其家罪证时，搜出其隐没沈庆童原告陆仲和是胡党的三次状纸，由于杨复隐匿不报，进一步发现陆仲和以一千贯买沈庆童勿语，又收买劝和的中间人陆贯一千六百贯，又查粮长陆仲和所纳税粮本应上仓一万石，实际只上仓七百石，侵吞了九千三百石。从案件情况看，整件事情起因于粮长报赈不实，通过谎报灾情以求赈济和免税。民间告讦动辄以胡党相威胁，借以勒索，通过贿赂私了，又犯了行贿的罪行。再加上纳粮不足，陆仲和这个粮长被砍了脑袋。至于陆仲和与胡惟庸什么关系，一句也未交代，可见此案作胡党定，那是错案。

第九条《指挥林贤胡党》案，林贤是明州卫指挥，明州即今宁波，其事因日本派使者归廷来入贡，由林贤护送至京师，朱元璋厚赏归廷，仍由林贤护送出境，林贤在京时与胡惟庸相识。这些都是洪武十三年以前的事情。案发是在洪武十九年，案情的内容是林贤受胡指使在海上劫归廷贡船，把朝廷赏赐分用，然后又将林贤贬就日本三年，再从日本带倭兵来犯。那时林贤已年近六旬，怎么会放着明州指挥的事不干，去干那些违法的事呢？这个案子看来是无中生有地编造出来的。这就构成了胡惟庸私通日本的罪状。

从三件案子的情况看，都是下面具体的矛盾，但是妄称胡党，以夸大案情，而朱元璋居然也信了。胡案也就是这样株连蔓引地一步一步扩大，最终达到三万余人，实际上所谓胡党都是洪武二十年以后的事。《明史·胡惟庸传》称："会善长家奴卢仲谦首善长与惟庸往来状，而陆仲亨家奴封帖木亦首仲亨及唐胜宗、费聚、赵庸三侯与惟庸共谋不轨。"陆仲亨与费聚的事，一方面这两个人确实亦有许多不法之事，如陆仲亨在陕西擅乘传，费聚在苏州日嗜酒色，他们两个人曾一起去胡惟庸家饮酒，还曾与陈宁在中书省坐阅天下军马籍，于是便成了密谋在外收编军马。陆仲亨是朱元璋同乡人，一起起兵的小兄弟，朱元璋看了案卷，居然说："朕每怪其居贵位有忧色。"（《明史·陆仲亨传》）这真叫人无所适从了。值得注意的是，首告这些胡党案子的都是他们的奴仆，告陆仲亨的是其家奴封帖木，是被俘的蒙古人。由此可见这些在战争中被俘获的蒙古人，在功臣家降为奴仆，主仆之间的矛盾甚深,才有借题发挥这等事。又以李善长弟李善义与惟庸往来,由其说善长谋反,于是有林贤下海招倭之事。这个胡惟庸党案就是如此编织起来,越到后来越若有其事,也越加荒唐。这样罗织起来的案件,朱元璋居然相信了,于是"帝发怒,肃清逆党,词所连及坐诛者三万余人。乃为《昭示奸党录》,布告天下。株连蔓引,迄数年未靖云"(《明史·胡惟庸传》)。如果仔细查看坐胡党的案卷,涉案之人最多是当年与胡惟庸有过往来而已。当年胡惟庸身为宰相,一人之下,万人之上,谁不想巴结上他呀!能到他府中当时是极为荣耀之事,怎么能胡惟庸出事了,所有与其往来的人都成奸党了?一旦大家都去罗织奸党的话,那打击面自然扩大了,势必让人际关系变得非常冷酷,因为什么都往最坏处设防,人与人之间,还能正常往来吗?当李善长也被牵连进胡案后,当时有虞部郎中王国用上书为李善长抱不平。其云:

> 善长与陛下同心,出万死以取天下,勋臣第一,生封公,死封王,男尚公主,亲戚拜官,人臣之分极矣。藉令欲自图不轨,尚未可知,而今谓其欲佐胡惟庸者,则大谬不然。人情爱其子,必甚于兄弟之子,安享万全之富贵者,必不侥幸万一之富贵。善长与惟庸,犹子之亲耳,于陛下则亲子女也。使善长佐惟庸成,不过勋臣第一而已矣,太师国公封王而已矣,尚主纳妃而已矣,宁复有加于今日?且善长岂不知天下之不可幸取?(《明史·李善长传》)

从常理说，朱元璋应该懂得那样株连蔓引地办大案不行。奏疏最后讲："今善长已死，言之无益，所愿陛下作戒将来耳。"

朱元璋看了这份奏疏，也没有处分他。朱元璋应该懂得他对功臣宿将家庭出身的新兴贵族地主富豪的处置，是有过分的地方。案件还牵涉到宋濂的长孙，亦坐胡惟庸党。史称："帝欲置濂死。皇后太子力救，乃安置茂州。"（《明史·宋濂传》）胡惟庸案作为个案，还不能说完全没有道理，因为他为了儿子死于车下而杀挽车者，是该以命偿命，但作为一个党案，群体性的案件，那样株连蔓引达三万余人，就站不住了，即使那些人有罪，也该另案处理。从历史上看，那种群体性的大案要案，没有一个能站得住的。说到底这些大案要案是一方压倒另一方的问题，如果细查案情案由，绝大部分是冤案，是做出来的案子，区别只在于案卷做得高明不高明而已。即使做得高明，也难免有漏洞，经不起细细推敲，因为做案子的过程是建立在有罪推定的基础上，不可能不出错。

十一、蓝玉案

蓝玉是常遇春之妻弟,在常遇春部下,作战勇敢,常遇春死后,随徐达、傅友德、冯胜诸将出征有功。洪武二十年随冯胜出征纳哈出,纳哈出请降,以数百骑至蓝玉营,二人互饮酒,蓝玉解衣衣之,曰:请服此而饮。纳哈出不肯服,玉亦不饮,引起争执,常茂举刀砍伤纳哈出,引起其部众惊溃,最后遣降将观童谕降之。冯胜为此被收大将军印,军队由蓝玉总其事。此后蓝玉数总大军,多立战功。一方面朱元璋遇之厚,另一方面蓝玉"浸骄蹇自恣,多蓄庄奴、假子,乘势暴横。尝占东昌民田,御史按问。玉怒,逐御史。北征还,夜叩喜峰关。关吏不时纳,纵兵毁关入。帝闻之不乐。又人言其私元主妃,妃惭自经死,帝切责玉。初,帝欲封玉梁国公,以过改为凉,仍镌其过于券。玉犹不悛,侍宴语傲慢,在军擅黜陟将校,进止自专,帝数谯让。西征还,命为太子太傅。玉不乐居宋(国公冯胜)、颍(国公傅友德)两公下,曰:'我不堪太师耶!'比奏事多不听,益怏怏"(《明史·蓝玉传》)。蓝玉居功自傲,朱元璋看不惯,有意压他,蓝玉因此有怨言。接下来便有锦衣卫指挥蒋瓛告蓝玉谋反,说他与曹震、朱寿诱指挥庄成等打算在朱元璋藉田时起事谋反,受牵连的有一公、十三侯、二伯。"狱辞云:'玉同景川侯曹震、鹤庆侯张翼、舳舻侯朱寿、东莞伯何荣及吏部尚书詹徽、户部侍郎傅友文等谋为变,将伺帝出藉田举事。'狱具,族诛之。"(《明史·蓝玉传》)这个大案牵连一万五千人。

这个案子与功臣宿将勋贵们战争胜利以后奢侈豪华、肆无忌惮有关。《明史·李新传》讲道:"时诸勋贵稍僭肆,帝颇嫉之,以党事缘坐者众。新首建言,公、侯家人及仪从户各有常数,余者宜归有司。帝是之,悉发凤阳隶籍为民,命礼部纂《稽制录》,严公侯奢侈逾越之禁。于是武定侯(沐)英还佃户输税,信国公(汤)和还仪从户,曹国公(李)景隆还庄田。"这些人后来还是都被保全的。功臣宿将们只要能检点收敛自己,朱元璋并非一定要置他们于死地。如汤和,与朱元璋同乡同里,一起战斗起家,军功显赫,封信国公。史称:"和晚年益为恭慎,入闻国论,一语不敢外泄。媵妾百余,病后悉资遣之。所得赏赐,多分遗乡曲,见布衣时故交遗老,欢如也。当时公、侯诸宿将坐奸党,先后丽法,稀得免者,而和独享寿考,以功名终。"(《明史·汤和传》)就以汤和而言,他个人生活也够奢侈的了,其身旁的媵妾便有百余,其他可想而知。朱元璋为其在中都造新邸,赏赐的数额巨大,以安车召其入宫,"手拊摩之,与叙里闬故旧及兵兴艰难事甚悉。

和不能对，稽首而已"（《明史·汤和传》）。说明朱元璋并非不念故旧的人，而且汤和懂得如何给自己定位，如果忘乎所以，那势必遭殃。《明史·卷一百三十二》朱亮祖、蓝玉诸人传后的赞语称："治天下不可以无法，而草昧之时法尚疏，承平之日法渐密，固事势使然。论者每致慨于鸟尽弓藏，谓出于英主之猜谋，殊非通达治体之言也。夫当天下大定，势如磐石之安，指麾万里，奔走恐后，复何所疑忌而芟剃之不遗余力哉？亦以介胄之士桀骜难驯，乘其锋锐，皆能竖尺寸于疆场，迨身处富贵，志满气溢，近之则以骄恣启危机，远之则以怨望抒文网。人主不能废法而曲全之，亦出于不得已，而非以剪除为私计也。亮祖以下诸人既昧明哲保身之几，又违制节谨度之道，骈首就僇，亦其自取焉尔。"

到了明太祖晚年，周边的形势基本平定下来，用兵的需要减少了，社会需要稳定，不能再肆意损毁这样的社会形势，而这批功臣宿将及其子女的骄横不法自然成为必须制约的不稳定因素。其实，这个问题朱元璋在刚立国时就感觉到了。洪武元年朱元璋与陶安在东阁讨论历代所以兴亡的原因时，陶安讲："丧乱之源，由于骄侈。"帝曰："居高位者易骄，处佚乐者易侈。骄者善言不入，而过不闻。侈则善道不立，而行不顾。如此者，未有不亡。卿言甚当。"（《明史·陶安传》）从朱亮祖到胡惟庸、蓝玉，所以如此结局，骄、侈二者是根本原因。所以从鞭死朱亮祖父子事起，朱元璋处置这批功臣宿将亦有其不得不如此的苦衷，只是杀人太多太滥了。看问题得从大处着眼，枝节服从于大局，在肯定大局的前提下，去具体说清枝节问题，并从中吸取有益的教训。问题总存在不同的两个侧面，不能用一个侧面掩盖另一个侧面，如果那样的话，就很难避免片面性了。如何看待明初的四大案，我想应该努力遵循这样的原则，采取分析的态度，不是简单的肯定，更不是全盘否定，远非骂一句朱元璋暴君所能了的。

十二、重刑大狱之后

明初洪武时的重刑大狱,其始为洪武十三年胡惟庸案、十五年的空印案,接下来是洪武十八年的郭桓案。从那一年起颁布《大诰》、续编、三编,前后历时三年,至洪武二十年颁布《大诰武臣》,仅前面的《大诰》三篇,所列凌迟、枭令、族诛者,无虑千百,弃市以下者上万,累计被诛者有十万左右,其中大都为官吏。洪武十八年以后又追胡惟庸党案,至二十三年(1390年)达到高潮,接下来在洪武二十六年是蓝玉案。胡蓝两案株连死者四万余,由此可见杀戮之重。朱元璋建国初强调用刑要宽与简:"用法如用药,药本以济人,不以弊人。……百姓自兵乱以来,初离创残。今归于我,正当抚绥之,况其间有一时误犯者,宁可尽法乎!大抵治狱以宽厚为本。"这一番话应该说也是真诚的,对百姓的过失犯罪要以"宽厚为本",这是对的。他后来的严刑峻法是针对官与吏及功臣宿将及其子弟,也有他的道理,不如此,不足以抑制官吏的腐败之风。但也不是一开始他就如此,故《明史·刑法志二》称:"有明一代刑法大概。太祖开国之初,惩元季贪冒,重绳赃吏,揭诸司犯法者于申明亭以示戒。又命刑部，凡官吏有犯，宥罪复职，书过榜其门（给他贴大字报在门上），使自省。不悛，论如律。累颁犯谕、戒谕、榜谕，悉象以刑，诰示天下。"我们在三篇《大诰》中可以看到他不少训诫的言辞，可见他不仅仅是处罚，亦还有教育改造的意味，直到洪武十八年郭桓案以后，才起狠劲儿，大开杀戒。然而从洪武二十年起，他就想着如何收缩严刑峻法的范围，但是形势依然严峻。

从朱元璋在洪武二十年以后的一些言论中，也可以看到其在观念上希望刑罚慢慢从严刑峻法转向宽简。如那一年，朱元璋下命令"取其（锦衣卫）刑具悉焚之，以所系囚送刑部审理"（《皇明典故纪闻·卷四》），他"诏内外狱咸归三法司，罢锦衣狱"（《明史·职官志五·锦衣卫》）。取消锦衣卫的刑讯逼供，反映他在《大诰》三篇颁定以后想着放宽刑罚的措施。那时有以进士授庶吉士的解缙在朱元璋身旁，他上万言书云："臣闻令数改则民疑，刑太繁则民玩。国初至今二十载，无几时不变之法，无一日无过之人。尝闻陛下震怒，锄根剪蔓，诛其奸逆矣。未闻褒一大善，赏延于世，复及其乡，始终如一者也。陛下尝云：'世不绝贤。'又云：'民不畏死，奈何以死惧之！'今陛下好善而善不显，恶恶而恶日滋，或朝赏而暮僇，或忽罪而忽赦，每多自悔之时，辄有无及之叹。"（《明通鉴·洪武二十一年》）这比较深刻地揭露了朱元璋内心世界的矛盾。接下来他直接批评朱元璋在这个时期的所作所为。

467

其云：

> 近年以来，台省之建纲，不过以刑名轻重为能事，以问囚多寡为勋劳，而御史纠弹，大都承望风旨，宜陛下之以为虚文塞责也。然陛下进人不择贤否，授职不量重轻。建不为君用之法，所谓"取之尽锱铢"；置朋奸倚法之律，所谓"用之如泥沙"。天下皆谓陛下任喜怒为生杀，而不知皆臣下之乏忠良也。……
>
> 夫罪人不孥，罚弗及嗣。连坐起于秦法，孥戮本于伪《书》。今之为善者，妻子未必蒙荣，而有过者，里胥必陷于罪。况律以人伦为重，而有给配妇女之条，则又何取夫义夫、节妇哉？夫粢盛之洁，衣服之举，仪文之备，此畏天之末也；簿书之期，狱讼之断，钩距之巧，此治民之末也。惟陛下垂鉴焉！（《明通鉴·洪武二十一年》）

这份万言书送到朱元璋面前，几乎句句是指着朱元璋的鼻子骂，朱元璋却没有因此而动气，不仅不处分他，还称赞其才能。这份万言书和叶伯巨当年的上书内容几乎相似，其遭际却完全不同。这与朱元璋当时的心理状态有关，朱元璋那股杀劲儿已逐渐平息下来。虽然朱元璋并未完全采纳，但至少也感到解缙言之有理了，而且有胆量直批龙麟，年轻，可以留下为子孙所用。从朱元璋对这件事的态度可以看出他内心在考虑如何调整政策了。前面虞部郎中王国用上言为李善长鸣冤的奏疏，朱元璋看了也没有加罪于他，有人讲这份上疏是解缙起草的。当时朱元璋身边近臣的父辈皆能到京城觐见，解缙的父亲解开来京，受朱元璋接见，他对解开说："大器晚成，若以尔子归，益令进学，后十年来大用未晚也。"这是洪武二十四年的事，朱元璋那时还无法停住刑戮之事，他怕解缙留在身边，一时愤怒而误害了他，所以让他回去读书，让子孙将来启用这样难得的人才。

到洪武二十八年八月，他再次颁布《皇明祖训》，总结二十八年来治国的经验教训，他说："其中奸顽刁诈之徒，情犯深重、灼然无疑者，特令法外加刑，意在使人知所警惧，不敢轻易犯法。然此特权时处置，顿挫奸顽，非守成之君所用常法。以后子孙做皇帝时，止守律与大诰，并不许用黥刺、腓、劓、阉割之刑。"（《皇明祖训·祖训首章》）这段话可以说明前一个时期的几大狱案是法外用刑，被处置的那些人，他称之为奸顽刁诈之徒，也是跟随他一起起兵之功臣宿将。为什么这样称呼他们？这些人实际上是当初起义队伍中的勇敢分子，用现在的话讲是流氓无产者，功成名就以后，他们原来的劣根性又充分表现出来，从朱亮祖到蓝玉，都可以看到这方面的迹象，这也许是难以避免的杀戮。其次他承认这是法外用刑，下不为例，同时废除在这个时期曾经使用、而汉唐早已废除的肉刑。他希望从此以后，以《明律》为依据，走上正常按照法律治国的途径。

朱元璋在最终制定《大明律》时，与其皇位继承人——他的孙子朱允炆有过一段对话，他强调律法要把"广大好生之意，总列《名例律》中。善用法者，会其意可也"（《明史·刑法志一》），强调执法要注意宽简的一面。朱允炆请曰："明刑所以弼教，凡与五伦相涉者，宜皆屈法以伸情"，强调的是人情，于是，"乃命改定七十三条，复谕之曰：'吾治乱世，刑不得不重。汝治平世，刑自当轻，所谓刑罚世轻世重也'"（《明史·刑法志一》）。说明他希望自己身后进入平世轻刑的阶段。在这个问题上，朱元璋还是没有看得更长远一些，只要有贪腐出现的土壤存在，贪腐便不可能根除。惩治官僚的贪腐是一个长期持久的任务，不是搞一次大扫除便能结束的。对贪腐的处置要始终保持一个高压的姿态，刑罚可以时重时轻，但高压的姿态不能放松，高压的对象不能转移。

洪武三十一年五月，朱元璋去世，其孙朱允炆即位，他谕刑官曰："《大明律》，皇祖所亲定，命朕细阅，较前代往往加重。盖刑乱国之典，非百世通行之道也。朕前所改定，皇祖已命施行。然罪可矜疑者，尚不止此。夫律设大法，礼顺人情，齐民以刑，不若以礼。其谕天下有司，务崇礼教，赦疑狱，称朕嘉与万方之意。"（《明史·刑法志一》）看来朱允炆是想执行朱元璋遗诏之用意的，希望刑罚由重向轻转化。实际情况还是有反复的，"靖难之役"后，朱棣上台，抢了侄儿的皇位，他在处理忠于建文帝的朝廷重臣时，又一次滥施刑罚，比朱元璋有过之而无不及。朱元璋杀的对象还是贪官污吏，而朱棣杀的却是坚持气节的忠臣，如方孝孺因不屈而灭十族，为有史以来族诛之冠。到了仁宗、宣宗时，情况才有所改变。朱棣在即位的诏令中，便斥建文帝"秉心不孝，改更宪章"，规定"建文以来祖宗成法有更改者，仍复旧制，刑名一依《大明律》科断"（《皇明诏令》）。他不仅恢复并加强了锦衣卫，而且设置东厂，大搞诏狱。

到了仁宗洪熙元年（1425年）正月，下诏云："朝廷建置文武官，所以统治军民，其间有官非其人，不得军民之心者，军民动辄绑缚凌辱，有伤大体。今后凡有害军害民官吏，许被害之人赴合该上司陈告。上司不为准礼者，许诉于朝，不许擅自绑缚，违者治罪。"（《明仁宗实录·卷六下》）这一条法令是保护官僚、抑止民意的。到了宣宗即位时，明令宣布："诸司所问囚犯，今后一依《大明律》科断，不许深文，违者治罪。"（《皇明诏令》）这里不再提《大诰》了。为什么？因为《大诰》四篇的矛头是对着封建官僚的。嘉靖六年（1527年）霍韬向皇帝上疏，讲到《大诰》等祖宗之法早已不在官府行使，说它"惟宣德、正统以后逐渐废坏，循至迩年，所存无几"（《明世宗实录·卷八三》）。可见这个轻刑的历史过程只是对官僚们轻刑，百姓们不见得有什么实际益处。

在中国历史上有一个奇怪的现象，那些奉命办案的酷吏们的结局都不太好，往往不得善终。据《明史·周祯传》称："终洪武世，为刑部者亦几四十人。"我印象中善终者不多，否则为什么那么频繁地换人呢？《明史》称在四十人中，以杨靖最为著名，史称其"承旨研办，多所平反。帝嘉纳之"，后来"拜靖左都御史。靖公忠有智略，善理繁剧，治狱明察而不事深文。宠遇最厚，同列无与比。三十年七月坐为乡人代改诉冤状草，为御史所劾。帝怒，遂赐死。时年三十八"（《明史·杨靖传》）。为什么赐死？因为他超越自己职务范围了。如李质，洪武五年擢刑部侍郎，进尚书，治狱平恕，拜靖江王右相，王因罪废，质竟坐死。黎光，洪武九年擢刑部侍郎，执法不阿，为御史大夫陈宁所忌，坐事死贬所。御史大夫陈宁，死于胡惟庸案，史称"宁有才气，而性特严刻。其在苏州征赋苛急，尝烧铁烙人肌肤。吏民苦之，号为陈烙铁。及居宪台，益务威严。太祖尝责之，宁不能改。其子孟麟亦数谏，宁怒，捶之数百，竟死。太祖深恶其不情，曰：'宁于其子如此，奚有于君父耶！'"（《明史·陈宁传》）御史中丞涂节，即使告发了胡惟庸，廷臣对他审讯的结论是"节本预谋，见事不成，始上变告，不可不诛"（《明史·奸臣·胡惟庸传》），所以也被杀。再说审讯蓝玉案的詹徽，问蓝玉同党，蓝玉说你詹徽也是，所以被连坐处死。当然不是没有善终的，《明史·严德珉传》载：

> 吴人严德珉，由御史擢左佥都御史，以疾求归。帝怒，黥其面，谪戍南丹。遇赦放还，布衣徒步，自齿齐民，宣德中犹存。尝以事为御史所逮，德珉跪堂下，自言曾在台勾当公事，晓三尺法。御史问何官。答言："洪武中台长，所谓

严德珉是也。"御史大惊,揖起之。次日往谒,则担囊徙矣。有教授与饮,见其面黥,戴敝冠,问:"老人犯何法?"德珉述前事,因言:"先时国法甚严,仕者不保首领,此敝冠不易戴也"。乃北面拱手,称"圣恩,圣恩"云。

可见洪武时为官之难。那个时候,做老百姓日子还好过一些,朱元璋在位那几十年是中国历史上非常特殊绝无仅有的时期。等明代官员们的日子好过了,老百姓的日子就困难了,历史就是那么怪!

第六讲 《皇明祖训》与朱元璋后继子孙的作为

《皇明祖训》实际上也是朱元璋立国经验的总结，他是"立为家法"，而且是对其子孙为帝王者所讲的，它对有明一代自有深刻的难以磨灭的影响。尽管明代中后期的帝王，其所作所为离《皇明祖训》所规范的行为准则已甚远甚远，但还得把祖宗的神像放在宗庙的首位，祖训还得挂在墙上。

一、明初建国时的历史特征

整个明王朝二百七十七年，大体上可以分为四个时期。前期是洪武三十一个年头，是朱元璋建国的时期。朱元璋在推翻元王朝基础上重建了整个国家机器，看起来一切似乎从头来过。朱元璋在洪武六年编了一卷《皇明祖训》，为子孙后代如何运作这套国家机器制定了比较系统而又完整的行为规范，告诉子孙后代该如何做皇帝，如何管理好这个国家，如何管理好整个家族。这套国家机器看起来似乎与过去有许多不同的地方，然而在本质上仍然是秦汉以来的帝国制度，是在元朝这套机构的基础上做了一些局部调整。它的定型是在永乐、仁、宣之间，到了中期便慢慢地发生变化，不过这个变化还只是局部的，整个国家机器仍然依照其轨迹自动地运转下去。皇帝可以一代又一代地更换，而国家机器运转的惯性不完全因为继承的皇帝是好还是坏、是成人还是幼童，而终止它的运转。只有它老化了，朽化了，处于崩溃的状态了，才会来一次比较彻底的重组，那就是改朝换代，也就是黄炎培给毛泽东提出的那个周期率的问题。

朱元璋在位的三十一年间，他重建新的皇朝，给恢复起来的国家机器披上了种种新的外衣，给人一种万象更新的感觉，其实骨子里仍然还是原来的框架结构。他的许多设想实际上并不完全行得通。当然，从朱元璋讲，这些更新旧机器的设想也还是真诚的，但往后的历史发展，就不是他所能预见的。他为孙子建文帝做的安排，就很快被自己家族内部的斗争打破了平衡。皇位是叔叔抢了侄子的，但机器还是照常运转，不会因此而停顿，这就是明初建国时期的基本特征。

二、明朝中后期的十二个皇帝

第二个阶段是明朝的中期，从建文帝起，经永乐到武宗正德年间，前后有一百二十二年之久，历经九个皇帝，我们不妨把九个皇帝在位的时间和他们的年龄排一下。

建文帝朱允炆，是朱元璋的长孙，因为朱元璋生了二十六个儿子，按照立嫡长子为太子的原则，他立长子朱标为太子。洪武二十五年朱标就先朱元璋去世了，白发人送黑发人，那一年朱元璋是六十五岁，朱标是三十八岁。接下来就有立谁为太子，让谁来当接班人的问题。诸子中不乏强悍者，如燕王朱棣和宁王朱权是强悍者，依长幼次序则下面有次子秦王朱樉、三子晋王朱棡，而这两人在朱元璋心目中表现都不佳。朱元璋心目中还是在他身边的朱标的次子朱允炆比较孝顺听话，所以立朱允炆为皇太孙。洪武三十一年朱元璋去世时，由朱允炆即皇位为建文帝。朱允炆在位仅四年时间便被燕王朱棣夺了皇位，下落不明，有称其自焚的，有称其出家当和尚的，有称其流落海外的，众说纷纭。有人认为郑和下西洋，也许与寻找建文帝下落有关，现在还有人在考证建文帝的下落。有一种说法，是建文帝逃亡时带走了宫中所藏的唐宋名画，流落在日本宫廷的唐宋名画是当时建文帝带去的，后来他的子孙后代便成了日本著名的画家。当然这也不失为一种说法。"靖难之役"，叔叔武力夺了侄儿的皇位，朱棣对建文朝臣的杀戮，如方孝孺因拒绝合作被灭十族，实在太残忍。

朱棣，即明成祖，永乐是他的年号，他是朱元璋的第四子，封在燕京（今北京），故称燕王。在位二十二年，终年六十五岁，他是死在出征漠北的途中。朱元璋是在南京起家的，故定都南京。朱棣是靠燕京起家的，所以迁都北京。

明仁宗，朱高炽，是朱棣的长子，朱元璋在洪武二十八年便册立他为燕王的世子，朱高炽只做了一年皇帝，年号洪熙，终年四十八岁。这个人过于肥胖，可能是脑出血走的。

明宣宗，朱瞻基，是明仁宗的长子，永乐九年立为皇太孙，在位十年，终年三十八岁。成祖朱棣并不喜欢朱高炽，他的兄弟朱高煦几次要取兄位而代之，由于成祖偏爱皇孙，明仁宗才保住皇位。宣宗即位时二十八岁。

明英宗，朱祁镇，明宣宗的长子。英宗在位，前后有两个时期，前期的年号为正统，在位十四年。由于土木堡之变被俘，其兄弟郕王即位，称景泰帝，在位八年。景泰帝病危，发生"夺门之变"，终年仅三十岁。英宗复位，建年号天顺，在位八年，终年三十八岁。实际上英宗是九岁即皇位的，正统年间朱祁镇这个皇帝只是一个

479

傀儡，操纵这个傀儡皇帝的是宦官王振。

明宪宗，朱见深，是英宗朱祁镇的长子，十岁时被立为皇太子，天顺八年即皇位，那年他十八岁，次年改元成化，在位二十三年，终年四十一岁。

明孝宗，朱祐樘，为宪宗的第三子，他前面两个哥哥都早死了，故其在成化十一年被立为太子，那年他六岁，即位时十八岁，年号弘治，在位十八年，终年三十六岁。

明武宗，朱厚照，为明孝宗的长子，四岁时被立为皇太子，十五岁时即皇位，年号正德，在位十六年，终年三十一岁。

从建文帝到明武宗前后九个皇帝，一百二十二年，是为明代中期。这九个皇帝，除了明成祖是自己起兵抢来的，其他都是依嫡长子的次序交接王位的。这九个皇帝执政时间较长的是明成祖，在位的时间有二十二年，即位时已四十三岁，终年最长的也是他，活到了六十五岁。建文帝即位时二十二岁，在位四年，终年就难说了。其他人除了宪宗在位二十三年以外，在位时间都不太长，最短的如仁宗，只有一年时间，他们终年都只有三四十岁。即位时年龄最小的是明英宗，那时他只有九岁，其次是明武宗，十五岁即帝位，都是孩子，尚未成年。宪宗与孝宗则是十八岁即帝位。这是明代中期九个皇帝的状况。

明朝的后期主要是嘉靖和万历，即世宗与神宗，中间有一个穆宗，只有六年时间。孝宗只有武宗一个儿子，而武宗又没有儿子,故选了宪宗的孙子朱厚熜即帝位,即明世宗。那时朱厚熜只有十五岁,他在位四十五年,终年六十岁。

明世宗有八个儿子,第一个儿子生下来未满两个月便夭折了。第二个儿子载壑,曾立为太子,十四岁行冠礼后两天便夭折了。载垕是第三个儿子,初封裕王,由于世宗迷信,听方士言,二龙不相见,故长期不与他谋面,其他几个儿子都早年夭折,只留下载垕一人。世宗去世,载垕即位,是为穆宗,其时已三十岁,在位六年,终年三十六岁。

神宗朱翊钧,是穆宗的第三个儿子。穆宗的前两个儿子都早年夭折,朱翊钧六岁时立为太子,即位时只有十岁,在位四十八年,终年五十八岁。世宗与神宗是明朝在位时间最长的两个皇帝。神宗即位前夕,高拱讲过"十岁太子,如何治天下"(《明史·冯保传》),这是一句老实话,高拱因此被逐出内阁首辅的地位。

从世宗嘉靖到神宗万历,前后三个帝王,共九十六年,是为明帝国的后期。世宗是十五岁即帝位,神宗是十岁即帝位,只有穆宗是成年,也就是三十岁即帝位的。明代中后期二百一十八年间十二个皇帝,从八岁到十八岁即帝位的有六个,这些少年皇帝怎么能管理好这个国家呢?而且做皇帝可不是一个好差使,实实在在是一个辛苦活儿。按照朱元璋的规定,天子每年的正月上辛日要亲自到南郊去祭祀天地,有一大套仪式,大祀之前三日皇帝便要斋戒,然后回宫谒皇太后,之后在奉天殿接受群臣的朝贺,第二天还要设宴款待群臣及各国的使节。正月上辛,可是天寒地冻的日子,做这一套仪式,对大家讲都是活受罪。依朱元璋的规定,君王每天天不亮就得上早朝,现场裁决各衙门的事务。朱元璋是"夙兴视朝"(《明太祖实录·洪武十八年五月》),明成祖是"四鼓以兴","人君亲朝,必以昧爽为节"。所谓"夙兴""昧爽"都是黎明时分,冬天在如今的六点半左右,夏天在五点半左右,必须在日出以前举行早朝。为了朝仪,君臣还得在日出以前做好各种仪式的准备。早朝的仪式,无论对皇帝还是文武百官都是一件苦差事,如果那一天风雨交加,那就更加困难了。上朝的时间,分别有五军都督府、六部九卿、十二卫兵马司、都察院的言官,依次奏事,那时皇帝要摆出精神饱满的样子。早朝在日出以前结束,还有午朝和经筵日讲,然后皇帝审阅四方奏章,一一作出批答,从早到晚没有休息的时间。以朱元璋洪武十七年九月十四日到二十一日这八天时间为例,内外诸司奏疏一千六百六十件,涉及三千三百九十一事,平均每天要处理两百多份报告、四百多件事,够朱元璋辛苦的了。次年即洪武十八年朱元璋曾经对侍臣说:

> 朕夙兴视朝,日高始退,至午复出,迨暮乃罢。日间所决事务,恒默坐审思,有未当者,虽中夜不寐,筹虑得当,然后就寝。……吾岂好劳而恶安?向者天下未宁,吾饥不暇食,倦不暇寝,奖厉将帅,平定祸乱。今天下已安,四方无事,高居宴乐,亦岂不可?顾自古国家未有不以勤而兴,以怠而

衰者。天命去留，人心向背，皆决于是，甚可畏也，安敢暇逸！

(《明太祖实录·洪武十八年五月》)

从朱元璋这段话可见他皇帝实在做得辛苦，要后代的那些青少年皇帝还保持这种精神状态，可就难了。问题在于这不仅是一件辛苦活儿，而且四周还潜伏着各种难以预料的危机。朱元璋十七岁就在皇觉寺做了游方僧，到处游历，在各地流浪。离开皇觉寺后，他参加了红巾军，投奔郭子兴，那一年他二十五岁，当了郭子兴的亲兵，娶了郭的养女马氏。那时郭子兴军中称其为朱公子，是郭子兴给他起一个官名叫元璋，字国瑞。他是在实际斗争中成长起来的，逐渐成为郭子兴属下带兵的军官，手下逐渐积聚了一批文臣武将。后在南京建都，有了一大块地盘，建国号吴，那一年朱元璋已四十岁了。次年才建国号大明，纪元为洪武元年，他四十一岁。有那么一段艰苦卓绝的历练，那么多文臣武将为他拼死拼活打下这个江山，他才登上帝位，兢兢业业地做了三十一年皇帝。而他的子孙们十七八岁甚至十岁左右便登上帝位，能做得好这个皇帝吗？对这个问题，应该说朱元璋还是有所考虑的。他在《皇明祖训·祖训首章》中讲：

朕自起兵至今四十余年，亲理天下庶务，人情善恶真伪无不涉历。

他做皇帝的能力不是靠什么天赋，而是靠四十多年世事的历练，今后的子孙有这个条件吗？他是乱世中奋斗起家的，后世的君王，也就是他的子孙们是太平时期的君王，不可能有这番历练。所以他在《皇明祖训·祖训首章》中还说了这么一番话，告诫后世继承皇位的子孙，其云：

> 凡古帝王以天下为忧者，唯创业之君，中兴之主，及守成贤君能之。其寻常之君，将以天下为乐，则国亡自此始。何也？帝王得国之初，天必授于有德者。若守成之君，常存敬畏，以祖宗忧天下为心，则能永受天之眷顾。若生怠慢，祸必加焉，可不畏哉！

朱元璋这一番话，还是有远见的，但无法禁绝其后继子孙产生怠慢之心，更无法禁绝后世帝王以天下为其寻欢作乐的场所。他们十多岁便登上皇位，青春期骚动的本能，加上周边人的诱惑，贵胄子弟们哪个不以出身和关系作为自己寻欢作乐的资本呢？他们怎么会受皇帝在作息和朝仪上的约束呢？他们怎么会认真并正确地去处理那么多奏章呢？这是后话。在他们中间，不乏"以天下为乐"的昏君、庸君，总会出些亡国的败家子，明后期的明世宗、明神宗都是败家子。我们把那些看起来高高在上、神圣不可侵犯的人作为平常人，看一下他们的喜怒哀乐，将会是一件非常有趣的事，那么沉重的主题会变得轻松起来。

三、朱元璋为子孙设计的国家机构

我在《唐六典》的导读中曾经把君王、臣下与国家机构,比作人、马、车三者之间的关系,文章这样说:

  《吕氏春秋·审分》在论述帝王术时,有个关于驾车的比喻,君王为驭手,臣子为拉车的马,认为君主应该像古代善御者王良那样,"约审之以控其辔,而四马莫敢不尽力"。而不该跑下车来,"与骥俱走",那样的结果必然是"人不胜骥"。这里面不仅有人与马的关系,即君王与臣下的关系;还有人与车即君王与国家机构的关系,这个机构随着时代和形势的变化而不断变化;还有马与车的关系,机构比较灵便,运转的速度可以快一些,而这个拉车的马也有优劣之分。故这辆车在运转过程中,三者的关系是相对的,是变动的。这三者无论哪一方面发生问题都会影响车的行程。譬如,驾车者,驾驭的技术可能有高有低,路程距离的判断可能有一定的误差,如果是醉驾的话,那就可能车毁人亡了。车辆的机械结构可以做各种调整,它多少影响着车辆能否平稳运行,如果关键的部件损坏了,轮子掉了,那也可能造成车毁人亡的结果。拉车的马匹如果破辕狂奔，也可能造成车辆失控翻车的后果。这是一个譬喻，用来解释国家机器运转过程中方方面面的关系。实际生活中所遭遇的问题，要比它复杂得多。

从王朝的权力结构讲，驾驭车辆的不是皇帝一个人，皇帝只不过是首脑机关权力的一个象征，和皇帝结合在一起的是整个宫廷，后宫的大批成员都是为帝王的政治和生活服务的。皇帝有家庭生活，有皇后和妃子，有一大批宫女为他们服务，还有一大批宦官为他们的政治和生活服务。这就是一个很大的群体，它内部有非常复杂的结构和组成的规则。整个宫廷便是国家机构的首脑机关，也就是整个国家机器的指挥机构。所以观察宫廷政治的状态，是我们研究这个王朝特定时期历史状态的一个特殊的视角。

从国家权力的运作上讲，它只能借助于整个国家机器的各个部门，依照一定的程序联动。讨论国家权力运作结构时，其构成应包括两个方面：一个是由上到下的纵向结构，也就是由中央到地方的宝塔式的层级结构；一个是它的横向结构，从中央到地方分层权力体系中的横向结构，这一点从中央到地方在横向结构上又是互相对应的。再一个是国家权力运行在程序上的规则，即一项政策法令是如何自上而下地操作实施的。

明代国家权力结构的建制，是在汉、唐、宋、元基础上逐渐建置和变革的，不是一蹴而就。朱元璋过江以金陵为根据地以后，只是小明王下属的一个地方政权，故他是以行中书省丞相起家，以后称吴王,才独立建立政权,国家机构的雏形是在洪武元年形成的。明初设三大府,由中书省掌政令,枢密院掌军令,御史台掌监察,并称三大府。朱元璋在洪武三年时说:"国家新立,惟三大府总天下之政,中书政之本,都督府掌军旅,御史台纠察百司。"(《明太祖实录·吴元年十月》)最初中书省下设四部,分掌钱谷、礼仪、刑名、营造,后来才有吏、户、礼、兵、刑、工六部,担任中书令的是李善长。枢密院改称都督府,有朱文正和李文忠出任过大都督。御史台最早有汤和与邓愈为左右御史大夫,刘基与章溢为御史中丞。三大府时期,形式上是三大府并立,由皇帝总其成,实际行政上反而是中书省的中书令李善长在总其成,李善长实际上成为丞相,一人之下,万人之上。这就出现了皇权与相权之间的对峙,就是究竟由谁来执掌国家机器最终指挥和运行的权力。

洪武十三年胡惟庸案之后,朱元璋对行政机构在总体上作了一次大的调整,罢中书省,废除丞相制度,六部尚书直接分别对皇帝负责。御史台改为都察院,下设科道官,即十三道监察御史,监察地方和中央有关部门。吏、户、礼、兵、刑、工六科各设给事中若干人,掌侍从、规谏、补阙、拾遗、稽察六部百司之事,日后六科便成为朝廷的言官。而大都督府则分为五军都督府,分别统率相应地区的卫所。这样做的结果,是行政、监察、军队的一切指挥权力都集中在皇帝一个人身上,各司的奏章都要由朱元璋亲自来审批了,这样做皇帝连朱元璋自己也叫苦不迭。尽管如此，朱元璋还是希望自己的子子孙孙都能如他那样掌控整个国家的权力，他编制《皇明祖训》，便是希望子孙后代都能遵循他建立的制度。

四、《皇明祖训》的要点

朱元璋在《皇明祖训》的序言中阐释了他花六年时间编撰这本祖训的宗旨，以及为何要作为家法传之子孙，其云：

> 群雄之强盛诡诈，至难服也，而朕已服之。民经世乱，欲度兵荒，务习奸猾，至难齐也，而朕已齐之。盖自平武昌以来，即议定著律令，损益更改，不计遍数。经今十年，始得成就，颁而行之，民渐知禁。至于开导后人，复为祖训一编，立为家法，大书揭于西庑，朝夕观览，以求至当。首尾六年，凡七誊稿，至今方定，岂非难哉！

朱元璋也是句句实情。再说平乱治民的功绩，也有事实为据。再说他颁布的那些律令，即《大诰》和《大明律》，也产生了影响。现在编祖训是为了给子孙后代立下家法，希望子孙后代能世世遵守。再说这次祖训的定稿，前后历时六年，七易其稿，要懂得它来之不易。谆谆告诫，可见其用心之良苦。这份《皇明祖训》在洪武六年以后，仍有不少增补。从内容看，增补的时间可能在他执政的晚年，因为有许多内容都是洪武六年以后才可能有事实依据。

朱元璋还说：

> 盖俗儒多是古非今，奸吏常舞文弄法，自非博采众长，即与果断，则被其眩惑，莫能有所成也。今令翰林编辑成书，礼部刊印，以传永久。凡我子孙，钦承朕命，无作聪明，乱我已成之法，一字不可改易。（《皇明祖训·序》）

这是给子孙下死命令。一字不许改易，不许听信俗儒奸吏之胡言乱语，乱我成法，如果被人眩惑，势必一事无成。这是非常严厉的训诫了。下面我们再读一下这篇祖训的主要内容，究竟是哪些问题让朱元璋当作祖训来规范皇子皇孙们的行为呢？

《皇明祖训》中涉及整个国家机构设置的条目是祖训首章中关于废除丞相的那一条：

> 自古三公论道，六卿分职，并不曾设立丞相。自秦始置丞相，不旋踵而亡。汉、唐、宋因之，虽有贤相，然其间所用者多有小人，专权乱政。今我朝罢丞相，设五府、六部、都察院、通政司、大理寺等衙门，分理天下庶务。彼此颉颃，不敢相压，事皆朝廷总之，所以稳当。以后子孙做皇帝时，并不许立丞相，臣下敢有奏请设立者，文武群臣即时劾奏，将犯人凌迟，全家处死。

这条祖训，一是完全否定汉唐以来的丞相制度，目的是防止小人利用相权专权乱政，他处理皇权与相权矛盾的办法是取消相权，由皇帝直接执政。二是由帝王直接执掌各政府部门分理天下的庶务。五府，即五军都督府分割兵权；六部指吏、户、礼、兵、刑、工，六部的尚书分掌全国的政务；都察院的十三道监察御史、六科给事中负责各行省及中央诸司衙门的监察机构，所有的内外章奏皆由通政使负责奏闻；大理寺是负责司法审判的机构；这些机构之间没有相互的隶属关系，因而互相制衡，这是朱元璋对中央国家管理机构的设计。三是不准复立丞相，作为祖训要子孙为帝王者严格遵守。

　　如朱元璋这样在四十岁左右曾经备尝艰苦，历事多多，具有丰富经验，又深谙人情世故，精力充沛，直接应对那么繁重的政务，尚且感觉苦不堪言。他的子孙后代，生长于深宫，未谙世事，年幼无知的幼主或者青年君王，能如他那样直接掌控那么繁重而又复杂的政务吗？他们又能如朱元璋那样含辛茹苦地日日以朝廷政务为主来安排自己的生活吗？他们与朱元璋之间显然有巨大的差异。朱元璋在《皇明祖训》中也讲到历史上真正"以天下为忧者，唯创业之君，中兴之主，及守成贤君能之"。至于"宫生内长"的"寻常之君"，势必以天下为自己寻欢作乐的资本，如此的话，"国亡自此始"。朱元璋有办法阻止子孙后代中产生只顾寻欢作乐、游戏人生的君王吗？如果逢到这样以寻欢作乐为生活内容的少年君王，成天荒于嬉戏，不理政事，这个国家机器又如何运转呢？这是朱元璋还没有想好也无法制止的问题，也是他身后子子孙孙为帝王者必然会出现的情况。因为皇位是通过血缘关系传承的，而人的能力和智慧是从实际斗争中获得的，他们不可能有朱元璋那样的历练，所以很难获得朱元璋那种管理这个庞大国家机器的能力。

中国历史上每一个王朝，在创业之主之后，虽然还可能出一两个中兴之主，或者一两个守成之主，但一代不如一代，这几乎是中国历代王朝的客观规律。乱世出英雄，平稳的时代只能出庸主，末世总还有一两个昏君，自取灭亡。如果把历代曾经在位的君王加以分类的话，大体上逃不出这个历史铁律。当然，一个王朝也不是一两个荒唐无所作为的君王所能毁灭的，王朝的国家机构一旦运行起来，有它自身演化的规律，也有自身纠错的机制。历史证明君王也不能随心所欲地为所欲为，他也受到这个国家机器的反制，当整个国家机构的矛盾积叠到无法继续运行时，也不是一个想有所作为的君王所能改变的，如崇祯便是一个典型的案例。

朱元璋知道在他身后的君主，最多也只能是守成之主，因为创业的时代已经过去了，要守得住这个天下，要整个国家机器能平稳地持续运行下去，也不是一个简单的问题。所以他要继承皇位的子孙们必须常怀忧患之思。自然和社会的灾难是很难避免的，但有这个思想准备与没有这个思想准备就大不一样。

朱元璋在《皇明祖训·持守》中还要求今后继位的子孙必须

检点自己的生活,要始终保持勤奋治国的精神状态。他是以自己作为榜样,告诫日后继位的子孙,其云:

> 凡吾平日持身之道,无优伶近狎之失,无酣歌夜饮之欢,正宫无自纵之权,妃嫔无宠恣之专幸。朕以乾清宫为正寝,后妃宫院各有其所。

朱元璋还告诫日后继位的守成之主,在处理政务上必须注意的问题和自己的态度。其云:

> 至若朝堂决政,众论称善,即与施行。一官之语,未可以为必然。或燕闲之际,一人之言,尤加审察。故朝无偏听之弊,权谋与决专出于己。察情观变,虑患防危,如履渊冰,心胆为之不宁。晚朝毕而入,清晨星存而出,除有疾外,平康之时,不敢怠惰。此所以畏天人而国家所由兴也。

朱元璋这两段对子孙的训诫,标题为"持守",即帝王的守身之道。包括他在宫廷内的日常生活,如何处理朝政,也就是国家大事,以及必须保持的心态和工作的状态。一是关于宫廷生活,后妃不能有专宠,有专宠就会坏事。但是男女之间总有一个感情问题,皇帝有那么多女人在身边,总会有情有独钟的对象,怎么做到"妃嫔无宠恣之专"呢?这一条对有的皇帝就很难了。二是处理朝政既要集思广益,又不偏听偏信任何一个人,目的是保持宸衷独断,一切权谋和决策之前,让别人摸不透。这一点也难,既要能集思广益,又要让人捉摸不透,在权谋的策略上又要出人意表，还要能收到实效，这可相当困难，只有非常老练的统治者才能做到炉火纯青的地步。那些少儿或者青年帝王有此能耐吗？这样的本领不可能是生来就有的，要从长期的实际斗争中磨炼出来，在这些方面遗传基因和既得地位是靠不住的。三是要长期处于如履薄冰、心胆不宁，时刻胸怀忧患的心理状态，也不是常人所能达到的。朱元璋之所以提出这样的要求，那是他处于权力结构顶端这个地位决定的。它既是至高无上的权势所在，又是各种矛盾和利益纠葛之所在，往往成为众矢之的。

朱元璋在《皇明祖训·祖训首章》中关于帝王如何时刻保持警戒，云：

> 凡帝王居安，常怀警备，日夜时刻不敢怠慢，则身不被人所窥，国必不失。若恃安忘备，则奸人得计，身国不可保矣。……虽亲信如骨肉，朝夕相见，犹当警备于心。如欲回避左右，与亲信人密谋国事，其常随内官及带刀人员，止可离十丈地，不可太远。

在这样日夜严密的警卫和戒备状态下生活，实在也不是滋味，即使与自己亲近的人相见，还要有警卫人员手持兵器不离左右，那还有什么个人自由可言？人在如此严密警戒的状态下生活，必然与整个社会、与百姓们的日常生活处于隔绝状态。只看奏章，怎能做到兼听则明、真正了解社情民意呢？怎能了解各种突发事件的实际状况呢？怎能恰如其分地处理好各种社会问题呢？反过来讲,帝王在宫禁森严之处,所接触的都是身边的人员,有时也确实会遇险。嘉靖二十一年(1542年),皇帝夜宿端妃宫,有宫婢金英,乘嘉靖熟睡时,"以组缢帝项,误为死结,得不绝"(《明史·孝烈方皇后传》)。幸亏是皇后赶来,解组,嘉靖帝才苏醒过来。这实际上是一次宫廷密谋的暗杀事件,尽管这是一次偶发性事件,但确实发生在宫廷内。说明严密的警戒措施也有它的道理,即使是小概率的可能,也得有所防备啊!

在帝王身边,有一个为他服务的庞大的后宫,在这个后宫有后妃和宫女,帝王如何选择后妃及如何管理后宫的日常生活,《皇明祖训》中也有具体的规定。在妃嫔的挑选上,其云:

> 凡天子及亲王,后、妃、宫人等,必须选择良家子女,以礼聘娶,不拘处所,勿受大臣进送,恐有奸计,但是倡妓不许狎近。(《皇明祖训·内令》)

为什么祖训上有"勿受大臣进送"这一条?那是为了防止大臣借姻亲关系垄断国家权力,造成外戚问题。明代后妃确实选自民间,整个明王朝没有发生外戚专权的问题,然而"倡妓不许狎近",那就很难说了,正德皇帝朱厚照在这方面就是一个不守规矩的人。

宫廷内后妃的生活,朱元璋在祖训中也作了具体而细微的规定,其云:

> 凡自后妃以下,一应大小妇女及各位下使数人等,凡衣食

金银钱帛，并诸项物件，尚宫先行奏知，然后发遣内官监官，监官覆奏，方许赴库关支。(《皇明祖训·内令》)

这就把后宫妃嫔的一切日用开支都直接控制在帝王手上，不能直接向内库关支。《皇明祖训·内令》还明文规定：

凡皇后止许内治宫中诸等妇女人，宫门外一应事务毋得干预。(《皇明祖训·内令》)

这一条规定有明一代倒是严格遵守，没有发生过女后临朝的事。为了防止后宫干预朝政，朱元璋在祖训中还专门规定了一条：

凡宫闱当谨内外，后妃不许群臣谒见。命妇于中宫千秋节并冬至、正旦、每月朔望来朝。(《皇明祖训·内令》)

这就限制了后妃与朝臣之间的任何交往，即使朝臣的命妇也只限于节日和朔望举行朝见的仪式，那就切断了后妃与朝臣之间的直接联系。而且还不许宫中妃嫔与外界有书信往来，即使患病，也不许医生入内廷，只能讲症状以取药。这就显得非常苛刻了。其云：

凡宫中遇有疾病，不许唤医入内，止是说症取药。(《皇明祖训·内令》)

此外还不许宫中与宫外有任何书信往来，不许参与朝廷外寺观的烧香斋醮活动，违者处以死刑。其云：

凡私写文帖于外，写者接者皆斩，知情者同罪，不知者不坐。

> 凡庵观寺院烧香降香、禳告星斗，已有禁律，违者及领香、送物者，皆处以死。（《皇明祖训·内令》）

从这许多具体条文可以看到，朱元璋对后宫妃嫔的活动管束得非常严厉，她们动辄有被处死的威胁。宫廷内除了后妃宫女之外，还有一个庞大的宦官集团侍候皇帝在宫廷内的日常生活。相比较而言，宦官在宫廷生活中活动的地盘比后妃宫女要宽泛一些，有许多事他们不得不与朝臣和社会进行接触，事实上朱元璋"内臣不得干预政事，预者斩"这块铁牌没有起多大作用，有明一代，宦官在政治上起着很大的作用，宦祸之惨烈，比之汉唐有过之而无不及。整个宫廷以皇帝为中心，宫廷实际上掌控着整个国家机器的运转，它是国家的指挥中心、首脑机关。从另一方面讲，这个宫廷全部成员又是一个庞大的消费集团，因为它是权力结构的中心，它可以利用手中的权力无限制地扩大宫廷的消费，没有止境地挥霍和奢侈。朱元璋在《皇明祖训·内官》中曾对内府的日常开支作出规定，希望它尽可能地在日常生活用品上做到自给自足，不增加社会的负担。其云：

> 凡内府饮食常用之物，官府上下行移，不免取办于民，多致文繁生弊，故设酒、醋、面、织染等局于内。既设之后，忽观《周礼》酒人、浆人、醯人、染人之职，亦用奄人，乃知自古设此等官，其来已久，取其不劳民而便于用也。其他如各监、司、局及各库，皆设内官职掌，其事甚易办集，上

项职名设置既定,要在遵守,不可轻改。

朱元璋在内廷设置内织染局、针工局、巾帽局、司苑局、酒醋面局,等于在宫廷内设置一定的生产机构,供应内廷基本的日常生活需要。还有内承运库,掌一应缎匹、金、银、象牙、玉石等贵重消费品,包括内府供用库,掌皇帝及宫廷需要的香米、果木、食油以及香烛等物品和内廷宫人、宦官的必需用品。这样宫廷内部的各种必需品,除了必须取办于民间的一部分物品以外,尽量在宫廷内部生产自给,这实际上是农耕社会自给自足生活在宫廷生活的反映。事实上,如果是一个比较节俭的皇帝,这一点还勉强能做到;如果是一个穷奢极欲的皇帝,那就很难了。而且皇帝身旁的宫女宦官,也只有皇帝穷奢极欲时才能从中谋取自己的私利。这个问题也不是朱元璋的《皇明祖训》所能限制得住的。

《皇明祖训》中也涉及宫廷以外的事务,还有君王与亲王之间的关系。朱元璋有二十六个儿子,只能让长子朱标一个人做太子,成为皇位的继承人,这就有君王如何处理好与被封王的诸兄弟之间关系的问题。此后历朝诸帝都留下若干个封王,朱元璋封王的诸子其后代繁衍起来也很迅速,所以朱元璋也必须考虑好今后自己子孙内部的相互关系,弄不好兄弟之间会自相残杀,把一个帝国给掀翻了。朱元璋在祖训中给诸王说了这么两条训诫,一是说诸王不能觊觎皇位,你们的日子比天子要好过得多,要安于自己的地位。其云:

> 凡自古亲王居国，其乐甚于天子。何以见之？冠服宫室车马仪仗亚于天子，而自奉丰厚，政务亦简。若能谨守藩辅之礼，不作非为，乐莫大焉。至于天子总揽万机，晚眠早起，劳心焦思，唯忧天下之难治，此亲王所以乐于天子也。（《皇明祖训·祖训首章》）

这一段训诫的中心是要诸亲王不要羡慕天子的帝位，那个日子并不好过，在优游岁月这一点上，你们比天子要舒心得多，所以必须安于本分。如果你们要妄窥大位的话，那就没有好果子吃，弄不好两败俱伤。其云：

> 凡古王侯，妄窥大位者，无不自取灭亡，或连及朝廷俱废。盖王与天子本是至亲，或因自不守分，或因奸人异谋，自家不和，外人窥觑，英雄乘此得志，所以倾朝廷而累身己也。若朝廷之失，固有此祸，若王之失，亦有此祸。当各守祖宗成法，勿失亲亲之义。（《皇明祖训·祖训首章》）

朱元璋这两段对诸王的训诫，是两面都讲了。要诸王安于本分，如果妄窥大位只能自取灭亡。要靠诸王自觉，实际上做不到。天子与诸王之间的关系，从血缘上讲虽都是亲人，从利害关系上讲，则是你争我夺、互相对立的关系。明成祖的"靖难之役"是叔叔抢了侄儿的皇位，此后高煦之叛、宸濠之叛，都是诸王反叛朝廷。另一方面朝廷为了防止诸王反叛，对于诸王的限制亦越来越严厉，虽然说起来他们在血缘上是亲亲之义，在利害关系上则对他们处处设防，越到后来诸王的日子越不好过。隔了几代以后，哪儿还有什么亲情可言。事态的发展完全出乎朱元璋之意料。

朱元璋编这份《皇明祖训》始于洪武二年，成书于洪武六年，他自己讲首尾六年，七易其稿，实际上在他去世以前一直在补充修改，这一点我在后面再作说明。大凡创业之主，都希望自己建立的王朝能传之千古，人无远虑，必有近忧，有长远的想法并不坏。这一份《皇明祖训》实际上也是他自己立国经验的总结，他是"立为家法"，而且是对其子孙为帝王者所讲的，但随着事态发展，那些不肖子孙的行为，是不完全为他的家法所规范的。因为继承他皇位的子孙后代，不可能个个似他有那样的精力，有那样的历练，而且继位的年龄构成也不同，各自的素质相差很大，这个变化就由不得他了。当然不是说这份祖训完全不起作用，它对有明一代自有深刻的难以磨灭的影响，但也不可能不折不扣地付诸实施。这个王朝的国家机构也会在一定程度上塑造它所需要的天子，弥补天子的不足之处。然而一代又一代的天子又各有各的个性，有时也要发一下脾气，耍一下天子的威风，有的也会消极怠工，而朝廷的臣子也能对天子提一些意见，君臣双方也还有一个不断磨合的过程，但《皇明祖训》始终是双方论理的根据。尽管明代中后期的帝王，其所作所为离《皇明祖训》所规范的行为准则已甚远甚远，但还得把祖宗的神像放在宗庙的首位，祖训还得挂在墙上。虽然那个在天之灵的朱元璋，对自己的不肖子孙也无可奈何，但后继者一旦完全丢弃太祖的神主和这份祖训,那就变成另一个王朝了。只要这个王朝还在继续,那么朱元璋立下的框架就还会起作用,祭祀宗庙时,他还是太祖皇帝。

从效果上讲,朱元璋立这些祖训是一件吃力不讨好的事。《庄子·养生主》篇有言:"吾生也有涯,而知也无涯。以有涯随无涯,殆已;已而为知者,殆而已矣。"这句话的意思是,一个人的生命有限,想知道和管理的事情却是无限的,想以有限的生命预知和规范身后许多年的事,那是根本不可能做到的。如果一定要这样做,其结果只能是自己身心俱疲,到你真正要交接班的时候,前途如何,也许只有天知道了。即使自己做的事,自己也很难作结论,千古身后事,谁人说得清楚?何况是子孙后代做什么,那时你在天之灵怎么管得了那些不肖子孙呢?但有一点则可以肯定,尽管出了不少不肖子孙,但只要还没有另起招牌,还是大明帝国,还没有改朝换代,那你作为老祖宗的地位,还是谁也无法动摇的。如果出现连自己祖宗也不认的后代,那么这个朝代崩塌也为时不远了。古今中外的历史都是如此。

现在我们不妨把朱元璋身后权力结构的演化与朱元璋的祖训对照一下,这也许是非常有趣的事。

五、废丞相后的内阁制度——变相的丞相制度

朱元璋要废除丞相制度，要后继的帝王都能亲理朝政，都要如他那样总揽万机，晚眠早起，劳心焦思地处理国家大事，这个事能办得到吗？朱元璋自己也很为难，丞相没了，在处理具体事务时他总要有一个秘书班子，在身边帮他做一点文字工作，那么多奏章送上来，他一个人"岂能一一周遍"。于是他在身边仿古制，设四辅官，轮流在身边帮他处理事务。不到半年感到不行，于是又仿宋制，设殿阁大学士，由翰林院挑选几个人来帮助他做文字工作，兼备顾问。到了明成祖时，便从翰林院挑选了解缙、黄淮、胡广、杨荣、杨士奇、胡俨、金幼孜七个人值文渊阁，参与机务，也就是参与皇帝决策重大事项的谋划。这些人都是翰林院作为史官的修撰、编修，他们还参加皇帝的经筵，是陪皇帝读书的侍讲、侍读。而翰林官的出身，一般都是科举一甲的进士，若一甲的状元、榜眼、探花可以授修撰、编修。明代的科举考试，一般要先经过地方上的乡试，考试及格上榜的便是举人，乡试三年一次；次年在京城举行会试，由礼部主持，会试及格便成为贡士，第一

名称会元。会试及格有定额，洪武时是百名，成化、嘉靖年间增至二百五十名到三百名；会试出榜以后的两三天，便举行殿试，即会试及格的贡士到宫殿接受皇帝亲自主持的考试，他们在名义上都成为天子的门生。殿试考试及格，分三个等级，第一甲赐进士及第，第二甲赐进士出身，第三甲为同进士出身。第一甲的前三名是状元、榜眼、探花。翰林院学士、侍读、侍讲以及检讨、编修，一般都是从进士中挑选，进士进入翰林院以后，先为庶吉士，三年考核之后，授编修、检讨，然后被挑选为侍读或侍讲学士。内阁与太子詹事府的春坊大学士一般都是从翰林院中挑选，故明代内阁学士的来源，其路径是非进士不入翰林，非翰林不入内阁。这样一条路径进入内阁，最后参与政事，有利有弊。这些翰林学士都是通过科举考试，经过翰林院的历练逐步走上政治平台的，在那个时代毕竟是接受过正规的传统文化教育，一般还是有一点基本的学养和为人的原则。不足的地方，是他们擅长的只是文字上的功夫，没有经过社会政治实践的磨炼，让他们平章政事，一般是纸上谈兵的多，缺乏实践经验，碰上艰难的边事，便很难对付了。

内阁实际上是皇帝与外朝之间处理政务的中间桥梁。六部、五府，各地上来的奏章，都察六科上来的弹劾，都要内阁来汇总，然后替皇帝拟定的旨意叫票拟，再由皇帝来最终作出决断，同意的话以御笔批红。时间久了，这个群体自然成为实际上统领外朝的机构。当皇帝倦政时，内阁的首辅便成为没有丞相名义的丞相了，如夏言、严嵩、徐阶、高拱、张居正、申时行这些内阁大学士，在嘉靖、万历间，实际上都是当时权倾一时的丞相。所以朱元璋在祖训中规定"以后子孙做皇帝时，并不许立丞相"这一条，实际上做不到，内阁的设置便代替了原来的丞相，一方面是皇帝离不开丞相，因为君王在大多数时间不得不依靠内阁来行政，另一方面王权又要凌驾于相权之上。有一些时候，君王也会发威，践踏内阁大臣如猪狗一般，在这个过程中，是是非非说不清的事情便很多了。

六、朱元璋身后宦官预政的问题

宦官是帝王后宫生活不可或缺的组成部分。一个庞大的后妃宫女集团,自然需要一支数量更多的宦官队伍来侍候她们,同时也是监视和守护她们,并且确保她们的贞操绝对忠实于皇帝一人。问题在于宦官们也能利用侍奉帝王日常生活这个特殊的地位来参与政事。朱元璋在洪武十年夏五月,曾谕群臣曰:"阉寺之人,在左右久,其小忠小信,足以固结君心。及其久也,假威窃权,势遂至于不可抑。朕立法,寺人不许预政事,今决去之,所以惩将来也。"(《明史纪事本末·开国规模》)所以在洪武十七年"镌铁牌置宫门":"内臣不得预政事,预者斩。"为了防止和减少宫廷生活对朝廷和民间的骚扰,还在内廷设置酒、醋、面、制造诸局,然而真要认真执行并不可能。宦官在帝王身边,帝王临时有事要差遣的时候,自然会使用身边侍候自己的人,朱元璋自己便曾派身边的宦官去河州市马。到了明成祖时,成祖就派遣宦官出使了,如郑和下西洋,郑和便是宦官。朱棣为什么重用宦官?那是因为"靖难之役"时,宦官们曾给他通风报信,故"明世宦官出使、专征、监军、分镇、刺臣民隐事诸大权，皆自永乐间始"。朱元璋限制宦官预政的各项规定，到他儿子明成祖时，全都失效了。生长于深宫妇女之手的君主要与宫廷外部接触，便不能不借助于侍候他们的宦官了。内阁汇总朝廷的奏章，并拟定旨意，叫票拟，最终由皇帝批红，才能付诸外朝各衙门执行。批红还有一个权衡利弊得失的问题，如果皇帝沉溺于内廷寻欢作乐的生活，连批红也懒得亲自动手时，那么批红便只能交给身边的宦官来做了。这代替皇帝来批红的宦官总要能识字和写字，需要有一点文化，如此一来"内臣不许读书识字"这个规定就必须打破了。故从宣宗开始，便设内书堂，选小内侍，令大学士陈山教习之，这发生在宣德四年十一月。当然，有的记载上推到永乐时便已听教官入内教习。有的则上推到宣德元年，让刑部主事为翰林修撰，专授小内使书，在宦官中挑选十岁上下的二三百人，读书其中。后来增加到四五百人，由翰林院挑选四人入内廷教习小内使，这样内廷的一部分宦官便走上知识化的途径了。

从内书堂师资的配备看，要高于明代最高学府南北国子监。有人统计过，有名有姓的内书堂教官有六十九人，其中有十九人后来入内阁为大学士。内书堂教学的内容，除了《百家姓》《千字文》这些童蒙教科书外，还讲授《大学》《中庸》《论语》《孟子》这四本基本的儒家经典。此外还有三门课程，一是内令，那是朱元璋以下历代对宦官的戒谕；二是《忠鉴录》，收集了历代奉公守法的宦官事迹；三是判仿，就是朝廷处理各类事务的案例，以便日后帮助皇帝对外廷奏章进行批答，对内阁的票拟进行批红。故内书堂教学的目的很明确，让小太监们接受传统的道德观念，培养在皇帝身旁的参政能力。在内书堂读书的时间一般是三四年，宦官们的出路是到内廷二十四衙门任职。凡各衙门缺少写字的人，即具印信到内书堂奏讨，于是内书堂奉旨拨若干名散发，学员分完了，便再由二十四衙门中招收小内使入内书堂读书。小内使在内书堂读书后，分到内廷各衙门执事时，都要归属于该衙门大太监的门下为其"本管"，具体照看他的大太监叫"照管"。在宦官内部相互之间又有变相的类似师徒或父子之间的相互关系，小内使一般是从"写字"开始，然后升为掌司、典簿、佥书，受到"本管""照管"喜欢和赏识的，可以送到东宫做太子的伴读。

在内廷二十四衙门中，地位最重要的是司礼监，有二十四衙门首监之称。设有提督太监、掌印太监、秉笔太监、随堂太监，其中提督是管理全监事务的，掌印是替皇帝代掌御印的，秉笔是替皇帝御批朱红的，随堂太监则执掌内外奏章。司礼监是洪武十七年开始设置的，执掌宫廷礼仪，从永乐到宣德，逐渐形成了一条由内书堂到侍东宫，再随着小皇帝即位掌司礼监的入仕途径。被选入侍东宫太子的小太监，常常就是皇子皇孙幼年的伴读，这些宦官和太子长期相处的亲密关系，成为他们以后擅政专权的政治资本。而司礼监又是协助皇帝执掌权力，与内阁对接的机构。宣宗后，英宗即位时只有八九岁，那时太皇太后与内阁不能面议取旨，因为朱元璋立下的祖训，后妃不能直接面对外廷官员处理政务，于是让内阁大学士们在诸司奏章上代拟条旨，这样内阁获得了票拟的特权。然后由司礼太监代替皇上批红，那么司礼监的秉笔太监便成了帝王处理政务最贴身的助手，司礼监作为内廷二十四衙门第一署的地位也就由此确立了。

我们可以举几个著名的宦官晋升的经过，作为案例。《明史·宦官传一》：

> 范弘，交阯人，初名安。永乐中，英国公张辅以交童之美秀者还，选为奄，弘及王瑾、阮安、阮浪等与焉。占对娴雅，成祖爱之，教令读书，涉经史，善笔札，侍仁宗东宫。宣德初，为更名，累迁司礼太监。（《明史·范弘传》）

> 王振，蔚州人。少选入内书堂。侍英宗东宫，为局郎。……英宗立……掌司礼监。（《明史·王振传》）

据《明英宗实录·正统十一年》，英宗有一条敕文讲道：

> 朕自春宫至登大位，前后几二十年。而尔夙夜在侧，寝食弗违，保卫调护，克尽乃心，赞翊维持，靡所不至，正言忠告，裨益实多。

英宗是宣德二年（1427年）出生的，出生四个月便被立为太子，从他立为太子到九岁即帝位，到英宗十一年，前后时间接近二十年，王振是从小陪着英宗长大的。王振从内书堂的小太监被挑选到英宗朱祁镇身边,照看英宗,伴着英宗长大,所以英宗见了王振还是有所畏惧。据《罪惟录·王振传》的记载,英宗即位以后,"尝与小臣击球,振至而止。诘旦,驾在阁中,振跪奏曰:'先皇帝为一球子,几误天下,陛下复踵其好,如社稷何?'上愧无所容"。这里讲的先皇帝便是明宣宗,他也是喜欢吃喝玩乐的人,喜欢踢球,一失足几丢性命。王振与英宗有长期共同生活的亲密关系,为他揽权提供了客观条件,因为英宗那时还年轻,不可能驾驭政事。

从内书堂出身,最后掌管司礼监的宦官,还可以举几个案例。嘉靖、万历年间与张居正配对的冯保,是嘉靖十五年(1536年)选入内书堂读书的,十七年(1538年)拨至司礼监六科廊写字,三十二年(1553年)转入内书房,三十九年(1560年)升司礼监秉笔太监,管文书房事,奏章的往返和御批都由他过手,隆庆初以秉笔太监提督东厂,那就兼管了内廷对外朝的侦缉事务。隆庆六年(1572年)掌司礼监印,至万历十年(1582年)罢退。从冯保的经历可以看到内官一步一步爬上内廷最高位子的途径。类似冯保的,还有陈矩,他是嘉靖二十六年(1547年)被选入内书堂读书,只有八岁,陈矩以后被拨给司礼太监高忠名下写字,万历十年时已任典簿,万历二十六年(1598年)以秉笔太监掌东厂,万历三十三年(1595年)已掌东厂兼司礼监掌印。

从这个过程,也可以看到内廷的司礼监作为皇帝身边的宫内秘书机构,逐渐成为与外廷相对接的关键,是皇宫与朝廷衔接的一个环节。为了适应这个需要，还得从头培养宦官的文化和道德修养。从内书房起，宦官们一步步进入政坛核心地位，这是个自然形成的过程，不是朱元璋当年的诏令铁牌所能限制的。一般都把宦官预政看作坏事，问题的症结不在预政不预政，而在怎么预政，其所干预的政事是好是坏，影响如何，不能一概把宦官预政说成是坏事。宦官中有那么一些人做了不少坏事，根本上还是帝王的责任，没有帝王的偏爱，那宦官任何事都做不成。

相当一部分宦官是自小便在东宫太子身边做伴读，是太子的小伙伴，年龄大的还管着太子成长，皇帝年幼时见了他们还有三分畏惧，称他们为大伴当。如明英宗、明神宗都是八九岁即帝位的，见了司礼监的宦官还有几分畏惧。他们年轻，不懂事，那么有一两个知事识理的宦官管着他们，还能在他们成长过程中约束着他们。如果他们成年了，那就不受任何人约束了，如万历处置冯保便是一个案例。如果太子身边的宦官与太子一起只管嬉戏玩乐，一旦小皇帝登位，那么这帮太监登上显位，做起坏事来就没有底线了，如武宗正德时期的刘瑾就是这方面的典型。关键还是看从太子到帝王，自身正与不正了。

七、只知嬉戏玩乐的正德皇帝

武宗正德皇帝朱厚照是四岁时做太子的,十五岁即帝位。太子出阁讲学一般在十一二岁,那时太子独立在东宫生活了。武宗八岁便出阁,在东宫独立生活。当时在东宫给朱厚照讲课的是王鏊,他本来是孝宗的讲官,"东宫出阁,大臣请选正人为宫僚,鏊以本官兼谕德。寻转少詹事"(《明史·王鏊传》)。另一个是刘忠,也是翰林院出身,是庶吉士,授编修,"迁侍讲……寻兼侍东宫讲读……武宗即位,以宫寮擢学士,掌翰林院,仍直经筵"(《明史·刘忠传》)。武宗的这两个老师是既有品德又有学问的人,但是太子身边伙伴的好坏对太子的影响太大了,詹事府那些翰林院出身的左春坊学士的讲学远远不如太子身边的玩伴影响大。问题还是太子本人,如果太子非常调皮捣蛋,一旦登上皇位,那么他把做皇帝也就当成儿戏了。

朱厚照在东宫的表现不好得出格,当时的内阁大学士谢迁就上疏明孝宗,"劝太子亲贤远佞,勤学问,戒逸豫"(《明史·谢迁传》)。孝宗对谢迁的意见是"嘉之",但做父亲的不直接干预，谁能管得了太子在东宫调皮捣蛋呀！武宗即位以后，刘瑾之所以能专权，实际上是武宗与刘瑾臭味相投的结果。孝宗临终时，"执（刘）健手曰：'先生辈辅导良苦。东宫聪明，但年尚幼，好逸乐，先生辈常劝之读书，辅为贤主。'"（《明史·刘健传》）刘健是孝宗在东宫做太子时的少詹事，是东宫的讲官。第一句话"先生辈辅导良苦"，是对刘健当年曾辅导他表示感谢。刘健在孝宗即位后便入内阁兼翰林学士，后来代徐溥成为内阁的首辅。孝宗六岁为太子，十八岁即帝位，在位十八年，刘健从东宫的讲官到辅导孝宗执政，应该说是尽心尽力了。从这里可以看到内阁学士不少是从东宫辅太子读书到以后入阁为大学士辅政的，高拱、张居正都是如此。一般司礼监与内阁首辅，往往是太子在东宫时就与之相伴了，太子即位以后，他们相辅相成辅助皇帝执政。

武宗即位时，他在东宫的大太监是王岳，但与朱厚照亲近的不是王岳，而是刘瑾他们。刘瑾在孝宗时入东宫侍武宗。与武宗结伙的八虎也都是武宗在东宫的小伙伴。武宗即位以后，没有管束了，于是这一批小太监便诱导朱厚照沉迷于"或击球走马，或放鹰逐兔，或俳优杂剧错陈于前，或导万乘之尊与人交易，狎暱媟亵，无复礼体"（《明史纪事本末·刘瑾用事》）。正德二年（1507年）八月，他们在西华门外别构院御，筑宫殿，造密室于两厢，勾连节列，谓之豹房。"初，上令内侍仿设里肆，身衣估人衣与贸易，持簿握筹。喧詢不相下，更令作市正调和之，拥至廊下家。

'廊下家'者，中官于永巷所张酒肆者也，坐当垆妇其中。上至，杂出，牵衣蜂簇而入，醉即宿其处一。"(《明通鉴·正德二年》)就是在宫中仿民间市场、酒肆、妓院的社会生活，让帝王去嬉戏游乐。刘瑾为司礼监以后，经常以"构戏玩娱帝，候帝娱，则多上章奏，请省决，帝曰：'吾安用尔为？而一烦朕！'瑾由是自决政"(《明史纪事本末·刘瑾用事》)。从这里可以看到，宦官也有两类不同的人物，有的为人正直，接受过传统的正规教育，如正德东宫的王岳；另一类是导帝于嬉戏娱乐乘势夺权者，如刘瑾。如果后一类人得势，那么在政治上就会出现各种荒诞不经的事，刘瑾前后专权五年，便是属于这种情况。

宦寺本来是侍候帝王的仆役，但他们反过来可能会诱惑年轻帝王沉迷于声色犬马，净干一些荒唐事。他们擅权于自身，一旦掌握了兵权，那么帝王反而成为他们的奴仆，主仆关系完全颠倒，"宦官之权反在人主之上，立君、弑君、废君，有同儿戏"(《廿二史札记·新旧唐书》)。《资治通鉴·唐纪六十二》之"开成四年（839年）"曾记录有唐文宗与学士周墀的一段对话。他问周墀："朕可方前代何主？"

（墀）对曰："陛下尧、舜之主也。"上曰："朕岂敢比尧、舜！所以问卿者，何如周赧、汉献耳？"墀惊曰："彼亡国之主，岂可比圣德！"上曰："赧、献受制于强诸侯，今朕受制于家奴，以此言之，朕殆不如！"因泣下沾襟，墀伏地流涕。

从这一段对话可以知道，宦官不仅有软的一手，如唐文宗时大宦官仇士良所讲的控制帝王的经验，因为他们掌握着兵权，还有硬的一手，否则的话，怎么能杀二王、一妃、四宰相呢？此种情形下，帝王实际上成了宦官手上的傀儡。刘瑾对武宗执行的是软的一手。刘瑾之败，起因于宁夏安化王寘鐇的反叛，发檄数刘瑾罪，宦官张永平定叛乱后，把寘鐇讨瑾的檄文给武宗看，武宗才下令执瑾，抄他的家。《明史纪事本末·刘瑾用事》载："及籍其家，得金二十四万锭，又五万七千八百两。元宝五百万锭，又一百五十八万三千六百两。宝石二斗，金甲二，金钩三千，玉带四千一百六十二束……"可见其贪赃纳贿之巨。那时凡入觐、出使诸官都必须厚献礼金于瑾，不能以故事入贿者瑾皆举发致罪。

从帝王这一头讲，少年为帝，也难免做出各种荒唐事来。武宗的豹房，无非是在皇城内仿照民间搞集市，然后自己在那里寻欢作乐，而且想方设法到各地去胡闹。正德六七年间调边兵，镇压畿内民变，民变平定以后，武宗留大同、宣府兵于京营，边兵中有名江彬者，宣府人，因作战勇敢受武宗青睐，因而谈兵帝前，于是出入豹房，与帝同卧起：

> 因数言宣府乐工多美妇人，且可观边衅，瞬息驰千里，何郁郁居大内，为廷臣所制。帝然之。十二年八月，急装微服出幸昌平，至居庸关，为御史张钦所遮，乃还。数日，复夜出。……因度居庸，幸宣府。彬为建镇国府第，悉辇豹房

珍玩、女御实其中。彬从帝，数夜入人家，索妇女。帝大乐之，忘归，称曰家里。未几，幸阳和。迤北五万骑入寇，诸将王勋等力战。至应州，寇引去。斩首十六级，官军死数百人，以捷闻京师。帝自称威武大将军朱寿，又自称镇国公，所驻跸称军门。（《明史·江彬传》）

他这样东西游幸，到了正德十四年，江西宁王宸濠叛乱，武宗又要亲征，事实上宸濠的叛乱已被王守仁平定，宸濠被俘。武宗要王守仁把宸濠释放在鄱阳湖中，然后由武宗自己来抓他。王守仁把宸濠解至南昌，车驾发京师南下，经扬州、苏州，到南京，到处游山玩水。王守仁上疏称："奉威武大将军方略，讨平叛乱。""于是帝以为捷，命设广场，戎服树大纛，环以诸军，释所俘宸濠等，去桎梏，伐鼓鸣金而擒之。然后复置械受俘，诏班师。"（《御定资治通鉴纲目三编》卷十九）时已正德十五年（1520年）八月初八，距守仁俘宸濠一年。回到京师，一路上耀武扬威。次年三月，武宗便崩于豹房。

朱厚照做了十六年皇帝，没有做一件正经事，荒于女色，连儿子也没有一个。京剧有一个传统剧目《游龙戏凤》，讲的便是正德微服下江南，调戏民间妇女的故事。明武宗昏狂无道，尽管社会上民变纷起，边事不断，藩王叛乱不断，但整个国家机器还能继续运转，说明王朝的元气尚未完全亏损。尽管出了那么一个不肖子孙，但还能借助于士大夫之手把政局稳定下来；帝王个人的行为对大局更迭的影响还是有限,这个国家机构还有自我维持稳定的机能。这个问题在武宗身上是如此。此前在宪宗身上,此后在世宗、神宗的身上也是如此,这些帝王都有许多荒诞不经之事,而且各有不同的特色,都对时局的发展有影响,但王朝的倾覆则有待于矛盾积叠的程度,到自身再也无法周转时,那就进入危局而无法改变其崩塌的命运了。朱元璋的子孙,不可能如他所要求的那样"无优伶近狎之失,无酣歌夜饮之欢",更不可能如他那样"晚眠早起,劳心焦思,唯忧天下之难治",一门心思放在治国上。如武宗那样则完全是反其道而行之,他是把国家管理当作儿戏一样来耍了。

八、选师容易选伴难

武宗的行为与他在东宫的生活息息相关，培养一个未来的皇帝，从娃娃抓起，实在也不简单，选两个好的老师还好办，要选好的伴当那就很难了。《皇明祖训》是朱元璋为其身后准备的，为了子子孙孙能传承大明江山。朱元璋有二十六个儿子，看一下朱元璋对儿孙的培养和教育，并与明武宗在东宫受教育的过程作一对比，还是有意义的。首先他是亲自抓，并以自己做榜样。吴元年十一月，在集庆，他去圜丘祭天地时，便带了世子朱标一起去，那时朱标只有十三岁。《明史纪事本末·开国规模》称：

> 汝知农之劳乎？夫农身不离畎亩，手不释耒耜，终岁勤动，不得休息，其所居不过茅茨草户，所服不过练裳布衣，所饮食不过菜羹粝饭，而国家给费皆其所出，故令汝知之。凡居处食用，必念农之劳，取之有制，用之有节，使之不苦于饥寒。若复加之横敛，则民不堪命矣！

这是告诉儿孙辈，要懂得民间的疾苦。朱元璋不仅给孩子说教，而且是以身作则给子弟做榜样。《明史·詹同传》称："帝尝与侍臣言声色之害甚于鸩毒，创业之君为子孙所承式，尤不可不谨。"朱元璋为了防止自己的儿孙们骄奢淫逸，所以要从小抓起。

朱元璋的二十六个儿子，靠他一个人当然教育不过来，所以他在宫内为太子与诸王办班，而且要挑选一些优秀的国子生做伴读。《明史·兴宗孝康皇帝传》讲到洪武元年，"命选国子生国琦、王璞、张杰等十余人，侍太子读书禁中。琦等入对谨身殿，仪状明秀，应对详雅。帝喜，因谓殿中侍御史郭渊友等曰：'诸生于文艺习矣，然与太子处，当端其心术，不流浮靡，庶储德亦获裨助。'"那年朱标十七岁，诸王年龄更小，读书当然要伴。这个年龄段的孩子，伙伴的选择很重要，近朱者赤，近墨者黑。朱元璋尽管日理万机，但对自己那一群儿子的同学还要亲自挑选，没有放任不管。明成祖以后，则只从小太监里选一些年龄相仿的为皇子伙伴，那一群少年在一块儿，如果没有管束的话，一旦学坏了就很难改变。这个问题在历史上是有教训的，唐太宗李世民始立李承乾为太子，便因为伙伴不好，而父子闹翻。李承乾八岁时被立为太子，史称："及长，好声色，慢游无度，然惧太宗知之，不敢见其迹。""有太常乐人年十余岁，美姿容，善歌舞，承乾特加宠幸，号曰称心。太宗知而大怒，收称心杀之，坐称心死者又数人。承乾意（魏王）泰告讦其事，怨心逾甚。痛悼称心不已，于宫中构室，立其形像，列偶人车马于前，令宫人朝暮奠祭。承乾数至其处，徘徊流涕。仍于宫中起冢而葬之，并赠官树碑，以申哀悼。"（《旧唐书·恒山王承乾传》)从这个案例,可见孩子将成年时,玩伴很重要。李世民如此严厉地处置李承乾心爱的玩伴,在太子心中自然引起逆反心理,仍然沿着"好声色,慢游无度"的轨迹滑下去。"常命户奴数十百人专习伎乐,学胡人椎髻,剪彩为舞衣,寻橦跳剑,昼夜不绝,鼓角之声,日闻于外。"(《旧唐书·恒山王承乾传》)李承乾最终为唐太宗李世民所废。朱元璋亲自细心为儿子挑选伴读的同龄人,用心良苦。此外,还需为他们创造良好的环境,挑选优秀的教师。故《明史·兴宗孝康皇帝传》还讲到朱元璋"建大本堂,取古今图籍充其中,征四方名儒教太子诸王,分番夜直,选才俊之士充伴读。帝时时赐宴赋诗,商榷古今,评论文字无虚日"。要有图书资料,还要有一个良好的氛围,朱元璋亲自去诱导他们赋诗作文,议论古今,造成一个人人向上的氛围。孟母三迁的故事,就是为孩子寻找好的成长环境,让孩子有好的同伴。

在辅教太子和诸王的问题上,朱元璋还把慎选师傅放在重要的地位。如太子朱标的师傅宋濂在元代便已是翰林编修了,《明史·宋濂传》称洪武初,帝"征召四方儒士张唯等数十人,择其年少俊异者,皆擢编修,令入禁中文华堂肄业,命濂为之师。濂傅太子先后十余年,凡一言动,皆以礼法讽劝,使归于道"。除了宋濂以外,还有詹同,他是陈友谅的翰林学士承旨,朱元璋攻下武昌以后,便召他为博士,"时功臣子弟教习内府,诸博士治一经,不尽通贯。同学识淹博,讲《易》《春秋》最善"(《明史·詹同传》）。当时，教学的内容主要是儒家的经典。此外，朱元璋还为诸王分别请老师个别辅教。如陶凯，洪武初参加修《元史》，后来"教习大本堂，授楚王经"（《明史·陶凯传》）。楚王，名桢，是朱元璋第六个儿子。如桂彦良，当时曾一起与宋濂在大本堂讲课，《明史·桂彦良传》："时选国子生蒋学等为给事中，举人张唯等为编修，肄业文华堂。命彦良及宋濂、孔克表为之师。""迁晋王府右傅。帝亲为文赐之。彦良入谢。帝曰：'江南大儒，唯卿一人。'"朱元璋既为晋王请辅导他的教师，而且非常尊敬他，称之为江南大儒，这样为师者才能悉心教辅晋王。故史称明初"特重师傅"，"诸王傅亦慎其选"（《明史·桂彦良传》）。有了好的老师，还得允许老师对自己的子弟进行严格的管教。有李希颜者，为诸王师，"规范严峻。诸王有不率教者，或击其额。帝抚而怒。高皇后曰：'乌有以圣人之道训吾子，顾怒之耶？'太祖意解，授左春坊右赞善"（《明史·李希颜传》）。击一下他儿子的额头，朱元璋当然会心痛发怒，但最终还是理解，而且让老师升了官。在这个问题上，朱元璋还是开明的。

《三字经》中有"养不教，父之过"，朱元璋作为父亲在教育子女这一点上还是负责的，他能以身作则，为子弟做榜样。并且亲自参加对自己儿子的教育，亲自为儿子们物色同伴，为儿子选择好的老师，允许和鼓励老师规范而严峻地教育自己的子弟。

朱元璋不仅对自己子弟的教育严格要求，对功臣宿将子弟的教育也从严要求。有名宋讷者，元顺帝时的进士，任国子监祭酒，史称："时功臣子弟皆就学，及岁贡士尝数千人。讷为严立学规，终日端坐讲解无虚晷，夜恒止学舍。（洪武）十八年复开进士科，取士四百七十有奇，由太学者三之二。再策士，亦如之。帝大悦。"（《明史·宋讷传》）《三字经》讲过"教不严，师之惰"，对学生严格要求是教师最基本的职责。明初有李叔正者，在太学任国子学正，史称："帝方锐意文治，于国学人材尤加意。然诸生多贵胄，不率教，叔正严立规条，且夕端坐，督课无倦色。朝论贤之。"（《明史·李叔正传》）

从《明史》的记载看，当时朱元璋请的那些老师也确实尽心尽责。有一个叫刘崧的，洪武十四年，"崧为（国子）司业。赐鞍马，令朝夕见，见辄燕语移时。未旬日卒。疾作，犹强坐训诸生。及革，（李）敬问所欲言。曰：'天子遣崧教国子，将责以成功，而遽死乎！'无一语及家事。帝命有司治殡殓，亲为文祭之"（《明史·刘崧传》）。从这个案例，可见朱元璋确实尊师重教，一个穷教书先生，能够与皇帝朝夕相见，而且见面能"燕语移时"，他们之间谈论的议题，当然离不开朱家子弟的学习和品德状况，由此也说明朱元璋在教师面前没有一丝一毫做皇帝的架子。这刘崧也确实是一个尽心尽责的教师，并且他还是一个安贫乐道的人，史称其"天性廉慎。兄弟三人共居一茅屋，有田五十亩。及贵，无所增益。十年一布被，鼠伤，始易之，仍葺以衣其子。居官未尝以家累自随"

(《明史·刘崧传》)。这样一个既悉心于教育又安于贫困的老师，也实在是不易。比我们如今在大学教席上弄虚作假、追名逐利，以炫富来自我标榜，并且以老板自居剥削自己学生的个别教授和博导们，在品格上要远远高出一筹了吧！学校里还是要讲"一箪食，一瓢饮，在陋巷，人不堪其忧，回也不改其乐"的精神，可不能信奉西晋时的文学家鲁褒在《钱神论》中讲的金钱万能，把学校办成产业，成为一些人谋利的地方。若师德荡然无存，学校条件再好，也出不了好的人才。

朱元璋不仅注意诸王的早期成人教育，到一定年龄段以后，都放他们出去就藩，经受锻炼。洪武十年让太子尝试处理政事。从次年开始让诸王到封地就藩，次子秦王朱樉在洪武到西安就藩，第三子晋王朱㭎去太原就藩。也在这一年，他命第四子燕王朱棣、第五子周王朱橚、第六子楚王朱桢、第七子齐王朱榑四个人一起到凤阳守祖陵一年，在那里体验先辈的贫困生活，然后分别送到他们的封地去就藩。如宁王朱权是就藩大宁，是在喜峰口外，在边远地区带兵守边。从洪武二十三年起，朱元璋便试着让诸王带兵打仗了，如让晋王朱㭎、燕王朱棣率师征元，由傅友德陪同，让齐王朱榑随燕王出征。这些措施都是让自己成年的儿子接受管理军队、带兵打仗的历练。他不希望儿子只知道在养尊处优中生活，而是让他们在政治军事的实践中培育自己的能力。当然朱元璋能不能达到自己的目的，这样的定向培养成不成功，会产生什么后果，那就是另一回事了，因为这与被培养的子孙自身对未来的选择有关。朱元璋这样用心地培养自己儿子的思考和努力，还是不容易的，而诸王在藩封地的一举一动，他时刻关注着，一有越轨或不妥之事，他都立即介入，加以纠正和批评，而不是放任不管。如洪武三十年，"古州蛮叛，帝命（楚王）桢帅师、湘王柏为副，往征。桢请饷三十万，又不亲莅军。帝诘责之，命城铜鼓卫而还"（《明史·楚王桢传》）。他一丝一毫也不放纵自己儿子胡作非为，这一点还是好的。

朱元璋生前还能管得住自己的儿孙，身后则是想靠《皇明祖训》来管束自己的子子孙孙，那就难了。一个好的品德是在良好的家庭和社会生活环境中逐步形成的，而不是孩子自发就能形成的。一个人的才能除了文化和知识的积叠以外，还是靠坚强的意志和在艰难的环境中不断磨炼而逐渐形成。朱元璋让子孙过上了宫廷生活，也提供了滥用权力的可能，反而把子子孙孙推向堕落的极端。严格地讲，帝王生活并没有什么幸福可言。"福"字的意思是"善也，备也"，《礼记·祭统》："福者，备也。备者，百顺之名也。无所不顺者之谓备，言内尽于己而外顺于道也。"这话有道理，能尽自己之力，顺应自然，顺应社会，造福于人民，才是真正的幸福。现在人们对"福"字的理解还是有片面性，讲幸福指数，究竟什么叫福都还没有弄清楚呢！福，绝不仅仅指人们物质享受的水平。

九、迷信道士追求长生而荒于政事的嘉靖皇帝

武宗在正德十六年（1521年）三月去世，他没有儿子。孝宗只有张皇后生了两个儿子，一个是武宗朱厚照，一个是蔚王朱厚炜，后者三岁就去世了，孝宗这一脉在武宗去世以后便断了香火。朱元璋关于皇位继承问题有祖训："凡朝廷无皇子，必兄终弟及。"问题是武宗没有兄弟了，兄终弟及做不到，所以只能从与武宗血缘关系最近的堂兄弟中去寻找。宪宗生有十个儿子，长子夭折，故孝宗被立为太子，同母弟朱祐杬被封为兴王，在武宗正德十四年初已去世，他的世子朱厚熜即兴王的王位。算下来，与武宗同一辈分年龄最长的就是朱厚熜。武宗去世以后，由慈寿皇太后与大学士定策，立朱厚熜为帝，即世宗，年号嘉靖。即位那年他只有十五岁，在位四十五年，终年六十岁。他是朱元璋以下，在位诸帝中寿命最长的一位，这个嘉靖皇帝最致命的弱点是太迷信鬼神。皇宫里迷信鬼神，在嫔妃中比较普遍，朱元璋在祖训中是禁止嫔妃去庵观寺院烧香的，"违者及领香、送物者，皆处以死"，可见处分之严厉苛刻。这道禁令直到明宪宗初还是执行的，宪宗

即位时,其生母周太后生日,"帝令僧道建斋祭,礼部尚书姚夔帅群臣诣斋所,为太后祈福。给事中张宁等劾之。帝是其言,令自后僧道斋醮,百官不得行香"(《明史·孝肃周太后传》)。宪宗即位时刚十八岁,当时实际上是内阁大学士李贤在当家,故尚能识大体,此后情况就不一样了。在明孝宗时,"帝孝事两宫太后甚谨,而两宫皆好佛、老。先是,清宁宫成,命灌顶国师设坛庆赞,又遣中官赍真武像,建醮武当山,使使诣泰山进神袍,或白昼散灯市上"(《明史·刘健传》)。对帝王行事,朱元璋在明祖训中也有一条规定:"凡动止有占,乃临时之变,必在己精审,术士不欲焉。"(《皇明祖训·谨出入》)占是古代问鬼神以决疑惑的方法,有卜和筮,卜用龟甲,筮用蓍草,即供占卜用的锯齿草。术士是指解释占卜结果的巫师,后来是道士。占卜逐渐演变成寺庙道观中求签。朱元璋在祖训中强调的是不能相信方士们的说法,遇到重大事变时,要自己审时度势作出决断,占卜的结果只能作为参考。唐代李世民准备发动玄武门事变,与建成、元吉拼命时,曾经想占卜问吉凶。《旧唐书·张公谨传》称:

及太宗将讨建成、元吉,遣卜者灼龟占之,公谨自外来见,遽投于地而进曰:"凡卜筮者,将以决嫌疑,定犹豫,今既事在不疑,何卜之有?纵卜之不吉,势不可已。愿大王思之。"太宗深然其言。

朱元璋的祖训也就是这个意思,向鬼神占卜只是一个参考,重大事件的决策只能靠自己来定夺，迷信鬼神实际上是一种缺乏自信的表现。在中国历史上，宗教迷信深入宫廷只能坏事，很少有好结果。当然，方士中也有不少杰出的人才，但那个只是借以行事的外壳，借以取得君王的信任，而不是方术真有什么实效。历史上的方术之士，有名的如北魏的崔浩、成吉思汗身边的长春真人丘处机，那是靠他们的才识，方术只是一种手段。舞台上的诸葛亮穿上八卦衣，装神弄鬼，那是哄人的把戏。然而世宗嘉靖却是一位非常迷信鬼神的皇帝，中国历史上迷信道教的皇帝有不少，北宋的几个皇帝都迷信道教的斋醮。孝宗这个人也是非常迷信道教的，他即位不久，内阁首辅徐溥便上疏："近闻有以斋醮修炼之说进者。宋徽宗崇道教，科仪符箓最盛，卒至乘舆播迁。金石之药，性多酷烈。唐宪宗信柳泌以殒身，其祸可鉴。今龙虎山上清宫、神乐观、祖师殿及内府番经厂皆焚毁无余，彼如有灵，何不自保。天厌其秽，亦已明甚。"（《明史·徐溥传》）可见那时，宫廷内妃嫔与宦官迷信佛道和方士已成气候，嘉靖这个少年皇帝，信奉这些迷信也就很自然了。世宗嘉靖时，信奉龙虎山上清宫的道士邵元节。《明史·邵元节传》称：

> （世宗）好鬼神事，日事斋醮。谏官屡以为言，不纳。嘉靖三年，征元节入京，见于便殿，大加宠信，俾居显灵宫，专司祷祀。雨雪愆期，祷有验，封为清微妙济守静修真凝元衍范志默秉诚致一真人，统辖朝天、显灵、灵济三宫，总领

道教。……先是，以皇嗣未建，数命元节建醮，以夏言为监礼使，文武大臣日再上香。越三年，皇子叠生，帝大喜，数加恩元节，拜礼部尚书，赐一品服。

养儿子要靠斋醮，那不是笑话了吗？邵元节去世以后，明世宗宠信的另一个道士叫陶仲文，嘉靖十八年（1539年），邵元节病，以陶仲文代。嘉靖南巡时，"有旋风绕驾，帝问：'此何祥也？'对曰：'主火。'是夕行宫果火，宫人死者甚众。帝益异之"（《明史·陶仲文传》）。这一年，世宗立其只有四岁的次子载壑为太子，要让太子监国，自己可以专事静摄。这又是一件荒唐事，四岁的孩子怎能监国处理国家大事呢？当时有太仆卿杨最上疏谏世宗，被世宗下令杖死，从此朝廷大臣皆以青词争献谄媚，以讨取世宗的欢心：

> 帝有疾，既而瘳，喜仲文祈祷功，特授少保、礼部尚书。……帝自二十年遭宫婢变，移居西内，日求长生，郊庙不亲，朝讲尽废，君臣不相接，独仲文得时见；见辄赐坐，称之为师而不名。心知臣下必议己，每下诏旨多愤疾之辞，廷臣莫知所指。……帝益求长生，日夜祷祠，简文武大臣及词臣入直西苑，供奉青词。……仲文得宠二十年，位极人臣。然小心慎密，不敢恣肆。三十九年卒，年八十余。（《明史·陶仲文传》）

这里要对《陶仲文传》中记载的几件事略作说明。嘉靖二十一年，世宗遭宫婢变之事，见于《明史·孝烈方皇后传》，其云："初，曹妃有色，帝爱之，册为端妃。是夕，帝宿端妃宫。（宫婢）金英等伺帝熟寝，以组缢帝项，误为死结，得不绝。同事张金莲知事不就，走告（方）后。后驰至，解组，帝苏。"事后，相关的嫔妃和宫婢都被处死。这件事的起因不明，然而这件事对嘉靖身心的影响甚大，遭变而不死，他更迷信道教的斋醮了。从此移居西内，日求长生，上朝与经筵尽废，君臣不相接。依陶仲文之请在宫内筑雷坛太液池西，每天都勤于祷祠神仙了。这一类迷信活动多了，必然在内廷带来大量的营建。邵元节时嘉靖在内廷造风云雷雨坛，这次建的是佑国康民雷坛，史称其务为弘俊，工程峻急。这些工程由工部负责，故工部员外郎刘魁上疏称："顷泰享殿、大高玄殿诸工尚未告竣。内帑所积几何？岁入几何？一役之费动至亿万。土木衣文绣，匠作班朱紫，道流所居拟于宫禁。国用已耗，民力已竭，而复为此不经无益之事，非所以示天下后世。"（《明史·刘魁传》）这就直接批评嘉靖本人了，他被廷杖，关在诏狱。从这里可以看到，迷信活动在宫廷泛滥，给国家经济带来的结果是财政上入不敷出。

十、嘉靖的斋醮与阁臣之间的钩心斗角

在斋醮活动中，有上奏天帝的表文，叫作青词。每次祭祷活动，他下诏要词臣起草青词，臣下看到这些诏书，很难摸透嘉靖的心思。谁的青词符合嘉靖的心意，谁便能得到嘉靖的重用。嘉靖时的内阁大臣都靠青词以取宠，夏言、严嵩、徐阶都是如此。

夏言这个人，史传称其"性警敏，善属文"（《明史·夏言传》）。他便是靠那些青词来取得嘉靖欢心的，嘉靖祭地祇时，他便有《法驾导引曲（纪上祀方泽三首）》：

六龙驾，六龙驾，晚出凤凰楼。

辇路无尘甘雨霁，海波不动卿云流。天子祀方丘。

方丘上，方丘上，午夜御香浮。

列宿光依龙衮静，明蟾影逐翠华流。爽气似高秋。

朝泰新，朝泰新，玉辂自天临。

五岳百灵齐献瑞，川侯海伯尽输琛。后土鉴皇心。

嘉靖时，最受宠信的是严嵩。嘉靖十八年，他是靠上《庆云赋》和《大礼告成颂》受世宗赏识的。严嵩从嘉靖二十一年入值

文渊阁,到四十一年(1562年)失宠,前后在内阁持权达二十年,他拜内阁大学士那一年已经六十出头了。明史传称其"精爽溢发,不异少壮。朝夕直西苑板房,未尝一归洗沐,帝益谓嵩勤","嵩无他才略,惟一意媚上,窃权罔"(《明史·严嵩传》)。这个人起家时"倚(夏)言,事之谨,尝置酒邀言,躬诣其第,言辞不见。嵩布席,展所具启,跽读。言谓嵩实下己,不疑也"(《明史·严嵩传》)。一旦能直接受到嘉靖青睐时,他就千方百计排挤打击夏言,最终置其于死地。严嵩所以自嘉靖二十年(1541年)以后能独揽内阁大权,也由于嘉靖自宫婢之变以后移居西苑万寿宫,不入大内,大臣难以谒见,唯严嵩独存顾问,"御札一日或数下,虽同列不获闻,以故嵩得逞志"(《明史·严嵩传》)。因而士大夫皆附严嵩,而严嵩亦遍引私人入居要地。

举行斋醮道场时献给上天诸神的奏章或表文为什么叫青词?是因用朱笔写于青藤纸上。这一类道场祭祀在宋代宫廷中已流行,故宋人文集中常有这一类青词。青词要看道场祈求的对象和内容,不能文不对题。姑以宋人苏轼的青词为例,如《集禧观开启祈雨道场青词》,是请求龙王赐雨水。其云:

> 洞渊龙王,水府圣众。饥馑之患,民流者期年;吁嗟之求,词穷于是日。乃眷阴灵之宅,实为云雨之司。涵濡之功,俄顷而办。罔吝天泽,以答民瞻。

做了道场以后,获雨,便有谢雨的道场。若《集禧观洪福殿等处罢散谢雨道场青词》，其云：

德有愧于动天，敢辞屡请；道无私而应物，岂间微诚。

霈一雨以咸周，起三农于既病。仰承灵贶，莫报深仁。

这两首青词反映的道场，有明确的对象，第一首青词是给洞渊龙王上的奏章，第二首是给天神写的表文，是为了谢雨。文字虽简短，但情文俱佳。所以在那个时代写青词也成了一门学问，因为斋醮道场的缘由不同，青词一定要切题。嘉靖在宫内道场不断，每次道场的祈求各有不同，而嘉靖的圣旨说得含糊，要写好青词实在是一个难题。再说道场的整个过程，还有迎神、献香、奠玉帛、献茶、初献、亚献、三献、献枣汤、撤献、送神，都要念念有词，这个词也要由专人来撰写，然后由道士念词，且有音乐配奏，还有舞蹈动作。这一套仪式现在有时在道观的道场中可以见到。在宫廷举行道场，这些过程的仪式，都要有相应的青词。嘉靖要大学士们撰写，看谁写的中意就重用谁，在夏言的《桂洲先生文集》中，我们还能看到一二。由于嘉靖沉湎于此，大学士们写的青词就关系到他们的仕途。夏言、严嵩、徐阶都是以写青词得宠于嘉靖，而严嵩的失宠亦由于他晚年起草的青词不中嘉靖之心意。如果是为皇上圣诞举行的道场，同样有八个环节，祝香、献玉帛、献茶、初献、亚献、终献、献枣汤、撤献，要由皇帝自己来念念有词，嘉靖对这个青词和祝文的要求便更高了，且这些祝文都必须是四六骈文。夏言的文集中便有《圣节躬祝文》，每一次道场要八篇祝文，每篇祝文长达二百余字，这就更不好对付。嘉靖时那些大学士们为了赢得嘉靖皇帝的宠信，便要在内廷斋醮道场的青词和祝文上下一番功夫。严嵩老了，近八十岁了，文思没有那么敏捷，儿子又不在身边，请人代作，故《明史·严嵩传》称其"所进青词，又多假手他人，不能工，经此积失帝欢"。最终使嘉靖弃严嵩的还是宫廷中的道士，有一个名叫蓝道行的道士，以扶乩术得幸。扶，是一个木架子，丁字形，放在沙盘上，由两个人各执一端，依法请神；乩，是拟问之疑，由方士作法请神，木架下垂部分在沙盘上左右摆动，画成文字，作为神的启示。方士随之唱和，画出的文字为降乩，以示吉凶。农村于阴历正月十五，还有这种习俗。这本来是一种迷信活动，但嘉靖深信不疑。《明史·蓝道行传》载其事云：

> 蓝道行以扶鸾（乩）术得幸，有所问，辄密封遣中官诣坛焚之，所答多不如旨。帝谂中官秽亵，中官惧，交通道行，启视而后焚，答始称旨。帝大喜，问："今天下何以不治？"道行故恶严嵩，假乩仙言嵩奸罪。帝问："果尔，上仙何不殛之？"答曰："留待皇帝自殛。"帝心动，会御史邹应龙劾嵩疏上，帝即放嵩还。

严嵩跌倒的起点是在蓝道行扶乩上，这是严嵩万万没有想到的。真正使严嵩败落的，是他的儿子严世蕃这个官二代过于横行不法。严嵩年事已高，"朝事一委世蕃，九卿以下浃日不得见，或停至暮而遣之。士大夫侧目屏息，不肖者奔走其门，筐篚相望于道。

世蕃熟谙中外官饶瘠险易,责贿多寡,毫发不能匿。其治第京师,连三四坊,堰水为塘数十亩,罗珍禽奇树其中,日拥宾客纵倡乐,虽大僚或父执,虐之酒,不困不已"(《明史·严嵩传》)。

他是被邹应龙弹劾而戍雷州,未至戍地而归,益大治园亭,于是御史林润又再弹劾,还是徐阶出了点子,劾其:"江洋巨盗多入逃军罗龙文、严世蕃家。龙文居深山,乘轩衣蟒,有负险不臣之志。世蕃得罪后,与龙文日诽谤时政。其治第役众四千,道路皆言两人通倭,变且不测。"(《明史·严嵩传》)于是下诏逮捕论斩,这对严嵩而言是致命一击。过了两年严嵩老病,寄食墓舍以死。

嘉靖时期在内阁执政的先后有杨廷和、张璁、方献、夏言、严嵩与徐阶,阁臣之间钩心斗角,在手段上无所不用其极。夏言是被严嵩害死的,而严嵩实际上是被徐阶扳倒的。他们都与嘉靖宠信的方士相勾结,利用术士来扳倒自己的政敌。嘉靖有二十年不与朝臣见面,荒于政事,日日求长生之药,晚年益甚,命御史分行天下,访求方士及符箓秘书。世宗朝,奏章有前朝与后朝之分。前朝所奏者,诸司章奏也;其他方士杂流有所陈请,则从后朝入,前朝官不得与闻。有方士名王金者,"思所以动帝,乃与(申)世文及陶世恩、陶仿、刘文彬、高守中伪造《诸品仙方》《养老新书》《七元天禽护国兵策》,与所制金石药并进。其方诡秘不可辨,性燥,非服食所宜。帝御之,稍稍火发不能愈。……

未几,帝大渐"(《明史·王金传》)。嘉靖四十五年(1566年)十二月十四日自西苑还乾清宫,是日崩。

嘉靖皇帝日日求长生,迷信方术丹药,求仙而身日病,最终还是死在自己迷信的丹药上。记得我老师陈守实曾有一定论,在中国历代王朝,只要宗教迷信进入宫廷,帝王沉迷于宗教迷信,那么必然引起各种事变,小则引起宫廷内部混乱,大则引起社会的动乱。君王自身迷信的结果,往往把自己性命也给搭上。嘉靖死了以后,在遗诏中有这么一段话:

> 宗庙四十五年。深惟享国久长,累朝未有。……一念惓惓,本惟敬天勤民是务,只缘多病,过求长生,遂致奸人乘机诓惑。……补过无由,每思惟增愧恨。……自即位至今,建言得罪诸臣,存者召用,殁者恤录,见监者即先释放复职。方士人等,查照情罪,各正刑章,斋醮工作采买等项不经劳民之事,悉皆停止。(《明世宗实录·嘉靖四十五年十二月》)

这个遗诏不是嘉靖自己讲的,是徐阶与张居正二人代他起草的。这段话说得还算平允公正。于是王金等五人并论死系狱。

从嘉靖佞于方士道术的经历及其结局,回过头来看朱元璋祖训讲的"凡动止有占,乃临时之变,必在己精审,术士不预焉",还是有道理的。王者在重大问题决策之前,只能靠自己审时度势,才有可能作出比较正确的判断。装神弄鬼的东西只能糊弄他人和给自己壮胆而已,迷于其中,最终是害人害己。特别是丹术,这是古人的原始化学，与中医验方不同，中医是经验的积累，方术则是糊弄人骗钱的玩意儿。有了现代科学和医学，应该告别这套东西了。

十一、明宪宗对万贵妃"恣宠专幸"的问题

朱元璋的祖训中规定帝王对"妃嫔无恣宠之专幸"。如果君王恣宠专幸某一妃嫔，宫廷妃嫔之间必然会因争宠而引起各种矛盾，同时被恣宠专幸的妃嫔可以挟其地位干预朝政，同时还有可能导致外戚的专权，在立太子的问题上更会引起纠葛。然而朱元璋的皇子皇孙能做到这一条吗？很难。恣宠专幸某种意义上，也是一个人的本性，他喜欢哪一个女人，这是情感上的问题，是非理性的，没有什么道理好讲，有时也很难改变。朱元璋还有一个考虑，不恣宠专幸，可以多生几个儿子。朱元璋有二十六个儿子，马皇后为他生了五个儿子，其他儿子是另外十五个妃嫔为他生的。故明代皇太子在东宫时，皇帝就给他配很多女人。英宗时，宪宗被立为皇太子，到了十二三岁，去东宫生活了，"英宗为择配，得十二人"（《明史·孝贞王皇后传》）。让宪宗从中选了三人，吴氏、王氏、柏氏，而在东宫侍候宪宗的远不止这三人。那时真不把女人当人，只是当作生育的机器。朱元璋身后诸帝有关妃嫔恣宠专幸这个问题，我们有两个典型案例，一个是宪宗专宠万贵

妃，另一个是神宗专宠郑贵妃。

宪宗专宠的万贵妃，《明史》称其为诸城人，四岁选入掖庭，为孙太后（明宣宗孙皇后）身边的宫女。孙皇后自己没有生子，取宣宗与宫女所生之子为己子，即后来的英宗，英宗有子，即宪宗。孙皇后派万贵妃去照顾自己的孙子，万贵妃比宪宗大十七岁（宪宗即位以后，万贵妃已三十五岁了），看来男女之事，是万贵妃教会宪宗的，史传称其"机警，善迎帝王"（《明史·万贵妃传》）。天顺八年，宪宗即帝位时立的皇后是吴氏，然而宪宗在东宫时，万贵妃已擅宠，皇后因万贵妃有过杖之。"帝怒，下诏曰：'先帝为朕简求贤淑，已定王氏，育于别宫待期。太监牛玉辄以选退吴氏于太后前复选。册立礼成之后，朕见举动轻佻，礼度率略，德不称位，因察其实，始知非预立者。用是不得已，请命太后，废吴氏别宫。'"（《明史·宪宗吴废后传》）明代为太子选妃的时候，是太子在若干妃子中挑选数人。宪宗选的是王氏，而太监居然以吴氏调包，宪宗以这个理由把吴氏废了，立王氏为皇后。万贵妃是宣宗身边的宫婢，是被派去照顾宪宗生活的宫人，结果成了宪宗专宠的贵妃了。最早给宪宗择配的三人都没有生子，而万氏在成化二年便生下一子，因此而封为贵妃，但这个皇子没有成活，第二个儿子也是夭折的。孝宗是宪宗的第三个儿子，是纪氏所生。《明史·后妃传》中有关于纪氏的内容，其云：

贺县人。本蛮土官女。成化中征蛮，俘入掖庭，授女史，警敏通文字，命守内藏。时万贵妃专宠而妒，后宫有娠者皆治使堕。柏贤妃生悼恭太子，亦为所害。帝偶行内藏，应对称旨，悦，幸之，遂有身。万贵妃知而恚甚，令婢钩治之。婢谬报曰病痞。乃谪居安乐堂。久之，生孝宗，使门监张敏溺焉。敏惊曰："上未有子，奈何弃之。"稍哺粉饵饴蜜，藏之他室，贵妃日伺无所得。至五六岁，未敢剪胎发。时吴后废居西内，近安乐堂，密知其事，往来哺养，帝不知也。

　　·············

成化十一年（1475年），帝召张敏栉发，照镜叹曰："老将至而无子。"敏伏地曰："死罪，万岁已有子也。"帝愕然，问安在。对曰："奴言即死，万岁当为皇子主。"于是太监怀恩顿首曰："敏言是。皇子潜养西内，今已六岁矣，匿不敢闻。"帝大喜，即日幸西内，遣使往迎皇子。使至，妃抱皇子泣曰："儿去，吾不得生。儿见黄袍有须者，即儿父也。"衣以小绯袍，乘小舆，拥至阶下，发披地，走投帝怀。帝置之膝，抚视久之，悲喜泣下曰："我子也，类我。"使怀恩赴内阁具道其故，群臣皆大喜。明日，入贺，颁诏天下。移妃居永寿宫，数召见。万贵妃日夜怨泣曰："群小绐我。"其年六月，妃暴薨。或曰贵妃致之死，或曰自缢也。谥恭恪庄僖淑妃。敏惧，亦吞金死。

　　·············

孝宗既立为皇太子，时孝肃皇太后居仁寿宫，语帝曰："以儿付我。"太子遂居仁寿。一日，贵妃召太子食，孝肃谓太子曰："儿去，无食也。"太子至，贵妃赐食，曰："已饱。"进羹，曰："疑有毒。"贵妃大恚曰："是儿数岁即如是，他日鱼肉我矣。"因恚而成疾。

这里的怀恩，便是宪宗时掌司礼监的宦官，他是自小因罪人家属被宫为小黄门的。《明史·怀恩传》称其"性忠鲠无所挠"，"宪宗末，惑万贵妃言，欲易太子，恩固争。帝不怿，斥居凤阳。孝宗立，召归，仍掌司礼监"。这是专宠在宫廷内部引起妃嫔之间互斗的悲剧。宪宗专宠万贵妃的结果不仅影响后宫，也影响朝廷的政治生活。《明史·万贵妃传》讲道：

佞幸钱能、覃勤、汪直、梁芳、韦兴辈皆假贡献，苛敛民财，倾竭府库，以结贵妃欢。奇技淫巧，祷祠宫观，糜费无算。

这些佞幸都是宦官，如汪直，初给事万贵妃于昭德宫，迁御马监太监，后来设西厂，以汪直领之，权焰出东厂上。这个人做了不少坏事，内阁大学士商辂等奏其恶行，宪宗不得已罢西厂。梁芳，亦是宪宗朝的宦官，《明史·梁芳传》称：

梁芳者，宪宗朝内侍也。贪黩谀佞，与韦兴比。而谄万贵妃，日进美珠珍宝悦妃意。其党钱能、韦眷、王敬等，争假采办名，出监大镇。帝以妃故，不问也。……久之，帝视内帑，见累朝金七窖俱尽，谓芳及韦兴曰："糜费帑藏，实由汝二人。"兴不敢对。芳曰："建显灵宫及诸祠庙，为陛下祈万年福耳。"帝不怿曰："吾不汝瑕，后之人将与汝计矣。"芳大惧，遂说贵妃劝帝废太子。

宪宗专宠万贵妃的结果，不仅宫廷妃嫔不和，而且造成宦官败坏朝政。成化二十三年（1487年）春，宪宗病重，万贵妃以暴疾终。《明史·宪宗纪》的赞语最后一句话说："妇寺之祸固可畏哉。"其实问题不在万贵妃与汪直、梁芳等寺人，而在于宪宗的专宠为他们作威作福提供了客观条件。

十二、关于周期率问题的题外话

记得黄炎培与毛泽东在延安谈话的时候,黄炎培曾经向毛泽东提出过一个周期率的问题。他是1945年访问延安与毛泽东谈话时候提出这个问题的,他说:

> 我生六十多年,耳闻的不说,所亲眼见到的,真所谓"其兴也浡焉,其亡也忽焉",一人,一家,一团体,一地方,乃至一国,不少单位都没有能跳出这周期率的支配力。大凡初时聚精会神,没有一事不用心,没有一人不卖力,也许那时艰难困苦,只有从万死中觅取一生。既而环境渐渐好转了,精神也就渐渐放下了。有的因为历时长久,自然地惰性发作,由少数演为多数,到风气养成,虽有大力,无法扭转,并且无法补救。也有为了区域一步步扩大了,它的扩大,有的出于自然发展,有的为功业欲所驱使,强求发展,到干部人才渐见竭蹶、艰于应付的时候,环境倒越加复杂起来了,控制力不免趋于薄弱了。一部历史,"政息宦成"的也有,"人亡政息"的也有,"求荣取辱"的也有。总之没有能跳出这

周期率。中共诸君从过去到现在，我略略了解了的，就是希望找出一条新路，跳出这周期率的支配。

毛泽东回答说：

> 我们已经找到新路，我们能跳出这周期率。这条新路，就是民主。只有让人民来监督政府，政府才不敢松懈。只有人人起来负责，才不会人亡政息。

黄炎培讲的这个周期率是就中国历史上的事而言，其实这个概念则是从西方搬过来的。马克思主义早就讲过，西方资本主义市场经济有周期性危机的问题，这个危机是由于生产过剩引起的，总供给大于总需求，有效需求不足。中国古代社会的危机与此不同，王朝对生产者的掠夺，即需方用掠夺的方式使简单再生产也无法维持，因而发生危机，最终是那个庞大的王朝崩溃，社会生活重建，如此一个王朝一个王朝反复重建。其实这些现象都属于社会生活中的周期率问题。后来又有人提出长周期与短周期的问题，根据凯恩斯学说提出了宏观调控的问题，解决社会的有效需求。但政府的干预并不能从根本上解决资本主义的周期性危机，只是延长或者缩短危机的时间。当初，苏联和我们搞计划经济，也是为了不受西方周期性危机的影响。事实上也不行，从长波段看消费行为也有周期性的特点，消费品和生产设备的更新也是有周期性的。那么多家用电器及汽车的使用和更新便有周期性，人对社会的供需认识也不可能那么准确。从较长历史时期分析经济的发展,于是又有经济发展长波段的考察,也有人用这个方法分析新中国成立以来中国经济波浪形的变化。西方资本主义经济迄今尚未跳出周期率的影响,1997年亚洲金融危机与2007年发源于美国的次贷危机,都说明新古典自由主义经济学的破产,市场这只手不是万能的,个人主义还是许多罪恶的源头。前几年金融危机还不是起源于那些金融大鳄们在金融创新的骗局下吹起的金融泡沫?

1929年,世界性周期危机的爆发,它的调整和恢复经历了胡佛和罗斯福新政,前后历时十年,其实体经济尚未完全恢复到1929年以前的状况。我们的经济发展也带有周期性,上升周期从2000年到2007年,前后八年时间,接下来调整的周期也比较长,从2008年到2012年是下行阶段。这四年打了一点强心针,如四万亿投资,但它也带来了通货膨胀的难题,与此同时实体经济的恢复和发展还需要一段时间。以我们亲历的历史看,周期性的波动很难避免,我们能做的是削峰填谷,但不可能消除经济的周期波动。所以不是如何打破经济规律的问题,而是如何正确地认识周期波动的内外因,从而平稳度过调整期,为新的上升期创造条件。这个问题,在经济上是如此,在政治上也是如此。在国际上是如此,20世纪我们经历过两次世界大战,由政治危机引发世界大战;在国内也是如此,从辛亥革命到现在,这一百多年间我们经历过多少次动荡呀!毛泽东也讲过:"从天下大乱,达到天下大治,过七八年又来一次。"实际上社会危机无论政治还是经济,总多少带有一点周期性。毛泽东回答黄炎培说的我们跳出这条周期率的新路,是对我们这个政党而言,他所指的民主,不是资产阶级的议会制度,而是指无产阶级大民主。所以不是否认周期率的存在,而是主动掌握它的规律,在危机出现前调整政策,整顿队伍,度过危机。

中国在历史上是农耕经济,与工业化、信息化下的快节拍不同,它是慢节拍,所以危机的周期要长一些。一次王朝的崩溃与重建实际上是一次经历危机的过程,王朝更迭短的百余年,长的二百多年。在这个长波段中间也有小波段。政治经济的发展与衰退也有起伏的时候,这就是小波段。在中国,这个小波段的调整往往与皇位的更迭联系在一起,但也要看继位者的状态。西方这个小波段的调整,往往与总统或内阁的换届联系在一起。问题积叠多了,或者通过议会倒阁,或者换届时总统换马,总统对现实问题处理得好的可以连任,一般不能超过三届。中国古代则要看皇帝的寿命了,因为是世袭制下的终身制,是慢节拍的运动。这一类调整,亦往往因人而异。看来社会进步是一个总趋势,周期率这个现象恐怕不仅是社会进步过程中难以避免的现象,实际上也是一种自然现象,是自然与社会演化中一个共有的现象,有的可以做一点改变,有的恐怕很难改变。我们不能改变波浪的起伏,只能做一点削峰填谷的工作,使波浪平稳一些,减少它对人们生

活的冲击。这个周期性波浪起伏的运动,在中国古代早就有人论述了,《吕氏春秋·圜道》云:

> 日夜一周,圜道也。月躔二十八宿,轸与角属,圜道也。精行四时,一上一下各与遇,圜道也。物动则萌,萌而生,生而长,长而大,大而成,成乃衰,衰乃杀,杀乃藏,圜道也。云气西行,云云然,冬夏不辍;水泉东流,日夜不休,上不竭,下不满,小为大,重为轻,圜道也。

为了便于大家理解,我把它翻译成语体文:

> 白天黑夜循环一周,这是圜道。月亮运行一周天会次二十八宿,从轸宿起始,到角宿结束,轸宿与角宿相接,这也是圜道。精气在四季运行,阴气上升,阳气下降,阴阳不断交会变化,这是圜道。万物生机启动,就会有萌发,萌发而滋生,滋生而成长,成长而壮大,壮大而成熟,成熟而衰败,衰败而肃杀,肃杀而潜藏,这也是圜道。云气自东向西运行,周旋回转,冬夏不止。水泉自西向东奔流,昼夜不息。天上的云气永无穷尽,地下的海洋从不漫溢。细小的水流汇注入海而成其大,湿重的海水蒸发成云雾而化为轻,这也是圜道。

地球上自然的生活,地球自转和围绕太阳的公转,都离不开周期性波动的客观规律,那么人的社会生活在本质上也是一样,同样也不可能完全打破周期性的运动变化。波动的反复是很难避免的,完全打破周期率也许只能是人们永远无法实现的美好理想。

如果能用这样的视角观察中国历史上周期性的王朝更替，在一个大波段中若干个小波段的政治经济措施上的调整，这些调整是否收效、收效的大小、调整时间的长短、调整幅度的大小，那就会客观和自然得多。如古人那种贫富不均，少数人过度消费，多数人消费不足，使简单再生产难以维持，造成总供给与总需求失衡，出现通货膨胀与紧缩的现象，都会让我们今天的人警醒，从而去掌控好经济发展的势头，避免一些不必要的过失，从而延长上升期，缩短衰退期。在经济工作上，这个周期性波动明显一些，在政治上，这个现象就比较复杂了，其中有客观的因素，也有主观认识上的过失，更有各个利益集团之间的矛盾和冲突，还有生态环境变化的影响。但不管怎么复杂，周期性的规律也还在发生作用，这一点应该是确凿无疑的。说这些题外话，只是说明思考这个问题的方法和视角。明代的帝王，总体上讲，是一代不如一代，通过这种观察与分析，希望找出其能够苟延二百七十七年才倒塌的原因。

十三、明代中后期的政治经济危机及其调整

明代中后期在政治经济上有几个曲折，或者叫作曲线。明初，从朱元璋建国到英宗年间，从经济上讲，总的来说，是处于上升期。《明史·宣宗纪》有一段赞语，可以说是对明代建国以后六十年形势的基本总结，其云：

> 仁宗为太子，失爱于成祖。其危而复安，太孙盖有力焉。即位以后，吏称其职，政得其平，纲纪修明，仓庾充羡，闾阎乐业，岁不能灾。盖明兴至是历年六十，民气渐舒，蒸然有治平之象矣。若乃强藩猝起，旋即削平，扫荡边尘，狡寇震慑，帝之英姿睿略，庶几克绳祖武者欤。

在这六十年间，也发生过一些重大的政治事件，如建文时燕王朱棣发动的"靖难之役"，有不少士大夫为之殉难。《明史纪事本末·壬午殉难》有详细的记载。朱棣杀了不少人，如方孝孺被灭十族，这是史无前例的杀戮，再如建文帝没有下落。但这一大案，实际上是一场政治危机，违背了朱元璋的祖训。朱棣用暴力夺取皇位，从明祖训讲是非法的，但毕竟这只是一场宫廷内部

的权力斗争，从全国来讲毕竟是局部性的。在百姓看来，只是阿叔抢了侄子的皇位而已。宣宗的赞语中讲的强藩猝起，这个强藩是汉王朱高煦，他是明仁宗的同母弟，在成祖晚年早有夺嫡的阴谋，只是没有得逞罢了。当时有人在朱棣面前讲在"靖难之役"中汉王有功，宜立。"帝密问（解）缙。缙称：'皇长子仁孝，天下归心。'帝不应。缙又顿首曰：'好圣孙。'谓宣宗也。帝领之。太子遂定。"（《明史·解缙传》）成祖在位时，汉王朱高煦还不敢公开造反，成祖去世，仁宗在位一年便去世了，宣宗即位第一年，朱高煦便起兵作乱。宣宗亲征，很快便打败了汉王。这就是"强藩猝起，旋即削平"的典故。"扫荡边尘"是指对蒙古草原上元朝残余势力的扫荡。这六十年间，总的说来没有大规模的国内战争，也没有大规模的对外征伐。元末群雄逐鹿的战争结束以后，换来了相对稳定的时期，全国的农业经济从恢复到发展，宫廷的奢侈和消费虽已抬头，但还有限。

从英宗起，情况开始发生变化了。英宗是九岁即帝位的，英宗前期在位的十四年，实际上是司礼太监王振掌权。王振这个人不能算太坏，《罪惟录·王振传》讲到英宗在东宫时，王振导之以礼，英宗"雅敬惮之"。《菽园杂记·卷七》："宣德年间，朝廷起取花木鸟兽及诸珍异之好，内官接迹道路，骚扰甚矣。自振秉内政，未尝轻差一人出外，十四年间，军民得以休息。是虽圣君贤相治效所在，而内官之权，振实揽之，不使泛滥四及，天下阴受其惠多矣。"从对内寺的管理上看，他是严格的，但他在对外决策上，失在轻敌，不知道几十年休养生息，军队没有足够的训练，轻易倾军而出，与也先作战。实际上这御驾亲征的五十万大军，连行军的经验也没有，怎能与强敌作战？在行军过程中已疲乏不堪，自行散了架。《明史纪事本末·土木之变》纪其事云：

> 王振并官军五十余万人，至龙虎台驻营。方一鼓，众军讹相惊乱，皆以为不祥。明日，出居庸关，过怀来，至宣府。连日风雨，人情汹汹，声息愈急。……
>
> 八月戊申朔，至大同。振又欲进兵北行，邝埜请回銮，振矫旨令与王佐随老营。埜乘马踥蹀而前，坠地几殆。……是日，驾至土木，日尚未晡，去怀来仅二十里。众欲入保怀来……遂驻土木。旁无水泉，又当敌冲。……人马不饮水已二日，饥渴之甚，掘井深二丈不得水。

结果是全军覆没，英宗被俘，王振死之。这次大败是王振导致的最大的过失，最后是英宗之弟景泰帝出来维持残局，于谦在北京保卫战中立了大功，解了危局。

景泰八年（1457年）时，景泰帝病危，英宗又在石亨、曹吉祥发动的"夺门之变"中复辟皇位。为什么叫"夺门之变"呢？这件事由定清侯石亨与宦官曹吉祥发动，具体是徐有贞策划，由石亨带兵入南宫。当时英宗被软禁在南宫大院，与外界没有联系，石亨用大的圆木把南宫的大门撞开，接英宗到大内乾清宫登位，所以叫"夺门之变"。石亨是京师团营的总兵,相当于北京卫戍司令,这次是他带兵搞兵变,起因是他看到景帝病危,自己兵权在手,拥英宗登位,可以立大功。是日早朝,百官朝景帝,而在帝位的已换成了英宗,英宗向百官宣喻圣旨,朝臣只能承认既成事实。于是下令逮于谦等下狱,不久即杀于谦于市。同时废景帝为郕王,迁西内,景帝亦不明不白死了,连去世的日期也不清楚。结果是石亨与曹吉祥、徐有贞把持权力,他们三人又争权内讧,先逮徐有贞下狱,接着曹、石之间又闹矛盾,石亨因谋反被杀,天顺五年(1461年)曹吉祥亦因反叛伏诛。

"夺门之变"是宫廷内部非常之变,石亨被诛以后,英宗问李贤"夺门"究竟是怎么一回事,李贤有一段话说得非常巧妙,他说:"迎驾则可,'夺门'岂可示后。天位乃陛下固有,夺即非顺。且尔时幸而成功,万一事机先露,亨等不足惜,不审置陛下何地。""帝悟曰:'然。'贤曰:'若郕王果不起,群臣表请陛下复位,安用扰攘为。此辈又安所得邀升赏,招权纳贿安自起。老成者旧依然在职,何至有杀戮降黜之事,致干天象。'"(《明史·李贤传》)

英宗因此下令勿再用"夺门"字,并革借夺门冒功者四千人。天顺后期,实际主政者是李贤。宫廷政治突变的是是非非,澄清需要时日。于谦的平反是在成化初年,于谦之子于冕上疏讼冤,于是差官赐祭。诰曰:

当国家之多难，保社稷以无虞，惟公道之独持，为权奸所并嫉。在先帝已知其枉，而朕心实怜其忠。(《明史·于谦传》)景帝这件事平反，是在成化十一年十二月，制曰：

朕叔郕王践阼，戡难保邦，奠安宗社，殆将八载。弥留之际，奸臣贪功，妄兴逸构，请削帝号。先帝旋知其枉，每用悔恨，以次抵诸奸于法，不幸上宾，未及举正。朕敦念亲亲，用成先志，可仍皇帝之号，其议谥以闻。(《明史·景帝纪》)

又如"靖难之役"，建文帝之少子，被关押了六十年，英宗天顺年间才想到他。《明史·李贤传》载其事云：

惠帝少子幽禁已六十年，英宗怜欲赦之，以问贤。贤顿首曰："此尧、舜用心也，天地祖宗实式凭之。"帝意乃决。

这样一类事变的是是非非，要改也难，或许也只能用下不为例来搪塞一下，不过历史自然会有公论。李贤与英宗那一段对话亦还是有时间条件的，夺门那几个人被处置以后，英宗确实感到再提夺门对自己权力的合法性不利，而且有了这个先例，对王权的稳定不利，所以才想着改口。如果石亨、曹吉祥他们还在位的话，他也难以开口说这个话。《明史·李贤传》有这么一句话："当亨、吉祥用事，贤顾忌不敢尽言。"这也是实话，故明代宫廷政治生活中一些败笔的调整往往只能在政局结构发生变化的时候。明中叶以来，宪宗成化、孝宗弘治、武宗正德、世宗嘉靖、穆宗隆庆、神宗万历，这几次皇位的交替过程，都曾出现新帝登位时或多或少有一些气象更新的状态，但不用多久又会故态复萌，问题逐渐积叠，到新皇帝上台，再作一些调整。在终身制这个背景下，调整的周期往往与帝王执政时间有一定关系。皇帝寿命长一些，往往问题积叠就多一些，要改也难；皇帝寿命短，执政时间短，那么调整的时间就快一些。只要上层人物的矛盾、宫廷消费压力不危及整个王朝的统治，那些问题一般也容易解决一些，尽管不可能彻底，但社会矛盾多少会有一些缓解，整个国家机器的运转还有自我调节、自我稳定的功能。通俗地说，只要老百姓还不是完全生活不下去，那么这个王朝就还能苟安下去。明中后期的皇帝大多数是庸才，稍微好一点的是个别（如孝宗弘治），最荒诞的是武宗正德，而穆宗也是一个昏君，不过时间很短，他并不太过问朝政。由于他们在位的时间短一些，矛盾处理要好办一些。至于嘉靖在位时间长一些，问题的积叠就多一些，各方面的危机也就多一些。执政时间最长的是明神宗万历，尽管前十年有张居正执政，政局和社会经济恢复得好一些，但后面三十八年积叠的矛盾太深，实际上埋下了明亡的祸根。

历史上皇帝长寿不是一件好事，于国于帝都不见得好。中国历史上那么多皇帝，有人统计自汉魏至五代共一百三十六位君王，寿考在七十岁以上的五人，即汉武帝刘彻、吴大帝孙权、梁武帝萧衍、唐高祖李渊、唐玄宗李隆基。这几个皇帝由于在位时间很长，积叠的矛盾比较多,交接班都碰上了难题,所以这五个人晚景都很凄凉。宋人洪迈的结论是"享祚久长,翻以为害"(《容斋随笔·人君寿考》),他写《人君寿考》这篇随笔是为称赞宋高宗早日逊位,得以优游岁月。换一句话说,在终身制下,人老体弱,智力也下降了,很难掌控大局。

明代七十岁以上寿终的君王只有朱元璋一个人,清代寿命最长的是康熙与乾隆两个人,乾隆寿命最长,活到近九十岁,还做了几年太上皇。实际上乾嘉之间是社会矛盾积叠很多的时期,正如曹雪芹在《红楼梦》中所讲:"如今外面的架子虽未甚倒,内囊却也尽上来了。"也即龚自珍所言"将萎之华,惨于槁木",他还讲到那个时代,形式上是盛世,或者称之为治世,本质上已是衰世。他说:"衰世者,文类治世,名类治世,声音笑貌类治世。""宫羽渻而五声可铄也,似治世之希声;道路荒而畔岸隳也,似治世之荡荡便便;人心混混而无口过也,似治世之不议。左无才相,右无才史,阃无才将,庠序无才士。""当彼其世也,而才士与才民出,则百不才督之缚之,以至于戮之。"(《乙丙之际箸议第九》)在那种形势下,如不能主动调整相应的政策措施革除弊政,恢复经济,一旦被迫作调整的话,那么内外的震动也就大了,无论内耗还是外耗,都要付出更大的代价。某种意义上讲,这也是周期率的波动曲线所决定的,它很难以人们的意志为转移。下面我们只举三个案例来说明明代中后期的政治经济调整。

十四、从宪宗到孝宗的短期政治调整

宪宗在位二十三年。前面讲到过宪宗专宠万贵妃的问题,《明史·宪宗纪》的赞语还讲到他:"任用汪直,西厂横恣,盗窃威柄,稔恶弄兵。夫明断如帝而为所蔽惑,久而后觉。"成化十二年(1476年)九月,令太监汪直刺事,明年正月,设西厂,以汪直领之,所领缇骑倍东厂,势远出锦衣卫上,凡西厂逮捕朝臣,不俟奏请,气焰熏灼。《明史·刑法志三》称:"自京师及天下,旁午侦事,虽王府不免。直中废复用,先后凡六年,冤死者相属,势远出卫上。"为什么侦缉部门用事,得帝王宠信,便必然是"冤死者相属"?那是因为他们的邀功思想,靠做案子来升迁,以这样的心态来搞侦缉和审案,必然是冤假错案遍地。这方面的历史教训,永远值得我们吸取。后来汪直之败,还是内侍之间互相矛盾,是掌东厂的尚铭告直泄禁中秘语,汪直才被疏派至大同,宪宗废西厂。结果尚铭专东厂事,"闻京师有富室,辄以事罗织,得重贿乃已。卖官鬻爵,无所不至"(《明史·汪直传》)。在宦官中受宪宗宠幸的还有梁芳,因帝好方术,梁芳荐李孜省以符箓得幸。还有江夏和尚继晓,以秘术邀宠,同时还有西蕃的喇嘛僧入宫,许多番僧被封为西天佛子、国师、禅师等。在宫廷内外锦衣玉食者近千人,给他们金印、玉带、银章,以顶骨为佛珠,以髑髅为法碗。宪宗这个皇帝是非常迷信鬼神的人,这些问题虽然荒诞不经,但尚未影响大局。宪宗去世以后,这些问题便迎刃而解了。孝宗即位,梁芳谪居南京,寻下狱,妖人李孜省伏诛,妖僧继晓发原籍为民,番僧国师悉革职。大学士万安结交万贵妃兄弟,也结纳妖僧继晓、妖人李孜省。孝宗即位后,万安进"密术",署"臣安进",孝宗让怀恩持至阁下,"是大臣所为乎?"(《明史纪事本末·弘治君臣》)安惭汗,不能出一语,万安因此被罢黜。弘治初年,朝廷的政治生活又恢复到比较正常的状态,阁臣如王恕、马文升、刘大夏等人还比较正直。宫廷政治还在继续,宦寺还在,厂卫亦还存在,但帝王不恣惠他们,那么他们还能安分守己一些。《明史·刑法志三》:"弘治元年,员外郎张伦请废东厂。不报。然孝宗仁厚,厂卫无敢横,司厂者罗祥、杨鹏,奉职而已。"

孝宗在位十八年,总的情况比宪宗在位的二十三年要好一些,但问题还是不断出现。孝宗也宠幸过宦官和外戚,如李广,"孝宗时太监也。以符箓祷祀蛊帝,因为奸弊,矫旨授传奉官,如成化间故事,四方争纳贿赂。又擅夺畿内民田,专盐利钜万。起大第,引玉泉山水,前后绕之"。"广劝帝建毓秀亭于万岁山。亭成,幼公主殇,未几,清宁宫灾。日者言广建亭犯岁忌,太皇太后恚曰：'今日李广，明日李广，果然祸及矣。'广惧自杀。"（《明史·李广传》）从李广身上，可以看到宦官营利的几个方面：其一，搞符箓祷祀的迷信活动，这很难在宫廷生活中根除；其次，以授传奉官为名纳取贿赂；其三，抢夺民田，专盐利；其四，在宫廷内搞营建。从太皇太后的话可以看到李广就活跃在孝宗身旁。《明史·王鏊传》云："中贵李广导帝游西苑，鏊讲文王不敢盘于游田，反复规切，帝为动容。讲罢，谓广曰：'讲官指若曹耳。'"这也说明李广当时受孝宗宠信，这是他所以能争纳贿赂、擅作威福的条件。他死了以后，"帝疑广有异书，使使即其家索之，得赂籍以进，多文武大臣名，馈黄白米各千百石。帝惊曰：'广食几何？乃受米如许。'左右曰：'隐语耳，黄者金，白者银也。'"（《明史·李广传》）文武大臣中确有贿赂李广的，然而这张名单可能有中官作假陷害廷臣的因素。传说这份名单上有户部尚书周经的名字，周经上疏诉冤："交结馈遗簿籍具在，乞检曾否有臣姓名。更严鞫广家人，臣但有寸金、尺帛，即治臣交结之罪，斩首市曹，以为奔竞无耻之戒。"（《明史·周经传》）为什么中官造他的谣言呢？他曾建议孝宗节"织造、赏赉、斋醮、土木之费"，"内官传旨索太仓银三万两为灯费，（经）持不与"（《明史·周经传》）。他作为户部尚书，总是断中官的财路。烧炼斋醮是中官谋财主要的途径，清宁宫被烧以后，又再一次修建，"诏番僧入宫庆赞"，结果"吏部尚书屠镛上疏谏甚剀切"，"末云：'自今以后，乞杜绝僧道，停止斋醮。崇圣贤之正道，守祖宗之家法。使天下后世有所取则。'上悦，从之"（《明史纪事本末·弘治君臣》）。又如清宁宫的重修，弘治十七年（1504年）九月，以"清宁宫未完，旨下兵部拨军工万人"，"刘大夏知工少人多，中官有所利为此也，上言减去十分之五。督工者诉于上，上令内阁拟旨切责之。大学士刘健曰：'爱惜军人，兵部职也。大夏每以老辞位，温旨勉留，犹未已。若切责旨下，彼将以不职辞。'上欣然纳之，用军夫卒如所裁之数"（《明史纪事本末·弘治君臣》）。从上述这些材料可以看到宫廷内部的宦官集团，只有诱惑帝王不断地扩大斋醮与土木营建之事，才能从中获益。而朝廷在财政收支上受到客观条件的限制，为君者若能听听朝臣的意见，当面沟通实际状况，荒诞无谓的消费冲动多少会受到一点抑止。如果君王长期不临朝，只是搜括财物，以满足中官贵戚漫无边际的索取，那么税赋压力必然导致整个社会动荡不宁。农民连简单再生产也无法维持的时候，社会动荡，加上自然灾害与外祸紧逼，王朝统治崩塌的危机就日益临近了。孝宗弘治这十八年不是没有问题，但孝宗还比较能容纳方正敢言之臣，还多少能却珍奇、放鹰犬、抑外戚、裁中官，还能访问疾苦，以求治安，所以社会还能保持比较稳定的状态。帝王生于深宫，长于妇人之手，左右又皆是内臣中官为其服务，根本不知外面的真实状况。弘治初，吏部尚书王恕曾言："正统以来，每日止一朝，臣下进见，不过片时。圣主虽聪明，岂能尽察，不过寄聪明于左右。左右之人，与大臣相见者不多，亦岂能尽识大臣贤否。或得之毁誉之言，或出于好恶之私。"（《明史纪事本末·弘治君臣》）如果君王长期不理朝政，只顾在宫廷中玩鹰犬之好，忙于土木营建之事，沉迷于女色，惑信于烧炼斋醮之事，根本不知稼穑之艰难，矛盾日积月累，王朝就有坍塌的危险，最终的结局只能是"忽喇喇似大厦倾"了。孝宗还不是这样的人，还能克制自己，还能主动询问一些实际状况。

对帝王来说，长年生活在宫廷不是一件好事，它把帝王与社会和朝廷分隔开来，不知社情民意，怎能正确地判断形势，作出正确的决策呢？在宫廷内那么一大批宫女与宦官，他们靠什么生财有道呢？靠帝王的迷信活动，靠帝王的奢侈挥霍，靠无端的土木营建。那样毫无止境地靡费财物，靠宦官们出使搜括百姓的财物，矿监、税监多如牛毛。皇子皇孙在这样的深宫中成长，对他们将来处理国事也不利。加上有那么多小人在他们身边攀龙附凤，教他们使坏，在那样的环境和教养下，怎么能管理国家大事？北京的故宫看起来那么庄严，实际上是一切宫廷罪恶的渊薮。

十五、武宗在位前后的变局

孝宗晚年，内阁执政的是刘健、谢迁、李东阳等，刘健为首辅。知道儿子好逸乐，孝宗临终前要刘健他们辅导他读书。然而武宗在东宫时的宦官是刘瑾，武宗即位以后，刘瑾与马永成、高凤、罗祥、魏彬、丘聚、谷大用、张永一起为武宗所宠幸，人号八虎。武宗即位时，只有十五岁，天性好逸乐，加上这八虎诱帝游宴，故刘健、谢迁、李东阳骤谏，不听，廷臣交章进谏，亦不听。后来五官监侯杨源以星变陈言，武宗心动了，焦芳密告刘瑾，他们八人跪在武宗面前泣诉，结果时局逆转，反而让刘瑾掌司礼监，马永成掌东厂，谷大用掌西厂。时局的发展便由此转入另一个方向了。在这些人诱导下，武宗视政事若儿戏，尽干一些荒诞不经之事。《明史·武宗纪》的赞语称："耽乐嬉游，昵近群小，至自署官号，冠履之分荡然矣。"不过，由于整个官僚机构还未到散架的程度，尽管朝纲紊乱，尚不至于危亡。

尽管武宗在内廷失德弥甚，且有群小窃权，但前朝实际执掌政柄的是内阁大学士杨廷和、李东阳、梁储他们，故还是有人在替武宗弥补。武宗崩，是杨廷和主持让世宗继位，有四十多天时间是杨廷和在柄政。《明史·杨廷和传》云：

> 罢威武营团练诸军，各边兵入卫者俱重赉散归镇，革皇店及军门办事官校悉还卫，哈密、土鲁番、佛郎机诸贡使皆给赏遣还国，豹房番僧及少林僧、教坊乐人、南京快马船、诸非常例者，一切罢遣。又以遗诏释南京逮系囚，放遣四方进献女子，停京师不急工务，收宣府行宫金宝归诸内库。

这样便把武宗为游戏娱乐搞起来的那些玩意儿，一起借遗诏的名义给遣散了，故云"中外大悦"。同时还迅速处理了武宗宠信的江彬。世宗入京师即位时的诏书也是杨廷和起草的，"已而诏下，正德中蠹政厘抉且尽。所裁汰锦衣诸卫、内监局旗校工役为数十四万八千七百，减漕粮百五十三万二千余石，其中贵、义子、传升、乞升一切恩幸得官者大半皆斥去。中外称新天子圣人，且颂廷和功"（《明史·杨廷和传》）。杨廷和先是借武宗遗诏，后是借世宗登基诏书，尽革武宗留下之弊政。在武宗与世宗交替之际，杨廷和短暂的柄政时间，实际上是一次非常急速的政策调整。而这样的调整，也只有在新旧交替之际才能出现，而且还得看继承王位的世宗能不能接受并继续保持和推行下去。

明世宗与杨廷和之间，也就是皇权与相权之间的相互协调关系，实际上只维持了两年。世宗虽只有十五岁，却是一个刚愎自用的人。世宗即位时，杨廷和起草的世宗即位诏书是以奉皇兄遗诏即位，是兄终弟及的关系。在杨廷和笔下，世宗的即位是奉孝宗之后。这里涉及他父亲兴献王的定位问题。世宗一心要把自己父亲定为帝位，多次召杨廷和商议，杨都不顺世宗之意愿，认为"前代入继之君，追崇所生者，皆不合典礼"（《明史·杨廷和传》）。这就是所谓"大礼议"双方争执的焦点。尽管朝廷多数朝臣力争，而世宗一概置之不理，并以廷杖立威。这件事本质上还是要为皇权立威，杨廷和最终只能辞职乞休了。世宗听其离职，到世宗嘉靖七年，还把杨廷和削职为民。不仅是祭祀的名义，许多政事，双方亦互相对立，如"帝颇事斋醮。廷和力言不可"，"江左比岁不登，中官请遣官督织造。……廷和等不奉命，因极言民困财竭，请毋遣。帝趣愈急，且戒毋渎扰执拗。廷和力争"（《明史·杨廷和传》）。从这两件事可以看到，内廷的宦官们是靠制造、斋醮以及土木工程谋利的，杨廷和起草的遗诏与世宗即位的诏书，断了内廷的财路，宫廷内侍们自然也非把杨廷和逼走不可。所以这次皇位更迭之际的政策调整便短命夭折了。

世宗在位四十五年，终年六十，在位时间仅次于神宗，终年则仅次于太祖与成祖，算是一个长寿的皇帝。《明史·世宗纪》的赞语讲："世宗御极之初，力除一切弊政，天下翕然称治。"其实这是杨廷和利用王位交接的空隙，在政治经济上做了短暂的调整。"大礼议"以后，世宗自己秉政时，弊政不仅恢复且又过之。他二十年不上朝，忙于斋醮求长生，"崇尚道教，享祀弗经，营建繁兴,府藏告匮,百余年富庶治平之业,因以渐替"(《明史·世宗纪》)。宗教活动兴盛和繁荣,宗教迷信渗入宫廷,影响政治,对社会而言不是一个好兆头,这在中国历史上屡见不鲜。现在有许多朋友把现实社会生活中的许多消极现象,归因于缺乏西方的那种宗教信仰,归咎于宗教不发达。其实不然,中国不是缺乏理想和信仰,《礼记·礼运》讲大同小康便是理想。新中国建国初的三十年,理想主义色彩浓厚,也不是没有信仰,不是信仰西方的基督上帝才叫有信仰。现在中国人讲实惠,讲功利,是利益驱动的结果。没有高尚的理想和信仰不足,是个人主义欲望膨胀的结果。宗教只能是个人的私生活,信仰宗教只是个人的自由选择,超越这个范畴,消极因素就大于积极因素。如嘉靖那样,不信什么长生术,不吃炼丹那些毒药,或许还能多活几年。如果把宗教问题与政治生活掺和在一起,那只能是坏事。在迷信道教的世宗执政的那些年,南有倭寇问题,这是海禁政策带来的矛盾;北方边境冲突不断,边防始终处于紧张状态;内政上有奸相严嵩专权。总的说来,世宗执政这四十五年"纷纭多故",社会矛盾处于不断积叠的阶段。

十六、隆庆这六年再一次短暂的轮回

嘉靖四十五年,世宗驾崩,穆宗即位,次年改元隆庆。嘉靖这个皇帝非常迷信,他在嘉靖十八年立次子为皇太子,一度想让太子监国,那时皇太子只有四岁。嘉靖二十八年(1549年)为太子行冠礼,那时太子十四岁。过了两天太子夭折了,于是他相信方士说的二龙不相见,所以迟迟不立太子。第三子载垕封裕王,四子载圳封景王,太子地位迟迟不定。嘉靖四十四年(1565年),景王先死,裕王自然成为帝位的接班人。嘉靖时徐阶说四子景王,"此子素谋夺嫡,今死矣",故嘉靖四十五年世宗崩,穆宗能以裕王顺利即帝位。世宗晚年,内阁是徐阶在执政,世宗去世后的遗诏是徐阶与张居正起草的。《明史·徐阶传》称其事云:

> 阶草遗诏,凡斋醮、土木、珠宝、织作悉罢,"大礼"大狱、言事得罪诸臣悉牵复之。诏下,朝野号恸感激,比之杨廷和所拟登极诏书,为世宗始终盛事云。

为什么世宗之始与终能有这样比较清明的诏书,因为前面的登基诏世宗还没有掌权,而后面的遗诏是世宗已不能掌权。王权的短暂空隙,反而可以把君王直接掌权时的种种弊政洗刷一点。在王朝的中后期,如果君王在位又成年的话,这样的事往往很难办。朱元璋在祖训中两处提到:"比之生长深宫之主,未谙世故","嗣君宫内生长,人情善恶,未能周知"。在这样一个特定环境下,皇子皇孙们按照他们少年的本性,除了寻欢作乐,还能想些什么呢?他们在东宫时,身边的宦官伴当如果都是像刘瑾那样的小人,就自然被诱惑着向寻欢作乐的邪道上滑行。从宣宗起,英宗、宪宗、孝宗、武宗、世宗,身边都有这么一帮中官出身的小人,迎合这些皇子皇孙的本能朝恶的方向发展。这个问题不仅反映在帝胄们身上,也反映在官二代与官三代们的身上,如严嵩与徐阶都是这方面的案例。

严格管教自己的子女,不是一件容易的事,帝王都想到要为自己的接班人找几个好的老师。载坖在裕邸时,高拱侍裕邸九年,史称:"启王益敦孝谨,敷陈剀切。王甚重之。"(《明史·高拱传》)还有一个就是张居正,他在国子监与高拱共事,高拱为祭酒,张居正是国子司业。后来张居正也迁侍裕邸讲读。史称:"王甚贤之,邸中中官亦无不善居正者。"(《明史·张居正传》)在太子东宫官邸为侍读侍讲,作为太子的师长,未来往往是内阁大学士的人选。尽管穆宗还是以师长尊敬他们,借助他们主持朝政。但在生活上,他则更加靠近身边陪伴他生活的宦官们,因为这些中官才是他的玩伴。这些太子身旁的侍读侍讲们,往往为了争夺未来首辅的地位而钩心斗角。譬如世宗驾崩,徐阶找张居正一起起草遗诏,引与共谋,高拱便怀恨在心。穆宗即位以后,自然引裕邸的讲读高拱、张居正、陈以勤一起入阁,这些新人还都是有才能的。徐阶在穆宗时,执政不过一年多便引退了。引退的原因有两条。一是高拱让御史劾阶,"言其二子多干请及家人横里中状";另一个原因是与穆宗之间的矛盾,"阶所持诤,多宫禁事,行者十八九,中官多侧目。会帝幸南海子,阶谏,不从。方乞休,而给事中张齐以私怨劾阶,阶因请归"(《明史·徐阶传》)。南海子,即今之中南海,那时还一片荒凉,是帝王游猎的场所。

尽管穆宗忙于戏耍,但朝政委于内阁,还是有几件于大局有补的好事。一是平定边事。那时蒙古俺答汗孙汉那吉来降,总督王崇古受之,请于朝,乞授以官,朝议多以为不可,拱与居正力主之,封贡以成,北方边境不用兵革者二十余年。再者,高拱主持吏部事,在整顿吏治上还是有贡献的。他还建议:

> 增置兵部侍郎,以储总督之选。由侍郎而总督,由总督而本兵,中外更番,边材自裕。又以兵者专门之学,非素习不可应卒。储养本兵,当自兵部司属始。宜慎选司属,多得智谋才力晓畅军旅者,久而任之,勿迁他曹。他日边方兵备督抚之选,皆于是取之。更各取边地之人以备司属。(《明史·高拱传》)

故培养军事活动的指挥人才，应从兵部开始。他在用人方面打破资格的限制，主张科贡与进士并用。在处理贵州土司安国亨的问题上，他对派去的巡抚阮文中说："国亨必不叛，若往，无激变也"（《明史·高拱传》）。"巡抚阮文中至，檄捕诸反者，密使语国亨，亟出诸奸徒，割地以处安智母子，还所费兵粮，朝廷当待汝以不死。于是国亨悉听命，帝果赦不诛。"（《明史·贵州土司传》）这件事能妥帖处理，还是高拱定下的政策正确。

从徐阶到高拱、张居正，隆庆那几年尽管他们内部之间争斗不止，但在一些重大问题上，处置还是恰当的。《明史·穆宗纪》对穆宗在位的六年有一段赞语，其云：

> 穆宗在位六载，端拱寡营，躬行俭约，尚食岁省巨万。许俺答封贡，减赋息民，边陲宁谧。继体守文，可称令主矣。第柄臣相轧，门户渐开，而帝未能振肃乾纲，矫除积习。盖亦宽恕有余，而刚明不足者欤。

这一段话有对的一面，亦有过头的话，有的问题也怪不得他。若"许俺答封贡，减赋息民，边陲宁谧"，那是实情，至于"柄臣相轧"，他们都是穆宗的老师辈了，怎么管得了他们呢？所以也怪不了他。说他"端拱寡营"倒也符合他的性格，属于无为而治的君王，不是他自觉，而是他缺少才能，只能如此。说他"躬行俭约"，那就说不上了，这个人还是非常讲究奢靡享受的。

宦官并非都是坏的，有一个叫李芳的，"穆宗朝内官监太监也。

帝初立，芳以能持正见信任。初，世宗时，匠役徐杲以营造躐官工部尚书，修卢沟桥，所侵盗万计。其属冒太仆少卿、苑马卿以下职衔者以百数。隆庆元年二月，芳劾之。时杲已削官，乃下狱遣戍，尽汰其所冒冗员。又奏革上林苑监增设皂隶，减光禄岁增米盐及工部物料"（《明史·李芳传》）。这是清算世宗时留下的旧账，可以算是"躬行俭约"的表现。这些事在《明史·食货志六·上供采造》中亦可得到印证，其云：

> 采造之事，累朝侈俭不同。大约靡于英宗，继以宪、武，至世宗、神宗而极。其事目繁琐，征索纷纭。最钜且难者，曰采木。岁造最大者，曰织造、曰烧造。酒醴膳羞则掌之光禄寺，采办成就则工部四司、内监司局或专差职之，柴炭则掌之惜薪司。而最为民害者，率由中官。

这是明朝上供采造的基本状况。关于穆宗隆庆年间的情况，其云：

> 穆宗朝，光禄少卿李键奏十事。帝乃可之，颇有所减省：停止承天香米、外域珍禽奇兽，罢宝坻鱼鲜。……世宗末年，岁用止十七万两，穆宗裁二万，止十五万余，经费省约矣。（《明史·食货志六·上供采造》）

问题是这种情况只存在于隆庆元年那短暂的时期，而如李芳那样的宦官，在内廷一般很难站住脚，势必"大为同类所嫉"：

> 是时，司礼诸阉滕祥、孟冲、陈洪方有宠，争饰奇技淫

巧以悦帝意，作鳌山灯，导帝为长夜饮。(《明史·李芳传》)

这一条，穆宗便违反了朱元璋在《皇明祖训》中讲的"无优伶近狎之失，无酣歌夜饮之欢"的规定了。

芳切谏，帝不悦。祥等复媒蘖之，帝遂怒，勒芳闲住。二年十一月复杖芳八十，下刑部监禁待决。(《明史·李芳传》)

从穆宗处置李芳这件事上看，穆宗本质也是一个放荡不羁的昏君，他宠信滕祥、孟冲、陈洪三个人。当时的工部尚书雷礼弹劾滕祥："传造采办器物及修补坛庙乐器，多自加征，糜费巨万。工厂存留大木，斩截任意。臣礼力不能争，乞早赐罢。"(《明史·李芳传》)这件事穆宗不仅不处置滕祥，反而让雷礼致仕，即免职。"(陈)洪尤贪肆，内阁大臣亦有因之以进者。三人所糜国帑无算。"(《明史·李芳传》)从这些作为，亦可见到穆宗依其本性好与小人为伍，贪图嬉戏享乐，本质上与明武宗属于同一类型。隆庆中叶，情况就变了。《明史·食货志三·仓库》讲到明代从英宗起，有一部分漕粮折银入京城太仓库，叫金花银，专以贮银，又称银库。宫廷又有内库，供宫廷内使用。孝宗弘治时，内府供应繁多，每收太仓银入内库。嘉靖初，内府供应视弘治时"乃倍之"。由此可见内廷的开支不断在扩张：

初，太仓中库积银八百余万两，续收者贮之两庑，以便支发。而中库不动，遂以中库为老库，两庑为外库。及是时，老库所存者仅百二十万两。二十二年特令金花、子粒银应解内库者，并送太仓备边用，然其后复入内库。三十七年令岁进内库银百万两外，加预备钦取银，后又取没官银四十万两入内库。隆庆中，数取太仓银入内库，承运库中官至以空札下户部取之。廷臣疏谏，皆不听。(《明史·食货志三·仓库》)

从这些记载看，穆宗比他老子世宗还大手大脚。尽管他即帝位时已三十岁，挥霍和享乐仍然是这些不肖子孙追求的目标，只是在位时间短促，还没有恶性发展的机会。他即位的第二年，其所作所为就已经够让人触目惊心的了。《御定资治通鉴纲目三编》讲到隆庆二年（1568年）正月，吏科给事中石星言："陛下为鳌山之乐，纵长夜之饮，极声色之娱。朝讲久废，章奏抑遏。一二内臣，威福自恣，肆无忌惮。天下将不可救。"《明史·詹仰庇传》称：

隆庆初，穆宗诏户部购宝珠，尚书马森执奏，给事中魏时亮、御史贺一桂等继争，皆不听。仰庇疏言："顷言官谏购宝珠……陛下玩好之端渐启，弼违之谏恶闻，群小乘隙，百方诱惑，害有不胜言者。"

还讲道：

陛下前取户部银，用备缓急。今如本监所称，则尽以创鳌山、修宫苑、制秋千、造龙凤舰、治金柜玉盆。群小因干没，累圣德，亏国计。望陛下深省，有以玩好逢迎者，悉屏出罪之。

这下把宦官给都得罪完了，因此杖言官百余名，罢科道官巡视仓库者。穆宗这个人，实际上是上承世宗，下启神宗，这祖孙三代，都是酝酿亡国之君。隆庆六年春，穆宗驾崩，神宗即位，那时神宗万历只有十岁，皇位交替之际，又赢得一次调整政策的机会。此后明末史事将在拙著《从万历到康熙》一书讲解分析。

十七、朱元璋的明祖训有效吗？

前面讲了朱元璋的子孙们的所作所为，那么我们再回过头来看看，当初朱元璋的《皇明祖训》是否有效呢？关于《皇明祖训》，从它制作的年代说起，应是洪武二年开始起草，到洪武七年定稿的。朱元璋明确讲："复为祖训一编，立为家法，大书揭于西庑，朝夕观览，以求至当。首尾六年，凡七誊稿，至今方定，岂不难哉！"可见起草这份祖训，朱元璋是花了一番功夫的，而且让礼部刊印，"以传永久"。他在《序言》中将其作为家法，等于是给子孙后代下了死命令。

这里有几个问题需要弄明白，一是这份祖训是否在洪武七年就定稿了呢？显然有一些内容就发生在洪武七年以后。祖训首章规定子孙做皇帝时"止守律与《大诰》"，那个《大诰》是洪武十八年十月颁布的。明祖训的首章，许多话都是从洪武二十八年六月的上谕搬过来的。那篇上谕讲到"朕起兵至今四十余年"，"嗣后止循律与《大诰》"，显然都是朱元璋后来添上去的。还有祖训首章中讲废丞相的事，"我朝罢丞相，设五府、六部、都察院、通政司、大理寺等衙门",都是洪武十三年胡惟庸案以后陆续形成的,故"以后子孙做皇帝时,并不许立丞相"这些内容只能是洪武十三年以后加上去的。关于诸王与天子相见之礼,他规定:"天子与亲王,虽有长幼之分,在朝廷必讲君臣之礼。""诸王来朝,祭祀办与未办,先常服见天子。""天子执大圭,王具冕服,叙君臣礼,行五拜,三叩头。见毕,诸王系尊长,天子系侄孙,引王至何便殿,王坐东面西,天子衣常服,叙家人礼,行四拜,不叩头,王坐受。然虽行家人礼,君臣之分,不可不谨。"(《皇明祖训·礼仪》)这些话都应是朱标去世以后,其子朱允炆在洪武二十九年被立为皇太孙以后的事,才会考虑建文帝即位以后与诸王相见有君臣与叔侄相见礼仪的矛盾。故这份明祖训起草始于洪武二年,初定于洪武七年,以后又陆续修改,最终定稿应在洪武二十九年以后。在这个漫长的过程中,朱元璋不断根据形势修改和补充这份祖训。那么,这份祖训实际上是朱元璋生前自己制订的遗训,虽然他说了这份祖训作为"已成之法,一字不可改易",但要在实践上也做到一字不易,就很困难了。

朱元璋死了以后,怎么管得到儿孙的所作所为呢?从朱元璋洪武三十一年去世,到穆宗隆庆六年,前后有一百七十四年时间,皇帝换了十二个,在位时间最长的是嘉靖,长达四十多年,超过了朱元璋。最短的是仁宗洪熙,只有一年时间。朱元璋在《皇明祖训》中讲到自己创业历程,他是苦出身,做过佣工,当过兵,受人差遣，慢慢团结一帮兄弟，是靠自己打下了江山，所以对人之情伪还能分辨得清楚。而子孙即位的，与他的经历就完全不同了，他们是"生长深宫之主，未谙世故"，"嗣君宫生内长，人情善恶，未能周知"。所以才要把他如何应对"人情真伪善恶"、如何对付"奸顽刁诈之徒"的经验变成祖训，传授给自己的子孙。这一百七十多年历史，证明他那祖训不是完全无的放矢，因为一方面它毕竟是朱元璋一生行事经验的总结，另一方面它也确实是有针对性的。他的子孙即位时，还不得不提起祖训。如武宗驾崩后，杨廷和定世宗即位，便以朱元璋的祖训为根据。他根据的是"凡朝廷无皇子，必兄终弟及"，没有兄弟的，那就是堂弟血缘关系最亲者即位。也不能说都有效，毕竟创业者那个英雄的时代已过去，继承者的教养和经历与他不同，环境和形势也在变。总的说来，还是有祖训比没有好。朱元璋以后的十二个君主，大多数是寻常守成之君，谈不上哪个是中兴之主，他们很难避免寻欢作乐，也难免经不起周边人的诱惑，干一些荒诞不经的荒唐事。从宪宗到武宗、世宗、穆宗，哪一个不是如此？只是荒诞的程度以及由于执政时间长短造成的后果略有不同而已。他们不可能做到"常存敬畏，以祖宗忧天下为心"。这些话尽管朱元璋言之谆谆，但在那些小皇帝心里，只是耳边之风，他们成天想的只是变着法子寻欢作乐，为鳌山之乐，纵长夜之饮，极声色之娱，不仅政事搞不好，身体也弄糟了，不满四十岁便死的占了多数。为什么？声色过度送了他们的性命。还有就是迷信方士斋醮及长生之术,靡费国库,弄得民穷财尽。为什么如此呢?这与这些继位者在东宫与宫廷的生活环境有关。优越的生活条件,尽情地娱乐,一切凭兴致出发,生活在温室中,对人的成长不利。所以我不很赞同一切从兴趣出发、生活即教育的那种观念。在宫廷的优越生活条件下,皇子皇孙们很难成才,才能是无法通过血缘关系来传承的,这是最简单明白的道理,出生于优越环境对孩子不见得是一件好事。故成大事业的大人物只能在苦难中不断奋斗成长。朱元璋的知识积累不是靠书本,而是依靠自己艰难的社会实践。他也向知识分子请教,他对李善长、刘基、朱升、宋濂这些人还是能虚心求教。但他是带着问题去求教的,不像他的子孙们的经筵讲读都是从书本到书本。所以他是为用而去学的,他的子孙们是被动地由于制度的规定不得不去经筵聆听老师们讲授的经史。朱元璋的智慧和才能是很难靠血缘关系传承给子子孙孙的。

　　朱元璋的这份祖训中,也有被其子孙后代切实执行的部分。如他在《内令》中规定"凡天子及亲王,后、妃、宫人等,必须选择良家子女",强调了帝室婚配只能娶自民间妇女,那是他总结历代外戚专权的教训,所以作如是规定。查一下《明史·后妃传》,明代帝王的后妃出身都属一般,很难凭外戚关系进入上层集团。有明一代,凭外戚的关系进入内阁的尚无一例,可见这一条规定是被严格遵守的。为了防止女主专权,切断宫内女眷与外界的直接联系，规定："凡皇后止许内治宫中诸等妇女人，宫门外一应事务毋得干预。""凡宫闱当谨内外，后妃不许群臣谒见。""凡私写文帖于外，写者接者皆斩，知情者同罪。"这些条目基本上还是被严格执行的，这么做带来的一个直接结果是，明代宫中妇女的文化水平很低，皇子皇孙们的母教不行。只有明神宗的母亲李太后，在神宗成婚前还能管束一下儿子，那也是内阁首辅张居正请太后视帝起居。《明史·孝定李太后传》载：

> 太后教帝颇严。帝或不读书，即召使长跪。每御讲筵入，尝令效讲臣进讲于前。遇朝期，五更至帝寝所，呼曰"帝起"，敕左右掖帝坐，取水为盥面，挈之登辇以出。帝事太后惟谨，而诸内臣奉太后旨者，往往挟持太过。帝尝在西城曲宴被酒，令内侍歌新声，辞不能，取剑击之。左右劝解，乃戏割其发。翼日，太后闻，传语居正具疏切谏，令为帝草罪己御札。又召帝长跪，数其过。帝涕泣请改乃已。六年，帝大婚，太后将返慈宁宫，敕居正曰："吾不能视皇帝朝夕，先生亲受先帝付托，其朝夕纳诲，终先帝凭几之谊。"

由此可以看到，明代宫廷内部对后妃的规矩甚严，到神宗十六岁大婚，李太后就不能再管束他了。同时，还可以看到追求逸乐是皇帝的本性，有母亲管着，他还不敢放肆，身边的太监还不敢与他一起为非作歹。帝王在宫廷中的生活，一旦缺少了这层监管，让他们肆意而为，那么前面讲的武宗、世宗、穆宗、万历十年以后的神宗，他们的种种胡作非为就不足为奇了。

朱元璋的祖训中，关于不征国的规定还是非常正确的。"四方诸夷，皆限山隔海，僻在一隅，得其地不足以供给，得其民不足以使令。若其自不揣量来扰我边，则彼为不祥。彼既不为中国患，而我兴兵轻伐，亦不祥也。……胡戎与西北边境互相密迩，累世战争，必选将练兵，时谨备之。"是说中国对外不能有任何扩张的野心，对外一律采取防御的政策，人不犯我，我不犯人。故他把朝鲜、日本、琉球、安南、真腊、占城、暹罗、苏门答剌、爪洼诸国都列为不征国，即在东北和东南亚只是保持友好的关系。这条政策还是对的，朱元璋身后终明之世还是得到严格执行的，它反映了中华民族自来是一个爱好和平的民族。

祖宗崇拜是中华民族一个非常古老的文化传统。祖，本意始庙也，为人所本也。"帝"字的本义，与专制制度并没有直接的联系，是推其祖之所自出。帝，古文作"帝"，表示蒂落果成，即草木之所由生，枝叶之所由发，生物之始初。祭祖本来的意义也就是不忘本的意思，《礼记·祭义》："身也者，父母之遗体也。行父母之遗体，敢不敬乎？"为人后者，要懂得今天的一切都是始祖遗留下来的，对于自己的先辈，"敢不敬乎？"这是做人的基本道理，那些肆意糟蹋自己先祖的人，不管他们是哪个国家、哪个民族的人，都不会有好结局的。

朱元璋搞的《皇明祖训》，是总结自己一辈子创业的经验，传之子孙，希望后人能守其业。当然这个祖训的种种规定既有其合理的一面，亦有其不合理不完善的一面。子孙后代面临的形势和遇到的矛盾问题，与朱元璋当时的情况自有不同，做某些变通亦还是自然的。王安石推行变法的时候，有一名言："天变不足畏，祖宗不足法，人言不足恤。"（《宋史·王安石传》）这"三不足"只是表现其变法的决心而已，实际上这三句话并非王安石说的，是别人栽在王安石身上的，后来成为大家公认的王安石的名言。其实"不足法"，并非完全不法，他不会无端辱骂北宋太祖太宗吧，北宋王朝的基本格局他决不会想去变掉吧？否则那就不叫改革，而是颠覆了。故变革亦有一个度的问题，还是不能数典忘祖，要做的是在原有基础上前进和发展，总不能做败家子吧。明代中后期的那些君王违反《皇明祖训》的所作所为，则属于败家子的作风，他们是一代不如一代。中国历史上各个王朝的中后期都有这个特征，最终是以王朝的坍塌覆灭结束，这才是值得我们警惕的地方。所以，无论什么人，一旦被人称为不肖子孙，则永远是受人鄙视，很难在人们心目中翻身的。每个王朝的继承者中，总会出几个败家子，把好端端一个王朝弄坍塌。其实坍塌了也没有什么大不了，中华民族还会重建自己需要的国家机构，还可能变得更加强壮。我们这个有五千年文明历史的民族垮不了。

十八、结束语：帝王制度与宗法制度及其相互关系

　　两千多年来，中国古代史学的传统是由孔子的《春秋》及司马迁的《史记》演化而来的，它的主导思想就是"明王道"，而王道说到底就是帝王之道。有形的帝王制度虽然离开我们已经许多年了，但是它的阴影，仍或多或少困扰着人们。辛亥革命废除帝制，建立共和，这之后虽然出现过短暂的洪宪帝制、张勋复辟，以及溥仪在日本扶植下的伪满洲国做儿皇帝，但从总体上讲，帝王制度毕竟已成为历史的陈迹了。以共和制取代帝制，最基本的一点，就是取消帝王的专制集权，取消家天下，代之以由民众选举产生的民主共和制。把国家权力分为立法、行政、司法以及监察等互相独立和制衡的权力机构。帝王思想的影响，可以表现在民众的自卑和不觉醒上，如官本位的观念，权力崇拜的思想，不管什么东西，与帝王沾一点边就引以为荣。帝王思想仍然或明或暗地残存在人们的心目中。

（一）

　　制度是人们有组织的行为规范体系，它既是习惯形成的，又是人们在社会生活中有意识地自觉制定的。作为一项社会制度，它的内涵应包括：一、构成这一制度的基本理论和价值取向。二、在这一制度范围内，人们相互关系间的行为准则，也就是人们各自在这一制度范围内的地位、角色、权利和义务。三、实施这一制度相关的组织系统和实施的操作方法与程序。观察中国历史上的政治制度，也离不开这些基本的方面，也就是观察构成政治制度的基本观念，君、民、臣三者之间的相互关系及其行为准则，政治制度的组织系统和它的操作方法与程序。

　　在中国历史上，国家制度是与家族制联系在一起的，国家制度是家族制度的扩大，所以研究帝王制度，同时也离不开家族宗法制度。帝王制度的基本组成成员是君、民、臣；从家族制度讲，其基本的组成成员是父母、夫妇、兄弟。一个家族是以若干个有血缘关系的家庭为其细胞，以宗法关系构成其组织系统。而一个帝国所统治的社会，是由许多家族组成，其管理系统是一个庞大的官僚机构，与分散在各个地区的许多聚族而居的家族的组织系统是并存的，共同维系着整个社会秩序。这两个组织系统是互相依存、相辅相成的。从观念上讲，儒家的三纲五常，把这两个组织系统内部成员之间的相互关系扭结在一起，通过伦理观念统一了任意一个成员在国家生活和家族生活中所处的地位、角色、权利、义务及其与其他成员的相互关系。国家生活只是家族生活的扩大，帝王称君父，文武官僚称臣子，百姓称子民，与家庭内部父子、夫妇、兄弟之间的尊卑秩序，扭结在一起了。为了凝固这种相互关系，在相互交往过程中，便表现为一套完整而烦琐的礼仪规范。从家族角度讲，表现为婚礼、冠礼、丧礼；从社区讲，则有乡饮、射礼；从国家生活讲，则有朝会、参拜、祭祀。通过相互之间的称谓，日常饮食起居的程式，借以体现人们之间的等级尊卑关系。以伦理关系为中心的儒家思想则构成这一制度的思想基础，这些就是中国帝王制度的一个大轮廓。

（二）

在中国古代典籍中，无论经部与史部，都与帝王制度和帝王生活有紧密的关系。从经部讲，《诗》《书》《礼》《易》《春秋》，都是中国帝王制度的著录。如《诗》的雅与颂，是庙堂的颂词；《书》是帝王的文诰；《易》有帝王求神占卜的档案；《春秋》则是诸侯王行状的实录；《礼》更是中国帝王制度最早最直接的描述。关于经部，我们只说一下《礼》，其他就从略了。

《礼》分"三礼"，即《仪礼》《周礼》《礼记》。三礼是分别从理论观念、人们相互关系的行为准则、组织制度及仪式这三个基本方面来描述帝王制度的。若从成书的时间来看,这三本书都产生在战国到秦汉之间,最先著录的是《仪礼》,通过礼仪的程式来表现人们相互关系的行为准则。《周礼》分天地四时六官系统,是叙述周代职官制度的作品。《礼记》通过对《仪礼》的阐释,论证了有关帝王制度的理论和基本观念。这三本书,反映了中原地区从原始部落国家巫术礼仪的著录,经过后世儒生加以系统化、规范化、理想化,形成了封建帝王的礼仪制度、官僚制度。

荀子说:"礼有三本:天地者,性之本也;先祖者,类之本也;君师者,治之本也。"(《荀子·礼论》)说明礼最早起源于人们对天地自然的崇拜,对祖先的崇拜,对国家权力的崇拜,从宗教仪式向人伦交往的形式转化,逐渐构成一套完整的涉及祭祀、丧礼、朝觐、聘问、婚姻、盟会、燕享、军礼、冠礼的礼仪形式,通过《周礼》,又把它规范到官僚制度上去。而《礼记》又把儒家关于孝悌仁义忠信这一套处理家族与国家关系上的伦理观念,灌输到这一套仪式和组织制度上去,构成了一整套被儒生们理想化的帝王制度的雏形。既有现实生活的影子,又带有浓重的理想化的成分。当然,在理想与实际这两者之间有很大的距离。这三本书的定型,与中国帝王制度在秦汉时期的形成,基本上是同步的。

"礼自外作"(《礼记·乐记》),礼是社会对个体成员具有外在约束的行为规范。儒家在阐述礼的内涵时,却与人的本性联系起来。孔子与宰我关于三年之丧的讨论，在《论语》中有一段对话。孔子说："子生三年，然后免于父母之怀。夫三年之丧，天下之通丧也。予也有三年之爱于其父母乎！"（《论语·阳货下》）这样便把孝悌建立在人们的亲子之爱上。孟子关于不忍人之心的论述，就把仁义礼智作为人的"良知""良能"，是人们生来就具有的本能，从而把儒家的仁政王道，建立在人们本能具有的心理情感基础上。《礼记》的《大学》与《中庸》二篇扩充了这一点。《中庸》称：

> 喜怒哀乐之未发，谓之中；发而皆中节，谓之和。中也者，天下之大本也；和也者，天下之达道也。致中和，天地位焉，万物育焉。

这样便把天人合一，把外在的礼仪所反映的伦理与天道合一，同时又转化为自身本能的追求。孟子讲"反身而诚，乐莫大焉"（《孟子·尽心上》），又强调"善养吾浩然之气"（《孟子·公孙丑上》），把外在的礼所反映的伦理观念，内化为人的本能的修养，并把天道与人道统一起来。《中庸》称："诚者，天之道也。诚之者，人之道也。"那么，外在的伦常秩序——君臣、父子、兄弟、朋友之间的礼义廉耻，忠孝仁义，反过来成为人们内在的智、仁、勇"三达德"的修养，所以《大学》强调的格物、致知、正心、诚意、修身、齐家、治国、平天下等八个内容的出发点都是从人们内心修养做起。这一套传统的儒家修身的观念，乃是帝王思想千百年来在儒生身上生根的基础。两千年来,通过儒家经典的影响,几乎成了整个民族为人的伦理准则。它像潜意识那样,深深地刻画在人们的思想深处,为封建帝王专制制度奠定了深厚的思想基础,礼节与仪式仅仅是这一套思想观念外在的表现形式罢了。仪式可以随着时代的发展而不断变化,随着地域的差异而不尽相同,而思想的内核,在这两千多年来却变化不大,直到五四运动以后,才开始有所触动和变化。

《仪礼》和《周礼》这两本书记录的内容,确有实际生活的影子,后世的儒生把它规范化、格式化、烦琐化地记录下来。它既不是无中生有,也不是事实的真实记录,只能由此窥探古代官僚制度和礼仪程式的一个梗概罢了。这是我们运用这两本书时要注意的地方。

(三)

中国古代政治制度及其演化的历史记载,主要在中国古代典籍的史部,其中正史类从《史记》到《明史》的二十四史,以及《清史稿》,都是详尽的帝王制度及其历史的实录。所有纪传体正史,总括起来是两个部类:一是纪和传,是记录历代帝王行状的。纪是编年,传是按人物的历史记录。二是志或书,是记载与帝王制度相关的各种典章制度。这二者是互为印证的。司马迁特别推重孔子的编年史《春秋》所弘扬的王道，也就是帝王之道。而《史记》上承《春秋》，是司马迁从事著述的支点。文以载道，司马迁著述的目的还是弘扬帝王之道。事实上，历朝历代编著的正史，都离不开这个根本性的主旨。

在中国历史上，最早比较如实地记录当时封建王朝官僚制度的，应推《汉书》的《百官公卿表》，它第一个比较完整和系统地记录了秦、汉两代的官僚制度。区别于《周礼》的地方，是它确实存在过，而《周官》是不曾完整地存在过，带有很大的理想化的成分。后来王莽想借《周官》实行改制，结果失败了。王安石借重《周官》实行变法，也行不通。宇文泰建立的北周曾借用周礼六官以实施鲜卑族的汉化，亦时间不长，隋文帝杨坚上台就废除了这套建置。而《汉书》的《百官公卿表》则是秦汉两代职官制度的实录。在此后，《后汉书》有《百官志》，《隋书》《晋书》有《职官志》，都对各朝各代的官僚制度及其沿革有比较详尽而可信的实录。不仅是职官制度，还有帝王礼仪制度的记录，《史记》有《礼书》《乐书》，《汉书》有《礼乐志》，还有《舆服志》。有的史书把礼乐分设为《礼志》与《乐志》，有的则合为《礼乐志》。把礼仪与职官合在一起，打破了一朝一代的时限，并从体制上去探讨礼仪与职官的沿革和得失的，那是唐代杜佑编纂的《通典》，它的长处是跳出一朝一代帝王兴亡的个人得失，而从体制上去探讨导致变革的更深层的历史原因，这不能不说是一个巨大的进步。

它在史学上开创了政书类的先河，以典章制度的沿革为著述的范围。以后有郑樵的《通志》二十略，马端临的《文献通考》，也有断代的典制汇编，如《唐会要》《唐六典》，以及后人编纂的各朝各代的《会典》《会要》。这为后来研究帝王制度提供了大量丰富的历史资料。

在历代正史的志部，除了礼仪和职官这二部门外，天文、律历和五行都占了很大的比例，这也是中国史官文化的一个特点，它反映了帝王制度中神道设教的部分。中国古代巫史不分，史官不仅著录帝王的政治生活，还要履行天官的职能，它包括天文、历法、祭祀、占卜、祥瑞、灾异这些方面。他们沟通天人之际，借天象以论人事，西汉的史官就执掌着天官的职能。《史记》中的《律书》《历书》《天官书》《封禅书》都是从天象的角度论证天人联系的，这也就是司马迁所说的"究天人之际，通古今之变"。《史记》以后，历代的正史都保留了这个传统，《天文志》《五行志》《律历志》在志书中占有很大的比重。君权神授，帝王要用天命论来阐述其统治的不可侵犯，使王道与天道结合在一起。董仲舒"天人合一"的思想，是为了说明"人之所为……与天地流通而往来相应"（《汉书·董仲舒传》），"唯天子受命于天，天下受命于天子"（《春秋繁露·为人者天》），"王权天授"，是天命君王来治理百姓，民众必须服从于君王。元末农民大起义以"明王出世"来号召民众反抗元朝的统治，朱元璋把自己建立的新王朝称作明朝，说的也是这个道理。这是帝王制度下君民之间相互关系的基本属性，而君主要听命于天，天与君主则通过灾异和祥瑞来互相沟通，臣子可以通过灾异的阐述来对帝王谏诤。这是战国以来，以邹衍为代表的阴阳五行家的时尚，它既维护王权天授的神圣不可侵犯，又用灾异来调整统治秩序，使臣子与帝王间具备对话的条件。董仲舒的天人三策，便是通过这种方式来与汉武帝对话，并向汉武帝提治策建议的。

当然，除了礼乐、职官、天文、历法、五行各志以外，正史各志中还涉及税制、军制、刑法、选举、州郡、边防这些部门，也是帝王制度不可或缺的组成部分，但其离帝王制度的核心部分要偏远一些。

（四）

我们考察帝王制度，还应注意先秦诸子的作品，因为帝王思想渊源于先秦诸子。先秦百家争鸣，实际上都环绕着一个中心，即帝王的南面之术。诸子百家所阐述的观念，都是为了寻求帝王的赏识和重用，以施展自己的抱负。从孔子周游列国起，诸子在各国的游说和争辩，都是为了相同的目的，这在《史记·太史公自序》的《六家要旨》中说得很透彻。司马谈说：

《易大传》："天下一致而百虑，同归而殊途。"夫阴阳、儒、墨、名、法、道德，此务为治者也，直所从言之异路，有省不省耳。尝窃观阴阳之术，大祥而众忌讳，使人拘而多所畏；然其序四时之大顺，不可失也。儒者博而寡要，劳而少功，是以其事难尽从；然其序君臣父子之礼，列夫妇长幼之别，不可易也。墨者俭而难遵，是以其事不可遍循，然其强本节用，不可废也。法家严而少恩，然其正君臣上下之分，不可改矣。名家使人俭而善失真，然其正名实，不可不察也。道家使人精神专一，动合无形，赡足万物。其为术也，因阴阳之大顺，采儒、墨之善，撮名、法之要，与时迁移，应物变化，立俗施事，无所不宜，指约而易操，事少而功多。儒者则不然。以为人主天下之仪表也，主倡而臣和，主先而臣随。如此则主劳而臣逸。至于大道之要，去健羡，绌聪明，释此而任术。夫神大用则竭，形大劳则敝。形神骚动，欲与天地长久，非所闻也。

在《六家要旨》中，值得注意的有这样几点：一、开首引用《易大传》的话，说明先秦以来的诸子百家，为帝王寻求致治之道，虽然各自论述的角度不同、侧重点不同、方法不同，然而目标是一致的。大家都是为帝王寻求统治之道，是殊途而同归。二、各家在论争时，互相对立而排斥，但各有长短。实际上各家的论述是互相补充的，不能偏废，从战国到秦汉，诸子百家之间互相融合和吸收，已成为时尚，区别是以哪家为主罢了。从《庄子·天下篇》、吕不韦的《吕氏春秋》到刘安的《淮南子》、司马谈的《六家要旨》和董仲舒的《春秋繁露》，都反映了这个倾向：把诸子百家的学说融会贯通，兼收并蓄。汉初的黄老之学，不过是以道家为中心吸收各家的学说，而董仲舒的《春秋繁露》则是以儒家为中心，其理论也是综合各家的学说。三、百家集中起来，实际上是法家与儒家这两家。汉武帝以后，儒家逐渐占了上风。汉武帝不满足黄老的无为而治，而偏重于儒家。法家偏重于名分和权谋，儒家则偏重于伦理；前者偏重于霸道，后者偏重于王道。

汉代帝王对各家提出的南面之术，自有其选择的传统，那就是"霸王道杂之"，兼用儒法二家。汉元帝为太子时，柔仁好儒，不满其父汉宣帝多用文法吏，"以刑名绳下"，于是父子两人有过一番争论：

（元帝）尝侍燕从容言："陛下持刑太深，宜用儒生。"

宣帝作色曰："汉家自有制度，本以霸王道杂之，奈何纯任德教，用周政乎！且俗儒不达时宜，好是古非今，使人眩于名实，不知所守，何足委任！"乃叹曰："乱我家者，太子也！"（《汉书·元帝纪》）

宣帝的这一段话反映了汉代帝王传统的驭政之道，是"以霸王道杂之"。所谓霸道，就是法家讲的那套专制独裁及道家的阴谋权术；所谓王道，就是儒家宣扬的那一套伦理观念和烦琐的礼仪制度。在用人上，儒生与文法吏都要用，不能偏用一端。虽然汉武帝主张罢黜百家，独尊儒术，但是在用人上并不偏废而专用儒生。他重用过如张汤这一类以酷吏著名的文法吏，兴过不少大狱，也重用如公孙弘这样的滑头儒生为丞相。从道理上讲，封建帝王要维持其统治，必须有软的和硬的两手。软的一手，便是儒生们倡导的礼义廉耻和君臣、父子、夫妇、兄弟、朋友之间基本的伦理观念及其所表现的行为规范的礼仪制度。硬的一手实际上就是专政手段，靠手中那批专兴大案的文法吏们来铲除异己力量，以强化自己的统治，这就是霸道。这里只有压服，没有什么可以讲道理说服人的地方，即便要讲道理，也是只准我说你服，没有你辩说的余地。故从政治上讲，在对立阶级之间，即使在统治集团内部各个成员之间，也只有赤裸裸的利害关系，绝不会有讲什么仁义道理的余地。它是最无情的，即使在父子、夫妇、兄弟、君臣之间，由于利害的冲突，随时都会反目为仇，自相残杀。在帝王亲族范围内，相互残杀的例子随处可见。然而这两手又是相辅相成、互为补充的，而最基本的依靠则是霸道。它像一个两面人：一面是和颜悦色的笑脸相迎，一面则是狰狞可怖，凶相毕露，随时都想吃人的样子。这两副面孔长在一个脑袋上，两者缺一不可，如果只有一副面孔，专制统治是无法长期维持下去的。汉宣帝对元帝之所以不满是因为元帝太天真了，以为单纯依靠儒生及王道就能维持其统治。汉宣帝的结论是："乱我家者，太子也！"毛泽东曾经多次对人讲过这个故事，并表示他赞成汉宣帝对汉元帝的批评，认为汉代后期，元、成、哀、平，一代不如一代。西汉末王莽正是以儒家圣人的面孔来篡夺汉的政权的。弄清楚汉宣帝对汉元帝的这一段话，对我们理解帝王思想及其与先秦诸子的关系是有帮助的。

（五）

帝王制度是封建主义条件下，国家机构运行的一种模式。古代的人们为了论证帝王制度的神圣不可侵犯，也要说清楚它的来龙去脉，说明它的起源、功能以及建立的目的，为帝王制度的存在提供一个合乎逻辑的理论依据。弄清这些问题，对我们理解帝王制度也是有益的。

在先秦诸子中，对于国家或者君主专制制度的起源、功能、目的也有过一些极为精辟的论断。许多人都承认在人类原始阶段，曾经有过一个没有国家和君主的群居时期，《礼记》的《礼运篇》称其为大同世界。那时，"大道之行也，天下为公，选贤与能，讲信修睦。故人不独亲其亲，不独子其子，使老有所终，壮有所用，幼有所长"，这是被美化了的原始部落制度。《吕氏春秋》的《恃君览》篇，对原始社会阶段人们的生活状况，说得比较客观些：

> 昔太古尝无君矣，其民聚生群处，知母不知父，无亲戚兄弟夫妻男女之别，无上下长幼之道，无进退揖让之礼，无

衣服履带宫室畜积之便，无器械舟车城郭险阻之备。

可见在没有君主和国家的阶段，人们是群居杂交的，这个描述比较符合实际。那么又如何会产生国家和君主，以及礼仪刑法制度呢？《礼记·礼运篇》的回答是："大道既隐，天下为家，各亲其亲，各子其子，货力为己。"这里说的就是从原始的公有制转化为私有制，于是"大人世及以为礼，城郭沟池以为固。礼义以为纪，以正君臣，以笃父子，以睦兄弟，以和夫妇，以设制度，以立田里"。这就是国家和君主产生后的小康阶段，它是比大同理想较低一级的一种社会。完整的君主国家制度是圣人为百姓的利益而设置的，先秦诸子中，不少人都是这样论证的。《荀子·礼论》中说：

> 礼起于何也？曰：人生而有欲，欲而不得，则不能无求；求而无度量分界，则不能不争；争则乱，乱则穷。先王恶其乱也，故制礼义以分之，以养人之欲，给人之求，使欲必不穷于物，物必不屈于欲，两者相持而长，是礼之所起也。

可见，所谓礼是由圣贤为原始群落制定的社会秩序，是圣贤为了制止混乱的社会秩序、挽救百姓生活上的灾难而建置起来的，有了以礼为代表的社会秩序，社会才能取得有序的发展。荀子讲：

> 道者，何也？曰：君道也。君者，何也？曰：能群也。（《荀子·君道》）

所谓能群，是指能给群居的人类以社会秩序，也就是建立国家制度，规范人际的伦理关系。这反映了在荀子的心目中，建立国家制度是为了实施社会公共职能的需要，目的是利民。这一点《吕氏春秋》的《恃君览》篇也说得很明白。圣人之所以设立天子与君主，"非以阿天子也"，"非以阿君也"，"君道不废者，天下之利也"。如果君主违反了利群这一根本原则，那就应当"废其非君，而立其行君道者"。所谓非君，是指专以国家政权谋取一己之私利的君主，丢弃其公共的社会职能，而这正是"国所以递兴递废也，乱难之所以时作也"。可见这种以民为本的国家观念——国家必须很好地完成它的公共职能，在中国可说是源远流长。荀子说：

> 传曰："君者，舟也；庶人者，水也。水则载舟，水则覆舟。"此之谓也。故君人者欲安则莫若平政爱民矣。（《荀子·王制》）

唐太宗李世民在《贞观政要》中发挥了这两句至理名言。这个观念断断续续，不绝如缕，如明末清初的思想家顾炎武、黄宗羲、王夫之，鉴于明亡的教训，提出"天下是天下人之天下，非一人之天下"，及清末梁启超提出的"天下兴亡，匹夫有责"的思想，都是一脉相承的。这条思想发展线索，是中国历史上民本主义的传统，也是中国传统观念中民主主义的精华。它反映了国家机构作为社会公共职能的客观存在，然而这不是传统的国家观念的主流，更不是帝王思想的主流。

关于国家和君主的起源，在先秦诸子中还另有一说，那就是

起源于争夺。在逐鹿战争中,胜利者便成为国家的君主。《吕氏春秋·荡兵》称:

> 未有蚩尤之时,民固剥林木以战矣,胜者为长。长则犹不足治之,故立君。君又不足以治之,故立天子。天子之立也出于君,君之立也出于长,长之立也出于争。

对这一段文章,我们可以这样理解:(一)人们所以剥林木以战,是出现私有制后的利害冲突。(二)从长到君到天子,是斗争规模扩大的结果,从春秋到秦统一,是战争规模不断扩大的结果。(三)每次斗争都是各自实力的较量,败者为寇,胜者为王。然而历史上每次群雄逐鹿的结果,不是个人的能力所能决定胜负,它是一个群体,它有领袖,也有功臣宿将,前者为王,后者为既得利益集团。当一个旧王朝被推翻以后,领袖成为帝王,便有如何处理王者与既得利益集团及管理民众的三角关系问题。在历史上刘邦处理异姓王是一种方式,朱元璋兴胡、蓝之狱是一种方式,宋太祖杯酒释兵权也是一种方式,弄清这个问题对理解历史问题有益。四、战国末年,群雄逐鹿,最后的胜利者秦始皇便是天子,称皇称帝,把天下国家视为一家之私业,要一世、二世直至万世地传下去。打天下的人应该统天下、称王称霸的观念,在中国实在是根深蒂固,直到今天仍存在于许多人的脑海之中,这实际上就是帝王思想的影响。"打天下者坐天下",成为利益集团的许多成员以功臣自居,为自己争地位、争待遇的借口。一旦老皇帝去世,利益集团的头目自然会在斗争中设法取而代之。

上面这两种观念，实际上反映了国家职能表现的双重属性：政权既是社会公共职能的行使者，又是一姓一族在斗争中赢得的私业；它既是保护公众利益、为公众谋取共同利益的机构，又是对民众实施暴力，进行剥夺和专政的工具。"溥天之下，莫非王土，率土之滨，莫非王臣。"这一对互相矛盾的现象，在帝王制度下，始终存在，两者缺一便不成其为帝王制度了。当然，占主导地位的是后者而不是前者。但在不同的历史时期，也会畸轻畸重，只是它的双重性不会变更。这也许就是"霸王道杂之"的由来吧！

（六）

上面这个问题在思想家那里，还带有理论的色彩，而在帝王们的心态上则要表现得更加赤裸裸了。无论在其想做帝王或成为帝王之后，他们都理所当然地把国家权力看作个人的家业。这个认识，直接关系到他们如何运用手中的国家权力，《史记》中关于项羽、刘邦这两个人的心态描绘，最为生动逼真。先说项羽，《项羽本纪》载：

> 秦始皇帝游会稽，渡浙江，（项）梁与籍俱观。籍曰："彼可取而代也。"

按照今人的目光看，项羽是一个野心家，见了秦始皇的威风，

便觊觎国家的最高权力。再说刘邦,《史记·高祖本纪》载:

> 高祖常繇咸阳,纵观,观秦皇帝,喟然太息曰:"嗟乎,大丈夫当如此也!"

可见刘邦也是一个野心家,见了君王的威风,就想入非非,口流涎水。帝王掌握着国家的最高权力,成了野心家们角逐的对象。司马迁笔下这两个人物的私房话,未必真有根据,但也确实捕捉到了他们真实的心态。这也是秦末在各地崛起的群雄的心态。秦帝国崩溃,群雄并起,实际上是一场为争夺国家权力的厮杀。一旦夺得了国家的最高权力,作为帝王的刘邦,又怎样来看待国家权力呢?萧何修成了未央宫,刘邦与诸侯群臣在未央宫举行酒宴。他父亲也在,史载:

> 高祖奉玉卮,起为太上皇寿,曰:"始大人常以臣无赖,不能治产业,不如仲力。今某之业所就孰与仲多?"殿上群臣皆呼万岁,大笑为乐。(《史记·高祖本纪》)

这里写刘邦在得了天下之后,那种忘乎所以的心态,跃然纸上。然而从这句话中,也透露出刘邦把至高无上、不受任何制约的帝王的绝对权力和财产,看作个人的私产,这样才会问自己的父亲:他兄弟二人,究竟哪一个能治产业。由此可见,在帝王心目中,对国家权力作为社会公共职能的这一个属性,是非常淡漠的。在他们心坎中所系念的是如何长期保持这属于一家一姓的产业,使之长治久安,以及如何把天下的财富集中到自己的名下,然后穷奢极侈地尽情享用。秦始皇灭六国以后，迁全国富豪到咸阳，大发徭役，修建阿房宫和骊山墓。许多奇珍异宝活着享受不尽，还要死后带到坟墓中去享用。这便是帝王在其掌握国家权力时所表露的赤裸裸的心迹。帝王制度的许多设计及其演化都是由这个基本心态出发的，这也许是我们研究帝王制度最基本的出发点。人们要摆脱帝王制度、帝王思想的影响，首先要走出对帝王崇拜的迷津，才能还帝王本来的真面目。

（七）

《吕氏春秋》曾把君王分为三大类：圣君、中主、暴君。圣君与暴君是对立的两个侧面。大凡圣君都被认为是天命的化身、理想人格的象征，同时还是一切治国方略、典章制度的创始者，也就往往是开国之君。把圣君抬到那么吓人的高度，无非是说客们借圣人以立言，托名上古圣王以与今主对话。孔子就说过："君子有三畏：畏天命，畏大人，畏圣人之言。"（《论语·季氏》）而暴君则是那些亡国之主，集罪恶过错于一身。圣君与暴君成了善与恶的两个极端，犹如西方宗教教义中，上帝与魔鬼的对立。它们之间的区别，不过西方是在彼岸，东方是在此岸，这有关圣君与暴君正反两方面的话都是说给当世君主听的。介乎两者之间的君主，在《吕氏春秋》中就被看作中主，可善可恶。今天我们论述这个问题就不必如此了。圣君,那些开国的有雄才大略的君主,其实并非十全十美。如李世民,在家庭范围内,杀兄逼父以夺取皇位,从伦理上也说不过去;晚年对国事的处置,如三征高丽,失误也不少。那些亡国之君,也未必皆恶,也有客观时势的原因,如此等等。

总之,在二十四史所记录的那么多皇帝中,各自有着不同的经历,在历史上扮演着不同的角色,各人的机遇不同,各人的主客观条件也不尽相同。从总体上讲,还是悲剧多于喜剧,灾难多于快活,原因不能只从个人的角度去找,而要从帝王制度的根子上去找。他们登上帝王宝座以后,有三条大概是共同的:一是至高无上的地位和高度集中的国家权力在握。二是终身制,没有年龄的限制,不管是刚出生几个月的幼儿,还是年近古稀,都不会妨碍其占有帝王的宝座。三是世袭制,也就是由他从自己的子弟中指定皇位的接班人。这三条恐怕是无一例外吧!也就是这三条,把他们推到了矛盾的顶端,许许多多的历史悲剧也正是由此而来。它不仅影响帝王个人、亲属和在朝的群臣,还波及全国的百姓。大利与大害是共存的。

(八)

顾炎武在《日知录·守令》中讲:"尽天下一切之权而收之在上,

而万机之广,固非一人之所能操也。"掌握国家的最高权力,靠一个人的力量办不了,也办不好,那就要通过庞大的官僚机器去办,这就有皇帝如何去设置这个庞大而又复杂的官僚机器,又如何去驾驭它的问题,这里说到底是如何处理君臣关系,矛盾的焦点则在于如何驾驭。

《吕氏春秋·审分览》篇有一个比较生动的比喻:

> 人与骥俱走,则人不胜骥矣。居于车上而任骥,则骥不胜人矣。人主好治人官之事,则是与骥俱走也,必多所不及矣。

这是把整个国家机器比作一辆马车,臣子是拖车前进的马匹,君王是驾驶马车的车夫。如果君主离开了马车,与马匹一起去拖马车,那人是跑不过马匹的。如果君主坐在马车上,用马辔和鞭子来指挥马车前进,那马只能听从君主指挥,出力拖着马车按指定的方向前进。这是为了说明君主的职能是决策和指挥,实施和执行的职能属于臣僚,二者的分工不能混同。君主绝不能冲到第一线去执行属于臣僚的事务。象征指挥和决策的工具,是马夫手中的那根马鞭,臣僚是处在日常政务的第一线,君主是处在运筹帷幄决胜千里的第二线,而那根马鞭子便是连接一线与二线的中间环节,它必须是掌握在君主手中的得心应手的工具。李世民在《贞观政要》中,就这个问题讲得比较在理,他是总结了隋文帝事必躬亲的教训后,说这一番话的。他说:

> 每事皆自决断,虽则劳神苦行,未能尽合于理。朝臣既

知其意,亦不敢直言。宰相以下,惟承顺而已。朕意则不然,以天下之广,四海之众,千端万绪,须合变通,皆委百司商量,宰相筹画,于事稳便,方可奏行。岂得以一日万机,独断一人之虑也。且日断十事,五条不中,中者信善,其如不中者何?以日继月,乃至累年,乖谬既多,不亡何待?(《贞观政要·政体第二》)

一个人不仅不能包揽所有的国事,就连决策,单靠一个人也不行,要决断和指挥国家大事,在君主身边要有一个机要的办事机构。它既是提供决策的咨询机构,又是传达指令的连接机构,从而启动整个国家机器的运转。它的地位不应很高,以免有震主之嫌,而又能靠近身旁,并得心应手,这就是宰相制度,就是从秦汉的丞相府、中朝、外朝,隋唐的尚书、中书、门下三省,直到明代的内阁。每当相权高涨,威胁到皇权时,就要发生一次变化。皇帝就要从下层起用地位较低的官员来取代原来的宰相,使原来的相权成为一种荣誉性的闲职,这便是皇帝制度下,皇权与相权之间无法克服的矛盾。

宰相的"宰"字据《说文解字》云:"罪人在屋下执事者。从'宀'。从辛。辛,罪也。"在先秦的三代,奴隶与罪犯皆称宰。殷商时,太宰、冢宰实际上是主管家务的家奴的总管。西周时,冢宰的职务是掌管祭祀,供陈祭品,是天子左右的近臣。"丞"与"承"相通,具有辅佐和承受之意,而"相"在春秋时,还执掌礼仪之类事务。从这些字义的演化中，可以看到丞相是由君主身边的近侍逐渐嬗变为百官之长，由帝王的家臣演变为中枢机构的首脑。

汉初，陈平说：

> 宰相者，上佐天子理阴阳，顺四时，下育万物之宜，外镇抚四夷诸侯，内亲附百姓，使卿大夫各得任其职焉。（《史记·陈丞相世家》）

那时丞相的地位，已是一人之下，万人之上了。萧何死，曹参继为丞相，惠帝看到曹参日夜饮酒，不理事，于是让曹参儿子去提意见。曹参不仅不听，反而对惠帝说了一通垂拱而治的大道理，惠帝对他也无可奈何。到了汉武帝执政，情况就不同了，丞相被杀的不少，但公孙弘却能善始善终。什么原因呢？因为这个人滑头，善于看汉武帝的颜色行事。他与公卿商议好的事，见了武帝"皆倍其约以顺上旨"。汲黯为此曾在武帝面前揭发公孙弘背约不忠。公孙弘谢曰："夫知臣者以臣为忠，不知臣者以臣为不忠。"（《史记·平津侯列传》）这充分显示了公孙弘这个善于辞令的老滑头那种迎合、奉承汉武帝的心态。可见，那时丞相的地位已经下降了。汉武帝用身边的近侍为中朝，作为他个人决策的咨询机构，而以丞相为首的百官主持的执行机构，作为外朝。以后又发展为：中书省是决策的咨询机构，门下省是审议和封驳机构，尚书省是执行机构。这三省的长官在隋唐都是宰相。至明初，朱元璋废除丞相制，设置殿阁大学士。大学士只是侍左右备顾问而已，地位不高。但至仁宣以后，大学士兼职六部，专司票拟，直接干预部院事务，成了实际上的宰相，首席大学士则称首辅。绕了一个圈子，宰相名称虽然没有了，但实际上还是照旧。

可见，不管用什么名称，宰相作为帝王决策和指挥官僚机构的工具，总如钟摆一样，反复地在两个极端摆动。帝王从地位低卑、贴身的近侍中选拔得心应手的奴才来充当这个职务，他们由于出身低微，被提拔到如此重要的位置上来，自然会对帝王俯首帖耳，绝对顺从，这样帝王才能以小制大，以轻制重。如果他们坐大了，地位变了，羽翼丰满了，帝王便会另外扶植一套机构来制约和逐渐取而代之，以防皇权的旁落。皇权与相权的矛盾，几乎是历代君主无法摆脱的现实矛盾。在现代社会中，秘书与首长的关系，某种意义上也是这种矛盾的缩影。首长离不开秘书，时间久了，会变成秘书专权，秘书取代首长的权力，肆意妄为。换一个人，时间久了，也会旧病重犯，若换了新人，又不熟悉业务，这几乎是首长们无法解决的苦恼。

（九）

帝王制度把整个国家变成一姓一族的私产，那么帝王个人的家庭生活也政治化了。帝王需要驾驭的不仅有由士大夫组成的整个官僚机器，还有一个庞大的宫廷机构，即后妃系统，以及与后妃相关的外戚系统；宗室诸王以及作为皇位继承人的东宫太子的一套班子；还有为宫廷生活服务的宦官系统。这样一个庞大的内部系统必然有错综复杂的矛盾，而且不亚于帝王与外朝官僚机构的矛盾。

帝王生活圈子处在宫廷范围内，而宫廷后苑也是一个庞大的组织。《礼记·昏义》云："古者天子后立六宫、三夫人、九嫔、二十七世妇、八十一御妻。"这个数字是理想化的设计，然而在帝王身边确实存在着一大群妻妾，加上侍候这些后妃的女官、宫女、宦官，不下数万人之多。如秦灭六国，把六国后宫的嫔妃都掳至秦都咸阳的后宫中。汉武帝时，后宫号称"掖庭三千"（《后汉书·皇后纪》），后妃有十四个等级，规模庞大。唐玄宗时，"宫嫔大率至四万"（《新唐书·宦者传》）。可见帝王后宫嫔妃、宫女人数之多。

宦官也是一个人员庞大的系统。他们在后宫替帝王以及后妃服役，有独立的组织系统及严密的机构。这在秦代叫将行，汉景帝时更名曰大长秋，那时是士人与阉人兼用，到了东汉专用阉宦，隋唐叫内侍者，明代有十二监、四司、八局，为首的叫司礼监，它的首领叫司礼太监。史载，明末宦官与宫女加在一起，有十万人。由于宦官生活在皇帝身边，所以经常"手握王爵，口含天宪"（《后汉书·宦者列传》），肆无忌惮地干预朝政。汉、唐、明多次出现过宦官专权的局面，有的宦官甚至还掌握着对帝王生杀废立的大权。

帝王并非个个都如秦始皇那样是工作狂，"衡石量书，日夜有呈，不中呈不得休息"（《史记·秦始皇本纪》）的帝王只是极少数。他们中有不少人成天耽于声色娱乐，成年累月不理朝政。而且在那么多女宠的包围下，帝王荒淫过度，寿命不长。在有的朝代，如东汉多是幼主嗣位，那么王朝的权力必然旁落到女主手上，而女主只能仰仗外戚或宦官来执掌权力。所以女主临朝，经常是宦官与外戚专权。朱元璋曾规定了不少制度和措施，以防止这种情况发生，但在宦官问题上收效甚微。汉武帝晚年由于发生"巫蛊之祸"，戾太子及卫皇后都被迫自杀。武帝立六岁的刘弗陵为太子，为防范吕后专权的事件重演，竟逼死了太子之母钩弋夫人。但西汉外戚专权的问题并没有解决，相反，却是愈演愈烈。西汉王朝最后亡于王莽，王莽出身也是外戚，其姑母是孝元帝的皇后，元帝懦弱无能，大权便落到王氏手上。元、成、哀、平之世，一代不如一代。可是王氏一家却出了五个大司马，长期操纵朝纲，最后，王莽篡夺了西汉政权。北魏有成例，"后宫产子将为储贰，其母皆赐死"，但北魏最后还是亡在灵太后手上。朱元璋在后宫制度的设计上有其独特的地方，有明一代没有出现女主专权的现象。这与明代后妃皆取自民间有关，既防止了女主专权，也防止了外戚专权，这是明代独有的现象。

对宦官的限制，历朝都有定制。以明代来说，朱元璋明文规定"内臣不得干预政事，预者斩"，"不许读书识字，不得兼外臣文武衔，不得御外臣冠服，官无过四品"。尽管法律条文对宦官的限制是那么严厉，但后来也只能是一纸空文。明成祖即位之后，就大批地重用宦官。宣宗时，还设立内书堂，为幼年的宦官讲学。朱元璋不许宦官读书识字的禁令被取消了。明末宦官为祸之烈，不亚于汉、唐，巨阉魏忠贤可以在全国各地立生祠，可见其威风和气焰了。宦官专权的根子还是在帝王制度本身，阉宦之祸是帝王制度必然的产物，不能从一姓一氏权力归属上来看这个问题的是非得失。当然，外戚、宦官、后妃这个群体内，不是没有有贡献的人，如卫青、霍去病都是出身于外戚，宦官中也有过蔡伦与郑和。至于女主临朝，也不能完全抹杀她们的政绩，如北魏的冯太后，应该说对中华民族文化的融合是有贡献的。但是，在这一群体身上所表现出的种种腐败现象，是帝王制度自身的产物，腐败的根源在于皇权的高度集中，且又不受任何监督和制约。不管通过什么样的制度来加以防范和限制，都无法从根本上解决。腐败到极端，就是王朝的崩溃和解体，尔后又建立新的王朝对原有的制度重新进行调整，这大概也可算作帝王制度的一种自我调节功能吧！

（十）

帝王不可能长生不死，皇位只有通过世袭才能保持在一家一姓的范围内，这样，皇位的继承就成为一个全局性的重大问题。皇位世袭，由帝王在其诸子中指定一个作为接班人。怎么指定呢？立嫡？立长？立贤？都有矛盾。战国以后，就有预立太子的制度。秦国是不预立太子的，正因为如此，吕不韦才可以把子楚作为奇货可居，搞了一次政治投机，爬上了秦国丞相的位子。汉代是有预立太子制度的。自西汉开始，预立太子实际上已成为历朝历代普遍性的制度。

预立太子后，要为太子建立官属，太子的官属机构，成为影子内阁。《汉书·百官公卿表》载："詹事，秦官，掌皇后、太子家，有丞。属官有太子率更、家令丞、仆、中盾、卫率、厨厩长丞。"汉代还为太子设太子太傅、少傅，属官有太子门大夫、庶子、洗马、舍人。高祖七年（前200年），刘邦以叔孙通为太子太傅，张良为少傅，以后各朝东宫都有官属，只是名称略有变化而已。明代规定：东宫大臣无定员，无专授。所以这样做，朱元璋是有一番考虑的。这方面的情况东宫制度中有详细的叙述。

实际上，太子一旦地位确立之后，要废掉他也并不简单，因为不仅仅是太子一个人，而往往涉及一大批人，要伤筋动骨，大动干戈才行。而且，每一次太子的废立，也都意味着上层统治集团内部要爆发一场你死我活的自相残杀。这里试举一例：五胡十六国时期，石勒在北方建立政权，国号赵。石勒死，他的养子石季龙夺取了政权，石季龙在诸子中选立石宣为太子，并以石韬为太尉。不久，石宣与石韬兄弟俩的矛盾尖锐起来，石宣派人杀了石韬。石季龙查实此事，大怒，将太子石宣杀死，并把其尸骨烧成灰，又杀石宣妻、子九人。石宣的幼子，只有几岁，石季龙甚喜爱此孙，抱之而泣。幼子痛哭说："非儿罪。"石季龙想赦免他，大臣们不听，遂从石季龙怀中抢过来，幼子扯住石季龙的衣襟大叫，时人莫不为之流涕。接着，石季龙又下令将石宣的卫士三百人、宦者五十人，施以车裂之刑，将碎尸扔进漳水。不久，又将石宣东宫卫士十余万人皆发配到凉州戍边。石宣死后，大臣们再次议立太子，石季龙痛心疾首地说："吾欲以纯灰三斛洗吾腹，腹秽恶，故生凶子，儿年二十余便欲杀公。"（《晋书·石季龙载记下》）其实这与遗传基因无关，根子仍在皇位继承制度上，不过表现在暴君石季龙父子身上，更为残忍凶狠而已。

（十一）

在一般的情况下，老皇帝临死前，总要费尽心机，为太子留下一个辅佐的班子，这通常称为顾命大臣。老皇帝要顾命大臣辅佐新君继承他的事业，且为此立下遗诏，作为新君行事的依据。

其实，这件事又是日后的一个祸根。老皇帝留下顾命辅佐的班子，实际上便是一个充满矛盾的班子，因为任何一个权力结构，都是各种矛盾平衡的产物。老皇帝在位时之所以能稳定地控制局面，乃是他能平衡各种力量。一旦老皇帝去世，强有力的控制就不复存在，平衡也必然会被打破，新即位的皇帝会如同蹲在火炉上一样难受。由于这个班子不是和新君长期共事中形成的，两者之间不可能相处得好。如果顾命大臣以元老长辈自居，新君自然不能忍受。如果这个顾命大臣班子内部矛盾重重，新君难以处理，最后，不是新君成为傀儡，被顾命大臣玩弄于股掌之中，就是新君罢免或诛杀顾命大臣，将皇权牢牢控制在自己手中。事态的发展，绝不会像遗诏中所期望的那样君臣合作共事，相反却是双方经过激烈的较量，甚至流血的冲突，才能形成一个新的稳定的权力中心。在中国历史上，新旧皇位的更迭几乎都是这样，只是解决问题的方式各有不同罢了。有的是暗中较量，通过宫廷政变来解决；有的则要通过公开的流血冲突来解决；有的因冲突激烈、持久，甚至会引起全国性的政局动荡。问题的本质，都是王位更迭过程中，王权与既得利益集团之间由于权力再分配而产生的矛盾和斗争，下面，试举几个例子来加以说明。

三国时，魏明帝曹睿临死时，传召曹爽与司马懿共同辅政。曹睿拉着司马懿的手说："死乃复可忍，朕忍死待君，君其与爽辅此。"（《三国志·魏书·明帝纪》注引《魏氏春秋》）司马懿顿首，表示要效犬马之劳。曹爽与司马懿都是魏明帝提携起来的，两人各拥重兵，本来矛盾就很深。明帝死后，只有八岁的幼主曹芳怎么能调节两人之间的关系？开始实权掌握在曹爽手上，司马懿行韬晦之计，隐忍了许多年。后来乘曹爽和曹芳一起去明帝陵时，司马懿突然发动政变，勒逼太后下诏，罢除了曹爽的兵权，随之即诛杀曹爽，"支党皆夷及三族，男女无少长，姑姊妹女子之适人者皆杀之"（《晋书·高祖宣帝纪》）。曹爽被灭族后，曹魏的皇权一下子就落到司马氏手上。待到司马氏集团羽翼丰满，势力更为强大时，便将魏帝从皇帝的宝座上赶了下来，自己登上了"九五"之位。又如南朝宋武帝刘裕临崩时，把只有十七岁的太子刘义符托付给大臣徐羡之、檀道济、傅亮、谢晦。但是，刘裕死后不到三年，这一帮顾命大臣便把刘义符给废了。他们改立武帝的第三子刘义隆，此即宋文帝。时隔不久，这个顾命班子又起内讧，檀道济杀了徐羡之、傅亮、谢晦，最后宋文帝又杀了檀道济。至此，宋文帝才能亲自执政。可见，所谓辅佐的顾命大臣，实际上成了新君亲政的障碍。当然，在历史上也偶有例外，如蜀汉的刘备，在白帝城病危之时，将太子刘禅托付给诸葛亮。结果诸葛亮不负刘备所托，忠于后主，鞠躬尽瘁，死而后已。这一方面是由于诸葛亮忠心耿耿，绝无篡位之心；另一方面也由于刘禅没有什么能耐，只能垂拱而治，将所有的权力都交给了诸葛亮。如果两个人中间有一个人情况不是如此，其结局也就难说了。如果换一个角度看,大臣若处于新老皇帝交替之际,也往往处于两难的境地。

所谓君老不事太子,是指太子虽已成年,但权力毕竟还在老皇帝手上,故不敢事奉太子,触怒老皇帝。但如果得罪了太子,老皇帝一旦归天,新君即位,大臣的日子也很难过。南齐萧道成晚年,太子萧颐纵容其亲信张景真在外为非作歹,朝臣们谁也不敢说。荀伯玉是萧道成的心腹大臣,他对亲人说:"太子所为,官终不知,岂得顾死蔽官耳目。我不启闻,谁应启者?"(《南齐书·荀伯玉传》)于是荀伯玉向萧道成告密了。萧道成查实以后,即以太子的命令把张景真杀了,而且还亲自到萧颐的东宫做工作,平息由这件事所引起的矛盾。可见萧道成对这件事的处理还是比较妥帖的。老皇帝临终前对萧颐说:"此人(荀伯玉)事我忠,我身后,人必为其作口过,汝勿信也。"(《南齐书·荀伯玉传》)但是,萧颐对荀伯玉已有积怨,故最终荀伯玉还是死得不明不白。写《南齐书》的史臣说:"君老不事太子,义烈之遗训也。欲夫专心所奉,在节无贰,虽人子之亲,尚且自别。"(《南齐书·荀伯玉传》)荀伯玉遵循古训,结果还是由此而死,所以史臣又云:"以古道而居今世,难乎免矣。"一旦处于新君上台旧君下台、国家权力交替之际,大臣总是处于进退维谷之地,弄得不好,就难免有杀身之祸,这也是封建帝王制度下的一种弊端。

（十二）

《荀子·哀公》记载：

> 鲁哀公问于孔子曰："寡人生于深宫之中，长于妇人之手，寡人未尝知哀也，未尝知忧也，未尝知劳也，未尝知惧也，未尝知危也。"孔子曰："君之所问，圣君之问也。"

君主长期居于深宫，没有经历过艰难忧患，一旦被推上权力的顶峰，而又没有自知之明，就会忘乎所以、骄淫失道、沉溺放恣，那是不足为奇的。没有登基或亲政之前，还可能受周围人的约束，一旦到了亲政之时，又由于青春期心理状态很不稳定，荒诞不经的事情就有可能不断出现。这种情况历朝都有，但在南北朝时期则表现得更为突出。如宋武帝的长子刘义符，十七岁即帝位，登基伊始，就在后宫华林园中"为列肆，亲自酤卖。又开渎聚土，以象破岗埭，与左右引船唱呼，以为欢乐"（《宋书·少帝纪》）。把帝王治国之事视同儿戏，结果因荒淫无道而为顾命大臣所杀。宋明帝刘彧的儿子刘昱，十岁即帝位，他喜欢出宫游玩，"（帝）单将左右，弃部伍，或十里、二十里，或入市里，或往营署，日暮乃归"，几乎无日不出。后来还"夕去晨反，晨出暮归"，弄得"民间扰惧，昼日不敢开门，道上行人殆绝"。刘昱还是个暴君，他"天性好杀，以此为欢，一日无事，辄惨惨不乐。内外百司，人不自保，殿省忧遑，夕不及旦"（《宋书·后废帝纪》）。这些少年天子，一旦不受约束，就有可能由放恣荒诞发展到以杀人取乐的那种暴虐程度，这对整个国家和人民来说该是多么大的灾难啊。

北朝的情况比南朝更糟。高洋是北齐著名的暴君，史载：

> 留连耽湎，肆行淫暴。或躬自鼓舞，歌讴不息，纵旦通宵，以夜继昼。……拔刀张弓，游于市肆……亲戚贵臣，左右近习，侍从错杂，无复差等。征集淫妪，分付从官，朝夕临视，以为娱乐。凡诸杀害，多令支解，或焚之于火，或投之于河。沉酗既久，弥以狂惑，至于末年，每言见诸鬼物，亦云闻异音声。情有蒂芥，必在诛戮，诸元宗室咸加屠剿，永安、上党并致冤酷，高隆之、高德政、杜弼、王元景、李愔之等皆以非罪加害。尝在晋阳以槊戏刺都督尉子耀，应手即殒。又在三台大光殿上，以锯锯都督穆嵩，遂至于死。又尝幸开府暴显家，有都督韩悊无罪，忽于众中唤出斩之。自余酷滥，不可胜纪。朝野憯憯，各怀怨毒。（《北齐书·文宣帝纪》）

高洋称帝后，胡作非为，所有亲近的人对他都无可奈何，最后由于酗酒过度，精神失常而死。像这样的昏君、暴君，历朝历代都有。由于皇位世袭制，皇位的继承只能在一个家族的范围内选择。加之，一些王朝的君主，如南朝君主出身于寒门武人，北朝君主则出身于武人和鲜卑族，皇位继承人从小养尊处优，广泛地享受着各种特权，对民间疾苦毫无所知，很难受到良好的文化教育与陶冶，这也是产生暴君的原因之一。这个问题在明代也不例外，看明代在仁宣以后诸帝的作为就可以知道了。

（十三）

世袭制的另一个问题便是宗室问题。几乎没有一个朝代能回避这个棘手的问题，也没有一个朝代能处理好这个难题。每一个王朝创建时，都要"并建宗室，以为藩翰"（《晋书·宗室传》），结果却是尾大不掉，分封的藩王逐渐强大，成了王朝统治的心腹之患。西汉初年，平定异姓王以后，大封同姓王。这些"藩国大者夸州兼郡，连城数十，宫室百官同制京师"（《汉书·诸侯王表·序》）。景帝时，因削藩而闹出吴楚"七国之乱"。平定以后，武帝时，主父偃提出推恩令的建议。他说：

> 古者诸侯不过百里，强弱之形易制。今诸侯或连城数十，地方千里，缓则骄奢易为淫乱，急则阻其强而合纵以逆京师。今以法割削之，则逆节萌起，前日晁错是也。今诸侯子弟或十数，而适嗣代立，余虽骨肉，无尺寸地封，则仁孝之道不宣。愿陛下令诸侯得推恩分子弟，以地侯之。彼人人喜得所愿，上以德施，实分其国，不削而稍弱矣。（《史记·主父偃列传》）

汉武帝采纳了主父偃的建议，分割诸侯王国。从此大国不过只有十余城，诸侯王唯得衣食租税，不与政事。尾大不掉的矛盾算是解决了，但是却为社会造就了一个寄生阶层。到西汉末年，诸侯王数以百计，大多骄淫失道，沉溺放恣，成了一群依靠皇粮的蝗虫，社会不堪负担。中国历史上历朝历代，几乎都无法摆脱这样一个周期性的社会矛盾：或者藩王尾大不掉，如汉代的"七国之乱"，晋代的"八王之乱"，明代的"靖难之役"；或者成千上万的帝室宗亲靠政府供养，成为腐朽的寄生阶层。如明初朱元璋大封宗藩，令子孙世世皆食宗禄，不授职任事。这批人长大以后不做任何事，以坐食皇粮为生。时间一久，皇族人口不断增长，但是民赋有限，开始宗藩的禄米尽支本色；以后一半给米，一半给钞；以后对半也维持不了，逐步减到六分、七分、八分是钞。由于宗室人口的增长，供给越来越困难，加上不许宗室自行谋生，只有郡王以上还能得到丰厚的岁禄收入，将军以下都不能维持最低的生活。不少宗藩只能忍饥挨饿，呼号于道路，在官府门前聚众闹事。即便这样极不充分的供养，从国家财政上讲，仍然是极为沉重的负担，宗禄支出竟占到全国岁入的一半左右。嘉靖时，御史林润上疏皇帝，深刻地指出了宗禄对国家财政的严重影响，他说：

> 天下之事，极弊而大可虑者，莫甚于宗藩禄廪。天下岁供京师粮四百万石，而诸府禄米凡八百五十三万石。以山西言，存留百五十二万石，而宗禄三百十二万；以河南言，存留八十四万三千石，而宗禄百九十二万。是二省之粮，借令全输，不足供禄米之半，况吏禄、军饷皆出其中乎？(《明史·食

货志六》）

所以一旦国家有事，就只能靠向民间加派税粮了。如此状况，怎么不弄得全国各地民穷财尽呢？这是明亡的原因之一。另外，明朝每一个新皇帝，都要派一批新的亲王到藩封之地，这也是一次搜刮民脂民膏的灾难。如万历晚年，他宠爱的儿子福王至藩地，便抢掠河南、山东、湖广民田为庄田，数目竟达到四万顷。王府的官员到地方上征地征税，"旁午于道，扈养厮役廪食以万计，渔敛惨毒不忍闻。驾帖捕民，格杀庄佃，所在骚然"（《明史·食货志一》）。然而，这些宗室藩王到了明末，却成为农民军诛杀的对象，特别是张献忠，对明朝在各地的宗藩格杀不论。崇祯十四年（1641年），李自成攻河南，杀福王常洵，"自成兵汋王血，杂鹿醢尝之，名福禄酒"（《明史·李自成传》）。从明末农民军对宗室藩王的态度来看，宗藩在民众中所结下的怨恨何其深也。朱元璋出自元末农民起义军，而其子孙却在明末农民起义时受到了如此的遭遇，这不正是他建立的宗室制度的必然报应吗？

（十四）

终身制是与世袭制紧密联系的一个问题，这二者实际上是国家公共权力私有化的标志。终身制意味着君主的地位永远不变，一旦丢掉了手中的权力，走下皇帝宝座，那就意味着身败名裂。

所以，一切在位的君主，几乎都是想尽一切办法来巩固自己手中的权力，以维护自己的统治。儒家美化古代传贤的禅让制，所谓尧传位于舜，舜传位于禹。然而在中世纪的现实生活中，这个虚无缥缈的东西，却也在历史上演出了不少闹剧。如战国时，燕王哙按照儒家的说法，把王位传给了丞相子之。实际上这事是齐国使者苏代搞的计谋，欲促使燕国内乱，齐可以相机取燕。这件事，理所当然地引起燕太子平的不满。他在不少大臣的支持下攻打子之，结果子之被杀，太子平复立，即燕昭王。这说明在国家权力私有化条件下的帝王制度，不可能有什么真正民主意义上的禅让制。但是名义和形式上的禅让制，却在历史舞台上一而再地反复出现。如王莽篡西汉，曹丕篡东汉，都是逼君主以禅让的形式把皇位交出。司马炎也如法炮制，逼魏帝让位给他，易代为晋。禅让以后，被易代的君主，实际上成了阶下囚。这一类把戏，在南北朝各代递嬗之际，亦纷纷一再炮制，它不过是改朝换代的一种方式罢了，因为禅让之前，国家最高权力早已转换到即将成为新君的权臣手上了。

在中国历史上，禅位还有一种形式，那就是把政权让给儿子，自己则成为太上皇。这样一种父子之间的权力交替，也并非完全出于自愿。如唐高祖李渊，让位给李世民，乃是李世民发动玄武门之变后逼他禅位的，李渊对于自己的太上皇生活并不满意。唐玄宗李隆基，在"安史之乱"后，让位给儿子李亨，也并非自愿，而是李亨在灵武掌握军队后,自动即皇帝位的。玄宗无奈,只能退居太上皇,承认既成事实。实际上,他们父子之间的矛盾很深,玄宗晚年便是在凄凉寂寞的后宫中死去的。宋徽宗让位给儿子宋钦宗也是出于形势所迫。其时,金兵大举入侵,徽宗自己无法收拾这个烂摊子,便索性把儿子推到第一线去应付艰难的危局,结果父子二人皆被金人所俘。

在中国历史上,有些君主在位时间很长,但到了七八十岁的耄耋之年,要处理种种复杂的事务已力不从心了,即使处理一般的事务亦难免颠三倒四,前后矛盾而不自知,甚至乖戾悖常,留下许多严重的后遗症。如果不是终身制,这种失误是完全可以避免或减少的。汉武帝是一个有雄才大略的君主,及至他步入晚年,以巫蛊之祸穷治太子党羽,这个案子被牵连的有十余万人,死者无数。此事发生在汉武帝六十六岁那年。汉武帝因年事渐高,身体又不好,性格多疑。一些女巫与宫女往来,并教宫女做木偶人埋于地下,以诅咒自己怨恨的人。宫女之间又互相告讦是诅咒君主,汉武帝因此而诛杀宫女,连累朝廷大臣,死者达数百人。后来江充乘机上言,说武帝身体不适是因巫蛊作祟。武帝遂以江充治巫蛊之狱,事态扩大后,连及太子刘据,致太子与皇后都含冤而死。这件事,完全是武帝多疑所致。所谓巫蛊之事只是子虚乌有的事,根本无法验证。事后,汉武帝感到自己错了,但所造成的后果已无法挽回,于是又将江充族诛。汉武帝怜太子无罪,"作思子宫，为归来望思之台于湖"，才听从田千秋的建议，"悉罢诸方士候神人者"。他十分感慨地说："向时愚惑，为方士所欺。天下岂有仙人，尽妖妄耳！节食服药，差可少病而已。"他还对群臣讲："朕即位以来，所为狂悖，使天下愁苦，不可追悔。自今事有伤害百姓，糜费天下者，悉罢之！"（《资治通鉴·汉纪十四》）武帝的长处是能知错改正。老皇帝因多疑猜忌，乱杀无辜，自然影响国家政局的安定。然而能像汉武帝知错改正者寥寥，更多的老皇帝如梁武帝之流，竟至死不悟，其造成的后果也就更严重了。

梁武帝萧衍，在三十九岁时建立了梁朝，八十六岁时，由于侯景之乱，饿死在台城，在位达四十八年之久。《南史》作者李延寿为其作论曰：

> 自古拨乱之君，固已多矣，或其树置失所，而以后嗣失之，未有自己而得，自己而丧。（《南史·梁武帝纪》）

其实梁武帝早年之成功和晚年之失败，不仅仅是外界机遇的"运来"与"运去"的关系，而是更多地决定于他主观决策上的成功与失误。早年，他能取代萧齐，诛灭暴君东昏侯，没有发生大的社会动荡，受到众人的拥戴，这与他妥善地处置萧齐旧臣的政策有关。他对萧齐宗室以及大臣采取安抚政策，才能迅速地稳定梁朝在江南的统治。晚年的国破家亡，则是他一系列政策失误而导致的后果。梁武帝晚年，喜欢阿谀奉承，听不得不同的意见，这样在身边的只能是一群迎合他的小人。

萧衍晚年决策上的最大失误，是在接纳侯景这个问题上。侯景原是北魏大将尔朱荣的部下，以助尔朱荣讨灭葛荣而露头角，后来又投奔高欢，拥众十万，专制河南。高欢临死前，颇不放心侯景的反复无常，遂以书召侯景，想除掉他。侯景知道后，派人给梁武帝送上降表。由于侯景地处北齐、北周、萧梁三国的中间地带，拥有精兵猛将，故三方都要争取他的归属，他就可以利用这个地位首鼠两端。同样对侯景问题的处理，北周的宇文泰比梁武帝要高明得多，既得其实利，又把祸水转嫁给南朝的梁。当时高澄出军围侯景于颍川，侯景求救于北周，宇文泰派军队救援侯景。北齐军队击败侯景，侯景退至河南地区，宇文泰立即就派兵进入颍川，既占了地盘，又收编了他的军队，侯景只得率残部八百人投奔梁朝。当时梁朝不少大臣反对接纳侯景，梁武帝都听不进去。他接纳侯景的决定是根据自己的一个梦。《梁书·朱异传》载：

> 高祖梦中原平，举朝称庆，旦以语（朱）异，异对曰："此宇内方一之徵。"

所以侯景来降时，萧衍就以为验证了他所做的梦，故打算接纳，朱异迎合萧衍的意图，遂决定受降，这第一步棋就走错了。萧衍接受了侯景之降后，又让侯景在寿春发展自己的力量，这第二步棋又错。侯景是北齐的叛臣，位置处于北齐与梁之间，这时梁武帝又想与北齐"更申和睦"。侯景夹在中间，就难以自安，他几次上书要求梁武帝与北齐断绝关系，但结果齐梁南北通好，这样侯景终于被迫起兵反叛了，萧衍第三步棋又走错了。接着梁武帝又派亲侄萧正德来主持对侯景的防务。萧正德曾为萧衍养子，萧衍原来没有儿子，故正德希望做太子，继承皇位。及萧衍有了儿子，并立为太子之后，萧正德怨恨，叛逃于魏，后又从魏返回，萧衍并不责怪他，而是"复其封爵，仍除征虏将军"。可是他不知悔改，反而与侯景暗中勾结。侯景许诺事成之后，立他为帝。他就帮着侯景的军队过江，打开首都建康的大门。萧衍用人不当，开门揖盗，这第四步又错了。萧衍一错再错，最后不可收拾，导致国家灭亡，自己饿死台城的悲剧。整个侯景之乱，造成的后果非常严重。《魏书·萧衍传》载："初，（建康）城中男女十余万人，及陷，存者才二三千人。"二百多年来，江东偏安积累起来的财富和文化，受到严重破坏。梁武帝晚年失误的最可悲之处，是后果的承担者不仅仅是他个人，而是整个社会。

（十五）

中国历史上封建帝王制度已经有两千多年了，王朝更迭一个接着一个。新旧王朝的更替通常有两种情况：一种是新王朝只是旧王朝的衍生物，如西晋取代曹魏，司马氏政权本来就是从曹魏政权中蜕化出来的；还有一种情况是新王朝与旧王朝搏斗产生的。

如刘邦的西汉取代秦朝，朱元璋的明朝取代元朝，但复制出来的还只能是原来的帝王制度。尽管朱元璋是中国历史上布衣出身的皇帝，是元末农民大起义把他推举上帝位的，尽管他一生都有布衣情结，但在建章立制上朱明王朝也是历代帝王制度的延续。为何会如此呢？这是史学家须要认真加以研究的问题。

中国的封建社会是建立在小农经济基础上的，聚族而居的家族宗法组织如细胞一样，是封建社会的基本组织。国家在地方上的行政机构，无论是秦汉的县、乡、亭制，还是明清两代的里甲、保甲制，包括朱元璋的粮长制度，实际的统治还是依赖于当地有财有势的家族宗法组织。

中国的官僚制度，大大小小的官僚自身也有家族宗法的关系。如徐阶在朝为官，他的子弟也成为地方上乡绅的代表性人物。他们在地方上有特殊的影响，可以接受农民的土地投献在自己名下，可以逃避赋役的负担，如此政府的税收便受影响。另一方面他们还能干预地方政府行政事务，若有与他们相关的案件，地方官府还得看他们的颜色行事。海瑞为地方巡抚时，要这些豪绅退出农民投献的土地，恢复原来的农业户口，增加地方的税收。只要在朝廷上有一定的地位，他们的子弟便可以在地方上为非作歹，地方官也奈何他们不得。这一类人物是乡绅中有权有势的特殊人物，《红楼梦》中不是有一个"护官符"吗，其中贾、史、王、薛四大家族姻亲相连，他们的祖上都有人在朝廷为官，或有相应的社会背景，贾雨村是靠了贾政的关系得以复职为金陵应天府的知府。贾雨村刚上任，便碰到薛蟠倚财仗势打死冯渊的人命案子。他在堂上发签要抓薛蟠，衙门的门子使眼色阻止，随后告诉他在这里为官必须知道本地的"护官符"：

贾不假，白玉为堂金作马。

阿房宫，三百里，住不下金陵一个史。

东海缺少白玉床，龙王来请金陵王。

丰年好大"雪"，珍珠如土金如铁。

讲的便是贾、史、王、薛四大家族，在金陵应天府为官，必须侍候好这里的四大家族，否则官位不保。所以贾雨村只能私下胡乱了结此案。

这"护官符"是《红楼梦》中的情节，但它在实际生活中反映了官僚子弟在地方上为非作歹的现象。徐阶的子弟在地方上作恶多端并非个案，如海瑞这样的地方官是少之又少。"护官符"这样的现象也是实际影响地方行政管理的一个带有普遍性的问题。结合宗法制度，地方乡绅成为一种特殊势力，"护官符"在本质上是一个本乡本土官官相护的社会现象，他们与当地的官府和农民都有矛盾。

正史人物传记中，还立有孝友、孝义这一门类，记载了各地聚族而居的义门。如《明史·孝义传》记载：聚族而居的大家族有延续八世、九世、十世的；聚居的人口，有的可以多达三千七百余人，至于百口以上则相当普遍；聚族而居的时间，可以绵延几百年，朝代已经换了好几个，而这个家族仍在那个地区生息繁衍。如《明史·孝义传》载："郑濂，字仲德，浦江人。其家累世同居，几三百年。"《宋史·孝义传》《元史·孝友传》也记载了这个郑氏家族的历史。这一类大族被人们称为义门，自己有家规家法，无论哪个朝代，都可以有人在朝廷做官，而每个朝代也要吸收他们的人在朝为官，才能维持这个地区的稳定。这个家族的族长，在地方上便是乡官，官府在地方上特别是在乡村的统治，实际上是依赖于这些聚族而居的世族大家。当社会矛盾激化，天下大乱时，他们能有组织地使自己与整个社会隔绝，以保持一隅之安定，这就是陶渊明描写的桃花源。当社会动荡波及这个地区时，他们仍能结坞自保，建立坞堡壁垒，有武装自卫。直到抗日战争时期，内地的一些乡村，还曾出现过这样一类地方性的自卫组织。在各地农村传播的秘密宗教，亦往往以家族为单位，如近代史上的罗教、清茶门、八卦教、老斋教等。其宗教组织亦往往以家族为单位，世代传教为生。如洪秀全创立拜上帝会，派冯云山去广西紫荆山山区传教时，山民客家都是"全家全族来领受洗礼"。石达开、韦昌辉、萧朝贵等人都是以整个家族一起入伙拜上帝会的。太平天国最早的领导集团，就是若干个家族的联合组织。如果是社会上的游民自发形成会党，它的组织形式和伦理观念仍然会被打上家族宗法的烙印，如天地会、哥老会、三合会，这一类由失业的江湖游民建立起来的秘密组织就都是如此。他们称兄道弟，以兄弟关系来维系帮派，模仿家族宗法的辈分次序，立香堂排师徒辈分，奉行非常严格的宗法关系。入会的仪式要拜天地，要以刘备、关羽、张飞的桃园三结义为榜样，标榜忠义。天地会的三十六誓规定："洪家兄弟以忠孝为先，不可妨碍父母。"在这一类会党内部建立起来的秩序，实际上是变相的宗法秩序。

在一定条件下，这一类秘密组织如果能创立政权，必然以家族宗法为其政权组织的模式，形成封建的帝王制度。实际上，它只是把家族宗法关系放大为国家政权的组织关系。所以父家长制的宗法模式可以直接通向君主专制的帝王制度。父为一家之主，帝王为一国君父，百姓为子民，在伦理上忠孝并称，事亲与事君是一致的。正因为如此，腐朽的旧王朝被民众起义推翻以后，民众仍能按照自身的宗法关系复制出一个新王朝来，这大概是中国帝王制度得以延续两千余年的一个重要原因吧。中国历史上的农民运动虽然一次又一次地推翻了旧王朝，但它同时却又一次一次地复制出新的封建王朝。

我们要知道，大陆文明与海洋文明不同，大陆文明是建立在农耕社会的基础之上，一家一户小农经济基础上之家族宗法制度与帝王制度，自然形成一整套制度、思想和行为规范，同时它具有自身矛盾运动的历史过程，有其周期性的危机和不断重建的过程，中华民族便是在这个过程中发展过来的。它既有积极的一面，也有消极的一面。任何事物都是可以分析的，都有它的两重性，都包含着对立与统一，这就是辩证法。当我们回顾这一历史过程时，既要看到它消极的一面，充分暴露其在现实生活中的丑陋，也要看到它积极的一面，否则的话，中华民族何以能发展到今天的繁荣富强？

《春秋公羊传》开头《隐公元年》便详细解释"元年春王正月"这句话：

> 曷为先言王而后言正月？王正月也。何言乎王正月？大一统也。

相传《春秋》之《公羊传》和《穀梁传》都传自子夏。汉武帝建元五年始置五经博士，当时《春秋》只列《公羊》一家。中国古代的大一统思想先秦时期已经形成，是秦始皇把这个大一统的思想加以制度化。秦始皇灭六国、建立大一统国家以后，在全国推行郡县制，统一法令，推行车同轨、书同文，统一全国的度量衡，从此大一统的思想转化为制度规范，历朝历代的层级式官僚系统和制度仍由郡县制演化而来，传统的伦理观念、法制观念仍与这一套制度规范紧密联系在一起。礼义廉耻，国之四维，四维不张，国乃灭亡，这些思想根深蒂固。国家兴亡，匹夫有责，每到国家民族危亡的紧急关头，都有志士仁人奋不顾身地挺身而起。南宋灭亡时，文天祥过零丁洋，作诗《过零丁洋》：

> 辛苦遭逢起一经，干戈寥落四周星。

> 山河破碎风飘絮,身世浮沉雨打萍。
>
> 惶恐滩头说惶恐,零丁洋里叹零丁。
>
> 人生自古谁无死?留取丹心照汗青。

这就是中华民族能够屹立于世界民族之林的精神动力所在。文天祥还作有《正气歌》,篇首即云:

> 天地有正气,杂然赋流形。
>
> 下则为河岳,上则为日星。
>
> 于人曰浩然,沛乎塞苍冥。
>
> 皇路当清夷,含和吐明庭。
>
> 时穷节乃见,一一垂丹青。

其又云:

> 是气所磅礴,凛烈万古存。
>
> 当其贯日月,生死安足论。
>
> 地维赖以立,天柱赖以尊。
>
> 三纲实系命,道义为之根。

表现出其完全将个人生死置之度外、视死如归的爱国主义精神。文天祥四十七岁就义后,其衣带中有赞曰:

> 孔曰成仁,孟曰取义,惟其义尽,所以仁至。读圣贤书,所学何事,而今而后,庶几无愧。(《宋史·文天祥传》)

仁义道德这些伦理观念,什么人讲,在什么地方讲,它的意义是大不一样的。正是文天祥这种不屈不挠的民族精神,激励着我们永不松懈、奋勇前行,这也是我们努力实现中华民族伟大复兴的动力源泉。

后　记

当我把这六篇讲稿重新校读一遍之后，很清楚地意识到，尽管所讲内容是几百年前明代的政治制度及相关的人与事，但对今天的社会而言，总还有一点似曾相识的感觉。从制度层面看，民国时期虽然没有帝制了，但在许多层面仍然保留着过去历史的印痕，特别是明清两代的印痕。有许多东西，不同历史时期只是名称不同，但无论从正面还是负面看，骨子里仍然有不少相通的地方。

有明一代的政治制度是朱元璋在位的那三十年定型的，其中既有正面也有负面的东西。今天如何看待朱元璋这个历史人物呢？在朱元璋的布衣情结上，我们仍然能感觉到前人心跳的脉搏。如果仔细阅读朱元璋在《大诰》及其《大诰续编》《大诰三编》和《大诰武臣》中那些声色俱厉的口谕，真有如见其人、如闻其声的感觉。我们当然不赞成他那样残酷地采取株连的处置方法，但从中也可以知道反腐倡廉的艰难，尽管他对待贪腐那么严酷，贪腐者还是前赴后继,甚至于明王朝的最终崩溃,贪腐即是其中一个重要原因。再说他对民众和官僚豪绅,对士兵和功臣宿将及其子弟,对犯人和狱吏,其情感态度始终有着鲜明的对比,他的同情始终倾向于弱势的一边,也许这些正是朱元璋留给后人最为珍贵的地方。人们读这些诰谕和案例时,往往只看到他残酷杀人的一面,看不到他布衣情结的另一面。

朱元璋苦心孤诣地建章立制,其成与败,得与失,经验与教训,值得后人珍惜。当然,有许多东西,是他那个时代的产物,现在虽然时代不同了——经济基础与人的认识都与明朝完全不同,但历史仍然有它的魅力,关键就在于我们能否从中得到解决现实问题的启迪。读史能不能从中受益,往往与其立场和视角有关,说到底还是一个价值观的问题。